KB073943

역사 속의 중국철학

연구총서 15

역사 속의 중국철학

지은이	중국철학회
펴낸이	오정혜
펴낸곳	예문서원

편 집	김병훈 · 명지연 · 허경희 · 조영미
인 쇄	상지사
제 책	상지사

초판 1쇄 1999년 5월 10일
초판 7쇄 2009년 3월 25일

주 소	서울시 동대문구 용두2동 764-1 송현빌딩 302호
출판등록	1993. 1. 7 제6-0130호
전화번호	925-5913~4 · 929-2284 / 팩시밀리 929-2285
Homepage	http://www.yemoon.com
E-mail	yemoonsw@empas.com

ISBN 89-7646-079-0 93150

YEMOONSEOWON 764-1 Yongdu 2-Dong, Dongdaemun-Gu Seoul KOREA 130-824
Tel) 02-925-5914, 02-929-2284 Fax) 02-929-2285

값 15,000원

연구총서 15

역사 속의 중국철학

중국철학회 지음

예문서원

이 땅에서 바라보는 중국 철학의 역사

우리는 또 하나의 '중국철학사 읽기'를 시작한다. 이제까지 꽤 많이, 이른바 '중국철학사'라는 이름의 어마어마한 부피와 무게를 지닌 책들을 만난 경험이 있었다. 그런 작품들은 대부분 큰 나라 큰 집안 출신인 '대가'들의 작품이었다. 그런 까닭에 잔뜩 주눅든 채 읽으면서도 한편으로는 "대체 수천 년 전부터 우리 이웃에서 우리의 의식 세계를 가위질 해 온 이 '중국철학사' 속의 생각들이 우리에게 어떤 의미일까"라는 질문 한 번 속 시원히 해보지 못하면서 그저 입 다물고 읽기만 했다.

그동안 우리는 타인들이 — 중국학자이든 일본학자이든 — 지은 철학사를 그저 가져 왔을 뿐이었다. 그래서 우리는 우리 손으로 제대로 구색을 갖춘 한 권의 '중국철학사 읽기'의 첫 걸음을 내딛기로 하였고, 그 첫 결실로『역사 속의 중국철학』을 내놓게 되었다. 여전히 여러 사람의 손으로 만들어진 물건을 하나의 눈으로 정돈하지 못했다는 자책감에 시달리면서, 다른 나라의 대가들이 쓴 중국철학사를 옮긴 작품이나 합의하지 않은 채 쓰여진 제각각의 논문들을 짜깁기한 우리 나라의 중국철학사가 많음에도 불구하고, 우리가 이 책을 낸 데에는 두 가지 이유가 있다.

첫째, 오래도록 우리를 주눅들게 한 중국철학사의 전체 시간과 공간을 포괄할 만큼 다양한 전공 영역을 전문적으로 갈고 닦은 연구자들의 '공동체'가 있기 때문이다. 이 책은 오랫 동안 서로 배우고 가르치며 한 길을 걸어온 동학들의 모임인 '중국철학회'가 여러 번의 손맞춤 작업을 수행한 뒤 이루어 낸 결실이다. 비록 저마다 철학적 입장과 개성은 다르지만 중국철학회의 회원들은 서로의 입장을 조절해 갈 수 있는 훈련을 거친 구성원들이다. 그러므로 이 책은 선진 시대에서 현대에 이르기까지 거침없이 꿰뚫을 한 사람의 대가보다는 저마다의 분야를 튼실하게 책임질 한 사람 한 사람의 연구자 공동체가 산고를 거쳐 낳은 결과라는 데에 의미가 있다. 이 점이 예리한 안목을 가진 독자에게는 오히려 중국철학사를 바라보는 다양한 시각을 비교해 볼 수 있는 좋은 기회를 제공할 수 있으리라 기대해 본다.

둘째, 제목에서 느껴지는 것처럼 우리는 하나의 합의 위에 서 있다. 철학사의 흐름을 무채색의 추상 속에서 파악할 것이 아니라 다양한 빛깔을 갖고 있는 시공간의 역사적 현실 속에서 읽어내자는 것이다. 기존 철학사에서 보듯이, 공자와 맹자에서 주희로 이어지는 '도통'의 역사처럼 그림틀 속에 끼워 맞춰진 흐름이나 노자와 장자에서 곧바로 현학으로 연결되는 단순한 끈 잇기의 흐름은 박제화된 순수한 정신의 철학사만을 거듭해서 만나게 할 뿐이었다.

물론 그동안 이 추상과 비약의 철학사를 격렬하게 비판하였던 중국 대륙의 유물론적 이해도 있었다. 그러나 대륙의 유물사관에 발 딛고 있는 계급투쟁론의 철학 이해 역시 철학사 읽기를 너무도 단순하고 추상적으로 처리하고 있음을 보아 왔다. 결국 대륙의 철학사는 많은 장점을 가졌음에도 불구하고 인간의 다양한 삶과 그 삶 속에서 싹트고 자라난 관념을 온전히 되살려 내지는 못하였다.

『역사 속의 중국철학』은 순수 철학사의 추상성이나 유물론적 철학사 이해의 단순함과 경직성을 넘어서 삶을 둘러싸고 있는 시공간의 역사적 조건 속에서 철학적 입장들을 되살려 내고자 하였다. 우리는 매우 단순한 전제에서 출발하였다. '한 시대의 사상이 그 시대와 결코 무관할 수 없다'라는 사실을 바탕으로 그 상호 관련성을 알기 쉽게 구성해 내려고 노력하였다. 이런 까닭에 이 작업은 한편으로 예리한 메스를 들이대는 외과 전문의의 작업이 아니라, 오히려 거친 붓놀림으로 큰 획을 한 번에 그어내는 예술가의 방식일 수밖에 없다는 점을 고백하지 않을 수 없다. 이 점은 이 책이 일반 독자들을 위해서 기획되고 집필되었다는 점에서도 이해될 수 있으리라.

그럼에도 불구하고 『역사 속의 중국철학』은 '역사'와 '철학' 모두에 빚지고 있다. 솔직히 우리는 중국 역사의 전체상을 이해하는 데에 무척이나 많은 한계를 가지고 있다. 그뿐만 아니라 철학적으로 개개의 철학자와 학파를 넘어선 총체적인 연구에서도 많은 어려움을 느낀다. 그러나 역사란 것이 단지 발 딛고 있는 물질적 토대만이 아니라 그 위에서 만들어진 정신과의 호흡이기도 하다면, 그것을 '철학'이라는 프리즘을 통해 다가갈 수 있는 길도 있으리라 생각해 본다. 또 동시대에 철학함을 고뇌하는 동학들과의 대화를 통해 문제를 넘어설 수 있으리라 기대해 본다.

이제 읽는 이에게 '중국철학사'라는 큰 바다를 향해 빈 마음으로 뛰어들어 보기를 권한다. 그리고 큰 채찍을 휘둘러 주기 바란다. 『역사 속의 중국철학』이라는 이 한 걸음이 단지 몇 걸음에서 멈출지, 우리식의 중국 읽기를 완성할 천릿길의 첫 걸음이 될지는 읽는 이의 그런 꾸짖음과 채찍질에 달려 있다.

이제 다음 작업으로 허물을 벗고 '환골탈태'한 모습을 보여 주리라는 약속을 남기면서 지은이들을 대신하여 이 글을 마친다. 🌐

1999년 4월 21일
안동에서
이 효 걸 씀

모택동주의

정치와 윤리의 일체화, 그 동양적 전통의 출발점

이승환

1. 전통 질서의 붕괴와 유가의 현실 인식

'유가儒家'는 춘추春秋·전국戰國 시기에 공자孔子(기원전 551~479)와 그의 제자들이 발전시킨 일련의 사상 체계를 가리킨다. 유가의 본질을 이해하기 위해서 우리는 먼저 유가 사상을 탄생케 한 시대적 상황과 역사적 조건을 이해하지 않으면 안 된다. 왜냐하면 모든 사상이 그렇듯이 유가 역시 특정한 시대의 산물이며, 유가 사상가들이 당면했던 사회 속의 구체적인 문제 의식을 반영하고 있기 때문이다.

유가의 창시자로 불리는 공자는 자기가 살았던 춘추 시대(기원전 722~기원전 481)를 '천하에 도가 사라진(天下無道) 상황' 혹은 '예가 무너지고 악이 붕괴된(禮壞樂崩) 상황'으로 보았다. 원래 공자 이전의 서주西周 시기에 '예禮'는 광범위한 의미를 지닌 사회 규범으로서, 각종 예절과 의식의 규정일 뿐만 아니라 나라와 사회의 근본 질서를 유지하는 정치 제도와 통치 질서까지도 의미했다. 주周의 건국 초기로 거슬러 올라가 보면, 무武 임금은 은殷을 정복한 후 모두 71개의 제후국을 세우고 이 중 55개국에 자신의 형제와 동성 씨족을 제후로 봉하여, '혈연적 유대'(親親)를 지키게 하고 '예'를 준수하게 함으로써 통치 질서를 군건히 하였다. 그러나 춘추 시대에 들어와 주왕周王을 정점으로 하는 서주의 봉건 질서가 붕괴하게 되면서, 왕권의 약화와 제후 간 혈연적 연대의 쇠퇴 그리고 사회 경제적 기초의 변화에 따른 제후국 간의 멸국겸병滅國兼倂으로 '예'가 붕괴되는 상황에 직면하게 되었다. 이러한 제후국 간의 관계 변화는 그대로 국내의 정치 구조에도 반영되어, 공실公室은 쇠퇴하고 사가私家(世卿家)가 대두하였으며, 신하가 군주를 시해하고 세자가 권력을 찬탈하는 '무도無道'한 행위가 빈번히 발생하게 되었다.

공자의 언행을 모아 놓은 『논어論語』에도 공자 당시 노魯나라의 세족 간에 발생했던 '예'에 어긋나는 행위들이 생생하게 기록되어 있다. 그 예로, 노나라의 계손씨季孫氏는 대부의 신분으로 천자만이 향유할 수 있는 팔일무八佾舞를 자기 집 마당에서 연출하도록 하였고,1) 노나라의 삼환三桓 즉 계손씨季孫氏·숙손씨叔孫氏·맹손씨孟孫氏는 제사를 마치는 의식을 거행할 때 천자만이 전용으로 사용하는 옹雍 음악을 연주하게 하였으며,2) 제齊나라의 관중管仲은 제후만이 설치할 수 있는 색문塞門과 반점反坫을 자기 집 마당에 세웠다.3) 이처럼 『논어』의 기록에 나타나듯이, 춘추 말기에는 군주와 신하간의 관계가 어지러워지고 하극상의 반란도 빈번하게 일어났다. 예를 들어 위衛나라, 송宋나라, 진晉나라 등에서는 신하가 군주를 시해한 사건이 발생했고, 초楚나라에서는 세자가 부군父君을 죽이고 군주의 자리를 차지하는 일도 일어났다. 241년간 지속된 춘추 시기에 모두 36명의 군주가 신하에게 피살되었으며, 이러한 혼란을 틈타 수많은 국인國人의 폭동과 역인役人의 반란이 일어났다. 자기가 처했던 시대를 '천하무도'의 상태로 파악하는 공자의 현실 인식에는 이처럼 통치 질서가 와해되고 사회 규범이 붕괴되는 변란의 시대에 대한 예리한 비판이 깔려 있다.

---

1) 『論語』, 「八佾」, "孔子謂季氏八佾舞於庭, '是可忍也, 孰不可忍也?'"
2) 같은 책, 같은 곳, "三家者以雍徹. 子曰: '相維辟公, 天子穆穆, 奚取三家之堂?'"
3) 같은 책, 같은 곳, "邦君樹塞門, 管氏亦樹塞門. 邦君爲兩君之好, 有反坫, 管氏亦有反坫. 管氏而知禮, 孰不知禮?"

전국 시대(기원전 480~기원전 222)에 이르면 이러한 '천하무도'의 양상은 더욱 심화된다. 맹자는 이러한 '무도'의 상황을 "요 임금과 순 임금이 돌아간 후, 성인의 도道는 쇠미해지고 포악한 군주가 대를 이어 일어나는 상황"[4]으로 묘사한다. 맹자가 살던 전국 시대에는 철제 농기구가 보급되면서 심경深耕과 수리 관개 사업이 가능해졌는데, 이는 결과적으로 단위면적당 생산력의 급격한 상승을 가져왔다. 또 철제 농기구를 이용한 대규모의 황무지 개간으로 공동체의 규제를 받지 않는 사유 농경지가 출현함으로써 원시 공동체적 씨족이 붕괴되고 소가족 단위의 경농이 가능하게 되었다. 이러한 생산 양식의 변화는 원시 공동체적 '읍제 국가'에서 중앙 집권적 '영토 국가'로의 이행을 촉진시키는 계기가 되었다. 농업 생산력의 증대와 농경지의 개간은 토지 소유의 불균등을 재촉하였으며, 이러한 경제적 변동은 제후국 간의 패권 다툼과 맞물려 '전국戰國'이라는 미증유의 혼란 상태를 야기시켰다. 따라서 춘추 초기에 170여 개 국이 되던 제후국은 전국 시대에 들어서면서 20여 개 국으로 줄어들었고, 전국 중기를 거치면서 '칠웅七雄'으로 압축되어 가는 것을 볼 때, 이 시대를 '전국 시대'라고 부르는 것이 가히 실감이 나고도 남는다.

춘추 시대로부터 시작된 제후국 간의 패권 다툼은 약소국의 멸국滅國 과정을 거치면서, 전국 시대에 들어서는 7웅 간의 대결로 압축되기는 하지만, 교전의 횟수와 전술의 측면에서는 오히려 춘추 시대에 비해 더욱 격화되는 양상을 보인다. 전술의 측면에서 본다면, 춘추 시대의 전차전이 전국 시대에는 보병전으로 바뀌면서 각국의 군사력은 춘추 시대에 비하여 10배 내지 30배까지 증가되었다. 이에 따라 참전 병사의 수와 사상자의 수도 비례하여 늘어났다. 예를 들면 기원전 293년 진은 한·위 연합군을 대파하여 24만을 참수하였고, 기원전 260년에는 진이 조의 항졸 40만을 갱살坑殺하는 참극이 벌어지기도 했다.[5] 이처럼 전쟁이 빈번해지고 극렬해지면서 전쟁으로 인한 참상과 사회 혼란 그

---

4) 『孟子』,「滕文公下」,"堯舜既沒, 聖人之道衰, 暴君代作……"
5) 『史記』,「秦本紀·秦始皇本紀」 및 「六國年表」 참조

리고 민중의 고통은 극에 달했다. 대규모 전쟁으로 전야田野와 성城은 황폐화 되고 피로 물들었으며, 전쟁터와 피정복국의 민중은 학살되거나 노예로 전락했으며, 그나마 살아남은 민중들도 빈번한 징발과 과다한 부세로 파탄 지경에 이르렀다. 이렇게 참혹했던 당시의 상황을 맹자孟子(기원전 372~289)는 "땅을 쟁탈하느라 전쟁을 하여 죽은 백성이 들에 가득하고, 성을 쟁탈하느라 전쟁을 하여 죽은 자가 성에 가득하다"고 묘사하고 있다.6) 또한 맹자는 자신이 처했던 전국의 시대 상황을 '윗사람이고 아랫사람이고 다투어 이익만 추구하는 상황' (上下交征利)으로 파악한다. 이러한 점에서 맹자의 시대 인식은 공자 자신이 살았던 시대를 '천하 무도'의 상태로 파악한 것과 일맥상통한다고 할 수 있다.

2. 예禮적 질서의 회복과 그 정치적 표현

공자는 자기가 몸담았던 춘추 말기의 혼란 상태를 종식시키기 위하여, 먼저 당시의 사회가 안고 있는 문제점을 다음과 같이 파악한다.

첫째는 주 왕실과 제후간의 관계에서 볼 때 당시의 제후들이 주왕의 권한을 무시한 채 각자의 직분을 뛰어넘는 월권 행위를 하고 있다는 점이고, 둘째는 제후와 제후간의 관계에서 볼 때 강대국의 제후들이 약육강식의 쟁탈전을 통해 약소국의 주권을 유린하고 있다는 점이다. 셋째는 일국—國 내에서 군주와 기층민과의 관계에서 볼 때 군주들이 전쟁 물자 조달과 사사로운 부귀를 목적으로 징병·부역·공납을 통하여 참혹할 정도의 착취를 하고 있다는 점이다.

이렇게 세 층차로 요약될 수 있는 춘추 말기의 모순 상황에 대해 공자가 제시하는 해결 방안은 다음 세 가지로 정리할 수 있다.

첫째, 공자는 주 왕실과 제후간의 관계 재정립을 위하여 '정명正名'과 '극기복례克己復禮'7)를 내세운다. 공자는 서주 시대에 달성된 문화적 번영과 사회적

---

6) 『孟子』, 「離婁上」, "爭地以戰, 殺人盈野, 爭城以戰, 殺人盈城"

안녕이 '예'의 준수와 제후간의 '혈연적 유대'(親親) 덕분에 이루어진 것이며, '예'의 회복이야말로 춘추 시대의 사회적 혼란을 종식시키고 평화를 이룰 수 있는 해결책이라고 본 것이다. '예'는 사회 각 계층에 속한 사람들이 지켜야 하는 행위 원칙과 윤리 규범을 의미한다. 따라서 '예'를 회복하기 위해서는 사회 각 계층의 사람들이 각자의 직책과 명분에 걸맞은 행동을 하지 않으면 안 된다. 이와 관련해서 자연스럽게 요구되는 사항이 바로 '정명'이다. 공자는 "임금은 임금다워야 하고 신하는 신하다워야 하며, 아버지는 아버지다워야 하고 아들은 아들다워야 한다"[8]고 역설한다. 사회 각 계층의 역할들(특히 각 국의 제후와 대부들)이 이기심을 극복하고 예禮를 회복하여 각자의 신분과 직책에 맞게 권한을 행사하고 의무를 수행할 때, 사회적 혼란이 사라지고 안정이 이룩될 수 있다는 것이다.

둘째, 약육강식의 쟁탈전을 벌이는 제후들에 대한 시정책으로, 공자는 '인仁'과 '서恕'를 제시한다. '인'은 완전한 인격자만이 갖출 수 있는 중덕衆德의 총칭이며, 또 개별적인 덕목으로 사용될 때는 '사랑'(愛)을 의미하기도 한다.[9] 공자는 각국의 제후들이 인을 실현하여 덕을 갖춘 인격자가 될 때 제후국 상호간의 침탈 행위는 절로 사라지게 될 것이며, 원래 주 왕실의 동성분족同姓分族이었던 각국의 제후들이 다투지 않고 형제애로 교류할 때 비로소 안정된 사회 상태로 복귀할 수 있을 것이라고 보았다. 공자는 '인'을 때로는 '서'로 풀기도 한다. '서'는 어원상 '같은(如) 마음(心)'에서 기원한다. '서'는 남의 이익을 나의 이익과 동등하게 대우할 수 있는 공정한 마음가짐, 즉 '호혜성의 원칙'을 뜻한다. 공자는 '서'의 소극적인 표현으로, "네가 남으로부터 당하기 싫어하는 일은 남에게도 베풀지 말라"고 하고,[10] '서'의 적극적인 표현으로 "자기가 서고자 하면 남도 세워 주고, 자기가 도달하고자 하면 남도 도달하게 해 주라"고 말한다.[11]

---

7) 『論語』, 「顏淵」, "顏淵問仁. 子曰: '克己復禮, 爲仁.'"
8) 같은 책, 같은 곳, "齊景公問政於孔子. 孔子對曰: '君君, 臣臣, 父父, 子子.'"
9) 같은 책, 같은 곳, "樊遲問仁. 子曰: '愛人.'"
10) 같은 책, 같은 곳, "己所不欲, 勿施於人."

'호혜성의 원칙'으로서의 '서'는 도덕 규범이 보편적으로 성립하기 위해 형식적 요건으로 요청되는 '역지易地 가능성'(reversibility) 혹은 '보편화 가능성'(universalizability)의 역할을 수행한다. 즉 한 규범이 보편적인 윤리 원칙으로 성립할 수 있으려면, 그 규범이 어느 한 사람에게만 일방적으로 유리해서도 안 되며, 입장을 바꾸어 다른 사람의 관점에서 보아도 똑같이 공정한 것이어야 한다. 공자는 제후들이 상호간에 지켜야 할 규범으로 소극적 의미의 '서'(상호간의 불침해)와 적극적 의미의 '서'(호혜적 이익 교환)를 동시에 제시하고 있음을 알 수 있다.

셋째, 군주들의 기층민에 대한 잔혹한 착취 행위와 관련하여, 공자는 각국의 군주들에게 인정仁政을 베풀 것을 권장한다. '인정'이란 기층민의 생존에 필요한 최소한의 여건을 보장해 주는 복지주의적 통치관이다. 공자는 통치자들에게 공실公室의 경비 지출을 삭감하고 조세를 낮추며, 농번기를 피해 때에 맞게 부역에 동원함으로써 기층민의 생존 여건 향상에 신경쓸 것을 권고한다.12) '인정'이라는 공자의 복지주의적 통치관이 인간(특히 통치자 계층)이 천성적으로 간직하고 있는 이타적 동정심에 근거를 두고 있는지, 아니면 군주와 기층민 상호간의 이익 보장이라는 '호혜성의 원칙'에 근거를 두고 있는지는 확실하지 않다. 공자는 때로 "널리 대중을 사랑하고 사람들에게 친하게 대하라"13)라고 하여 인정의 근거를 '사랑'이라는 이타적 감정에 두기도 하지만, 때로는 "군주가 너그러워야 많은 노동력을 얻을 수 있고, 군주가 신의가 있어야만 기층민도 그를 신임하게 될 것이다"14)라고 하여, '인정'의 근거를 군주와 기층민 상호간의 이익 보장이라는 '호혜성의 원칙'에서 도출하기도 한다.

맹자는 시대의 혼란을 종식시키기 위한 공자의 이같은 해결책을 이어받아 더욱 심화된 단계로 발전시킨다. 그는 먼저 자기의 사익만을 추구하려는 제후

---

11) 같은 책, 「雍也」, "己欲立而立人, 己欲達而達人."
12) 같은 책, 「學而」, "節用而愛民, 使民以時."
13) 같은 책, 같은 곳, "汎愛衆而親人."
14) 같은 책, 「堯曰」, "寬則得衆, 信則民任焉."

들에 대한 해결책으로 '성선론'에 기반한 '측은지심惻隱之心'을 강조함으로써 제후국 상호간의 침탈과 기층민에 대한 가혹한 착취를 멈출 것을 권유한다. 이와 더불어 맹자는 군주와 기층민의 관계를 계약론적으로 재해석함으로써 '군주와 기층민 간의 상호 이익 보장'이라는 '합의론적 정의관'도 발전시켜 나간다.

혼란을 종식시키기 위한 맹자의 해결책 중에서 먼저 그의 완성주의적 정의관의 측면을 살펴보기로 하겠다. 맹자는, 모든 사람이 날 때부터 측은지심 · 수오지심羞惡之心 · 사양지심辭讓之心 · 시비지심是非之心 등 네 가지 잠재적 성품을 가지고 태어난다고 말하면서, 이러한 잠재적 성품을 확충시켜 완전한 상태로 실현할 때 인간은 이상적인 인격에 이르게 될 것이라고 보았다.15) 또 그는 이러한 인성론에 의거하여 인간의 성품을 대체大體와 소체小體로 구분한다. "사람에게는 고귀한 측면과 비천한 측면 그리고 대체와 소체가 있으니, 소체로써 대체를 해쳐서도 안 되고 천한 측면으로써 귀한 측면을 해쳐서도 안 된다. 소체를 기르는 사람은 소인이 되고, 대체를 기르는 사람은 대인이 된다"16)고 하였다. 여기서 맹자가 말하는 '소체'란 이성적 반성에 의하여 여과되지 않은 일차적 욕망을 가리키는 것으로서, 인간이 이러한 일차적 욕망만을 추구하면 욕망의 노예가 되어 비천하게 된다는 뜻이다. 그는 제齊의 선왕宣王이나 양梁의 혜왕惠王과 대면하는 자리에서, 선한 본성에 바탕을 둔 '이익의 극복'과 '측은지심'을 발휘할 것을 누차 강조한다. 강대한 제후국의 군주들이 자신의 선한 본성을 깨달아 욕심을 버리고 측은지심을 발휘한다면, '인정'이 이루어져 천하가 저절로 안정 국면에 접어들 것이라고 본 것이다. 여기서 알 수 있듯이, 맹자는 공자의 '극기복례'와 마찬가지로 제후국간의 이익 분쟁의 씨앗이 되는 '욕망' 또는 '이기심' 그 자체를 해소시켜 버리려고 노력하였다.

이익 분쟁이란 부족한 재화를 놓고 자신의 욕망만을 충족시키려는 이기적인 인간들의 다툼인 만큼, 이러한 분쟁의 원인이 되는 '욕망' 그 자체가 극복된다

---

15) 『孟子』, 「公孫丑上」.
16) 같은 책, 「告子上」.

면 혼란의 상황도 절로 해소되리라는 것이 맹자의 생각이었던 것 같다. "어떻게 하면 내 나라를 이롭게 할 수 있습니까?"라고 묻는 양 혜왕에게, 맹자는 "어찌 이익(利)만을 말씀하십니까? 오직 인仁과 의義가 있을 따름입니다"라고 답한다.[17] 맹자는 양 혜왕에게 이익 추구의 욕망을 극복하고 인·의 등의 도덕적 성품을 발휘하는 데 힘쓰라고 말하고 있다. 또 제사에 끌려가는 소를 불쌍히 여기는 제나라 선왕에게, 맹자는 그러한 측은지심을 기층민에게 돌리라고 권유한다.[18] '측은지심'이라는 도덕적 성품을 기층민들에게 그대로 실현해 나갈 때, 기층민도 심복하여 모여들게 되어 자연히 나라가 안정되고 부강하게 될 수 있다는 것이다.

맹자는 이처럼 인간의 본성에 내재된 '측은지심'에 호소하여 이익 분쟁의 씨앗이 되는 이기심을 극복하라고 권유하지만, 다른 한편으로는 군주와 기층민 간의 호혜적 상호 이익 보장이라는 이유를 들어 제후들에게 인정의 필요성을 강조하기도 한다.

> 걸·주가 천하를 잃은 까닭은 백성을 잃었기 때문이다. 백성을 잃은 까닭은 백성의 마음을 잃었기 때문이다. 천하를 얻는 데는 방법이 있다. 백성을 얻으면 곧 천하를 얻을 수 있다. 백성을 얻는 데는 방법이 있다. 민심을 얻으면 곧 백성을 얻을 수 있다. 민심을 얻는 데는 방법이 있다. 백성이 갖고 싶어하는 것을 모아다 주고, 백성이 싫어하는 것을 베풀지 않도록 할 따름이다.[19]

여기서 그는 천하를 얻는 방법으로서 인정을 꼽고 있다. 군주가 백성에게 '인정'을 베풀게 되면 자연히 군주에게 추종하는 세력이 늘어나게 되고, 지지 세력이 늘어나게 되면 난립하고 있는 전국戰國도 자연히 이러한 '인왕仁王'을 중심으로 재편될 것이라고 생각한 것이다. 맹자는 '인정'의 근거로서 인간이 천

---

17) 같은 책, 「梁惠王上」.
18) 같은 책, 같은 곳.
19) 같은 책, 「離婁上」.

성적으로 갖고 있는 '측은지심'에 호소하지만, 어떤 때에는 통치자와 기층민 간의 '호혜적 이익 계산'에 근거하여 '인정'의 필요성을 역설하고 있다. 즉 기층민이 건재해야 통치자의 지위도 확고해지고, 기층민이 등을 돌리면 통치자의 지위도 불안해진다는 말이다. 물론 통치자와 백성과의 관계를 이렇게 호혜적이면서 계약적으로 설명하려는 경향은 맹자보다 순자와 묵자에게서 더욱 농후하게 드러난다. 하지만 단순히 공자와 맹자만을 놓고 본다면 맹자의 경우가 공자에 비해 단연코 계약론적 색채가 짙다고 볼 수 있다.

추鄒의 목공穆公이 맹자에게 추와 노魯가 전쟁할 때 추의 상관(有司)은 33명이나 죽었는데 백성들은 단 한 명도 상관을 구하고자 목숨을 바친 자가 없다고 불평하자, 맹자는 "증자曾子가 말씀하시기를, '경계하고 또 경계하라. 네게서 나간 것은 다시 너에게 돌아오느니라'라고 하셨듯이, 백성들이 이제서야 보복하려는 것이니 왕은 허물로 삼지 마십시오. 만약 왕께서 어진 정치를 행하시면 백성들은 윗사람들에게 친절하게 대할 것이며, 윗사람들을 위해서 죽을 것입니다" 하고 대답한다.[20] 왕이 인정을 베풀면 백성도 그를 신임하여 목숨까지 바치게 될 것이지만, 그렇지 않을 경우에는 기층민의 불만이 폭발하여 군주 자신의 존립마저 위협받게 된다는 것이다. 이렇게 볼 때, 맹자는 당시 사회의 난국을 종식시키기 위하여 단순히 성선설에 의거한 완성주의적 처방만을 견지한 것이 아니라, 때에 따라서는 군주를 설득하기 위한 방법으로 군주와 기층민과의 상호 호혜성에 의거한 계약론적 처방까지 제시하고 있다는 점을 알 수 있다.

3. 내면적 도덕과 외재적 규범의 조화

"철학에는 국경이 없지만 철학자는 국적이 있다"는 말이 있다. 철학적 진리는 보편적인 학문 체계로 표현되어야 하지만, 이러한 진리는 반드시 구체적인

---

20) 같은 책, 「梁惠王下」.

현실 속에서 치열한 문제 의식과 더불어 생겨난다는 뜻이다. 이 점은 유가의 사상 체계에서도 마찬가지이다. 공자와 맹자의 사상 속에는 그들이 몸담았던 사회에 대한 투철한 현실 인식이 반영되어 있으며, '춘추·전국'이라는 구체적 역사 속에서 배태된 문제 의식이 추상적인 것처럼 보이는 그들의 이론 체계 안에 굳건하게 뿌리를 드리우고 있다. 사상사가들이 흔히 공자 사상의 핵심으로 지적하는 인仁과 예禮 그리고 맹자 사상의 핵심이라 할 수 있는 인仁과 의義를 통해, 우리는 이러한 '사상'과 '현실' 간의 밀접한 관계를 재확인할 수 있다.

먼저 공자의 사상 체계 가운데 '인'과 '예'에 관해 살펴보기로 하자.

공자는 '인'에 대해 명확한 개념 정의는 내리지 않고 있으며 제자들과 대화할 때 매번 다른 식의 설명을 하고 있다. 『논어』에 나타난 '인'의 다양한 내용을 보면, '인'은 용기(勇), 공손함(恭), 관대함(寬), 신의(信), 기민함(敏), 은혜로움(惠), 경건함(敬), 진실함(忠), 남을 나같이 대함(恕) 등의 덕목을 포함한다. 이로 볼 때 공자의 '인'은 이상적인 군주 즉 군자가 갖추어야 할 중덕衆德의 총칭이라고 할 수 있다. 공자는 정치 권력의 최상에 있는 지도자가 이러한 덕을 솔선수범하여 베풀 때 아랫사람들도 심복하여 따르게 되고, 자연히 나라 전체에 질서가 깃들인다고 보았다. 이러한 공자의 덕치 사상은 그의 제자인 계강자季康子와의 대화에서도 잘 나타난다. 공자는 정치를 묻는 계강자에게 "정치란 바로잡는 것이다. 그대가 솔선수범하여 몸을 바르게 한다면 누가 감히 바르게 행하지 아니하겠는가?"[21]라고 대답하고, 또 "윗사람의 몸가짐이 바르면 명령하지 않아도 백성이 행하고, 그 몸가짐이 바르지 않으면 아무리 명령하여도 따르지 아니할 것이다"[22]라고 말한다. 공자가 살았던 춘추 말기에 제후들의 사욕 추구과 잔혹함으로 인해 수많은 기층민들의 폭동이 일어났다는 점을 감안한다면, 지도자의 도덕적 감화력으로 백성을 끌어모으고 교화시켜 범죄와 분쟁이 없는

---

21) 『論語』, 「顔淵」, "政者正也. 子帥以正, 孰敢不正?"
22) 같은 책, 「子路」, "其身正, 不令而行. 其身不正, 雖令不從."

안정된 사회를 이룩하고자 하는 공자의 덕치 사상은, 당시의 혼란한 시대상에 대한 문제 의식을 여실히 반영하고 있다고 할 수 있다.

공자의 '인'을 이해하기 위해서는 '서恕'에 주목할 필요가 있다. 자공子貢이 공자에게 평생토록 지침이 될 수 있는 말 한 마디를 구하자, 공자는 "그것은 서恕라고 할까? 자신이 원하는 바가 아니면 남에게도 행하지 말라!"[23]고 대답한다. 공자는 또 "충忠과 서恕는 도道에서 멀지 않다. 남이 자기에게 베풀기를 원하지 않는 것은 남에게도 베풀지 말라"고 강조한다. 그는 또 "인仁이란 자기가 서고자 한다면 남도 세워 주고, 자기가 도달하고자 한다면 남도 도달하게 하는 것이다"[24]라고 하여 '남을 자신처럼 여기는' 도덕적 관점을 강조한다. 이러한 '역지사지易地思之'의 관점은 약육강식의 쟁탈을 통해 더 많은 영토와 패권을 차지하려는 당시의 탐욕스런 제후들에게 제시하는 하나의 도덕적 처방이라고 볼 수 있으며, 나아가 사부私富의 축적을 위하여 기층민들을 대상으로 잔혹한 착취와 수탈을 일삼는 폭군들을 향한 도덕적 충고라고 할 수 있다.

공자의 '인'은 '예'를 실행하기 위한 내면적 바탕이 된다. '예'는 사회의 외재적 규범으로서 내면 도덕이 표현되는 형식적 기제가 된다. 공자는 "사람이 '인' 하지 않다면 '예禮'가 있다 한들 무엇하리? 사람이 '인'하지 않다면 '악樂'이 있다 한들 무엇하리?"[25]라고 하여, '인'을 무너져 내리는 '예'를 회복하기 위한 선결 조건으로 보고 있다. 여기서 우리는 공자 사상의 핵심이 이상적 사회 규범으로서 '예'로의 복귀와 통치자의 자질로 요청되는 덕성 즉 '인'에 놓여있음을 알 수 있다. 이 두 가지 조건 중 공자는 '인'이라는 덕성을 더욱 강조함으로써 결국 외재적 형식보다는 내재적 바탕, 제도적 장치보다는 도덕적 자질에 더욱 중점을 두었음을 알 수 있다. 공자 사상의 이러한 특징은 후대의 유가에 그대로 계승되어 유가 사상의 특징을 이룬다.

---

23) 같은 책, 「衛靈公」.
24) 같은 책, 「雍也」.
25) 같은 책, 「八佾」, "子曰: '人而不仁, 如禮何? 人而不仁, 如樂何?'"

맹자 역시 공자를 이어받아 통치자의 '인'을 강조한다. 우리는 맹자의 '인정론仁政論'에서 공자의 사상과 일맥 상통하는 사상적 연관성을 발견할 수 있다. 만약 맹자의 사상 체계 중 공자와 다소 다른 점이 있다면, '인'에 대한 형이상학적 근거로서 '성선론性善論'을 제시하고 있다는 점과 이미 주 왕실이 너무도 쇠락해졌다고 판단하고 '주례周禮'의 회복에 대해 별로 강조하지 않는다는 점, 그리고 다소 보수적인 공자의 입장과 달리 맹자는 '폭군방벌론'이나 '역성혁명론'과 같은 과격한 방식의 정권 교체까지 승인한다는 점일 것이다. 이로 볼 때 맹자가 살았던 전국 시대에는 주 왕실의 권위가 이미 쇠락할대로 쇠락해져서 제후국 간의 정치적 구심점이 부재한 가운데, 제후국 사이의 패권 다툼도 춘추 시대에 비해 훨씬 격화되었음을 알 수 있다.

당시뿐 아니라 이후 유가의 심성론에서 줄곧 핵심적인 역할을 하였던 성선론에 대하여 맹자는 「공손추公孫丑」편에서 다음과 같이 말한다.

사람은 누구나 남에게 차마 잔학하게 굴지 못하는 마음을 지니고 있다. 선왕先王들은 남에게 차마 잔학하게 굴지 못하는 마음을 지니고 있었다. 그래서 남에게 차마 잔학하게 굴지 못하는 정치가 생겨났던 것이다. 남에게 차마 잔학하게 굴지 못하는 마음을 가지고 남에게 차마 잔학하게 굴지 못하는 정치를 실시한다면, 천하 다스리기를 손바닥 위에서 가지고 노는 것처럼 할 수 있을 것이다.…… 측은해 하는 마음이 없는 사람은 인간이 아니고, 부끄러워하는 마음이 없는 사람은 인간이 아니며, 사양하는 마음이 없는 사람은 인간이 아니고, 시비를 가리는 마음이 없는 사람은 인간이 아니다. 측은해 하는 마음은 인(仁)의 단서이고, 부끄러워하는 마음은 의(義)의 단서이며, 사양하는 마음은 예(禮)의 단서이고, 시비를 가리는 마음은 지(智)의 단서이다. 사람들이 이 네 가지 단서(四端)를 지니고 있는 것은 사지四肢를 가진 것과 같다.[26]

전국 시대라는 격렬한 전쟁의 소용돌이 속에서 맹자가 "인간의 본성은 선하

---

26) 『孟子』, 「公孫丑上」.

다"(性善)고 선언한 까닭은 무엇이었을까? 인간의 야수적이고 추악한 측면이 남 김없이 발휘되는 잔인한 상황 속에서, 과연 "인간의 본성은 선하다"고 생각할 만큼 맹자는 한가하고 낭만적이었을까? 맹자도 공자 못지않게 여러 제후국을 주유하면서 군주들을 만나 정치적 조언을 해왔던 점으로 볼 때, 맹자가 자기 시대의 혼란했던 사회 현실에 대해 무지했다고 말할 수는 없다. 또 『맹자』에 기록된 전쟁의 참상에 대한 묘사와 정치·경제적 개혁에 대한 수많은 제언들 로 볼 때, 맹자가 "인간의 본성은 선하다"고 선언한 데는 나름대로의 현실적인 의도가 있을 것이며, 당시 상황 속에서 이러한 담론을 듣는 사람들에게 미치는 '발화 수반 효과'를 염두에 두고 있었음이 분명하다. 이런 점에서 우리는 위의 사단四端과 관련해서 이어지는 맹자의 말에 주의할 필요가 있다. 맹자는 이렇 게 말한다.

> 이 '네 가지 단서'를 가지고 있으면서 선한 일을 하지 못한다고 말하는 것은 스스로 를 해치는 사람이고, 자기 임금이 선한 일을 하지 못한다고 말하는 것은 자기 임금 을 해치는 사람이다.27)

여기서 알 수 있듯이, 맹자가 인간의 본성에 '네 가지 덕의 실마리'(四端)가 내재되어 있다고 말할 때, 그의 담론이 겨냥하는 최종 목표는 '군주의 교화'이 다. 만약 신하된 자가 자신의 임금을 선한 길로 이끌지 못한다면 이는 임금으 로 하여금 사단을 발휘하지 못하도록 방기하는 일이며, 이는 결과적으로 자신 의 임금을 해치는 일이 된다는 것이다. 결국 맹자의 성선론은 인간의 본성에 대한 순수한 지적 호기심에서 말해진 것이 아니라, 탐욕스럽고 포악한 군주들 을 교화시키기 위한 현실적인 목적에서 말해진 것이라고 보아야 할 것이다. '성선'의 담론과 관련된 이러한 분석은 아래에 나오는 『맹자』의 구절에서 더욱 명료하게 뒷받침된다.

---

27) 같은 책, 같은 곳.

제의 선왕이 묻기를, "이 소를 어디로 끌고 가는 것이냐?" (신하가 말하였다.) "이 소를 희생으로 죽여 종(鐘)에 피를 바르는 의식을 행하려는 것입니다." 왕이 말하길, "그 소를 내버려 두어라. 나는 무서워하며 벌벌 떠는 그 소의 모습이 죄없이 죽을 곳에 나가는 것 같아 차마 보지 못하겠다." …… 맹자가 말하였다. "그러한 마음이면 넉넉히 왕 노릇을 하실 수 있습니다."

맹자와 제 선왕과의 대화에서 알 수 있듯이, 맹자는 제 선왕에게 '차마 보지 못하는 마음'(不忍之心)만 잘 발휘하면 족히 왕 노릇을 할 수 있다고 말하고 있다. 여기서 우리는 맹자가 "인간이면 누구나 측은지심이 있다"고 말할 때의 현실적인 의도는, 전제 군주들을 좀더 자비심과 동정심을 가지고 통치에 임하도록 교화하려는 데 있음을 알 수 있다.

맹자는 각 제후국의 군주들에게 이러한 성선론의 기반 위에서 '인仁한 통치'를 할 것을 권고한다. 난립하고 있는 전국의 통일과 국가 안전의 도모를 위하여 법가와 병가는 부국강병을 부르짖었지만 맹자는 인정仁政을 주장한다. 맹자에 따르면, 인정이 실시되면 민심은 자연히 왕에게 귀의하게 되고, 또 전쟁 상태의 국제 질서도 자연히 인왕仁王을 중심으로 재편성될 것이라고 보았다. "천하가 어떻게 낙착될 것입니까?" 하고 묻는 양의 양왕襄王에게, 맹자는 "한 군데로 통일될 것"이라고 말하고, 또 "누가 천하를 통일할 수 있는가?"라는 질문에는 "사람 죽이기를 좋아하지 않는 사람이 천하를 통일할 수 있을 것"이라고 답한다.[28]

맹자가 내세우는 인정이라는 정치 원칙은 전국 당시의 험난했던 국제 정세에서는 다분히 비현실적이고 이상적으로 보일 수도 있다.[29] 그러나 춘추 시대

---

28) 같은 책, 「梁惠王上」, "孟子見梁襄王…… 問曰: '天下惡乎定?' 吾對曰: '定於一.' '孰能一之?' 對曰: '不嗜殺人者能一之'"

29) 이성규는 인정에 의한 통일의 비현실성을 다음과 같이 지적하고 있다. 과연 당시의 인민들이 虐政을 이탈하여 타국의 군주에게 귀의하는 것이 현실적으로 가능했는지도 의문이지만, 만약 각국의 군주들이 모두 인정을 실시한다면 인정에 의한 천하 통일은 불가능해지고 대신 인정이 잘 시행된 국가들의 복수 공존만이 가능하게 된다는 점에서, 인정에 의한 통일론은 현실성이 없다는

에도 이미 인정의 시혜施惠에 의해 백성의 지지를 얻어 세력을 획득한 경우가 많음을 볼 때, 인정이라는 정치 원칙이 꼭 비현실적인 것만은 아니라고 할 수 있다. 예를 들어 춘추 시대에 제齊의 의공懿公이 자신의 재물을 빈궁한 자를 구휼하는 데 바침으로써 백성의 추대를 받아 군주의 지위에 오른 일이나,[30] 제의 진씨陳氏가 백성에게 곡식을 대여할 때 공실에서 정한 양기量器보다 큰 가량家量으로 대여하고 환수할 때는 공량公量으로 거두어들이고 목재·소금·어패류 등을 염가에 공급함으로써 국인國人이 이끌리듯 그에게 귀의했다는 이야기,[31] 그리고 정의 한씨罕氏나 송의 악씨樂氏가 기근을 당한 국인을 구휼함으로써 명망을 얻었다는 이야기[32]는 인仁의 시혜에 따라 지지력이 확대된 실례라고 볼 수 있다. 이처럼 인정을 실시함으로써 지지 세력(民心)이 모여들게 되고, 따라서 국세도 저절로 부강해지리라는 것이 맹자의 생각이었던 것 같다.

그렇다면 실제 정치·경제적인 측면에서 볼 때 '인정'이란 어떤 종류의 정책들을 지칭하는 것일까? 맹자는 인정의 구체적인 내용으로, 군주 1인을 위한 사부私富 축재의 제한, 농업 장려에 의한 민생 안정, 정전제井田制에 따른 부세 제도의 확립 그리고 관세 철폐에 의한 상품 경제의 유통 등을 들고 있다. 이 가운데 먼저 군주의 사부 축재 제한에 관한 맹자의 견해를 들어 보자.

> 문왕文王의 사냥터가 사방 70리나 되었지만 나무꾼과 사냥꾼을 마음대로 드나들게 하여 그들과 함께 쓰셨으니, 백성들이 그것을 크다고 여기지 않았습니다.…… 제齊 나라에는 사방 40리의 사냥터가 있지만 그 안에 있는 사슴을 죽인 자는 살인죄로 다스리고 있습니다. 그것은 마치 사방 40리나 되는 함정을 나라 안에 파놓은 꼴이 되니 인민들이 그것을 크다고 생각하지 않겠습니까?[33]

———————————
   것이다.(이성규, 「제자의 학과 사상의 이해」, 192쪽.)
30) 『左傳』, 「文公 14年」.
31) 같은 책, 「昭公 3年」.
32) 같은 책, 「襄公 29年」.
33) 『孟子』, 「梁惠王下」.

여기에서 맹자는 자국 내에 있는 산림 자원이 군주 1인의 사적 소유물이 아니라 백성들과 더불어 사용해야 하는 공동 재화임을 말하고 있다. 그는 기회가 있을 때마다 방문국의 군주들에게 재화를 "백성과 더불어 즐겨야 한다"(與民同樂)[34]고 강조한다. 물론 맹자 이외의 다른 제자諸子들도 부국 정책의 일환으로 군주의 사생활 절검節儉과 민생 경제의 안정을 말하였지만, 맹자만큼 민본民本과 위민爲民을 외친 사람은 없다. 맹자는 군주의 축부畜富는 모두 과다한 징세와 부역 동원으로 이루어지고, 징세와 부역이 과다해질 때에는 기층민이 군주로부터 등을 돌리게 되며, 이에 따른 기층민의 동요로 결국은 나라의 존립도 위협받게 된다고 보았다. 맹자가 "민民이 가장 귀하고, 사직이 그 다음이며, 군주는 끄트머리이다"[35]라고 한 것도, 각국의 군주들에게 "나라의 존망은 기층민의 건재 여부에 달려 있다"는 경각심을 주기 위해서 한 말일 것이다. 이로 볼 때 맹자의 인정 이념이 꼭 비현실적이고 추상적인 도덕 원칙만은 아니며, 오히려 현실에 굳건히 뿌리를 두고 있는 상당히 실제적인 정치 원칙이라는 생각이 든다.

두 번째로 맹자는 그의 경제 정책에 있어서 농업 장려에 의한 민생 경제의 안정을 든다.

농사철을 어기지 않게 하면 곡식은 이루 다 먹을 수 없을 만큼 넉넉하게 될 것이요, 촘촘한 그물을 쓰지 않게 한다면 물고기는 이루 다 먹을 수 없을 만큼 넉넉하게 될 것이다. 그리고 적절한 시기에만 산림 벌채를 허가한다면 재목은 다 쓸 수 없을 만큼 넉넉하게 될 것이다.…… 5무畝의 땅에 뽕나무를 심으면 50대 노인이 겨울에 비단옷을 입을 수 있을 것이고, 닭·돼지·개 등의 가축을 기르는 데 시기를 잃지 않는다면 70대의 노인이 고기를 먹을 수 있을 것이며, 100무의 전답을 가진 농부에게서 (부역으로 인한) 농번기를 빼앗지 않는다면 여러 명의 식구가 굶주리게 되지 않을 것이다.[36]

---

34) 같은 책, 「梁惠王上」.
35) 같은 책, 「盡心下」, "民爲貴, 社稷次之, 君爲輕."

맹자는 경제 정책에 있어서 농업·어업·목축업 등을 장려하고, 이와 더불어 천연 자원의 이용과 보호를 권장하고 있다. 그는 민생의 바탕이 되는 이러한 기간 산업을 장려함으로써 백성의 생활이 안정되고, 백성의 생활이 안정됨에 따라 국력도 부강해진다고 하였다. 중농 정책이라 불릴 수 있는 이러한 산업의 장려에는 맹자뿐만 아니라 법가나 병가의 개혁자들도 대체로 관심을 같이하고 있다. 하지만 비록 법·병가와 맹자의 경제 정책이 중농 정책이라는 동일한 단어로 설명될 수는 있어도 그 실제 내용에서는 다른 점이 많다. 맹자는 군주의 인심仁心이라는 도덕 원칙에서 출발하여 백성의 생계 보장을 위한 중농 정책으로 나아가지만, 법가는 부국이라는 현실적 목표에서 출발하여 중농 정책에 의한 세수稅收의 증대라는 귀결점에 도달한다. 맹자와 법가가 내포하는 중농 정책의 차이는 황무지 개간 문제를 놓고 볼 때 두드러지게 나타난다. 중농 정책을 추진하는 데에 이회李悝나 상앙商鞅 같은 법가는 황무지 개간과 관개 시설 축조를 대규모로 추진했던 데 비해, 맹자는 황무지 개간에 힘쓰는 자는 형벌을 받아야 마땅하다고 하여 경지 개간에 반대한다.[37] 맹자가 황무지 개간에 반대한 것은 경지 면적의 확대에 따라 기층민들의 조세 부담이 과중하게 된다는 이유도 있겠지만, 기층민의 생계 안정보다는 영토 확장에만 관심을 쏟는 군주들의 야심을 비난하는 뜻이 담겨 있다.

맹자는 중농 정책에 의한 민생 경제의 안정을 주장하는 동시에 상업 정책에서도 관세의 철폐와 상인의 자유로운 왕래를 적극 권장한다.

시장에서는 점포세는 징수하되 물품세는 징수하지 않거나, 간단한 시장 단속법 정도만 제정하고 점포세조차도 징수하지 않는다면, 온 천하의 상인들이 모두 기뻐하여 상품을 들여올 것이다. 관문에서는 조사는 하되 통행세를 징수하지 않으면 온 천하

---

36) 같은 책, 「梁惠王上」, "不違農時, 穀不可勝食也, 數罟不入洿池, 魚鼈不可勝食也, 斧斤以時入山林, 材木不可勝用也…… 五畝之宅, 樹之以桑, 五十者可以衣帛矣. 鷄豚狗彘之畜, 無失其時, 七十者可以食肉矣, 百畝之田, 勿奪其時, 數口之家, 可以無饑矣."
37) 같은 책, 「離婁上」, "善戰者, 服上刑, 連諸侯者, 次之, 辟草萊任土地者, 次之."

의 여행자들이 기뻐하여 통행하려 할 것이다.[38]

전국 시대처럼 각국이 자국의 부강을 위하여 상행위에 높은 관세를 부과하고 국가 안보를 이유로 통행의 자유를 엄격하게 제한하지 않을 수 없었던 상황에서, 맹자의 관세 철폐 주장은 다분히 비현실적이라는 느낌을 준다. 법가 쪽의 정책가들이 사부의 억제와 관세의 철저한 징수로 국가 재정의 충실을 꾀한 것은 이러한 시대적 현실을 반영한 것이라고 볼 수 있다. 만약 실제적 상황이 이러하다면, 맹자가 꿈꾸는 관세 철폐에 의한 상품 경제의 자유로운 유통은 정치적 할거가 청산되고 정치·경제적 질서가 일원화됨으로써 실현될 수 있을 것이다. 사마천은 훗날 한漢의 통일로 가능해진 상인들의 자유 왕래와 활발해진 상품의 유통을 다음과 같이 묘사하고 있다.

> 한나라가 일어나 천하가 통일되자, 관량關梁이 개방되고 산택山澤의 금령이 해제되었다. 이로 말미암아 부상富商·대고大賈가 천하를 주유하여 유통되지 않는 교역물이 없게 되어 원하는 물건을 모두 얻을 수 있었다.[39]

이것이 바로 맹자가 바라던 관세 폐지의 이상이었고, 이러한 자유로운 상품 경제의 유통은 정치적 질서의 일원화라는 과정을 거침으로써 비로소 실현 가능한 것이었다. 그러면 맹자는 과연 자신의 관세 폐지론이 당시의 상황에 비추어 현실적인 것이라고 생각하였을까? 송宋의 대부인 대영지戴盈之는 맹자의 관세 폐지에 관한 건의를 듣고 말하기를, "관세를 지금 당장 폐지해 버릴 수는 없으니, 지금은 약간 경감시켜 주는 방향으로 하고 내년쯤 가서 폐지하자" 하였다. 그러나 맹자는 "그것은 군자가 할 짓이 아니다"라고 일축해 버린다.[40] 관

---

38) 같은 책, 「公孫丑上」, "市廛而不征, 法而不廛, 則天下之商皆悅, 而願藏於其市矣. 關譏而不征, 則天下之旅皆悅, 而願出於其路矣."

39) 『史記』, 「貨殖列傳」, "漢興, 海內爲一, 開關梁, 弛山澤之禁. 是以富商大賈周流天下, 交易之物, 莫不通, 得其所欲."

40) 『孟子』, 「滕文公下」, "戴盈之曰: '什一, 去關市之政, 今茲未能, 請輕之, 以待來年然後已, 何如?'

세 폐지를 연기하려는 송의 대부를 질책하는 것으로 보아, 맹자는 관세 폐지를 절실한 당면 시책으로 생각했으며, 또 관세의 폐지야말로 인정仁政 실시의 중요한 측면이라고 보고 있음을 알 수 있다. 결국 관세 폐지는 맹자가 일관되게 주장했던 인정의 일환이며, 맹자는 관세 폐지로 말미암아 부진했던 상업 경제가 부흥하고 경색되었던 유통 질서가 개선됨으로써 국가 경제가 가일층 부흥될 것이라고 생각한 것 같다.

4. 현실에서의 실패와 '유가적인 것'의 생명력

공자와 맹자로 대표되는 선진 유가 사상의 핵심을 들라면 아무래도 인정과 민본 사상이 아닐까 싶다. 공자는 천하를 주유하면서 제후들에게 자신의 정치 이상을 채택할 것을 권유했지만 그의 노력은 수포로 돌아가고, 공자는 결국 만년에 고향으로 돌아가 『시경詩經』과 『춘추春秋』의 편찬에 몰두할 수밖에 없었다. 공자로부터 백여 년 후의 사상가인 맹자 역시 공자와 마찬가지로 열국을 주유하며 전국戰國의 제후들에게 '인정'에 바탕을 둔 왕도 정치를 권고하였지만 맹자가 꿈꾸었던 왕도 정치의 이상은 끝내 실현되지 못했다. 비교적 강대국이었던 제齊와 양梁의 군주들은 맹자의 권고를 채택조차 하지 않았다. 등滕 문공文公처럼 몸소 삼년상을 실행하면서 인정을 시행함으로써 인仁의 정치를 행한 그의 소문으로 듣고 다른 나라로부터 모여드는 사람들도 있기는 했지만, 이는 극히 드문 경우이다. 오히려 그런 군주마저도 결국엔 현실 정치의 '힘의 논리' 앞에 굴복할 수밖에 없었다는 사실은, 맹자의 생각이 당시의 현실에서 얼마나 외면당했는지를 잘 보여 준다.

맹자는 "사람 죽이기를 좋아하지 않는 제후가 천하를 통일할 수 있다"고 말했지만 이러한 예언은 적중하지 못했고, 그 대신 '잔혹하고 포악한 나라'(虎狼

孟子曰: '……. 是非君子之道.'"

之國)로 악명이 높았던 진秦나라가 법가적 이념에 기반한 무력으로 기원전 221년에 천하를 통일하였다. 그러나 맹자의 말이 전혀 틀린 것은 아니었다. 진시황이 세상을 떠나자 진 제국은 연속적인 학정虐政에 항거하는 반란으로 불과 15년만에 붕괴되고 한漢 왕조(기원전 206~기원후 220)가 이를 대신하였다. 한 왕조는 천하를 통일한 후, 진의 멸망을 교훈 삼아 유가를 중심으로 한 새로운 정치 이념을 수립하였다. 유가를 한 왕조의 정통 통치 이념으로 확립하는 데에는 동중서董仲舒(기원전 179~104)의 공이 컸으며, 이때부터 유가는 중국에서 정통 통치 이념으로서의 지위를 굳혀 그 영향을 후세에 길이 미치게 되었다. 심지어 불교 문화가 크게 융성하였던 당唐대에도 국가의 제도나 통치 이념은 여전히 유가적 이념에 의거하였고, 유가적 통치 이념은 중국 사회가 근대에 이르기 이전인 송宋, 원元, 명明, 청淸대를 관통하는 주도 이념으로 자리를 잡았다.

그러면 공자와 맹자에 의해 선진 유학이 탄생하고 난 후 2천여 년 동안 중국 사회를 지배했던 유가 사상의 핵심은 무엇이라고 규정할 수 있는가? 사상사가에 따라 그 내용은 조금씩 편차를 보이지만, 단도직입적으로 말해서 유가 사상의 핵심은 먼저 정치 행위와 윤리 · 도덕을 같은 연장선상에서 고려한다는 점을 들 수 있다. 이에 따라 통치자와 지배 계급의 자기 수양과 자기 절제를 중시하고 인간 본성의 선함에 근거하여 욕망의 극복과 도덕적 완성을 강조한다. 유가에서는 사회의 최소 구성 단위를 가족으로 보고 특히 효孝를 중시하여 가족에서 확장된 공동체적 삶을 이상적인 사회로 보았으며, 법法과 같은 제도적 장치보다는 덕德과 교화敎化를 중시하면서 백성이 공동체적 질서 안에 자발적으로 동참하기를 원했다. 그리고 인간과 자연의 합일을 이상적 가치로 추구하고, 종교나 신비적 현상에 대해 현실주의적인 태도를 취하며, 역사와 전통에 경의를 표하면서 인간의 경험에 의해 누적된 진리를 존중하고, 마지막으로 물질적 이익의 추구 대신에 정신적 행복과 문인적文人的 기질을 숭상한다. 이러한 점들이 바로 유가 사상의 중요한 특징들이다.

유가 사상은 근대 이후 밀려들어오는 서구 문물의 영향으로 봉건 시대의 유물로 치부되기도 했지만, 부침하는 문명의 변천 과정에서 다시금 시대의 문제를 해결할 수 있는 해법으로 등장하기도 한다. 예를 들면 중국에서는 문화대혁명의 종결과 함께 '중국적 특색을 지닌 사회주의'를 건설하기 위해, 그리고 '시장 경제를 수용하는 사회주의'를 수립하기 위해, 나아가 자본주의적 시장 경제의 도입이 초래한 정신·도덕의 황폐화를 치유하기 위해 '현대 신유가'라는 이름으로 다시금 새롭게 담론의 장에 오르고 있다. 서양에서도 많은 연구자들이 후기 자본주의 시대의 문화적 위기를 극복하려는 모색의 일환으로 유가의 공동체주의적 사고에 눈을 돌리고 있으며, 이성 중심주의의 그늘에서 벗어나려는 철학적 노력의 일환으로 유가 사상에 관심을 기울이고 있다. 그밖에도 한국을 위시한 신흥 공업국의 급속한 경제 발전을 설명하기 위한 문화적 요인으로서 '유가적 에토스'가 빈번하게 인구에 회자되었으며, 아시아에 불어닥친 경제 위기 이후에는 이러한 위기를 초래한 형이상학적 용의자로 유가 사상이 지목되기도 한다. 공자와 맹자는 오래 전에 죽었지만 그들이 남긴 사상적 영향력은 긍정적인 의미에서든 부정적인 의미에서든 오늘날까지 여전히 지속되고 있다고 보아야 할 것이다. 🐢

참고문헌

『論語』
『孟子』
『左傳』
『史記』

이성규, 「제자의 학과 사상의 이해」(서울대 동양사학연구실, 『강좌 중국사』 I, 서울: 지식산
　　업사, 1991)

논리성과 실용성으로 무장된 보편애의 세계

정재현

1. 묵가의 성격과 문제 의식

묵가墨家는 묵자墨子(기원전 479? ~ 기원전 381?)에 의해 비롯된 학파이다. 묵가는 분명히 유가를 의식하고 그에 반대한 역사적 학파였다. 도가와 법가 사상이 고대 중국철학사에 있어서 유가 사상과는 다른 이질적 사상이기는 하나 도가와 법가가 역사상 유가보다 뒤이어 나온 역사적 학파이었는지는 불분명하다. 법가와 도가 사상의 뿌리는 유가가 발생하기 이전이나 혹은 같은 시기로 볼 수도 있을 것 같고, 또 이들이 춘추전국 시대에 하나의 학파를 형성했다는 증거도 불분명하기 때문이다.

반면 묵가는 분명히 유가보다 이후에 성립되어 유가를 의식하고 비판한 학파이다. 그 이유는 묵자가 공자와 맹자 사이에 출현하여 유가 문하에서 배웠다고 전해지며, 그 이론들이 유가 이론이 가진 한계를 지적하는 데서 직접적으로 출발했기 때문이다. 묵가는 유가의 직접적 영향하에서 성장했기에 유가와 많은 공통점을 가졌으면서도 상반되는 이론을 내세운다. 묵가와 유가의 유사성은 혼란한 시기를 극복하기 위한 규범적 체계의 중요성을 강조하고, 엘리트에 의한 백성의 통제를 옹호하는 데 있다.[1] 묵가가 유가와 구별되는 점은 묵가가 실용성과 논리성2)에 입각하여 유가 규범 체계의 문제점을 지적한 데서 성립된다.

묵가 집단은 '거자鉅子'라는 우두머리를 중심으로 조직된 군사 집단으로서,3) 상당히 배타적이고 집단에 대한 충성심이 강요된 결사 조직으로 그려진다.4) 이 학파는 기원전 4세기에 이르러 세 갈래로 갈라졌다고 한다.5) 묵가 사상을 이해 하기 위한 기본 자료인 현존『묵자』는 53편이고, 그 중에 여섯 편은 후기 묵가 에 의해 쓰여졌다고 전해진다. 대체로 전기 묵가는 윤리, 사회 생활, 종교 분야 에 관심이 있었고, 후기 묵가는 논리, 과학 분야에 관심이 있었는데, 그럼에도 이 두 조류가 하나의 흐름으로 보이는 까닭은 각각 실용성과 논리성에 입각하 여 논의를 전개시켜 나가기 때문이다.

묵가 집단의 출신 성분은 아마도 기술자, 노동자, 상인 등의 하층 계층이었 을 것이라고 생각된다. 그 이유는 첫째, 묵가 집단의 기본적 교설이 적혀 있는 『묵자』문체가 지루할 정도로 반복적이고, 문학적으로 세련되지도 않으며 거 칠다는 사실이다. 두 번째는 묵가가 다른 학파들과는 달리 여전히 귀신과 인격 천人格天을 믿었다는 사실이다. 그 당시의 지식인들이 대체로 귀신에 대한 의 식은 치렀지만 그 존재는 믿지 않았으며, 천天은 인격적인 존재라기보다는 인 간이 제어할 수 없는 운명과 같은 비인격적 힘으로 간주되었는데,6) 묵가만이 천과 귀신에 대한 하층민의 민간 신앙을 고수한 것이다. 셋째, 그들의 실용적 윤리, 사회 사상이 지배층의 시각보다는 상당히 아래로부터의 시각을 보여 주 고 있다는 사실이다.

묵가 사상에 대한 평가는 크게 엇갈린다. "철학적으로 수준이 낮고 중요하지

---

1) 물론 묵가의 엘리트인 '賢者'는 유가의 현자와는 달리 단순히 덕을 갖춘 존재일 뿐만 아니라 논 쟁술에도 뛰어날 것이 요구된다. 뒤에서 다루겠지만 이 논쟁술은 묵가에서 커다란 중요성을 지닌 다.
2) 여기서 논리성이란 '일관성'을 의미한다.
3) 계약을 맺어서 전쟁을 대신하는 집단으로 묘사된다.
4) 사적 제재를 가하는 결사 집단으로 묘사된다.
5) 현존『墨子』중의 여러 편에 보이는 '上·中·下'라는 구성 체제는 묵자의 생각이 각각의 분파 로부터 조금 달리 전해져 내려온 흔적이라고 주장되어 왔다.
6) A. C. Graham, *Disputers of the Tao*, 47쪽.

않다"[7]고 보는 의견이 있는가 하면, "묵자는 고대 초기의 가장 중요한 철학자"[8]라는 평가도 있다. 유가를 중요시한 전통 사회에서 묵가는 유가를 잘 이해하지 못한 것으로 그려졌으며, 따라서 전자의 견해에 기우는 경향을 보여 왔다. 하지만 금세기에 들어 묵가에 대한 평가는 상당히 긍정적으로 바뀌었다. 이는 사회주의 국가가 된 중국 대륙에서 하층민의 입장을 옹호했던 묵가에 대한 평가가 우호적일 수밖에 없었고, 또 서화론자들의 경우도 묵가가 강조한 논리성과 실용성이 서구 사상과 친밀성을 가졌기 때문이다. 이 글에서는 묵가에 대한 전통적이면서 부정적인 평가들을 염두에 두면서, 역사적으로는 묵가의 입장이 하층민의 입장에서 본 유가 귀족주의의 비판이고, 이론상으로는 논리성과 실용성이 깔려 있는 학파로 간주하고 논의를 전개하고자 한다.

묵가가 활동했던 전국戰國 시대는 공자의 춘추春秋 시대에 비해 더욱더 제후국諸侯國들 중심으로 개편된 시기였다. 물론 묵가는 이런 제후국들 중심의 혼란 상태를 비판하였고, 제후국들이 이상적으로 통합되어야 할 상위 정치 단위로 '천하天下'를 말했지만 적극적으로 이 제후국들을 통합할 생각은 없었던 것 같다. 오히려 '공격적 전쟁에 대한 반대'(非攻), '윗사람으로의 의견 통일'(尙同)이라는 그들의 교설 등을 볼 때, 기존 질서의 옹호라는 보수적 측면도 가지고 있다. 하지만 유가와는 달리 묵가는 단순한 기존 질서의 옹호를 통해 무질서가 극복된다고는 생각지 않았다. 그들이 보기에 무질서는 어떠한 규범도 없는 상태에서 오는 것이 아니라 오히려 다양한 규범의 난립에서 오기 때문이라는 것이다.

옛날 백성들이 처음 생겨나서 법과 정치가 없었을 적에, 대개 그들은 다른 사람들에게 다른 옳음을 말했다. 그러므로 한 사람이면 한 가지 옳음이 있고, 두 사람이면 두 가지 옳음이 있으며, 열 사람이면 열 가지 옳음이 있어 사람들의 수가 불어날수록 이

---

7) Wing-Tsit Chan, *A Source Book in Chinese Philosophy*, 212쪽.
8) Chad Hansen, *A Daoist Theory of Chinese Thought*, 95쪽.

른바 옳음이라는 것도 (그만큼) 불어나게 되었다. 그래서 사람들은 자기의 옳음은 옳다고 여기고 남의 옳음은 그르다고 하여 서로가 상대방을 비난하게 된 것이다.…… 천하의 혼란은 마치 금수 상태와 같게 되었다.[9]

공자가 자신의 고국인 노魯에 남아 있는 주周의 규범이 다른 어떤 규범보다 우월한 것으로 믿고 이것의 전파와 교육을 이상적 질서 회복의 첩경으로 생각했던 것과는 달리, 묵가는 주의 규범과는 다른 규범 체계들의 존재가 주의 규범이 객관적이라는 주장을 위협하는 것이라 생각했다. 예컨대 공자는 그의 제자가 삼년상보다는 일년상이 더 낫다고 했을 때 단순히 삼년상은 천하의 공통적 장례(通喪)라 하며 제자를 비난하지만,[10] 다양한 관습의 존재를 인정하는 묵자는 삼년상의 자연성과 보편성에 의문을 제기한다.

'개술'이라는 나라에서는 맏아들을 낳으면 갈라 먹으면서 (이는 다음 태어날) 동생에게 좋은 일이라고 말하고, 할아버지가 죽으면 할머니를 져다 버리면서 귀신의 처하고는 같이 살 수 없다고 말한다.…… 또 염인국에서는 부모가 죽으면 살을 발라 버리고 뼈만 묻어야 효자라 하고…… 의거국에서는 부모가 죽으면 장작을 모아 화장을 하는데, 연기가 오르는 것을 하늘 나라에 오른다고 말하고 그렇게 해야만 효자라 한다. 이에 위에서는 정치를 행하고 아래에서는 풍속을 삼아, 그치지 않고 행하며 유지하고 버리지 않는다. 이것이 어찌 진실로 인의의 도리이겠는가? 이는 습관을 적절하다 생각하고 습속을 옳은 것으로 여기는 것이다.[11]

공자는 왜 삼년상을 지켜야 하느냐는 물음은 단순히 그것이 널리 그리고 오

랫 동안 행해져 왔다는 사실만을 지적함으로써 충분한 대답이 된다고 생각했다. 하지만 묵가는 '관습적인 것'이 결코 '적절하고 올바른 것'과 동일할 수는 없다고 주장함으로써 공자와는 다른 길을 걷는다. 즉 묵가는 다양한 관습의 존재를 공자보다 심각하게 받아들이고 있다. 이로써 묵가는 중국 철학 전통에서는 드물게 무엇이 관습인지를 묻지 않고, 관습이 어떻게 정당화되는가를 묻고 있다. 이를 바탕으로 묵가는 좀더 올바른 규범 체계를 선택하기 위한 외재적이고 객관적인 기준을 말한다. 이러한 객관적인 기준으로 나온 것이 '천天'과 '삼표三表'이다. 묵가는 바로 이런 기준을 통해 바람직한 규범 체계를 제시하려고 한다.

2. 규범의 객관적 기준 — 논리성과 실용성

유가의 규범 체계로는 올바른 사회 통합을 이루지 못한다고 본 묵가는, 올바른 규범을 정하기 위한 객관적 기준(法)을 생각한다. 즉 묵가의 해결 방식은 철저히 객관적 기준의 추구를 통해 이루어진다. 여기서 우리는 그들이 유가와는 달리 어떤 주장을 수용하기 위해서는 객관적 기준이 필요하다는 합리적인 사고를 하고 있음을 발견한다. 이러한 객관성의 추구는 주장과 주장자를 분리하고 있는 묵자의 태도에서 이미 확인된다.

묵자는 정자와 토론하다가 공자를 인용하였다. 정자가 말하였다. "유가를 비난하면서 무엇 때문에 공자를 인용하십니까?" 묵자가 말하였다. "공자의 말 또한 (이 경우에) 합당하여 (다른 것으로) 바꿀 수 없는 것이기 때문입니다."[12]

묵가의 합리적 사고는 단지 주장과 주장자를 분리하는 것뿐만 아니라 주장

---

12) 「公孟」, "子墨子與程子辯稱於孔子. 程子曰: '非儒, 何故稱於孔子也?' 子墨子曰: '是亦當而不可易者也.'"

이나 행위의 이유(故)를 요구하는 것에서도 드러난다.

묵자가 유자에게 무엇 때문에 "음악을 연주하십니까" 하고 물으니, 유자는 "음악은 음악이기에 연주합니다"라고 하였다. 묵자가 말하기를 "그대는 나에게 대답하지 않았습니다. 이제 내가 무엇 때문에 집을 짓느냐고 물었을 때 대답하기를, 겨울에는 추위를 피하고 여름에는 더위를 피하며 남녀를 구분하기 위해 집을 짓는다고 하면, 그대는 나에게 집을 짓는 이유를 말하는 것입니다. 이제 내가 무엇 때문에 음악을 연주하느냐고 물었는데 음악이기에 연주한다는 것은 무엇 때문에 집을 짓느냐는 질문에 집이기에 집을 짓는다고 말하는 것과 같습니다."[13]

묵가가 주장하는 객관적 이유는 원래의 주장과 '유사성'(類)을 지녔다는 것이다. 예컨대 묵가는 '공격적인 전쟁은 나쁘다'라는 주장을 정당화하기 위해서 그러한 주장과 유사한 주장을 찾는다. 묵가가 찾은 유사한 주장은 '죄 없는 사람을 해치는 것은 나쁘다'는 것이었다. 즉 공격적인 전쟁이 나쁘다는 것은 죄 없는 사람을 해치는 것이 나쁘다는 것과 유사하다는 것이다. 묵가가 보기에 사람들은 누구나 죄 없는 사람을 해치는 것을 나쁘다고 비난한다. 그러나 훨씬 많은 사람을 죽이는 전쟁은 비난하지 않고 오히려 찬양한다. 세상 사람들이 적은 수의 사람을 해치는 것은 잘못이라 하면서 많은 사람을 해치는 전쟁을 비판하지 않는 것은, 마치 검은 것이 조금 있는 것은 검다고 하면서 검은 것이 많은 것은 하얗다고 하는 것과 같은 논리라고 보았다.[14] 묵자의 주장이 갖는 타당성은 전쟁과 죄 없는 사람을 해치는 것 사이에, 약간의 검은 것과 많이 검은 것 사이에 존재하는 그러한 유사성의 관계가 성립하느냐에 달려 있다. 즉 약간의 검은 색과 많이 검은 색 사이에는 양적인 차이만 있지 질적인 면에서는 동일한 유사성이 성립하는데, 전쟁과 죄 없는 사람을 해치는 것 사이에 이런 비례가

---

13) 같은 책, 같은 곳, "子墨子曰, 問於儒者, '何故爲樂?' 曰: '樂以爲樂也.' 子墨子曰: '子未我應也. 今我問曰, 何故爲室. 曰冬避寒焉, 夏避暑焉, 室以爲男女之別也, 則子告我爲室之故矣. 今我問曰, 何故爲樂, 曰樂以爲樂也. 是猶曰, 何故爲室, 曰室以爲室也.'"
14) 「非攻」 참조

성립하는지가 문제의 관건이다. 여기서 우리는 묵가의 입장이 갖는 타당성에 상관없이, 묵가의 객관적 기준이 다름 아닌 유사성(類)에 입각한 것임을 확인할 수 있다.

1. 삼표법三表法

객관적 기준을 제시함으로써 비로소 주장을 정당화시킬 수 있다는 이러한 합리적 태도들로부터 묵가는 어떤 주장이 갖는 정당한 기준을 생각하게 된다. 묵가가 보기에 그 기준에는 세 가지가 있는데, '삼표'가 곧 그것이다. 삼표는 '옛 성왕의 일에 근본을 둘 것'(本), '백성들이 보고들은 것에 근거할 것'(原), '형벌과 정치에 적용했을 때 백성들의 이익과 부합될 것'(用)이다.

> 말을 함에 판단 기준이 없으면, 마치 질그릇 만드는 돌림대 위에 해가 뜨고 지는 방향을 표시해 놓는 것과 같다. 그러므로 옳고 그르고, 이롭고 해로운 것을 밝게 가려낼 수 없는 것이다. 따라서 말에는 반드시 세 가지 표준이 있어야 한다. 즉 근본(本)과 원인(原), 실용(用)이 그것이다. 무엇에 근본을 둘 것인가? 옛날 성왕들의 사적에 근원을 두어야 한다. 무엇에 기인하여 추구할 것인가? 백성들의 귀로 듣고 눈으로 본 사실에 기인하여 추구하여야 한다. 무엇으로 실용적인가를 판가름할 것인가? 실제 형벌을 펴서 나라와 백성들에게 이로운가를 살펴보아야 한다. 이것을 말에 있어서 세 가지 표준이라 한다.[15]

삼표에서 첫째는 역사적 사실이고, 둘째는 사람들의 상식이라 볼 수 있는데, 이들은 객관적 기준의 예로 논란의 여지가 있다. 왜냐하면 이 두 가지 기준들은 얼마든지 상반된 주장을 옹호하기 위해 사용될 수 있어 주장의 객관적 기준

---

15) 「非命」, "言而毋儀, 譬猶運鈞之上而立朝夕者也, 是非利害之辨不可得而明知也, 故言必有三表. 何謂三表? 子墨子曰, '有本之者, 有原之者, 有用之者.' 於何本之? 上本之於古者聖王之事. 於何原之? 下原察百姓耳目之實. 於何用之? 廢以爲刑政, 觀其中國家百姓人民之利. 此所謂言有三表也."

으로 실제 사용할 수 있을지가 불투명해 보였기 때문이다. 다시 말해 어떤 주장이 타당하기 위해 그것이 역사적 사실과 동시대 사람들의 상식에 기초를 두어야 한다는 생각은 소박한 경험주의적 사고로 간주해서 의미 있는 기준들로 볼 수도 있을 것 같으나, 다른 학파들이 이를 부인할 이유가 없다는 점과 실제로 같은 역사적 사실과 경험적 사실이 상반된 주장의 근거로 제시되고 있음을 상기한다면 그 두 가지 기준들의 유용성에 회의가 따르게 된다. 이런 이유로 삼표 중에서도 세 번째 기준인 실용성이 묵가에서 가장 중요한 기준으로 여겨져 왔다. 실제로 유가가 의도적으로 의로움(義)과 이로움(利)을 구분하고 이로움에 대해 의로움을 강조한다면,[16] 묵자는 겸애를 말하면서 항상 이로움을 말하든지, 혹은 겸애의 타당성을 주로 그것이 가져다 주는 이로움에서 구한다. 또한 『묵경』에서는 한 걸음 나아가 의로움은 이로움이라 정의하고, 효孝나 충忠 등의 윤리적 개념들을 이로움에 입각해 정의하고 있다.

하지만 삼표의 첫째와 둘째 기준에서 강조한 역사적 사실과 동시대 사람들의 상식도 묵가가 생각한 객관적 기준의 주요한 요소들이다. 그것이 논리적 일관성을 유지하려는 태도로 해석되었을 때 그러하다. 다시 말해 묵가는 역사적 사실과 동시대의 상식이 우리의 지식의 기초를 형성하고 있다고 믿고 있으면서 이것들과 가장 일관된 주장들을 받아들이기를 원하는 듯하다. 따라서 묵가의 삼표는 단순히 실용성만이 아니고 논리적 일관성도 함께 포괄하고 있다고 보아야 한다. 다음과 같은 묵가의 논리적 일관성에 대한 존중은 도처에서 확인된다.

세상의 군자들은 개 한 마리나 돼지 한 마리를 요리하라고 하면 할 줄 모른다고 그 일을 사양한다. (그런데) 그에게 한나라의 재상이 되라고 하면 할 줄 모르면서도 그 일을 맡는다. 어찌 모순되는 일이 아니겠는가?[17]

---

16) 공자는 군자는 義에 밝고 소인은 利에 밝다고 했고, 맹자는 왜 仁義를 말하지 않고 이로움(利)만 말하느냐고 강조한다.

17) 「貴義」, "子墨子曰: '世之君子, 使之爲一犬一彘之宰, 不能則辭之. 使爲一國之相, 不能而爲之,

묵가의 논리적 일관성은 바로 유사성(類)을 강조하는 논리이다. 실용성과 함께 이러한 논리적 일관성을 강조하는 것은 전·후기 묵가의 공통적 요소이다.

2. 천지天志

삼표를 통해 추구한 것은 '법法', '고故' 그리고 '유類'의 강조로 표현된 실용성과 논리성이다. 이러한 사실은 묵가에서 궁극적인 의견 통일의 권위로 제시된 '천'에서 확인된다. 묵가의 천은 다분히 인격천으로서 모든 행위와 주장의 기준인데, 이것과 실용성, 논리성의 관계는 밀접하다. '왜 하늘(天)의 뜻을 따라야 하는가'라는 질문에, 묵가는 천이 가진 논리성, 실용성 때문이라고 대답한다. 따라서 묵가에서 천보다 더 근본적인 것은 논리성과 실용성이다.

선진철학사에서 천은 다양한 의미로 쓰이지만, 묵가에서는 인격신의 개념이 강하다. 묵가는 다른 학파들과는 달리 귀신과 인격신으로서의 천을 믿는다. 앞서도 언급했듯이, 그 당시의 사조는 귀신에 대한 의식은 치렀지만 귀신의 존재는 무시하였고, 천은 인간이 제어할 수 없는 것을 담당하는 운명과 같은 비인격적 힘으로 간주되었다.[18] 묵가는 일면에서는 무조건적으로 천의 인격성과 '최상'의 의미를 강조하면서, 이러한 천이 실제적으로 행위와 판단의 궁극적 모델, 기준(法)이어야만 한다고 주장했다.

그러니 무엇으로써 다스리는 법도를 삼아야 하겠는가? 본디 하늘을 법도로 삼는 것보다 더 좋은 것은 없다고 하였다. 하늘의 운행은 광대하면서도 사사로움이 없고, 그 베푸는 것은 후덕하면서도 은덕으로 내세우지 않으며, 그 밝음은 오래가면서도 쇠하지 않는다. 그러므로 성왕들께서는 이것을 법도로 삼았던 것이다.[19]

豈不悖哉!'"
18) A. C. Graham, *Disputers of the Tao*, 47쪽.
19) 「法儀」, "然則奚以爲治法可? 故日莫若法天. 天之行廣而無私, 其施厚而不德, 其明久而不衰, 故聖王法之."

우리에게 하늘의 뜻이 있다는 것은, 마치 수레바퀴 만드는 사람에게 둥근 자가 있고 목수들에게 굽은 자가 있는 것과 같아서…… 그것으로써 천하의 모난 것과 둥근 것을 헤아려 거기에 들어맞으면 옳고 들어맞지 않으면 그르다고 하는 것이다.[20]

하지만 좀더 자세히 들여다 보면 묵가가 천을 모범으로 삼으라는 것은 그 천이 지시하는 내용과 상당히 관계가 있음을 알게 된다. 그러면 천이 지시하는 내용은 무엇인가? 묵가에 따르면, 천은 인간이 서로 사랑하고 서로 이롭게 해 주기를 원한다.

하늘은 사람들이 서로 사랑하며 서로 이롭게 할 것을 바라지, 사람들이 서로 미워하여 서로 해칠 것을 결코 바라지 않는다.[21]

이는 앞서 말한 논리성과 실용성의 측면이다. 묵가가 인격신을 믿는 가장 종교적인 집단인 것 같으면서도 그 신앙의 근저에 이러한 논리성과 실용성이 개재되어 있었다는 사실은 역설적이다. 묵가의 천은 절대 자의적인 존재가 아니라 철저히 논리성과 실용성에 따르는 존재이다. 이러한 점에서 묵가의 천은 논리성과 실용성의 강조를 위한 장치이며, 유가보다 더 철저히 인간 중심적 성격을 가졌다.

천의 논리성은 천지天志가 바로 궁극적 권위라는 생각과 연결되어 있다. 묵가는 천天, 천자天子, 삼공제후三公諸侯, 경대부卿大夫, 사士, 서인庶人이라는 위계 질서를 생각했는데, 천은 그 위계 질서에서 최상의 존재로 그 하위의 존재들을 통섭하고 있다.[22] 다양한 존재들 중에서 하나의 최상의 존재를 상정하고, 그 다양한 존재들의 존립 의의를 그 최상 존재로 귀일시키는 사유 방식은 보편성의 강조이며, 이는 논리적 일관성의 추구와 무관하지 않다. 묵가는 모든

---

20) 「天志」, "我有天志, 譬若輪人之有規, 匠人之有矩…… 以度天下之方圓, 曰中者是也, 不中者非也."
21) 「法儀」, "天必欲人相愛相利, 而不欲人之相惡相賊也."
22) 「天志上」과 「尙同上」 참조

의견 통일이 천자보다는 천에 의해 이루어져야 한다고 보는데, 이는 천자가 인간이기에 가지는 사사로움 즉 편견을 의식하였기 때문이다. 묵가도 천하를 지배하는 현실적 존재가 천자임을 부인하지 않을 것이므로, 묵가가 천을 강조한 것은 보편성의 강조라는 논리적 차원에서 이루어진 것 같다. 즉 천하는 천자보다는 천에 의해 지배된다고 하는 묵가의 견해는 좀더 논리적인 일관성을 추구하려는 그들의 태도를 잘 보여 준다. 여기서 묵가의 세계 개념인 '천하'도 그 당시의 상황에서 결코 정치의 실제 최고 단위가 아닌 이상적 최고 단위인 만큼, 천 개념과 더불어 논리의 일관성을 확보하려는 장치라고 볼 수 있겠다. 묵가는 가장 보편적인 권위·주권을 상정함으로써 가족과 친지를 우선시하는 유가식의 사사로운 도덕성이 극복될 수 있다고 보았는데, 이것이 바로 천이며 이 천의 힘을 위임받아 실제 통치하는 이를 천자라고 보았다. 따라서 우리는 모든 옳고 그름의 기준을 천이나 천자에 일치시키려는 노력을 통해 논리적 일관성을 추구해야만 한다.[23]

천의 실용성은 '왜 천과 귀신을 믿는가'라는 문제에서 분명히 드러난다. 묵가의 설명에 따르면, 천과 귀신을 믿지 않을 때보다는 믿었을 때에 백성들을 통제하기가 쉽다는 것이다. 즉 통제를 위한 가장 실용적 장치이기에 천을 믿어야 한다는 것이다. 묵가는 천의 의지와 존재를 부인하고 천을 자연법과 같은 것으로 상정하면 운명론이나 체념론에 빠지게 되어 인간의 의지와 노력을 약화시키는 결과를 가져온다고 하였다. 또 "천은 반드시 사람들이 서로 사랑하고 서로 이롭게 하기를 원한다"[24]고 보았기에 천의 존재를 믿지 않는 것보다는 천의 존재를 믿는 것이 우리들에게 여러 가지로 이익을 가져온다고 본 것이다.

---

23) 「尙同上」 참조
24) 「法儀」.

3. 보편애(兼愛)와 지식의 객관성

묵가의 철학 이론은 애초에 유가의 이론에 대한 비판으로부터 시작했으나 차츰 도가 등의 학파도 비판하기 시작한다.[25] 물론 이 비판의 근거는 삼표, 즉 논리성과 실용성이다. 전기 묵가의 이론이 유가의 규범에 대한 비판이라면, 후기 묵가의 이론은 다분히 장자의 객관적 지식의 회의에 대한 응답의 성격이 강하다. 논의의 편의상 여기서는 묵가의 철학 이론을 해명하는 데에 먼저 전기 묵가 학설 중에서는 그들의 대표적 철학 이론들인 이른바 '묵자십사墨子十事'[26] 중에서 가장 핵심적인 겸애兼愛에 대한 이론을, 후기 묵가의 학설 중에서는 객관적 지식의 구조를 파헤치는 작업의 핵심에 있는 변辯에 관한 이론만을 살펴보기로 하겠다.

1. 전기 묵가 ─ 이기심에 기반을 둔 보편애

공자의 이론이 인仁에 대한 학설이라면,[27] 묵자 즉 전기 묵가의 대표적 이론은 겸애兼愛이다.[28] 따라서 유가 철학과 대비되는 묵가 철학의 성격은 인과 겸애의 차이를 해명함으로써 가장 분명하게 드러날 수 있다. 묵가가 보기에 유가적 덕목인 인은 모든 사람을 사랑하는 것이 아니고 자신의 가족만을 위하는 가족 이기주의이다. 이에 반해 겸애는 보편적 사랑으로서 자신의 가족과 다른 사람의 가족을 차별 짓지 않는 비차별적 사랑이라는 것이다. 묵가의 겸애의 입장에서 가족 이기주의가 문제가 되는 것은, 그것이 전체 공동체보다는 가족이라는 부분적 공동체를 앞세우고, 따라서 전체 질서를 위협하는 원칙이기 때문이다.

---

25) 예컨대 후기 묵가는 장자, 명가, 음양가 등의 이론들을 비판하고 있다.
26) 이것은 尙賢, 尙同, 兼愛, 非攻, 節用, 節葬, 天志, 明鬼, 非樂, 非命를 가리킨다.
27) Tu Wei-ming, *Humanity and Self-Cultivation: Essays in Confucian Thought*, 5~16쪽.
28) 전통적으로 묵자 사상의 핵심은 '兼愛'라고 평가되어 왔다. 『맹자』에서도 "묵자는 겸애를 주장하며……"라고 했다.

유가의 인이 전체보다 부분을 앞세운다는 묵가의 주장은 유가의 인이 그 지향점에 있어서 전체를 우선하고 있다는 사실에 비추어 볼 때 지나친 것이 아닐 수 없다. 즉 유가에 의하면 자신의 부모에 대한 효도(孝)와 형제에 대한 사랑(悌)은 인의 시작으로서 중요하지만 이것이 인의 완성은 아니다. 유가의 인은 자신의 가족에 대한 사랑을 타인의 가족에게까지 확장시킴으로써 가능하다. 이런 의미에서 유가의 인도 그 지향점은 전체를 향하고 있다고 할 수 있다. 즉 모든 사람을 사랑하라는 원칙은 묵가의 겸애에서만 주장되는 것이 아니고 유가의 인에서도 주장되는 것이다. 따라서 단순히 유가의 인과 묵가의 겸애가 그 적용 대상의 외연에 따라 차이가 난다고 볼 수는 없다.

그 차이는 우선 모든 사람을 사랑하라는 목표에 대한 접근 방식에서 찾을 수 있다. 묵가의 겸애와는 달리 유가는 모든 사람을 사랑하는 것이 목표라 하더라도 그 출발점은 자기 가족애에서 시작되어야 한다는 점을 지적한다. 즉 유가는 묵가의 보편적 사랑을 단지 이상의 차원에서는 수긍하지만 그러한 이상을 실현하기 위한 접근 방법으로 자기 가족애에서 시작해야 한다는 점을 주장하고 있다고 할 수 있다. 유가는 단숨에 자신의 부모나 형제와 같이 타인을 사랑하는 것은 가능하지도 않고 바람직하지도 않다고 본다. 유가가 보기에 타인을 사랑하는 것은 자신의 가족에 대한 자연스러운 사랑의 마음을 확충했을 때 비로소 가능하고 가장 바람직하다는 것이다. 따라서 유가는 우리가 가지고 있는 자신의 부모에 대한 사랑의 감정은 모든 사람을 사랑하기 위해 억눌러져야 할 것이 아니라 오히려 북돋아져야 한다고 본다.

하지만 묵가는 이러한 유가의 단계적 사랑을 인정하지 않는다. 즉 자신의 가족을 다른 사람들과는 다르게 대우하라는 주장과 모든 사람을 사랑하라는 주장은 질적으로 다르다고 생각한다. 따라서 모든 사람을 사랑하라는 유가의 이상은 유가가 가족과 타인을 다르게 대하라는 주장을 철회하지 않는 이상 성취될 수 없다고 보았다. 모든 사람을 사랑하는 것은 전체적인 것이고, 자신의 가족을 타인과 다르게 대하라는 것은 본질적으로 분파적이라고 보는 것이다. 묵가가 보기에 유가의 분파적 사랑과는 달리 묵가의 겸애는 처음부터 일관적으로 누구나 똑같이 대우하라는 입장을 택함으로써 논리적 일관성을 성취한 것이다.29)

묵가의 겸애와 유가의 인이 가지는 보편적 사랑에 대한 접근 방식의 차이의 이면에는 보편적 사랑 자체에 대한 묵가와 유가의 상이한 입장이 개재되어 있다. 유가가 보편적 사랑을 감정에 기반한 것으로 보았다면, 묵가는 보편적 사랑을 이성에 기반한 것으로 본다. 보편적 사랑을 감정의 일종으로 본 유가에서는 인간의 본능적 감정인 자신의 부모에 대한 감정을 보편적 사랑을 가능하게 하는 동력으로 보았다. 이와는 달리 보편적 사랑을 감정보다는 이성에 입각한 것으로 본 묵가는, 본성상 개체적이고 구체적인 성향을 보일 수밖에 없는 본능적 감정을 보편적 사랑에의 동력보다는 방해물로 보았다. 묵가가 보기에 도덕은 감정을 최대한 배제한 이성을 통해 가능해진다.

> 기쁨, 노여움, 즐거움, 슬픔, 사랑(등의 감정)을 버리고 인의를 사용해야 한다. 손, 발, 입, 코, 귀가 의에 따라 일을 할 때 반드시 성인이 된다.30)

이렇듯 묵가의 겸애와 유가의 인은 감정을 배제하는가 아니면 적극적으로 인정하는가의 문제와 밀접히 연결되어 있다. 유가는 감정을 배제하려는 묵가의 시도가 그 실현 가능성이 낮다고 보았다. 하지만 묵가가 보기에 겸애는 즉각적으로 그에 상응하는 보답을 가져오기에 그리 어려운 일이 아니었다.

> 반드시 내가 먼저 남의 어버이를 사랑하고 이롭게 해주는 일에 종사한다면, 뒤에 남도 나의 어버이를 사랑하고 이롭게 해 줌으로써 보답하게 될 것이다.31)

---

29) 가족과 타인을 다르게 대우하라는 유가의 주장을 비판하는 묵가의 태도는, 마치 플라톤이 『국가론』에서 수호자는 처자를 가져서는 결코 공평해질 수 없다고 주장한 때를 연상케 한다.
30) 「貴義」, "必去喜去怒去樂去悲去愛而用仁義, 手足口鼻耳從事於義, 必爲聖人."

묵가에 있어서 겸애라는 도덕적 원칙의 동기는 이기적이다. 이는 맹자가 보여 준 인이라는 도덕적 행위의 이타적 동기, 즉 '측은지심(惻隱之心)'과 확연히 대비된다. 유가가 인간에게 타인을 생각하는 본능이 있다고 본 반면, 묵가는 철저하게 인간을 이익을 추구하는 존재로 보았다. 묵가에 있어서 겸애를 해야 하는 이유는 그것이 인간의 본성이나 올바르다는 당위 때문이 아니라, 우리 자신의 이익을 극대화하기 때문이다. 다시 말해 유가의 인이 의로움(義)에 의해 정당화된다면 겸애는 이로움(利)에 의해 정당화된다. 의로움에 비해 이로움은 보다 객관적으로 계산할 수 있기에 묵가에서는 정당성의 문제가 비교적 분명한 객관적 기준의 형태로 제기되었다고 할 수 있다. 따라서 유가의 인과 묵가의 겸애의 차이는 궁극적으로 유가와 묵가가 정당성의 문제를 어떻게 접근해 갔는가 하는 문제에 연결되어 있다. 묵가는 논리성과 실용성을 토대로 인을 비판하고 겸애를 주장한 것이다.

2. 후기 묵가 — 지식의 객관성에 대한 탐구

『묵경墨經』[32]은 일명 『묵변墨辯』으로도 불리며 기본적으로 '변辯'에 대한 연구이다. 변은 기본적으로 주장에 대한 정당화의 과정이라고 볼 수 있으며, 후기 묵가의 변에 대한 열정은 객관적 판단 기준으로 논리성과 실용성을 요구했던 전기 묵가의 정신을 후기 묵가가 그대로 이어받고 있음을 잘 보여 준다. 그들은 한 걸음 더 나아가 전기 묵가들과는 달리 천에 대한 의존성에서 대폭 탈피한다. 즉 더 이상 천을 최고의 객관적 기준으로 끌어들이지 않고, 직접적으로 논리성과 실용성에 의존하고 있다.

---

31) 「兼愛下」, "必吾先從事乎愛利人之親, 然後人報我以愛利吾親也"
32) 『墨經』은 『묵자』 40편에서 45편까지를 가리키는 것으로, 후기 묵가의 저작이라고 믿어진다. 다른 편들과는 달리 심하게 훼손되어 있어 그대로는 해석이 안 된 관계로 해석자에 의한 원문 교정이 심한 상태이다. 여기서는 Graham의 교정본(*Later Mohist Logic, Ethics and Science*)을 기준으로 삼는다. 따라서 『묵경』을 인용할 때는 Graham의 책 쪽수를 아울러 제시한다.

후기 묵가의 변 연구는 물론 기본적으로 전기의 실용적 윤리 학설을 정당화하기 위해 출현하였지만, 그들의 연구 결과는 단순히 이러한 자기 학파의 옹호와 타학파의 비판에 그치지 않고 경제학, 광학, 역학, 기하학 등의 광범위한 지식 영역을 포함하고 있다. 이러한 후기 묵가의 포괄적 관심 영역은 더 철저하게 자기 학파를 옹호하고 타학파를 비판하기 하기 위한 과정에서 출현한 것으로, 후기 묵가 작업의 전체적 방향과 구조를 염두에 둘 때 좀더 잘 이해될 수 있다.

『묵경』은 기본적으로 묵가 학파의 학설에 대한 객관적인 옹호를 위해 인간이 가진 객관적 지식의 성격과 구조에 대한 탐구의 결과로 볼 수 있다. 후기 묵가는 일정한 절차를 통해 우리가 객관적 지식에 도달할 수 있다고 보았다. 앞서 말했듯이 천을 끌어들이지 않고도 객관적인 지식이 가능하다고 본 것이다. 그러므로 후기 묵가는 먼저 어떤 권위에 의존하지 않고 객관적 지식을 분석하기 시작했는데, 그들은 우리의 지식이 기본적으로 그 근원에 있어서 다음 세 가지 종류로 나누어 볼 수 있다고 한다.

> 경: 앎에는 들어서 아는 것(聞), 미루어 아는 것(說), 친히 체험함으로 아는 것(親)이 있다.
> 경설: 전하여 받은 것이 문聞이고, 위치에 장애를 받지 않고 아는 것이 설說이며, 몸소 경험하는 것이 친親이다.[33]

'들어서 아는 것'(聞)과 '미루어 아는 것'(說)은 설명에 의해서 아는 것이므로 동일하다고 할 수 있다. 따라서 위의 세 가지 지식의 종류는 성격에 있어서 사실상 '친'과 '설' 즉 경험적 지식과 설명적 지식으로 나눠질 수 있다. 먼저 경험적 지식을 살펴보면 그것은 기본적으로 우리의 감각 지식을 의미한다.

---

33) A. C. Graham, 327쪽, "經: 知, 聞, 說, 親." "經說: 知, 傳受之, 聞也. 方不運, 說也. 身觀焉, 親也."

경: 앎은 접하는 것이다.

경설: 앎은 그것으로 물물(物物)을 만나서 그 모양을 그릴 수 있는 것이니, 보는 것과 같은 것이다.[34]

물론 묵가는 감각적 지식이 단순히 오관에 의한 것만은 아니라고 본다. 감각 지식의 성립에는 오관 외에 우리의 사고 능력이 지대한 역할을 한다고 본다.

경: 앎은 오관에 의해서 이루어지지 않는다. 그 이유는 지속함에 있다.

경설: 인식자는 눈으로 보고 눈은 불에 의거해 보는데, 불은 보지 못한다. 오직 오관을 가지고서 한다면 지속되는 것을 아는 것은 마땅하지 않게 된다. 눈으로 보는 것은 불을 이용해 보는 것과 같다.[35]

묵가에 따르면 오관은 우리가 감각 지식을 갖는 데 필요하지만 그것만으로는 충분하지 않다. 우리의 감각적 지식이 오관의 자극으로만 성립한다면 우리는 이미 과거에 일어났던 사건의 기억이라는 감각적 지식의 성립을 설명할 수 없을 것이다. 이런 의미에서 오관 이외의 주체가 우리의 인식 과정에 필요하다. 흥미로운 것은 후기 묵가는 감각 지식이 인간이 가진 지식을 구성하는 기초 재료로서, 제대로 수행된다면 오류의 가능성이 없는 필연적인 것으로 보았다는 점이다.

경: 앎이란 재료이다.

경설: 앎이란 재료로서, 그것으로써 우리는 알게 된다. 필연적으로 알게 되는데, 시각의 밝음과 같다.[36]

감각적 지식 즉 경험적 지식이 기초적이고 오류 불가능의 필연적 지식이라

---

34) A. C. Graham, 266쪽, "經: 知, 接也." "經說: 知也者, 以其知過物而能貌之, 若見."
35) A. C. Graham, 415쪽, "經: 知而不以五路, 說在久", "經說: 智者智, 以目見而目以火見而火不見. 惟以五路, 智久不當. 以目見若以火見."
36) A. C. Graham, 266쪽, "經: 知, 材也", "經說: 知材, 知也者. 所以知也而必知, 若明."

면, 설명적 지식은 이미 알고 있는 이러한 경험적 지식을 바탕으로 새롭게 알게 되는 비유적 지식이다. 이러한 간접적이고 비유적인 지식에 앎의 오류 가능성이 놓여진다.

> 경: 알지 못하는 것이 이미 아는 것과 같다고 들으면 그 두 가지를 다 아는 것이다. 그 이유는 말해 주는 데 있다.
>
> 경설: 바깥에 있는 것은 아는 것이고, 방안에 있는 것은 알지 못한다. 어떤 사람이 말하기를 방안에 있는 것의 색은 이것과 같다고 한다. 그러면 네가 알지 못하는 것은 네가 이미 알고 있는 것과 같다. 흰 것과 검은 것 중에서 무엇으로 이기는가? 이것이 그 색과 같은데 흰 것과 같은 것은 반드시 희다. 이제 그 색이 흰 것과 같다는 것을 알게 됐으므로 그것이 희다는 것을 안다. 이름은 알지 못하는 것을 밝게 정하는 것이지 알지 못하는 것으로 밝게 아는 것을 의심스럽게 하는 것이 아니다. 마치 자로 알지 못하는 길이를 재는 것과 같다. 밖에 있는 것은 직접 아는 것이고, 방안에 있는 것은 설명으로 아는 것이다.[37]

설명적 지식은 우리가 직접 알지 못하는 것에 대해 다른 사람이 언어로 그것이 우리가 알고 있는 어떤 것과 같다고 했을 때 우리가 원래 알지 못하던 것에 대해 가지는 지식이다. 설명적 지식은 언어에 의해 가능하므로 언어적 지식(名知)이라고도 할 수 있겠고, 반면에 경험적 지식은 굳이 언어를 필요로 하지 않으므로 실제적 지식(實知)이라고 할 수 있다. 언어적 지식과 실제적 지식의 구분, 즉 설명적 지식과 경험적 지식의 구분은 이미 전기 묵가에서도 나타난다.

지금 장님이 말하기를 백색은 희고, 흑색은 검다고 한다면 비록 눈이 밝은 사람이라도 그것은 바꿀 수 없다. 흰 것과 검은 것을 섞어 놓고 장님으로 하여금 어떤 것을 취하게 한다면 그것은 할 수 없다. 그러므로 내가 장님은 흰 것과 검은 것을 모른다

---

37) A. C. Graham, 443쪽, "經: 聞所不知若所知, 則兩知之, 說在告", "經說: 聞, 在外者所知也, 在實者所不知也. 或曰, 在室者之色若是其色, 是所不智若所智也, 猶白若黑也誰勝. 是若其色也, 若白者必白. 今也智其色之若白也, 故智其白也. 夫名以所明正所不智, 不以所不智疑所明, 若以尺度所不智長. 外親智也, 室中說智也"

고 한 것은 그 이름을 두고 한 것이 아니라 그 실제의 취하는 능력을 말하는 것이다.[38]

경험적 지식은 정당한 절차를 거치면 오류가 있을 수 없으나 설명적 지식은 우리의 오류가 많이 개입될 수 있는 성격의 지식이기 때문에, 묵가에서는 경험적 지식이 더욱 근본적이고 중요한 것이라 할 수 있다. 하지만 우리의 경험은 한계가 있으므로 보다 광범위한 지식의 상당 부분은 기본적으로 명지, 즉 설명적 지식으로 이루어진다. 따라서 후기 묵가는 올바른 설명적 지식이 어떤 것인지를 제공하려고 노력한다. 설명적 지식은 본질적으로 이미 알고 있는 경험적 지식을 바탕으로 알지 못하는 지식을 성립시키는 비유에 입각한 지식이다. '변'이 바로 이러한 비유를 통한 새로운 지식의 확보 과정이므로, 묵가의 변에 관한 연구가 바로 설명적 지식에 관한 연구가 된다. 여기서 우리는 후기 묵가의 지식론과 비유의 추리론이 동일한 선상에 놓여져 있음을 확인할 수 있다.

고대 중국에 있어서 '변'은 기본적으로 논쟁술論爭術인데, 객관적 지식 획득 방법으로서의 변에 대한 회의를 표시하였던 장자莊子에 맞서, 후기 묵가는 객관적 지식의 획득 방법으로서 변을 크게 중요시했다. 이 과정에서 다시 등장하는 것이 '고故', '유類', '법法'이라는 묵가의 기본 관념이다. '유'는 이 중에서 가장 중심 개념으로서 '법'과 '고'와의 상호 관계 속에서 변이 어떠한 작업인지를 해명해 준다. 먼저 '유'와 '법'과의 관련을 살펴보면, 변은 기본적으로 일관된 기술의 과정이다. '법'은 후기 묵가의 체계에서 기준을 의미한다.

> 경: 법이란 그것과의 유사성 속에서 어떤 것이 그러하다고 말해지는 것이다.
> 경설: 개념/인상(意), 컴퍼스(規), 원(員)이다. 이 세 가지가 기준(法)으로 사용될 수 있다.[39]

---

38) 「貴義」, "子墨子曰: '今瞽曰, 鉅者白也, 黔者黑也, 雖明目者無以易之. 兼白黑, 使瞽取焉, 不能知也. 故我曰, 瞽不知白黑者, 非以其名也, 以其取也.'"
39) A. C. Graham, 316쪽, "經: 法, 所若而然也", "經說: 法, 意・規・員三也, 俱可以爲法."

경이 기준(法)의 일반적 정의를 말한다면, 경설은 기준의 특수 경우, 즉 여기서는 원의 기준에 대해 말하고 있다. 경에서 드러난 기준의 의미는, 어떤 것이 기준과 유사하다면 우리는 기준을 지칭하기 위해서 사용하는 명칭으로 바로 그 어떤 것을 부를 수 있다는 것이다. 물론 그 어떤 것이 기준과 유사성이 없다면 우리는 기준을 지칭하기 위해서 사용하는 명칭을 그 어떤 것에 대해 사용할 수 없다. 예컨대 경설에 나오는 원의 경우, 어떤 것을 원이라고 말하고 싶으면 그것을 원의 기준들과 비교해서 유사성이 있는지를 따져 보아야만 한다. 유사성이 있으면 그것을 원이라고 부르는 것에 정당성이 주어진다. 기준과 그것 사이에 유사성이 없으면 물론 그것을 원이라고 부를 수 없다. 위의 경설에서 후기 묵가는 원의 세 가지 기준을 말한다. 원에 대한 심적 인상/개념(意), 원을 만드는 기구인 컴퍼스(規), 그리고 실제의 구체적 원(員)이다. 모든 경우에 컴퍼스와 같은 '만드는 기구'(maker)가 있는 것은 아니므로 인상/개념과 실제 대상이 대체로 대표적인 기준의 형태들이다. 또한 인상/개념은 언어적 정의로 표현되므로, 경에서 보이는 용어의 정의들이 바로 객관적 기준들로 작용한다.

그리고 변은 '유'와 '고'와의 관련성 속에서 하나의 추리 과정이 된다. 전기 묵가에서 자주 사용되었던 '고'는 기본적으로 주장을 뒷받침하는 이유/원인이며, 설명(說)이 제시하고자 하는 것이다. '고' 개념의 중요성은 『묵경』이 바로 이 개념의 정의로부터 시작하는 사실로부터 잘 알 수 있다.

> 경: 어떤 것의 고故(이유/원인)는 그것이 출현하기 위해서 있어야만 하는 것이다.
> 경설: 소고小故는 이것이 있으면 반드시 그렇게 되는 것은 아니지만, 없으면 반드시 그렇게 되지 않는 것이다.…… 대고大故는 이것이 있으면 반드시 그렇게 되고, 없으면 반드시 그렇게 되지 않는 것이다.[40]

위 인용문 경에서 고故는 필요 조건으로 정의되어 있다. 그러나 경설은 필요

---

40) A. C. Graham, 263쪽, "經: 故, 所得而後成也", "經說: 故, 小故, 有之不必然, 無之必不然…… 大故, 有之必然, 無之必不然."

조건뿐만 아니라 필요충분 조건까지를 말하고 있다. 경설 중의 소고小故는 필요 조건을 의미하고, 대고大故는 필요충분 조건을 가리킨다. 중국에서 소와 대를 병칭할 때 대체로 대가 더 선호된다는 관습에서 볼 때, 후기 묵가는 소고보다는 대고에 더 관심이 있었다고 할 수 있다. 후기 묵가는 어떤 주장이든지 그것의 소고보다는 대고 즉 필요충분 조건을 제시함으로써 완벽하게 정당화될 수 있을 것이라고 보았음에 틀림없다.

대고가 주장의 필요충분 조건이기에 그것은 앞서 말한 기술 이론에서의 기준과 같아진다. 왜냐하면 기준의 하나로서 인상/개념 혹은 정의가 바로 필요충분 조건이기 때문이다. 『묵경』의 다음 구절은 이유(故)와 기준(法)이 다른 것이 아님을 보여 준다.

> 경: 어떤 하나의 기술에 있어서, 그 기술이 미묘한 전환을 보이면 그 기술의 고를 구하라.
> 경설: 이미 성립된 말에 반대하여 (새롭게) 이 말을 성립시키려면 이 말을 사용하게 만들 기준을 구하라.[41]

위의 구절에서처럼 '고'(이유/원인)를 '법'(기준)과 같을 것으로 볼 수 있다면, 후기 묵가의 작업 안에서 정확하게 기술하기 위해서 기준을 제시하는 행위와 하나의 주장을 옹호하기 위해서 이유를 제시하는 행위는 결국 같은 행위임을 알 수 있다. 이는 바로 묵가의 기술 이론과 추리 이론이 서로 분리될 수 없음을 의미한다. 다음과 같은 후기 묵가의 추리 개념이 이를 보여 준다. 후기 묵가의 추리 개념 안에는 기본적으로 유사성(類)에 의해 행해지는 기술이 포함되어 있다. 후기 묵가는 일관된 기술 즉 '유사성 정하기'(止類)에 대해 말하는데, 이는 그것이 타당한 추리를 위해 필요하기 때문이다.

> 경: 사람들을 나아가게 하기 위해서 유를 정하라. 동일성에 의해 설명된다.

---

41) A. C. Graham, 343쪽, "經: 服執, 說巧轉, 則求其故", "經說: 服, 難成言, 務成之執, 則求執之法."

경설: 저 사람은 이것이 그러하다는 것으로써 그것이 그러하다는 것을 말하고 있고, 나는 이것이 그렇지 않다는 것으로써 그것이 그러하다는 것을 의심한다.[42]

여기서의 추리는 기본적으로 유사성(類)에 기반한다. 후기 묵가는 유사성을 정하는 것을 강조하는데, 그것은 우리의 추리를 정당화하기 때문이다. 유사성이 잘 정해지면 추리는 정당화된다. 추리 형식을 다룬다고 해석되는 「소취小取」에 나오는 변의 방법들도 기분적으로 '유사성 정하기'에 의해 진행되는 추리들이다.

종류에 따라 받아들이고, 종류에 따라 나아간다. 자신에게 있는 것은 다른 사람에게서도 거부되지 않고, 자신에게 없는 것을 다른 사람에게 구하지 않는다. 혹或은 다 적용되는 것이 아니다. 가假라는 것은 이제는 그렇지 않다는 것이다. 효效는 법으로 삼는 것이다. 효로 되는 것은 법으로 삼은 그것이다. 그러므로 효에 맞으면 이것이고, 효에 맞지 않으면 이것이 아니다. 이것이 효이다. 벽辟이라는 것은 다른 사물을 들어서 이것을 밝히는 것이다. 모侔는 문장들을 대비시켜 같이 진행시키는 것이다. 원援은 당신들이 그렇다고 여기는데, 내가 어찌 홀로 그렇지 않다고 하겠는가라고 말하는 것이다. 추推는 이미 받아들인 것을 발판으로 아직 받아들이지 않은 것에 동일성을 부여하는 것이다.[43]

추리가 다름 아닌 '유사성 정하기'라는 사실은 위의 추리 방법들에서 잘 보여진다. '효效'는 기준으로서 우리가 그것에 의지해 실제의 유사성을 정하게 된다. 그래서 이것에 맞으면 이것이고, 이것에 맞지 않으면 이것이 아니라고 하는 것이다. '벽辟'은 기준의 한 종류로 정의된 실제의 구체적 대상들을 가리키는

---

42) A. C. Graham, 348쪽, "經: 止類以行人 ,說在同", "經說: 止, 彼以此其然也說是其然也, 我以此其不也疑是其然也."

43) 「小取」, "以類取, 以類予. 有諸己不非諸人, 無諸己不求諸人. 或也者不盡也, 假者今不然也, 效者爲之法也, 所效者所以爲之法也. 故中效則是也, 不中效則非也. 此效也. 辟也者擧也物而以明之也, 侔也者比辭俱行也, 援也者曰子然我奚獨不可以然也, 推也者以其所不取之同於其所取者予之也."

방식이다. '모(侔)'는 문장 차원에서 유사성을 찾는 방식이다. '원(援)'은 우리로 하여금 비교 대상들 사이에서의 유사성에 주의를 기울이게 하는 방식이다. '추(推)'는 하나의 주장이 비교되는 것들 사이에 성립하는 유사성에 의해 정당화된다는 것을 지적하는 방식이다. 이런 점에서 후기 묵가의 변의 방법들은, 주장과 똑같은 유사성을 제시하는 단계를 거쳐 그 주장을 정당화하는 방식들을 가리킨다.

변의 이론적 성격에 대한 기존의 입장은 대략 두 가지로 나누어 볼 수 있다. 하나는 변이 추리 과정(inference)을 가리킨다는 입장이고, 다른 하나는 변이 기술 과정(description)을 의미한다는 입장이다. 담계보譚戒甫가 전자의 입장을 대표하는 학자라면,[44] 그레이엄(A. C. Graham)과 한센(Chad Hansen)은 후자의 입장을 지지하는 학자들이다. 담계보는 후기 묵가의 변에 대한 연구가 '타당한 추리 형식'(valid inference forms)을 세우는 행위와 관련 있다고 보았다. 그래서 그는 후기 묵가의 저작인 『묵경』의 「경」과 「경설」로부터 타당한 추리를 재구성한다. 한센과 그레이엄은 변의 방법이 경직되게 사용되어서는 안 된다는 후기 묵가들의 주장에 주목하면서, 후기 묵가의 변 연구가 추리의 보편적 타당성을 확보하기 위한 것은 아니라고 주장한다. 한센은 더욱 극단적으로 나아가 변은 세계를 올바로 기술하기 위한 기술 과정일 뿐 결코 증명(proof)을 통한 정당화 과정인 추리일 수 없다고 한다. 하지만 그레이엄은 좀더 조심스럽게 후기 묵가의 변에는 두 종류가 있다고 주장한다. 하나는 논증(demonstration)으로서의 변이고, 다른 하나는 기술로서의 변이다. 물론 그는 이러한 논증으로서의 변에 있어서 '타당한 논변 형식'이 문제가 되는 것은 아니라고 주장한다. 그러나 이런 학자들의 입장은 변의 부분적인 측면만 강조할 뿐, 변의 전체적인 모습을 그려내는 데에는 실패하고 있는 것 같다. 유類, 법法, 고故의 상호 관계에 입각한 앞의 해석에 따르면, 후기 묵가의 변은 추리적인 성격과 기술적인 성격의

---

44) 譚戒甫, 『墨辯發微』, 436쪽.

양면을 모두 지니고 있다. 이 점은 후기 묵가가 기술 활동과 추리 활동을 동일시하는 사실에서 확인할 수 있었다.

4. 비중국적 사유의 중국화

중국 선진 시기에 묵가의 위상은 상당했던 것 같다. 유가와 함께 나란히 지배적인 학문(顯學)으로 병칭되고,[45] 오히려 유가보다 더 조직적이고 체계적인 집단을 이룬 것이 묵가였다. 세상에 양주楊朱나 묵가의 무리가 가득했다고 한 맹자의 말도 선진 시대에 묵가의 영향력이 매우 컸음을 보여 준다. 그러나 묵가는 진秦이 중국을 통일한 이후 갑자기 몰락의 길을 걷게 되었고, 결국 역사의 전면에서 사라지게 된다. 따라서 실제로 선진 이후에는 묵가의 학파와 그 영향력이 미미했다고 할 수 있다. 이러한 묵가의 갑작스런 쇠퇴 이유로는 정치 사회적 배경과 묵가 사상의 내적 특성을 꼽을 수 있다. 정치 사회적 측면에서는 춘추전국 시대의 분열 시대와는 달리 진·한의 통일된 중앙 집권 체제에서는 묵가 집단과 같은 사적 군사 집단이 현실적으로 필요 없게 되었다. 사상의 특성 면에서는 묵가 사상의 극단성이 지적된다. 묵가 사상의 지나친 실용주의와 논리주의가 자연성을 중시하는 중국인의 심성에 거부감을 일으켰다는 것이다.

하지만 묵가 학파의 현실적 지속성과 상관없이 묵가의 사상은 중국 사상의 이론적 형성에 커다란 역할을 했다. 유가에 대한 그들의 비판은, 비록 그들이 유가의 입장을 충분히 이해하지 못했다는 지적에도 불구하고 그 이론적 의의가 감소되는 것은 아니었다. 그들이 강조한 실용성과 논리성은 유가는 말할 것도 없고 기타 다른 학파에도 영향을 끼침으로써 중국 철학을 한층 다양화시키고 심화시켰다. 묵자가 강조한 객관적 기준은 맹자나 순자에게 강한 영향을 미

---

45)『韓非子』,「顯學」.

쳐 맹자의 내재주의와 순자의 외향주의로 선진 유가를 한 걸음 나아가게 했다. 맹자의 유비에 입각한 논리 사용과 순자의 정명正名 사상은 묵가의 논리주의의 유가식 채용이며, 유가의 인 개념이 점차 박애博愛로 규정되고, 공리주의적 유가 사상이 출현하게 된 역사적 사실도 유가가 묵가의 실용주의와 논리주의의 도전을 상당히 심각하게 받아들였음을 보여 준다. 묵가는 또한 철저히 인간을 이기적인 존재로 파악하여, 유가와 도가의 이상적 인간관과는 달리 부정적 인간관을 제시하여 개체보다는 전체 공동체의 제도와 규범을 상대적으로 중요시하는 법가의 길을 열었다. 이런 점에서 본다면, 묵가가 법 개념을 그의 철학의 중심 개념으로 삼고 강조한 것은 결코 우연이 아니다. 묵가는 직관보다는 손익 계산의 방법을 선호함으로써 중국에서는 다소 비주류였던 실용주의와 과학주의의 최고 수준을 성취한 것이다. ✿

『論語』
『墨子』
『孟子』
『荀子』
『韓非子』

譚戒甫, 『墨辯發微』(北京: 中華書局, 1964)

A. C. Graham, *Disputers of the Tao* (La Salle: Open Court Publishing Company, 1989)

_____, *Later Mohist Logic, Ethics, and Science* (Hong Kong: Chinese University Press, 1978)

Chad Hansen, A Daoist Theory of Chinese Thought: A Philosophical Interpretation(New York: Oxford University Press, 1992)

Tu Wei-ming, *Humanity and Self-Cultivation: Essays in Confucian Thought*(Berkeley: Asian Humanities Press, 1979)

Wing-Tsit Chan, *A Source Book in Chinese Philosophy* (Princeton: Princeton Univ. Press, 1963)

유목적적 세계상에 대한 반동

박원재

1. 선진 도가의 사상적 지형도

철학은 시대의 아들이라는 말을 굳이 상기하지 않더라도, 모든 철학은 분명 자신의 시대가 부딪친 문제에 대한 응답이다. 그러나 이 당연한 명제도 도가 철학에 적용될 때는 약간의 혼선을 빚기도 한다. 그것은, 가령 장자 철학에서 쉽게 확인할 수 있듯이, 도가 철학에 강하게 배어 있는 탈역사적 성격 때문이다. 이런 까닭에 도가는 현실 문제에 대한 치열한 고민보다는 구체적인 현실과 역사를 떠난 정신적 해방을 추구하는, 다분히 개인주의적인 학파로 많이 알려져 있다. 하지만 도가 철학 역시 중국의 '선진先秦 시대'라는 특정한 시대를 자신의 모태로 삼는 '맥락적 사건'임을 부정할 수 없기에, 그런 결과적 특징에만 주목하여 전체를 평가하는 태도는 사려 깊게 견지되어야 한다. 거기에는 그런 결과에 도달하기까지 선진 도가가 걸어야 했던 과정에 대한 충분한 인식이 필요하다.

그러면 선진 도가의 철학적 문제 의식은 무엇이었을까? 우선 일차적으로, 선진 도가 역시 선의 다른 제자백가들처럼 '주례周禮'의 붕괴가 초래한 '춘추 전국'이라는 시대적 위기를 돌파하기 위해 기획된 철학적 산물이다. 그것은 세부적인 방법상의 차이에도 불구하고 자신들이 몸담고 있는 정치적 공동체의 새로운 출구를 확보하기 위해 공동으로 노력한 선진 제자백가들 가운데 하나이기 때문이다.[1] 그러므로 선진 도가의 사상적 배경 속에는 '주례'의 붕괴와 이것과 서로 맞물려 있는 역사적 현실들, 가령 사회 경제적 토대의 변화에 따른 생산력의 확대라든가 그로부터 파생된 신분 질서의 급격한 변동과 사회적 인간 관계의 변화, 그리고 여기에 최종적으로 수반되는 일상적 삶과 제도적 현실 사이의 괴리 등이 서로 씨줄과 날줄로 얽혀 있다.

하지만 시대 문제에 대한 응답이라는 측면에 초점을 맞추어 선진 도가의 철학적 작업을 전체적으로 조감하는 데에 이 같은 배경 설명은 지극히 표피적이며 일반론적인 것에 지나지 않는다. 그것은 선진 시대의 사상사 속에서 한대 이후 '도가道家'라고 불리기 시작한 일련의 흐름들을 추적하여 그 문제 의식과 이론 체계를 하나의 틀로 일관되게 묶어 낸다는 것은 그리 쉬운 일이 아니기 때문이다. 선진 도가의 흐름 속에는 상당히 이질적이며 심지어 상반되기까지 한 요소들이 한데 뒤섞여 있다. 도가가 지니는 그러한 특징은 선진 시대를 바로 잇는 한대 초기의 평가에서도 이미 확인되는데, 여기서 서술하고 있는 도가의 모습은 제자백가 가운데 하나의 학파라기보다는 오히려 그 모두의 장점을 절충한 '종합가綜合家'라고 해도 좋을 정도이다.[2]

물론 도가에 대한 이와 같은 평가가 선진 도가의 모든 사상 성분을 포괄하여 객관적으로 내려진 것이라기보다는, 주로 전국 말에서 한 초에 이르는 기간에 널리 유행하였던 정치적 성향이 강한 하나의 분파, 즉 '황로黃老 도가道家'를 상대로 이루어진 것이긴 하다. 하지만 평가 대상이 가지는 이러한 편향성을 극복하기 위해 우리의 시선을 선진 도가를 구성하고 있는 중요한 사상적 자료들 자체로 옮긴다 하더라도 사정은 별로 나아지지 않는다. 거기에도 역시 다양

---

1) 『史記』, 「太史公自序」, "『易·大傳』曰: '天下一致而百慮, 同歸而殊塗.' 夫陰陽儒墨名法道德, 此務爲治者也, 直所從言之異路, 有省不省耳."
2) 같은 책, 같은 곳, "(道家)其爲術也, 因陰陽之大順, 采儒·墨之善, 撮名·法之要……"

한 사상적 요소들이 혼재되어 있기 때문이다. 예를 들어 선진 도가의 흐름을 살펴보는 데 가장 유용한 자료 가운데 하나인 『장자莊子』만 하더라도, 그 속에는 일상적인 자아 의식의 해소를 통한 참된 자아의 가능성에 대한 모색에서부터 다분히 방임적이라고 해도 좋을 종욕적縱慾的 개인주의까지, 그리고 제왕의 이상적인 통치술에 대한 관심에서부터 극단적인 아나키즘적 성향까지가 그저 대략적인 경계선만 형성한 채 혼재되어 있다.[3)]

선진 도가의 이러한 혼합적 성격은 물론 이 모든 흐름의 원류인 노자老子로부터 비롯된다. 이런 까닭에 선진 도가를 이야기하기 위해서는 당연히 노자에서부터 출발해야 한다. 하지만 선진 도가를 구성하는 다양한 색깔들로부터, 앞에서 말한 당시의 시대적 배경과 교감하고 있는 그들만의 공통된 문제 의식을 읽어 내고 그것을 통하여 선진 도가를 개괄해 보려는 우리의 목적에서 본다면 이 방법은 그리 효과적이지 못하다. 우리가 문제삼는 것은 노자가 아니라 선진 도가 전체이기 때문이다. 그러므로 노자의 생각 자체로 바로 뛰어드는 것보다는 선진 도가의 사상적 지형도를 먼저 개괄해 보고, 그런 다양한 흐름들을 연결시키는 매개 고리가 무엇이며 또 그것은 어떤 문제 의식에서 비롯된 것인가를 살펴본 뒤, 다시 노자에서부터 순차적으로 그 문제에 대한 대응 방식을 이야기해 나가는 것이 더 효과적일 것이다.

선진 도가를 결속시키는 공동의 매개 고리를 추출해 내기 위한 목적에서 각 개별 분파들의 사상적 지형도를 그려 나가고자 할 때, 그 작업은 아무래도 양

---

3) 『莊子』, 특히 그 가운데서도 장자 본인의 저작으로 추정되는 '내편'과 달리 그의 후학들의 작품인 '외・잡편'의 사상적 성분에 대해서는 합의된 분류 방식이 없다. 그러나 여기서처럼 선진 도가의 세세한 가지보다 몇 개의 큰 줄기에 관심을 두고자 할 경우 Graham의 분류 방식에 따르는 것이 대체로 무난하리라고 본다. Graham, *Disputers of the TAO*, 173쪽. 그러므로 이 글에서는 기본적으로 그 틀을 받아들여 『莊子』의 사상 성분을 장자 본인 및 그를 충실히 계승하는 이른바 '장자학파'라고 불리는 그룹과 아나키즘적 성향의 그룹(Graham은 이 그룹을 'Primitivist'라고 부른다), 楊朱 계열의 학파, 그리고 황로학 계열의 그룹(Graham의 용어로는 'Syncretist stratum') 등 넷으로 나누어 접근하기로 한다. 劉笑敢의 분류 방식은 여기서의 두 번째와 세 번째 그룹의 차이가 잘 나타나지 않는 측면이 있다. 劉笑敢, 『장자철학』, 최진석 옮김, 299~300쪽 참조. 『莊子』 '외・잡편'의 성격에 대한 그 밖의 분류 방식에 대해서는 關鋒, 『莊子內篇譯解和批判』, 319~358쪽과 張恒壽, 『莊子新探』, 122~315쪽 등을 참조할 것.

주楊朱에서부터 시작하는 것이 경제적이다. 그것은 그가 도가 사상의 물꼬를 터 나간 최초의 선구적인 인물일지도 모른다는 일부의 주장을 받아들이기 때문이 아니라, 그와 그로부터 파생되어 나온 분파들의 주장이 비교적 간단한 구도를 보이고 있다는 점에서 논의의 출발점으로서 유용하다는 점 때문이다. 지금 우리가 접할 수 있는 양주와 관련된 자료를 검토해 볼 때, 그의 생각의 요지는 '자연적 생명을 온전히 하여 삶의 참된 가치를 보존하는 것'(全生葆眞)이라고 요약할 수 있을 듯하다.[4] 양주는 그것이 필연적으로 '자연적 생명'을 구속하게 된다는 점에서 일체의 규범적 틀을 거부한다. 이런 점에서 양주의 생각은 선진 도가 가운데 아나키즘적 성향을 보이는 그룹의 선구이다. 인간 본성의 불가침성에 대한 수호가 이 그룹이 지향하는 가장 중요한 가치이기 때문이다. 하지만 이들의 생각은 무반성적이다. 이들의 주장 속에는 자신들의 지향점인 인간 본성에 대한 진지한 탐구가 결여되어 있다. 그렇게 하지 않고 인간의 본성 자체로 시선을 돌린다면 자연적 생명을 구속하는 덫은 외부에만 있는 것이 아니라 인간의 내부에, 그것도 더 큰 구속력을 지닌 모습으로 존재한다는 사실을 발견하게 된다. 장자와 그의 후학들이 주목하는 것이 이 부분이다.

장자 학파가 자아 의식 자체를 해소시키는 길로 나아간 것은 그것이 인간을 억압하는 구속력의 내적 진원지라고 생각했기 때문이다. 그러나 자아 의식에 대한 그들의 해소 작업은 해소 그 자체가 목적은 아니다. 오히려 그 작업을 통하여 일상적 자아를 넘어선 새로운 자아를 구성하고자 한다. 이것은 어떠한 목적 의식으로부터도 해방된 심미적 자아이다. 이 지점이 장자 학파와 선진 도가의 또 다른 학파인 황로 도가의 분기점이다. 황로 도가 역시 자아 의식의 해소

---

4) 楊朱 본인의 사상을 단편적으로나마 살펴볼 수 있는 선진과 한 초의 자료로는 『孟子』(「滕文公下」, 「盡心上」)와 『呂氏春秋』(「本生」, 「重己」, 「貴生」, 「情欲」, 「不二」, 「審爲」), 『淮南子』(「氾論訓」) 등이 있다. 關鋒과 Graham은 『莊子』 잡편에 있는 네 개의 편(「讓王」, 「盜跖」, 「說劍」, 「漁父」)을 양주 후학의 작품으로 본다. 關鋒, 『莊子內篇譯解和批判』, 349~357쪽; Graham, *Disputers of the TAO*, 55쪽. 여기서 인용한 '全生葆眞'이라는 말은 『회남자』 「범론훈」에서 따 온 것이다. 『여씨춘추』 「불이」에서는 양주 사상의 요지를 '貴己'(陽生貴己)라고 하고 있다.

라는 지점까지는 장자 학파와 함께 간다. 그러나 이들은 그로부터 획득되는 '내면적인 평정심과 초연성'[5]에만 안주하고 더 이상 나아가지 않는다. 그러므로 이들의 생각에는 그저 '무력한 흙덩이'들의 무의지적인 움직임으로만 채워져 있는 거대한 기계적 질서 체계로서의 세계상이 들어 있다.[6] 이런 점에서 본다면 황로 도가가 통치자가 마련해 놓은 틀에 따라 기계적으로 작동되는 정치적 질서를 꿈꾸는 것은 전혀 이상한 일이 아니다. 그것은 세계에 대한 그들의 이러한 시각으로부터 자연스럽게 도출되는 정치적 이상인 것이다.

이것이 노자로부터 가지를 쳐 나온 선진 도가의 각 흐름들이 그려내고 있는 대체적인 사상 지형도이다. 이것을 직선상 배열한다면, 그것은 왼쪽부터 차례로 '장자 학파 — (양주학파—아나키스트) — 노자 — 황로 도가'의 순서로 배열된다고 볼 수 있다. 여기서 왼쪽은 탈정치적 경향성이 강한 방향이며 오른쪽은 그 반대이다. 양주학파와 아나키스트들이 괄호로 묶이는 데에는 두 가지 이유가 있다. 하나는 이들이 출발점을 서로 공유하기 때문이고, 다른 하나는 선진 도가의 흐름에서 이들의 위치는 철학성이 빈곤한 조그마한 지류들이기 때문이다. 따라서 이들을 제외해 놓고 큰 흐름만 주목한다면, 선진 도가의 지형도는 크게 노자라는 봉우리와 그 봉우리에서 발원하여 서로 반대되는 방향으로 뻗어 가는 두 흐름, 즉 장자 학파와 황로 도가라는 두 개의 산맥으로 다시 정리될 수 있다.

2. 하나의 출발점 — '자연'

이렇듯 다양한 편차를 보이는 선진 도가의 흐름들을 함께 묶어 주는 공동의

---

5) 이것은 황로 도가의 중요한 인적 구성원들인 彭蒙과 田駢, 愼到의 공통점으로 슈월츠가 지적하고 있는 요소이다.(벤자민 슈월츠, 『중국 고대사상의 세계』, 나성 옮김, 342쪽)
6) 『장자』 「천하」에서 기술되고 있는 愼到 등의 사상에 대한 평을 상기하라. 愼到로 대표되는 선진 도가의 분파와 장자 철학의 기본 정신이 어떤 차이가 있는가에 대해서는 이 주제를 탁월하게 분석하고 있는 徐復觀, 『中國人性論史』 先秦篇, 430~438쪽을 참고할 것.

연결 고리는 무엇일까? 앞의 내용에서 이미 암시되고 있듯이, 있는 그대로의 세계가 드러내는 자발적이며 유기적인 질서 체계, 즉 '자연自然'에 대한 이들의 거의 무조건적인 선호이다. '자연'이라는 공동의 기반에서 출발하여 각자의 관심에 따라 그 원리를 서로 다른 방면으로 적용시켜 나간 결과가 바로 선진 도가의 총체적인 흐름인 것이다. 선진 도가의 각 흐름들을 묶어 주는 매개 고리인 이 '자연'이라는 개념은 물론 노자로부터 주어진 것이다. 그러므로 선진 도가의 분파들은 이 고리를 통하여 서로 연결될 뿐만 아니라 자신들의 원류인 노자와도 연결된다.

그렇다면 노자는 왜 이 '자연'이라는 개념을 들고 나왔을까? 그 사상사적 맥락은 무엇이었을까? 우선 지적되어야 할 것은, 이 개념의 등장은 그 이전까지 중국철학사에서 전개되어 온 최고 개념의 이행 과정이 노자 당시에 도달한 최종적인 결과를 반영하는 자연스러운 산물이라는 점이다. 그것은 중국철학사에서 최고 개념이 지상의 사태에 관여한다는 점에서 유목적적이며 자신의 씨족만을 편애한다는 점에서 특수한 은대殷代의 '제帝' 개념으로부터, 유목적적이기는 하지만 보편적인 주周 초의 '천天' 개념으로 이행되고[7] 다시 이것이 보편적이면서도 무목적적인 '도道' 개념으로 이행되는 일련의 과정이 도달한 최종적인 세계상, 특히 그 가운데에서도 '무목적적' 세계라는 생각을 반영하는 개념이다.

이런 점에서 본다면, '자연' 개념의 등장은 세계상의 그러한 일련의 변천 과정을 정확히 읽어 내고 거기에 대응하는 데 실패한 당시의 몇몇 철학적 기획에 대한 반작용의 결과이기도 하다.[8] 그것은 '주례'의 붕괴로 야기된 시대적 위기

---

7) 이 과정의 상세한 맥락에 대해서는 김충열, 『중국철학사』 1, 142~160쪽을 참조할 것.
8) 유가의 경우 이 점은 그들 스스로가 어느 정도 감지하고 있던 사실이다. 자신의 정치적 꿈의 좌절감을 토로하는 『論語』에 나오는 공자의 탄식도 그렇고, 슈월츠도 지적하고 있듯이, 『墨子』 「公孟」의 내용을 보건대 묵가와 접촉하고 있던 유가 집단은 자신들이 당대의 세계에 어떤 직접적인 영향을 끼칠 수 있다는 사실에 대해 별로 희망을 갖고 있지 않은 것 같다.(벤자민 슈월츠, 『중국고대사상의 세계』, 207쪽.)

를 여전히 유목적적인 세계관을 통하여 돌파하려던 기획들, 즉 유가와 묵가로 대표되는 그러한 기획들에 대한 반작용인 것이다.9) 노자는 이들의 이론이 지니고 있는 맹점, 가령 세계가 진실로 도덕적 의지로 가득 찬 세계라면 왜 그 안의 인간들의 사회는 여전히 문젯거리인 채로 남아 있는가 하는 모순점을 정확히 간파해 냈다. 이것은 당시의 시대적 현학들이 자신들 철학의 형이상학적 기반으로 삼았던 최고 원리와 그 최고 원리를 온전히 구현해 내지 못하는 형이하의 현실 세계 사이의 괴리, 즉 자연 질서와 인간 질서의 괴리 문제이다. 이 점과 관련하여, 노자는 당시의 철학 이론들이 세계의 참된 본성을 제대로 담아 내지 못해 그런 문제가 야기된 것이라고 본 듯하다. 이것은 그가 이 양자를 모두 담아 낼 수 있는 세계의 '항상적 질서'(常)라는 문제에 그렇게 매달리는 데에서 쉽게 드러난다.10)

노자가 볼 때, 당시의 시대적 위기를 극복하기 위한 작업의 본질인 주례를 대체할 수 있는 새로운 질서의 모색은, 특정한 가치를 기점으로 설정하고 질서의 전체 체계를 그로부터 연역해 내는 방식을 통해서는 결코 성공할 수 없는 것이었다. 성공할 수 없을 뿐만 아니라 오히려 세계의 참된 본성과 그와 불가분의 관계에 있는 인간의 본성을 특정한 방향으로 굴절시킴으로써 문제를 점점 더 어렵게 만든다.11) 따라서 노자가 볼 때, 진정한 대안은 세계가 드러내는

---

9) 노자와 『노자』의 활동 혹은 성립 연대에 대한 문제는 여전히 논란거리이다. 그러므로 여기서도 이 문제에 대해서는 세부적인 논의를 유보하겠다. 다만 다음과 같은 점은 분명히 하기로 한다. 즉 전통적인 시각에 따라 노자가 공자보다 앞선다는 주장을 받아들인다 하더라도 사상의 '논리적인 흐름'이라는 측면에서 본다면 노자와 그로부터 비롯되는 선진 도가의 좌표는 여러모로 유가와 묵가의 뒤라고 보는 것이 이들의 생각에 대해 더 많은 것을 설명해 줄 수 있다는 점이다. 어떤 특정한 시대에 있어서 시간적으로는 분명히 앞서는 사상이 사상 전개의 논리적인 흐름이라는 면에서는 오히려 뒤에 오는 것이 더 타당한 예를 철학사에서 심심찮게 발견할 수 있다. 여기서 노자를 유가와 묵가에 대한 반작용의 결과로 보는 것도 바로 이런 이유 때문이다.

10) 徐復觀은 노자 사상의 가장 기본적인 동기는 "격변하는 사회 속에서 어떻게 하면 하나의 불변하는 '常'을 찾음으로써 인생의 기반으로 삼을 수 있을 것인가, 또 그를 통하여 개인과 사회의 장구한 안정을 확보할 수 있을 것인가" 하는 문제였다고 말한다.(徐復觀, 『中國人性論史』先秦篇, 327쪽.) 『노자』에 '長久'라는 말이 종종 등장하는 것도 이 맥락에서 이해할 수 있다.

11) 『노자』의 18장과 19장이 그러한 굴절 과정을 역설적으로 꼬집은 것이라면, 38장은 그런 작업이 문제 해결 과정이 아니라 문제의 확대 재생산의 과정임을 체계적으로 도시한 것이다.

항상적 질서의 본질을 파악해 그것을 현실의 새로운 질서 체계의 모델로 삼는 것이다. 여기서 등장하는 것이 바로 '자연' 개념이다. 그는 세계의 항상적 질서가 가능한 이유를 그 안의 만물이 보여 주고 있는 자기 원인적 운동 원리에서 찾는다. 그는 모든 만물의 운동은 자기 원인적이라고 하였다.12) 이런 점에서 만물의 세계는 '스스로 그러함', 즉 '자연'의 체계이다. 그러므로 새롭게 모색하려는 질서의 체계도 이 원리에 의거할 때에만 그 항상성이 보증될 수 있다는 것이 노자의 결론이다. 그의 철학 이론이 지향하는 최종 목표는 이 개념을 사회 질서의 궁극적인 원리로 자리매김하는 데 있다. 이런 점에서 노자의 철학 역시 '정치적'이다. 여러 가지 성격이 혼재되어 있음에도 불구하고, 그것은 기본적으로 방향만 달리할 뿐 공자나 묵자의 그것처럼 시대 문제에 대처하기 위한 정치철학적 기획 가운데 하나인 것이다.

그러므로 노자의 '자연' 개념은 본질적으로 있는 그대로의 상태를 옹호하는 자유 방임적 색채가 강하다. 자연 개념이 이후 양주 학파와 아나키스트들의 이론적 배경으로 차용되는 것은 그것이 지니고 있는 바로 이러한 특성 때문이다. 특히 전국 시대로 들어오면서 한층 격화되어 가던 당시의 현실적 혼란상과 일정한 거리를 유지하고자 했던 은재隱者적 성향의 지식인들 가운데 선진 도가의 흐름과 관련하여 우리가 주목해야 되는 그룹은 둘이다. 하나는 일체의 정치적 관심을 배제하고 오직 개인적 삶의 평안함만을 추구하는 그룹이고, 다른 하나는 자기 시대의 규범 문화가 지니고 있는 허구성에 분노를 표하면서 강한 도덕적 저항감을 감추려고 하지 않았던 그룹이다.13) 물론 이들은 선진 도가 가운데 양주 학파 계열의 흐름과 아나키즘적 성향의 흐름에 차례로 대응한다. 그러므로 그 성격상 노자의 '자연' 개념이 이들의 철학적 입장의 기반으로 차용되어 들어간 것은 당연한 것이다.

---

12) 『노자』의 여러 곳에서 강조되고 있는 '不自X'라는 표현을 주목할 것.
13) Graham, *Disputers of the TAO*, 53쪽. Graham은 이들 두 그룹을 각각 『莊子』「刻意」에 나오는 '江海之士'와 '山谷之士'에 대비시킨다.

장자 학파도 '자연'이 가장 완벽한 가치라는 점은 공유하면서도, 이들과 노자의 생각이 지니고 있는 허점을 직시하는 데에서부터 자신들의 철학을 출발시킨다. 먼저 양주 학파와 아나키즘 계열의 견해에 대하여 장자는 자연적 생명의 온전한 실현을 방해하는 장애는 외부에서만 주어지는 것이 아니라 인간의 내부에도 도사리고 있다는 점을 주목한다. 흔히 '성심成心'으로 표현되는 그 장애는, 장자가 볼 때 외부적인 장애보다 훨씬 그 강도가 강하다. 그러므로 이것을 해체시키지 않는 한 완전한 자연적 생명의 실현은 불가능하다는 점을 그는 알아차렸다. 장자의 이런 생각은 노자의 정치 철학적 기획 역시 '자연'이라는 대원칙에 비추어 볼 때 결코 만족스럽지 못하다는 점을 그가 간파했음을 의미한다. 장자가 볼 때, '자연'을 의제화시킨 정치적 질서의 구축을 통하여 인간 질서와 자연 질서의 완전한 합일이 가능하고 또 그렇게 함으로써 새로운 항상적 질서 체계의 모색이라는 시대적 과제가 해결될 수 있다고 보는 노자의 생각은, 자연 질서와 인간 질서의 괴리의 상당 부분이 인간의 본질적인 경향성으로부터 비롯된 결과라는 점을 무시한 것이다.14) 그러므로 장자 학파가 '성심'의 해체를 통한 자아 의식의 해소라는 방향으로 나아간 것은 그의 이런 생각을 염두에 둘 때 지극히 자연스러운 것이다. 그러니까 장자는 자연 질서와 인간 질서의 괴리 문제를 인간의 본성 문제로 내면화시켜 그 해답을 찾고자 한 셈이다.

　　그렇다고 해서 노자의 기획이 지니는 효용성이 용도폐기된 것은 아니다. 특히 전국 시대로 넘어오면서 한층 활성화되었던 정치적 통합의 분위기 속에서 오히려 그것은 더 강한 생명력을 보였다. 그것은 적어도 이론적인 측면에서 볼 때, 당시 시대적 분위기에 부응하여 이상적인 정치적 기술에 관한 완벽한 이론 체계를 모색해 보고자 한 선진 도가의 마지막 한 분파, 즉 황로 도가에게는 여전히 상당한 호소력을 지니고 있었기 때문이다. 황로 도가는 이 '자연'이라는 원리를 정치적 통치 기술의 근본 원리로 차용하여 들어간다. 이런 점에서 그들

---

14) 벤자민 슈월츠, 『중국 고대사상의 세계』, 327쪽. 여기서 슈월츠는 이 점이 노자의 '聖人' 개념 자체가 지니고 있는 모순점이라고 지적한다.

이 걸어간 길은 장자 학파의 방향과 정반대이다. 장자가 노자의 정치 철학적 기획이 지니고 있는 허점을 보고 그것을 극복하려고 한 데 비하여, 황로 도가는 그 기획의 실현 가능성에 대한 강한 신념에 고취되어 있었다. 인간 질서와 자연 질서의 괴리 문제에 있어서 이들은 '인간'이 아니라 '제도'에 승부를 걸었던 것이다.

결국 이렇게 본다면, 노자에서 발원하여 그 흐름을 뻗어 간 선진 도가는 춘추 말에서 전국에 이르는 기간 동안 당시의 철학계에 줄곧 던져진 자연 질서와 인간 질서의 합일이라는 문제에 대해 전자에 포인트를 두면서 그것의 특징을 '자연'이라는 개념으로 개괄해 냈는데, 이는 끊임없이 인간 질서를 그 틀 속으로 끌어들여 보고자 한 일련의 철학적 작업들이 만들어 낸 지적 성과의 결집이라고 할 수 있다. 각 흐름의 세부적인 입장 차이에 따라 구체적인 작업의 내용에는 편차가 있지만 이들의 철학 체계는 기본적으로 이 주제에 대한 탐구의 결과였던 것이다.

3. 제도와 탈제도의 스펙트럼

앞에서 언급한 것처럼 '자연' 개념을 그 중심에 놓고 노자의 철학 체계를 바라볼 때, 그것은 다음과 같은 구도로 짜여진다. '도'에 대한 담론은 기본적으로 '자연'이라는 개념의 타당성을 형이상학의 측면에서 논증하기 위한 작업의 일환이며, 『노자』에 두드러지게 나타나는 변증적 사고는 이것을 일상의 형이하학적 측면에서 논증해 가는 작업의 일환이다. 그리고 '무위無爲'는 이러한 논증 과정을 통하여 그 타당성을 확보한 '자연'이라는 목적을 실현해 가기 위한 수단이다.15)

---

15) 노자 철학 체계에 대한 이러한 시각은 劉笑敢에게서 빌려 온 것이다.(劉笑敢, 「老子哲學的中心 價置及體系結構」, 112~134쪽 참조) 그러나 劉笑敢의 시각 속에는 그런 구도를 가능하게 한 노자 철학의 출발점, 즉 '常'에 대한 언급이 빠져 있다.

'도'에 관한 담론을 통하여 '자연' 개념의 타당성을 논증하려는 노자의 작업은 두 단계로 이루어진다. 우선 그는 '도' 개념의 제시를 통하여 기존의 주장들이 내세우던 최고 개념을 격하시키는 작업을 수행한다.[16] 그는 이 작업을 언어의 한계를 묵시적으로 지적하는 방식으로 수행하는데, 구체적으로 말하면 그것은 '언어로 포착될 수 있는 도'(可道)와 '언어로 포착될 수 없는 도'(非可道)의 대비이다. 그러면서 그는 후자가 곧 '항상적인 도'(常道)라고 못박음으로써 전자의 영역에 속하는 주장들이 내세우는 최고 개념들, 가령 유가의 '천' 개념 같은 것을 일거에 무력화시키고자 한다.[17] '항상적인 도'는 언어의 영역을 초월한다는 점을 논증하기 위하여 노자는 도의 본질적인 특징을 '빔'(虛)으로 표현한다.[18] 이것은 도는 아무런 속성이 없다는 것을 의미한다. 더 정확히 말하면 도는 '무속성이라는 속성' 말고는 어떠한 속성도 지니지 않는다.[19] 이런 까닭에 우리가 도에 대하여 할 수 있는 유일한 언어적 표현은 '도는 무속성이다'라는 아무런 실질적인 정보도 담지 못하는 구절밖에 없다. 따라서 '도'는 실질적인 의미에서 언어로 포착되지 않는다.

'도'가 최고의 개념이 될 수 있는 것 역시 그것이 이처럼 무속성이기 때문이다. 만물이 얽어 내는 세계의 있는 그대로의 질서를 긍정하고자 한 노자의 입장에서 볼 때, 그 질서를 표상하는 방법은 세계 내의 모든 사태를 있는 그대로의 상태로 담아 낼 수 있어야 한다. 그런데 만약 어떤 것이 특정한 속성을 담지하고 있다면 그것은 다른 속성을 지닌 사태에 대하여 배타적일 수밖에 없으므

---

16) 도가의 '道'를 '개념'이라는 말로 표현하는 것은 상당한 주의를 요한다. 노자의 경우 그 전형적인 예에서 볼 수 있듯이, 도가는 '도'를 개념으로 이해하는 태도를 완강히 거부하기 때문이다. 그러므로 여기서 '도'를 '개념'이라는 말로 표현할 경우, 그것은 "字之曰道, 强爲之名曰大"(『노자』, 25장)라고 한 노자의 표현 방식을 수용한 역설적 표현, 즉 '반개념적 개념'의 의미임을 밝혀 둔다.
17) 『노자』 1장, "道可道, 非常道, 名可名, 非常名."
18) 같은 책 4장, "道, 沖而用之, 或不盈…… 淵兮, 似萬物之宗. 湛兮, 似或存."
19) 『노자』에서 도의 속성을 추론하게 만드는 일부의 표현들, 예를 들어 "生而不有, 爲而不恃, 長而不宰"와 같은 표현들은 다만 만물의 존재론적 기반으로서의 도의 위치를 비유적으로 표현하는 것이지 도 자체의 속성을 표현하는 것은 아니다. 이 문제에 대해서는 박원재, 「도가의 이상적 인간상에 대한 연구」, 83~85쪽을 참조할 것.

로 더 이상 모든 것을 포용하는 그릇이 될 수 없다. 그러므로 그것은 당연히 무속성이어야 한다.

'도'에 대한 노자의 이와 같은 작업은 특정한 속성을 지니고 있는 타학파의 최고 개념들의 절대성을 격하시킨다. 이것이 '자연'의 타당성을 논증해 가는 첫 단계의 작업이다. 여기에 이어지는 다음 단계는 그렇게 확립된 최고 개념으로서의 도의 권위를 스스로 해체시키는 작업이다. 이 작업은 '자연'을 노자 철학의 가장 중심이 되는 개념으로 자리매김하는 데 결정적인 역할을 한다. 노자는 이 작업을 다음과 같은 경로로 진행한다. 우선 그는 도의 운동을 닫힌 구조 속에서 진행되는 것이라고 분명히 한다. 그것은 출발점에서 직선상으로 무한히 뻗어 나가는 운동이 아니라 종착점이 있는 운동이다. 그런데 이 운동은 일회적인 것 아니라 순환적이다. 즉 그것은 시작과 끝을 무한히 순환 반복하는 '돌아감'(反)이다. 따라서 전체적인 측면에서 도의 운동은 시작도 끝도 없다. 그런데 여기서 주목해야 하는 것은 이러한 도의 순환 반복 운동이 만물을 매개로 이루어진다는 점이다. 이 점은 "도는 스스로 그러함을 본받는다"[20]는 유명한 명제를 통하여 정식화된다. 여기서 말하는 '스스로 그러함'은 의미상으로 곧 인간을 포함하는 만물의 자기 원인적인 운동 원리를 가리킨다.[21] 그러니까 이 말은 도는 오직 만물의 자기 원인적으로 진행되는 자발적 운동 원리만을 자신의 운동 원리로 삼는다는 의미이다. 이것은 다른 측면에서 말하면 도가 만물의 운동 과정에 개입하는 별도의 주재적인 존재가 아니라 만물의 운동 과정에서 드러나

---

20) 『노자』 25장, "人法地, 地法天, 天法道, 道法自然"

21) 여기서의 '자연'의 주체를 도 자신으로 보는 견해가 있는데, 그럴 경우 '道法自然'이라는 의미는 '도는 자신의 스스로 그러함을 본받는다'는 뜻이 된다. 그렇게 되면 이것은 동어 반복에 불과한 무의미한 명제에 지나지 않는다. 존재론적 관점에서 볼 때 최고의 존재는 당연히 자기원인적이다. 만약 그렇지 않고 다른 것에 의지한다면 그것은 더 이상 최고의 존재가 아니다. 그러므로 도가 최고의 개념임을 여러 곳에서 누누이 내비치고 있는 노자의 입장에서 볼 때, 이것은 전혀 필요 없는 군더더기 말에 지나지 않는다. 이런 까닭에 여기서 말하는 '스스로 그러함'은 애초의 출발점인 인간(만물)의 스스로 그러함이어야 한다. 『노자』 51장의 "是以萬物莫不尊道而貴德, 道之尊, 德之貴, 夫莫之命而常自然"과 64장의 "是以聖人欲不欲…… 以輔萬物之自然而不敢爲"를 함께 고려하면 한층 분명해질 것이다.

는 하나의 형식이라는 의미이다. 그러므로 그런 과정을 통하여 드러나는 도의 작용상의 특징은 곧 주재성이나 적극성, 능동성과 반대되는 '부드러움'(弱)으로 표현되는 것이다.[22]

이상의 단계를 통하여 노자의 '도'는 여타의 주의주장들의 이론적 기반들을 무력화시킨 뒤 스스로 해체된다. 최종적으로 긍정되는 것은 '도'가 아니라 오직 '자연'뿐인 것이다. 앞에서도 말했듯이, 노자의 이러한 작업은 『노자』의 상당 부분을 차지하는 변증적 사고를 바탕으로 구체적인 일상적 실례들을 통하여 보강된다. 그리고 마지막으로 노자는 그 최고 가치인 '자연'에 도달하는 방법으로 '무위'를 제시한다. 하지만 잘 알려진 대로, '무위'는 노자 철학의 구도 속에서 본다면 목적에 도달하기 위한 수단이긴 하지만 내용면에서는 사실 '자연'의 이음동의어에 지나지 않는다. '무위'에서 부정하는 행위(爲)는 곧 자기 원인적 운동 원리에 위배되는 일체의 유목적적 행위(爲)를 가리키기 때문이다. 그러므로 '무위'는 자연에 도달해 가는 과정에서는 수단이지만 최종적인 단계에서는 '무위'가 곧 '자연'이다.

그런데 '무위'와 관련하여 정작 우리가 주목해야 하는 것은, '자연'을 가능하게 하는 가장 확실한 수단인 이 '무위'를 노자가 정치의 근본적인 방식으로 제시했다는 점이다. 이것이 『노자』를 정치 철학적 기획의 일환으로 자리잡게 한 부분이다. 우리는 『노자』에서 '무위'의 정치를 시행하면 천하를 얻을 수 있다는 메시지를 수시로 접하는데, 이것은 당연히 항상적인 자연 질서에 인간 질서를 합일시키는 유일한 방법은 그 길밖에 없다고 보는 데에서 출발한 노자 철학이 자연스럽게 귀착하게 되는 종점이다.

그런데 노자의 이와 같은 '자연' 개념은 양주 학파와 아나키즘적 성향의 학파를 거치면서 약간의 변화를 보인다. 노자의 후학답게 양주 학파와 아나키스트들 역시 자신들의 생각을 '자연' 개념에 기반을 두고 전개시킨다. 이들은 우

---

22) 이상이 『노자』 40장에 나오는 "反者, 道之動, 弱者, 道之用"의 의미이다. 『노자』에서 '弱'은 의미상으로 '柔'와 같이 통용된다.

선 당시의 사람들이 관심을 갖던 하나의 주제에 대하여 근본적인 의문을 제기하는 데에서부터 출발한다. 그것은 '이익'(利)이라는 주제이다. 다분히 묵가 집단에 의하여 시대적 화두가 되었을 가능성이 많은 이 주제에 대하여[23] 이들은 어떤 것이 이익이냐가 아니라 과연 무엇을 위한 이익이냐 하는 질문을 진지하게 던진다.[24] 이들은 그러한 질문이 배제된 이익에 대한 무반성적인 관심들이 결국 인간의 자연적인 본성을 침해하게 된다는 점을 강조한다. 그러므로 이들에게 오면 '자연'은 질서적인 의미보다 '인간 본성의 자연성'이라는 영역으로 그 의미의 핵심이 이동된다.[25]

선진 도가의 흐름을 개괄하는 과정에서 이들의 주장 가운데 우리가 눈여겨 보아야 할 것은, 이들의 철학 체계가 아니라 바로 '자연'의 의미가 이동하는 이 부분이다. 사실 이들의 주장은 단순명료하다는 특징만 있을 뿐 어떤 주목할 만한 철학적 체계성은 없다. 이들은 '질서적 의미의 자연'을 '인성의 자연'으로 변화시킴으로써 양생적 방면으로 또 아나키즘적 방면으로 도가 철학의 폭을 그만큼 넓히고 있는 것이다.[26] 다만 차이가 있다면 자신들의 그러한 입장을 정당화하기 위하여 서로 연관은 있으나 방향에서 조금은 차이나는 두 가지의 길, 즉 인간의 자연적 생명의 절대적 가치를 옹호하는 길과 그것을 침해하는 일체의 규범적·제도적 장치의 허구성을 폭로하는 길로 각각 나아갔다는 사실뿐이

---

23) 『孟子』 첫머리에 등장하는 주제도 이 '利'임을 상기하라. 맹자 자신도 이 주제 자체를 거부하는 것이 아니라, '利'의 내용을 달리하여 다만 '仁義'를 행하는 것이 장기적으로 볼 때 진정한 '利'라는 점을 주장하고 있음을 주목할 필요가 있다. 노자 역시 '無爲'의 정치 방식이 천하를 얻을 수 있는 가장 궁극적인 방법임을 역설했다는 점에서 이 주제에서 완전히 벗어나 있다고 말하기는 어렵다.
24) Graham은 중국철학사에서 양주가 이 질문을 최초로 제기했다고 말한다. Disputers of the TAO, 56쪽. 하지만 자기 시대의 규범 문화가 지니고 있는 허구성을 폭로하려고 했던 아나키스트들 역시 이 문제에서 출발한다고 볼 수 있다.
25) 劉笑敢은 이 점이 장자 사상에 대하여 아나키스트들이 행한 근본적인 개조라고 말한다. 『장자철학』, 최진석 옮김, 344～353쪽.
26) 아나키스트들의 저작으로 추정되는 『장자』의 일부 편(8～10)에서 가장 자주 등장하는 용어 가운데 하나가 '타고난 본성의 상태에 편안히 안주한다'(安性命之情)라는 점은 이들의 궁극적인 지향점이 무엇인가를 잘 보여 준다.

다.

　노자에서 발원한 선진 도가의 분파들 가운데 '자연' 개념을 본래 그대로의 의미로 가장 충실하게 밀고 나간 그룹은 역시 장자 학파이다. 장자 철학의 중심 개념은 두말할 필요도 없이 '천天'인데, 이 '천'이 대부분 '자연'을 의미한다는 점만 보더라도 이것은 쉽게 확인된다. 장자의 철학은 앞에서 이미 지적한 대로, 노자와 양주 학파 및 아나키스트들의 생각이 지니고 있는 허점에서부터 출발한다. 그 허점은 '성심'이라는 장자 철학의 중심적인 화두를 통해 드러나는데, 그것은 간단히 말하면 이렇다. 장자가 볼 때, '타고난 그대로의 자연적 본성'이 긍정적이라는 생각은 허구이다. 그것은 자연적 인간 자체가 자기 중심적인 편향성으로 너무나 쉽게 기울어지는 존재이기 때문이다. 이것은 단순히 후천적인 굴절의 결과가 아니라 인간의 본질적인 성향의 한 부분이다.[27] 이런 점에서 인간은 그 자기 중심적 편향성이 구체화된 '성심'의 상태로부터 저절로 해방되기에는 역부족인 존재이다. 해방은 어디까지나 그 '성심'으로 표상되는 일상적 자아 의식의 해소라는 고도의 자기 극복 과정을 거쳐야 이루어질 수 있는 성격의 것이다.[28] 노자나 양주학파 및 아나키스트들은 이 점을 간파하지 못했다. 그들은 만물이 엮어 내는 자연적 질서와 그로부터 비롯되는 인간의 자연적 본성이라는 생각에만 매료되어 인간 존재가 지니고 있는 이러한 구조적인 취약점을 제대로 인식하지 못한 것이다. 장자가 볼 때, 이 취약점은 제도의 미비에서 비롯된다기보다는 인간이라는 존재가 지니고 있는 본질적인 성향으로부터 온다. 이런 점에서 타고난 그대로의 인간의 존재 상황은 처음부터 극복되어야 하는 그 무엇이다.[29] 장자의 철학은 이 지점에서 출발한다.

---

27) 가령, 『장자』 「제물론」에서 지적되고 있는 인간이라는 존재의 종족적 한계를 생각해 보라.
28) 이 점은 장자의 이상적인 인간상이 노자와 같은 '嬰兒'가 아니라 '眞人'(혹은 至人, 神人)이라는 사실을 통해서도 드러난다. 이 두 인간상의 차이에 대해서는 박원재, 「도가의 이상적 인간상에 대한 연구」, 135~137쪽을 참조할 것.
29) 장자 학파의 이런 생각은 그 자체로서 完整的인 퓌지스적 질서로부터의 일탈은 인간이라는 존재가 지니고 있는 본질적인 경향성, 즉 이른바 과잉된 상스(sens) 때문이라고 보는 구조주의적 시각(아사다 아키라, 『구조주의와 포스트 구조주의』, 이정우 옮김, 16~29쪽)을 다분히 연상케 한다.

이런 문제 의식에서 출발한 장자는 우선 '성심'이 형성되는 데 촉매 역할을 한 요소들을 주목한다. 그 가운데 장자가 줄곧 가장 치열하게 접근하는 것은 역시 '성심'과 '언어'와의 관계이다. 언어는 인식과 불가분의 관계에 있다는 점에서 이것은 다시 '성심'과 '인식'의 관계이기도 하다. 장자가 볼 때, 언어는 자연적 질서로부터 인간을 괴리시키는 주범이다. 그것은 인간으로 하여금 다만 존재 방식의 차이성만 있지 가치적인 차별성은 존재하지 않는 '만물萬物', 즉 있는 그대로의 세계에 대하여 차별적 인식을 갖도록 조장한다.[30] 인간은 세계를 상대로 언어를 통한 인식 작업을 수행하는 순간 그 세계로부터 괴리된다.[31] 장자가 볼 때, 언어가 그런 결과를 초래하는 이유는 그것의 본질인 자의성 때문이다. 언어는 그 자체로서 닫혀 있는 자의적 체계를 통하여 자신의 세계를 구축한다. 그러므로 그것은 있는 그대로의 세계와 아무런 필연적 관계를 맺지 않는다. 그것은 다만 자신의 구조 안으로 대상을 끌어들이는 방식을 통해서만 기능을 발휘할 수 있다.[32] 이런 점에서 대상은 언어에 포착되는 순간부터 세계를 떠나 언어의 자의성 체계로 진입하게 된다. 자연 질서와 인간 질서의 괴리는 이 지점에서부터 시작된다.

그렇다면 문제의 해결은 간단해진다. 그것은 언어의 세계를 떠나는 것이다. 하지만 이것은 당연히 원론적으로 불가능하다. 그러면 남은 방법은 무엇일까? 차선의 두 가지 방법이 가능하다. 하나는 기본적으로 언어를 통한 인식 행위의 결과인 일체의 판단을 방기하는 것이다. '성심'이 주로 자기 중심적인 편향된 인식에서 비롯된 판단들의 집적을 통하여 이루어진다는 점을 고려한다면, 이것

특히 다음과 같은 내용을 접할 때 더욱 그렇다. 『莊子』, 「山木」, 60~61(이 숫자는 『莊子引得』에 나와 있는 해당 편의 행수를 가리킨다. 이하 『장자』의 인용문은 동일한 방식으로 표기한다), "(顔回曰:) '何謂人與天一邪?' 仲尼曰: '有人, 天也, 有天, 亦天也. 人之不能有天, 性也, 聖人晏然體逝而終矣!'"

30) 「제물론」의 '朝三暮四'의 우화는 이 점에 관한 냉소적인 풍자이다.

31) 『莊子』, 「在宥」, 55~56, "萬物云云, 各復其根, 各復其根而不知. 渾渾沌沌, 終身不離, 若彼知之, 乃是離之. 无問其名, 无闚其情, 物固自生."

32) 같은 책, 「齊物論」, 33~34, "物謂之而然. 惡乎然? 然於然. 惡乎不然? 不然於不然. 物固有所可, 物固有所然. 無物不然, 無物不可."

이 노리는 효과는 명백하다.[33] 다른 하나는 언어의 자의적 의미 체계에 가급적 끌려들어가지 않는 언어를 구사하는 것이다. 『장자』의 중요한 표현 방식 가운데 하나인 '치언卮言'이 바로 그것이다. 이것은 언어이면서 언어가 아니다. 왜냐하면 '치언'은 옳고 그름을 확정할 수 없는, 따라서 일상적 기준에서 보면 무의미한 언어의 나열이기 때문이다.[34]

자연적 질서와 합치되는 진정한 해방은 이 두 조건이 이루어질 때 달성된다. 장자가 볼 때, 성심에 사로잡혀 있는 자아 의식은 이 지점에서 완전히 해소된다.[35] 그러나 '해소'라는 말 자체로 자아가 완전히 소멸됨을 의미하지는 않는다. 소멸되는 것은 일상적 자아 의식일 뿐이다. 장자의 철학은 일상적 자아 의식이 소멸된 바로 그 자리에서 전혀 다른 종류의 자아가 새롭게 탄생한다는 점을 역설한다. 이 자아는 자연적 질서와 완전히 합일된 자아이다. 여기서 말하는 자연적 질서와의 합일이란 장자의 철학 체계에서 자아가 그저 그 자연적 질서의 빛에 조명되는 상태이다. 이 상태가 「제물론」에서 반복적으로 강조되는 '명明'의 상태이다. '명'은 일반적인 인식과 구별되는 고차원의 인식 방식을 뜻하는 말이긴 하지만, 이것은 궁극적으로 자아가 세계를 인식해 나간다기보다는 아무런 차양도 없이 스스로 완벽하게 자연의 빛에 노출되는 상태이다. 왜냐하

---

33) 장자는 자기 철학의 가장 중요한 주제 가운데 하나인 '齊物'의 이치도 그것이 언어에 실려 표현되는 순간 분별적 세계로 진입하는 것이라는 점에서 꺼린다. 다음의 내용을 통해서 우리는 그 점을 엿볼 수 있다. 「齊物論」, 52~55, "天地與我竝生, 而萬物與我爲一. 旣已爲一矣. 且得有言乎? 旣已謂之一矣, 且得无言乎? 一與言爲二, 二與一爲三. 自此以往, 巧曆不能得, 而況其凡乎! 故自无適有以至於三, 而況自有適有乎! 无適焉, 因是已." 「제물론」 후반부 첫머리에 나오는 齧缺과 王倪의 문답에서 王倪가 '天地與我竝生, 而萬物與我爲一'과 같은 맥락인 '萬物所同是'라는 명제를 끝내 확인하려 하지 않는다는 데에서도 장자의 의도는 충분히 드러난다.
34) 『莊子』, 「寓言」, "卮言日出, 和以天倪, 因以曼衍, 所以窮年." 노자도 마찬가지겠지만, 언어에 대한 장자의 이와 같은 태도는 자연 질서와 괴리된 인간 질서의 가장 분명한 형태인 문화가 본질적으로는 언어로 짜여진 그물망이라는 점을 직감한 데에서 연유하는 듯하다. 특히 유가적인 규범 문화가 언어를 중심축으로 한다는 점을 고려할 때('正名'에 대해서 논하고 있는 『論語』, 「子路」의 내용을 상기할 것), 노장의 그러한 태도는 상당히 시사적이다.
35) 장자가 일상적 자아 의식의 해소라는 주제에 얼마나 몰두하는가 하는 점은 「제물론」의 시작과 끝이 '喪我'와 '物化'라는 데에서도 드러난다. '物化'는 곧 자아 의식이 사라져 타자와의 대립이 해소된 상태이다.

면 유한한 존재인 인간이 무한한 세계와 합치되려면 그 세계의 빛에 조명되는 것 말고는 방법이 없기 때문이다.[36] 그러므로 새롭게 탄생하는 자아는 본질적으로 심미적 자아일 수밖에 없다. 그것은 아무런 목적 의식에도 사로잡히지 않은 채 세계를 감상하는 자아이다. 장자는 이 상태를 일체의 구속으로부터 해방되어 궁극적으로 세계의 영원한 질서와 함께하는 상태라고 묘사한다.[37] 즉 장자가 말하는 완전한 '소요逍遙'의 경지이다.

이렇게 본다면 장자 학파에겐 정치에 대한 고려가 별로 비집고 들어올 틈이 없다. 그런 문제 해결의 방식이 지니고 있는 한계를 스스로 파악하였다고 생각했던 장자의 입장에서 본다면 이는 지극히 자연스러운 것이다. 하지만 황로 도가는 장자가 부정한 그 가능성을 극단으로 밀고 나간다. 이들은 자연 질서를 정치를 통하여 현실 속에 완벽하게 구현시키는 일이 가능하다고 생각하였다. 그런데 이들의 철학 체계가 앞의 다른 분파들과 확연하게 차이나는 점은 혼합적 성향을 보인다는 것이다. 그 속에는 도가는 물론 유가와 법가적인 사고까지 포함되어 있다. 그러나 이들의 기본 성격은 역시 도가이다. 그것은 이들의 그러한 혼합적 경향도 뚜렷한 원칙에 의해 이루어진다는 데에서 분명히 드러난다. 가령 이들의 저작으로 추정되는 작품들을 보면 여러 학파의 주장을 나열할 때 도가를 항상 앞에 세우고 다음에 유가 그리고 법가 등의 순서로 배열하는 비교적 일관적인 원칙을 보인다.[38] 이것은 이들의 철학이 혼합적이기는 하되 그것은 어디까지나 도가를 기준으로 한 혼합임을 보여주는 것이다. 황로 도가가 이러한 경향을 드러내는 것은 다음과 같은 이유이다.

---

36) 大濱晧, 『중국고대의 논리』, 김교빈 외 옮김, 78쪽.
37) 『莊子』 「養生主」 마지막에 나오는 '秦失이 老聃의 죽음에 문상 간' 내용에는 장자의 이런 시각이 담겨 있다. 거기에 나오는 '縣解'가 곧 완전한 해방을 뜻한다면 맨 마지막에 나오는 '指窮於爲薪, 火傳也, 不知其盡也'는 개체 생명이 영원한 우주적 과정으로 포섭되는 상태를 의미한다. 이 내용의 의미에 대한 상세한 분석은 李存山, 「莊子的薪火之喩與'懸解'」, 116~123쪽을 참조할 것.
38) 劉笑敢, 『장자철학』, 최진석 옮김, 369쪽. 『장자』에서 이들의 저작으로 추정되는 작품은 외편의 11번째 「在宥」의 후반부부터 16번째 「繕性」까지이다. 劉笑敢은 『장자』의 맨 마지막 편인 「천하」도 이 계열의 작품으로 보는데, 이 부분은 좀더 심도 있는 분석이 필요하다.

이들이 지향하는 정치적 방식은 물론 노자가 주장한 '무위 정치'이다. 그러나 이들의 '무위'와 노자의 그것과는 차이가 있다. 이들이 생각하는 무위 정치의 본질은 통치자가 관료 조직을 전체적인 질서의 메커니즘 속에서 사역하는 시스템, 즉 관료들의 '유위'를 매개로 하여 이루어지는 통치자의 무위적 통치이다. 비도가적인 규범들은 이러한 맥락에서 필요해진다. 통치의 매개물인 관료 조직의 영역이 유위의 영역인 이상, 그런 비도가적 규범들은 그 조직을 작동시키는 데 필요한 수단으로써 요청되기 때문이다.

이것은 이들이 노자가 말하는 자연 질서를 정해진 작동 원리에 따라 부품들이 기계적으로 움직이는 기계적 질서와 유사한 모델로 받아들였음을 의미한다. 그 자체의 원리에 따라 자발적으로 작동되는 자연적이며 유기적인 질서라는 관념이 이들에게도 분명히 있었지만,[39] 그것은 기계적 질서에 대한 생각으로 이행되는 그런 관념이었던 것이다. 이들이 추구한 '내면적인 평정심과 초연성'도 이런 점에서 보면 해방적 관심에 의한 것이라기보다는 결국은 그런 기계적 통치 질서에 부품들을 적응시키는 데 필요한 자질이라는 성격이 더 강하다. 따라서 그것은 존재의 본질에 대한 탐구와 장자의 심미적 정신을 명백히 포기하고 인간과 자연에 내재하는 도의 모든 방식들에 순종하려는 일종의 '생활 태도'라고 주장해도 지나칠 것은 없다.[40]

이와 관련하여 황로 도가의 철학에서 두드러지는 또 하나의 특징은 이들에게 오면 '도'의 중심이 서서히 법칙성으로 옮겨가기 시작한다는 사실이다. 이것은 항상 '천'을 '도'보다 상위에 두는 데에서 확연히 드러난다. '도'가 '천'보다 하위에 놓인다는 것은 '도'가 '천'에 종속됨을 뜻한다. 그렇다면 그 방식은 '도'가 '천'이 지니고 있는 법칙성으로 탈바꿈하는 것일 수밖에 없다. 이런 과정을 통하여 결국 '도'는 세계의 존재론적 기반이라는 지위에서 물러나 그 세계가 지니고 있는 보편적인 법칙으로 새롭게 자리매김되는 것이다.[41] 우리는

---

39) 『莊子』 「天運」의 첫 문단은 자연 질서의 그런 완벽성을 시적인 표현으로 압축한 문장이다.
40) 벤자민 슈월츠, 『중국 고대사상의 세계』, 나성 옮김, 343쪽.

여기에서 도가적 사유가 법가적 사유로 이행되어 가는 명백한 징후를 보게 된다. 더구나 황로 도가의 생각이 이러한 보편적인 법칙성에서 개개의 사물에 내재하는 개별적인 법칙성으로 옮아가 그 법칙성과 사물 간의 필연적인 정합성을 추구하는 데로까지 나아가는 것을 보면, 그 징후는 곧 현실로 구체화될 것이라고 예감하기에 이른다.[42] 결국 이 모든 것은 자연적 질서를 그대로 정치적 질서로 의제화시키는 것이 가능하다고 믿었던 황로 도가의 신념에서부터 비롯된 결과들이다.

4. '자연'이라는 화두가 남긴 것들

자신들이 느꼈던 문제 의식을 해소하기 위하여 선진 도가가 진행하였던 이와 같은 작업이 과연 성공적이었는가 하는 물음에 대한 개괄적인 답변은 '아니다'이다. 우선 노자부터 말한다면, 장자가 간파했던 그의 철학의 허점 말고도 그의 이상이 실현되는 데에는 결정적인 장애가 있었다. 그것은 현실적인 적합성을 담지하지 못했다는 것이다. 당시의 시대적 현실에서 보았을 때, 부국 강병이라는 긴급한 현실적 수요를 직접적으로 만족시키지 못한다는 점에서 멀리 돌아오는 이야기라고 비판받았던 맹자의 경우보다 오히려 노자의 경우가 훨씬 더 멀리 돌아오는 우회로였다. 노자에서 시작된 정치적 주장이 그 형식만 남고 나머지 대부분이 굴절된 뒤에 법가를 통하여 현실화되었다는 사실에서 노자가 지녔던 취약점을 무엇보다 분명히 보여 준다. 현실화되는 데 장애가 되는 이런 취약점 때문에 노자의 생각은 거의 모든 시대에 걸쳐서 현실에 대한 비판적 역할만을 수행하게 되었는지도 모를 일이다.

---

41) 劉笑敢, 『장자철학』, 최진석 옮김, 374쪽.
42) 『黃帝四經』에 '理'에 대한 언급이 두드러지게 나타나고, 특히 '名'과 '形'의 관계에 대한 내용은 오히려 『韓非子』를 능가한다는 사실이 이 과정을 잘 보여 준다. 노자 철학이 한비자류의 법가적 사유로 이행되는 논리적 과정에 대해서는 박원재, 「노자철학의 양면성에 관하여」를 참고할 것.

다음 장자의 경우는 우선 노자와는 상황이 다르다는 점부터 지적해야 할 것이다. 그는 정치적인 방식으로 문제를 해결할 수 있다는 생각에 대해 처음부터 회의를 가졌다. 그러므로 그의 작업을 평가하기 위해서는 다른 기준을 적용해야 한다. 그것은 그가 치열한 작업을 통하여 던졌던 일상적 자아 의식의 해소를 통한 완전한 해방이라는 화두가 과연 사람들에게 성공적으로 받아들여졌느냐 하는 것이다. 하지만 이것을 검토해 보기도 전에 우리는, 장자가 자신의 입을 통하여 자신이 제시한 해방의 방식은 특수한 개인에게만 가능하다는 고백과 만나게 된다. 자신이 말하는 이상적 삶의 경지에 도달한 사람을 만년에 한 번 만나더라도 그것은 아침저녁으로 만나는 것과 다름없다라고 토로한 것이나(「제물론」, 84), 소와 말의 발이 네 개인 것은 자연이고 말에 낙인을 찍고 소에 코뚜레를 끼우는 것은 인위라고 명쾌하게 정의하면서도(「추수」, 51~52」) 다른 한편으로는 인위와 자연을 진정으로 구분할 수 있는 것은 오직 진인이 된 뒤라야 가능하다는 고백(「대종사」, 2~4)은 그의 이상이 일상인이 도달하기에 얼마나 멀리 떨어져 있는가를 잘 보여 준다. 장자의 생각이 이후 동아시아의 예술 세계를 풍요롭게 하는 데 결정적인 역할을 한 것은 사실이지만 애초의 문제 의식에 비추어 본다면 그 정도는 장자 자신도 그리 흡족해 하지 않을 성과일 것이다.

　황로 도가의 경우는 어떻게 보면 가장 완벽한 실패이다. 그것은 도가적 사유가 법가적 사유로 이행되는 데 징검다리 역할을 함으로써 역설적으로 가장 비도가적인 정치 방식을 역사에 등장시키는 데 일조를 했다는 비난으로부터 자유롭지 못하기 때문이다. 한 초에 잠시 흥성한, 황로 도가적인 무위 정치라고 칭송되는 이른바 '문경지치文景之治'도 장기적으로 보면 그 뒤의 제국 질서가 전개되는 데 필요했던 준비 단계의 성격이 강하다. 외부적인 안정과는 달리 내부적으로는 수차에 걸친 반란과 그에 따른 진압을 통해 실질적으로 중앙집권화를 착실히 다져 나간 때가 이 시기라는 점을 고려하면 '문경지치'의 참모습은 재평가되어야 할 것이다.

구체적인 현실화라는 기준에서 볼 때, 선진 도가가 마련한 일련의 철학적 청사진이 이처럼 대부분 실패로 돌아간 원인은 무엇보다도 그것이 지니고 있었던 사유의 급진성에서 찾아야 할 것이다. 현실의 일상적인 관점에서 볼 때, 그들이 제시한 문제의 해결 방식은 확실히 급진적인 것이었다. 모든 급진적인 이상들은 항상 현실에서의 성공보다 자신이 실패를 경험한 그 현실의 비판자로서 더 오래 생명력을 유지하게 마련이다. 이 점은 선진 도가의 경우도 예외는 아니다. 따라서 이 기준을 적용한다면 비록 만족할 수준은 아니지만 이들의 실패가 최종적인 것은 아니라고 할 수 있을 것이다.

그러나 시야를 선진 도가가 추구한 이상과 그것의 직접적인 실현이라는 좁은 영역에서 그것이 당시의 다른 학파나 후세에 미친 영향이라는 넓은 영역으로 확대시켜 보면, 이것은 앞의 경우와 반대로 중국철학사 속에서 결코 작지 않은 무게로 다가옴을 금방 알게 된다. 우선 선진 도가가 제시한 무목적적 질서 체계로서의 '자연'이라는 개념은 당시 유가로 하여금 상당한 방향 전환을 가져오게 했다. 우리는 그것을 순자荀子의 경우에서 확인할 수 있다. 순자의 작업은 도가적 세계관이 대세가 되어 버린 상황에서 유학이 살아남기 위해 벌인 자구책의 전형을 보여 준다. '예'적 질서가 관통되고 있는 세계라는 생각을 버리지 않으면서도 결국 '자연'으로서의 세계라는 생각을 받아들이고는, 그런 세계를 적절히 이용할 수 있는 인간의 인식 능력에 초점을 맞추어 궁극적으로 자연과 구분되는 인간의 고유한 영역 즉 문화의 영역을 확보해 나갔던 순자의 작업 속에서 우리는 도가가 드리운 짙은 그림자를 본다. 기본적으로 순자적 경향을 계승했던 한대 유학이 목적론적 세계관으로 다시 돌아 선 것에서도 우리는 역설적으로 도가의 입김을 맡는다. 그것은 명백히 도가적인 자연천 개념에 대한 과잉된 반작용이기 때문이다.

후기 묵가의 뛰어난 논리학적 성과의 배경에도 물론 언어에 대한 도가적 시각이 얼마간의 자극제로 작용하고 있다. 법가에 대한 언급은 더 이상 필요 없을 것이다. 위진 현학과 불교의 중국화 과정, 그리고 성리학의 리기론적 이론 체계에 스며들어 있는 도가적 사유의 흔적에 대해서도 마찬가지이다. 가장 비도가적인 정치 방식을 역사에 등장시키는 데 일조를 했다고 비판받는 황로 도가조차 그런 비판을 끝으로 그것의 역사가 마감된 것은 아니다. 그것은 한대漢代를 통하여 자신의 사상적 저류를 양생론 방면으로 틂으로써, 지금도 동아시아인들의 삶 속에 일정한 영향력을 확보하고 있는 도교의 탄생에 중요한 매개 역할을 수행하였다.

결국 이렇게 본다면, 비록 자신들은 성공을 거두지 못했지만 후세에 미친 선진 도가의 영향력은, 거시적 측면에서 그 실패를 충분히 덮고도 남을 결코 부정할 수 없는 무게로 중국사상사 속에 남아 있다고 하는 것이 옳은 평가일 것이다. 🌀

『論語』
『老子』
『孟子』
『莊子』
『黃帝四經』
『呂氏春秋』
『淮南子』
『莊子引得』(서울: 學考房 影印本)
『史記』(中華書局標點本, 北京: 中華書局, 1982)

김충열, 『중국철학사』 1(서울: 예문서원, 1994)
大濱皓, 『중국 고대의 논리』, 김교빈 외 옮김, (서울: 동녘, 1993)
벤자민 슈월츠, 『중국 고대사상의 세계』, 나성 옮김(서울: 살림, 1996)
劉笑敢, 『장자철학』, 최진석 옮김(서울: 소나무, 1990)
關鋒, 『莊子內篇譯解和批判』(北京: 中華書局, 1961)
徐復觀, 『中國人性論史』 先秦篇(臺北: 臺灣商務印書館, 民國73 7刷本)
張恒壽, 『莊子新探』(湖北省: 湖北人民出版社, 1983)
A. C. Graham, *Disputers of the TAO: philosophical argument in ancient China* (La Salle, Illinois: Open Court Publishing Company, 1989)

박원재, 「도가의 이상적 인간상에 대한 연구」(고려대 박사학위논문, 1996)
_____, 「노자철학의 양면성에 관하여」(한국동양철학회, 『동양철학』 제9집, 1998. 7)
劉笑敢, 「老子哲學的中心價置及體系結構」(陳鼓應 主編, 『道家文化硏究』 第10輯)
李存山, 「莊子的薪火之喩與'懸解'」(陳鼓應 主編, 『道家文化硏究』 第6輯)

세습적 신분제에서 기능적 관료제로

이재룡

1. 새로운 질서에 대한 요구와 법가의 등장

법가는 선진의 다른 학파와는 달리 철학적 깊이를 추구하기보다는 실제로 현실 문제를 해결하는 과정에서 형성된 학파이다. 더구나 그들은 유가나 묵가와 같은 학문적인 수수 관계도 없었다. 당시에는 흔히 이들을 '법술지사法術之士', '법사法士' 또는 '경전지사耕戰之士' 등으로 불렀다.[1] 그러면 이들은 어떻게 다른 제자백가보다 뒤늦게 등장했으면서도 선진 시대에 가장 효과적이고 실질적인 뿌리를 내릴 수 있었을까?

춘추 시대에 접어들면서 나타난 가장 큰 변화는 종법제宗法制의 붕괴와 그에 따른 사회적 제 관계의 변화였다. 종래의 종법제 하에서는 사회 전반이 수직 복종의 예속적 신분 관계로 이루어진 데 비해, 일면 종교성을 지니는 종법제적 종족 관계가 와해됨으로써 공적인 부분에서는 주종 관계로, 사적인 부분에서는 대등한 관계로 상호 관계의 변화를 가져왔다. 이처럼 변화된 사회의 양상이 보편화되면서 사회 제도로 정착되어 규범력을 지니게 된 것이 바로 관습법적인 불문법이고, 이것을 국가 제도로 받아들여 확정된 것이 법 제도이다. 경

---

1) 劉澤華 주편, 『中國政治思想史』 先秦卷, 260쪽.

험적 태도로 현실을 직시해 문제를 해결하려 한 정치 행정가들인 법가들이 이와 같은 법제의 특성에 관심을 집중시킨 것은 당연한 태도였다.

그러나 당시 모든 사람들이 이와 같은 법 개념에 익숙한 것은 아니었다. 왜냐하면 당시처럼 법 개념이 현실화된 적이 그 이전의 역사에서는 한 번도 없었기 때문이었다. 법가의 선구자인 정鄭의 자산子産이 성문법을 공포했을 때(기원전 535)도 그랬지만, 그보다 200여 년 후 상앙商鞅이 신법을 제정했을 때조차 법에 의한 규율은 생소하기 그지없다. 그만큼 법치에 대한 법가들의 시도는 대단히 혁신적인 것이었다. 그렇다면 그들은 왜 종래의 예제禮制를 활용하지 않고 '법法'이라는 새로운 개념을 창출해 냈을까?

1. 농업과 상업의 발달과 그에 따른 사회의 변화

춘추전국 시대에 사회 변화의 원인으로 우선 들 수 있는 중요한 요인은 토지 제도의 변화이다. 토지 제도의 변화를 촉진시킨 것은 말할 것도 없이 제철업의 발전이었다. 전국 시대 초기부터 광범위하게 보급된 철제 농기구는 당시까지의 농업 생산량을 수배나 증가시켰고, 그로 인해 토지 개간이 수월해져 경작지가 증대되었으며, 농노에 의한 생산보다는 자영 농민에 의한 생산을 장려하여 생산력이 증대됨으로써 국가 재정을 확충시킬 수 있었다. 전국 시대에 이르면 이미 토지 소유 관계가 공유 개념에서 사유 개념으로 전화하고 있었다. 토지의 사유화는 대등한 인간 관계를 전제로 할 경우에만 가능해진다.[2]

인간 관계의 평등 관념을 심어 준 것은 무엇보다도 상품 경제의 발달에 따른 등가 관념의 보편화에 있다고 보아야 할 것이다. 이미 전국 시대 중반에 접어들면 정치적으로는 국경이 수시로 바뀌는 혼란을 겪지만, 국가 개념이 없던 일반 백성들은 자유로이 국경을 넘나들며 물자를 유통시킴으로써 전국이 동일 시장권을 형성하게 되었다. 잉여 농업 생산물과 사치 생활에 필요한 공업 제품

---

2) 范傳賢, 『中國古代社會探微』, 63쪽 이하 참조

의 유통을 전담하던 상인들이 축적한 상업 자본을 토지에 재투자함으로써 상업 자본은 토지 자본과 결합되어 대지주·대상업 자본의 형성을 촉진시켰다.[3] 여기에 상업의 규모 또한 거대해져 무역을 통해 거부가 된 사람이 수도 없이 등장했다. 공자의 제자인 자공子貢도 그 중의 한 사람이다.[4] 상품 경제의 보편화로 대규모로 물품이 유통되던 당시에 상품이 주는 등가성은 그대로 법이 갖는 공평성으로 전이될 수 있었다. 전통적인 신분 질서가 파괴되면서 급변하기 시작한 사회 상황은 기회의 보편화를 제공해 주었고, 이것이 새로운 질서 확립의 필요성을 제고시킨 것이다.

2. 사회 변화와 귀족 계급의 몰락

변화된 사회에서는 어떤 식으로든 사회 구조의 재편을 통해 사회를 안정시키려는 작용이 일어나게 마련이다. 토지 자본과 상업 자본으로 새로이 등장한 신흥 귀족들은 변화된 사회적 토대에 맞게 종법제의 전통에서 관직과 봉토를 그대로 세습하던 구귀족들과 동일한 기회의 균등을 요구했다. 종법제의 와해는 군신 관계에도 변화를 가져왔는데, 종족적 의미의 군신 관계가 무너져 군신 관계는 더 이상 서주西周 시대의 천자와 제후의 관계가 아니었다. 전국 시대에는 군주 자신이 천자에 대해 신하이면서 제후였기 때문에 서주 시대의 천자에 버금가는 권위와 존엄이 없었다. 그러므로 신하가 군주를 추방하여 나라를 찬탈하는 것도 가능할 수 있었다.[5] 군주와는 관계없이 토지와 특권이 세습되는 종법제적 제 관계를 정치 영역에서 제한함으로써 귀족의 세력을 억제하는 일이 시급한 정치 문제로 부각되었다. 이 점이 신흥 계급의 이해 관계와 합치되어

---

3) 周谷城, 『中國政治思想史』, 96쪽 이하 참조.
4) 『史記』, 「貨殖列傳」, "子贛旣學於仲尼, 退而仕於衛…… 此所謂得埶而益彰者乎?"
5) 『左傳』에 따르면 기원전 607년에는 晉의 趙穿이 靈公을 시해했고(宣公 2年), 기원전 559년에는 衛의 獻公이 국외로 추방당했으며(襄公 14年), 기원전 548년에는 齊의 崔杼가 莊公을 시해했고(襄公 25年), 기원전 510년에는 魯의 昭公이 季孫·叔孫·孟孫氏의 세 가문에 의해 국외로 추방당해 죽었다(昭公 32年).

관료제가 정착할 수 있는 토양을 마련한 것이다. 세습적 특권이 와해되어 종법제적 신분의 중요성이 퇴색된 상황에서 지혜와 능력을 갖춘 자를 군주가 선발하여 관료로 임용할 수 있게 해 준 장치가 바로 객관성을 특징으로 하는 법제이다.

게다가 "예의 적용은 일반인에게까지 내려가지 않고, 형벌의 적용은 대부 이상으로 올라가지 않는다"(禮不下庶人, 刑不上大夫)[6]는 원칙이 무너져, 평민과 다름없이 생활하는 귀족에게도 예를 적용하고 부유해져 귀족과 같은 생활을 하는 평민에게도 형을 적용함으로써, 예주형보(禮主刑補)의 원칙이 뒤섞이게 되어 상대적으로 형을 실질 수단으로 하는 법의 기능이 강조되었다.[7] 그 때문에 이러한 사회에 타당한 규범은 도덕적 차원의 예제가 아니라 객관적 행위 지표인 법제이다. 전국 시대에는 이러한 이유에서 신흥 지주 계급이나 군주 모두 법치를 필요로 했다.

3. 법전의 편찬 및 소송 제도의 정착 ― 예치에서 법치로의 전이

봉건 제도의 와해는 작게는 혈연적인 씨족 집단을 지탱하던 질서 원칙, 즉 예제의 붕괴로 나타나고 크게는 주 왕실의 통제력 상실로 나타난다. 전국 시대에는 신분 질서가 와해되면서 신분간의 활발한 이동이 전개되었으며, 교육의 기회가 넓어져 당시의 사람들은 아이러니컬하게도 중국 역사상 최초이면서 최고의 혼란이 주는 자유를 누릴 수 있었다. 신분상의 제약에도 불구하고 어느 정도는 상품 경제가 주는 계약적 평등 관계의 측면이 확대되고 있었다. 사회 구조와 질서의 재편을 요구하는 외침이 울려 퍼지게 된 것은 당연한 일이었다. 이와 같은 시대 상황에서 혈연적 신분 질서인 예제가 신분적 공평성을 특징으로 하는 법 제도로 전화되기 시작한 것이다.

---

6) 『禮記』, 「曲禮上」.
7) 郭末若, 『十批判書』, 「前期法家的批判」, 314쪽.

흔히 전국 시대에 활발하게 진행된 법전의 편찬은 군주의 독재 권력을 강화하기 위한 정치적 필요성 때문이었다고 주장하기도 한다. 그러나 거시적인 역사의 흐름으로 볼 때 법전의 편찬은 생활 양상의 변화가 몰고 온 필연적인 결과로 보아야 한다. 엄격한 신분제 사회에서 그들의 특권을 보장해 주던 예제는 혈연적 씨족 집단의 우월한 지위가 흔들리면서 그 필요성과 효용성이 급격하게 감소되었다. 그러자 차별성을 특징으로 하는 예제보다는 광범위한 여러 계층들에 공평히 적용될 수 있는 법제가 절실히 요구될 수밖에 없었을 것이다. 이러한 현상이 생기게 된 것은 귀하고 천한 사회적 구별이 사라지고 있었기 때문이다.[8]

정의 자산이 공포한 형법에 대한 유자儒者 숙향叔向의 격렬한 반대는 대등 관계인 '제일濟一' 원칙에 대한 신분적 주종 관계의 보장을 요구하는 몸짓이었다. 숙향이 강조한 "당해 사건에서 죄책의 경중을 살펴 서로 의논하여 단죄했지 미리 형벌을 법으로 정하여 공개함으로써 획일적으로 처리한 것은 아니다"(議事以制, 不爲刑辟)는 표현은 비공개적인 비밀형의 원칙을 의미한다.[9] 고대부터 관례화된 '상형常刑'은 이런 비밀형주의의 전형이라고 할 수 있다.[10] 사회 질서의 재편이 강하게 요구되던 전국 시대의 국가 권력은 이와 같은 맥락에서 공평성과 객관성을 무기로 하는 법 제도를 전면의 방책으로 삼게 된 것이다.

전국 시대의 법전 편찬이 비교적 부유한 국가였던 제齊나 삼진三晉[11]에서 활발히 진행된 것만 보아도 법제의 필요성이 단순한 권력 유지의 수단에서 비롯된 것으로만 볼 수는 없다. 제나 삼진의 경우는 문화 풍토상 봉건 제도에 의

---

8) 『左傳』, 「昭公 29年」, "文公是以作執秩之官, 爲被廬之法, 以爲盟主. 今棄是度也, 而爲刑鼎, 民在鼎矣, 何以尊貴? 貴何業之守? 貴賤無序, 何以爲國?"

9) 같은 책, 「昭公 6年」, "昔者先王, 議事以制, 不爲刑辟, 懼民之有爭心也."

10) 『尙書』, 「胤征」, "其或不恭, 邦有常刑"; 『周禮』, 「秋官司寇・小司寇之職」, "正歲, 帥其屬而觀刑象, 令以木鐸曰, 不用法者, 國有常刑"; 『左傳』, 「文公 6年」, "使行諸晉國, 以爲常法."(常法은 常刑과 같은 의미이다. 兪榮根, 『儒家法思想通論』, 64~84쪽.)

11) 韓・魏・趙를 가리킨다. 이 가운데 특히 李悝, 吳起, 商鞅 등의 전기 순수 법가를 배출시킨 魏와 申不害와 韓非를 배출한 韓이 그런 법가적 분위기가 강했다.

한 종족적 계급 질서가 철저히 뿌리내리지 못한 데다가 상업이 발달하여 예제가 법제로 대치될 수 있는 유리한 환경에 있었다. 게다가 공자 이후 자하子夏 계열의 유가는 제와 삼진에서 실제 정치와 결합되면서 여타의 유가와는 다른 법가적 성향을 지니고 있었다. 이는 한비가 자하의 유가를 법가로 간주하고 있음을 보아도 알 수 있다.[12]

이러한 경향을 잘 말해 주는 것은 위魏 문후文侯와 무후武侯 당시의 유가의 적자嫡子들이 행한 법가적 사상이다. 자하子夏는 단간목段干木, 전자방田子方과 함께 위 문후의 스승이었고, 법가의 시조라 일컫는 이회李悝와 오기吳起는 그의 제자였다. 또 이회를 사숙한 상앙도 위 문후와 무후 시대의 사람이었으니 유가적 토양 위에서 자랐다고 보아야 한다. 이러한 경향은 예를 중시한 자하에게서 순자에게로 그리고 다시 한비자와 이사李斯에게로 계속 이어진다. 전국시대 중반을 지나면서 이미 제자백가는 특히 직하학궁稷下學宮을 중심으로 교호착종交互錯綜을 거듭하여 종합의 길로 나가고 있었다.

법제의 발달은 공자보다 앞선 정의 자산에 의해 그 효시가 나타났으며, 그와 동시대인인 등석鄧析에 관한 기록은 당시에 이미 변론 제도가 상당히 정착되어 있었음을 보여 준다.[13] 이러한 발달에 힘입어 전국 시대 위 문후의 재상이었던 이회는 제국의 법전을 모아『법경法經』6편을 편찬할 수 있었다. 기원전 407년에 편찬된 이 법전은 오늘날의 형법전과 비교해 보아도 손색이 없을 만큼 체제와 구성 원리가 탁월하다. 각 부분을 범죄의 형태에 따라 분류하고 있으며 형법의 해석 원리에 해당하는 총칙편을 설정하고 있어 그 우수성을 찾아볼 수 있다.[14] 이것은 당시 법에 대한 이해의 정도가 단순히 평면적인 법 제정의 수준을 넘어서 체계적으로 정립될 수 있을 만큼 이미 학리적으로 연구되고 있었

---

12) 郭末若,『十批判書』, 126쪽.
13)『呂氏春秋』,「離謂」, "子産治政, 鄧析務難之. 與民之有獄者約: 大獄一衣, 小獄襦袴. 民之獻衣襦袴而學訟者, 不可勝數. 以非爲是, 以是爲非, 是非無度, 而可與不可日變."
14)『唐律疏義』,「名例」, "魏文侯師於李悝, 集諸國刑典, 造『法經』六篇, 一盜法, 二賊法, 三囚法, 四捕法, 五雜法, 六具法. 商鞅傳授, 改法爲律."

음을 말해 준다. 이러한 법제의 발달은 행정 행위의 효과를 제고시킬 수 있다는 현실적 필요성에서 출발했으며, 그것도 현실 정치에서의 실험을 거치면서 확립되었다.

법이 객관적으로 성문화되어 공표될 경우 국가 권력은 규범 준수자들에게 더욱 강하게 합규범적인 행위를 요구할 수 있다. 즉 형벌 집행을 통해 드러나는 국가 권력은 법제의 실효성이 강하면 강할수록 더욱 확실하게 보장될 수 있다. 현실 정치에서 급박한 현실 문제를 해결해야만 하는 정치가들이 극도로 혼란하던 당시에 부국강병을 이룰 수 있는 최선의 방책으로 법 제도의 확립을 꼽은 것도 바로 이와 같은 이유 때문이었다. 그 때문에 초기 법가의 대부분이 정치가 또는 행정가일 수밖에 없었다.[15]

2. 법가의 이론적 토대

1. 발전적 역사관

법가의 역사에 대한 이해는 다른 제가의 역사관과는 구별되는 특징을 지니고 있다. 그것이 특히 유가의 '법고法古'에 대비되는 '인시제의因時制宜'를 강조한 발전적 · 변화적 역사관이라는 데에는 이론이 없다. 하지만 그들이 발전적 · 변화적 역사관을 지니고 있다고 할지라도 역사 발전이 지향해야 할 목표 즉 이상적 사회상에 대한 모습은 유가나 도가의 그것과 크게 다르지 않다. 적어도 전기의 순수 법가는 유가의 '대동大同 사회'나 도가의 '무위이치無爲而治'에 상응하는 사회상을 그리고 있기 때문이다. 법가는 이상 사회가 모든 개체를 상호 공존 · 번성시킬 수 있는 원리인 도道 즉 법에 의해 이루어질 수 있다고

---

15) 管仲이 齊 桓公의 재상이었고 子産은 鄭 簡公의, 李悝는 魏 文侯의, 商鞅은 秦 孝公의, 申不害는 韓 昭侯의, 吳起는 楚 悼王의 재상을 지낸 사람들이다. 법가 이론의 맹아와 이론적 틀은 대부분 이들에 의해 이루어졌다.

본다. 이상적 사회상은 요순堯舜의 치세이지만 역사에서 확인할 수 있는 구체적 언급은 대부분 서주 초의 도덕적 인문주의 시대이다.[16] 이 점에서 춘추전국 시대에 쟁명한 제자백가는, 치열한 대립과 항쟁을 통해 분리·확립된 학파라기보다는 그들이 처한 정치·경제·사회적 입장에 따른 구세책의 차이에서 갈라진 학파라고 보아야 할 것이다.

다음으로 들 수 있는 것은 그들이 대부분 현실 정치에 몸담고 있는 행정가 또는 정치가였기 때문에 당면한 현실의 문제를 실질적으로 해결해야만 한다는 시급한 과제를 안고 있었다는 점이다. 현실 정치에 몸담고 있으면서 그들은, 인류의 역사를 통해 생활 여건이 발달하면서 끊임없이 변해 온 삶의 복잡성, 인구의 증가 그리고 그에 따라 감추어졌던 인간성의 표출 등으로 사회가 얼마나 복잡하게 변화하는가를 확인할 수 있었다. 그러므로 혈연적 씨족 집단 사이에서 보편적으로 받아들였던 예제를 타파하여 상황에 맞는 새로운 법제를 건설해야 한다는 그들의 주장은, 역사에 대한 이러한 시각과 궤를 같이하는 당연한 귀결점이다.[17]

2. 형명론刑名論

정명正名의 문제는 언어가 표시하는 언명과 그것이 담고 있는 구체적 실질과의 상이한 정도가 어디까지 허용 가능하며 문제시될 수 있는가에 관한 논의로 볼 수 있다. 표현되는 언명은 그것이 담고 있는 실질이 현실과 괴리되어 있지만 언명 자체가 지니는 기능상의 항구성 때문에 실질을 지닌 양 왜곡되어 상대를 기만할 수도 있다. 춘추전국 시대의 명실名實 문제는 단순한 언어 논리의 차원을 넘어 사회의 구조적인 혼란상 전반에 걸쳐 관류하는 근본 문제라는 데

---

16) 『商君書』, 「賞刑」, “士卒坐陳者, 里有書社, 車休息不乘, 從馬華山之陽, 從牛於農澤, 從之老而不收, 此湯武之賞也”
17) 같은 책, 「開塞」 및 『韓非子』, 「五蠹」 참조

에 인식을 같이하고 있었다. 법가에서의 형명의 문제는 법조문에 의해 확정되는 범죄의 여부, 확정된 범죄의 종류와 그에 따른 형벌 책임이 서로 부합하는가의 문제이다. 이 관계가 바르게 정립되어 있는가의 여부는 형벌 집행이 타당성과 실효성을 확보하는 데 기본 전제가 되기 때문이다.[18]

그러나 법가에서 강조하는 범죄의 종류와 형벌의 정도는 경험에 비추어 검증 가능한 것으로 확정되어야 한다는 '형명참험刑名參驗'은 법학적인 논리의 측면에서 비로소 시작된 것이 아니다. 그것은 그간 폭넓은 방향에서 제기되어 왔던 정명론 또는 명변사조名辨思潮의 연장선상에서 이를 규범적으로 정리한 것으로 보아야 한다. 명실론을 집대성하여 사실과 부합하는 명을 확립하고자 한 사람은 순자였다. 그에 의해서 '단일한 이름'(單名)·'복합적 이름'(兼名)·'유 개념'(共名)·'종 개념'(別名) 등이 밝혀졌으며, 이러한 논의를 통해 "실재를 따져서 법도를 정해야 한다"는 실증적 원칙이 정립되었다.[19] 이 점에서 법가가 주장하는 '형명참합刑名參合' 또는 '순명이책실順名而責實'이라는 것도 마찬가지의 맥락에서 이해해야 할 것이다. 법가들 중 형명 관계를 구체적으로 논한 사람은 순자의 제자인 한비韓非이다. 그는 스승의 이론을 받아들여 "명칭과 실질에 따라 옳고 그름을 확정하고 참험한 바에 의거하여 이론을 살펴야 한다"고 주장함으로써 '경험 세계에서의 실질적인 검증'(參驗)을 강조하고 더 나아가 이러한 인식 태도는 실제적인 효용을 가져와야 한다고 주장하였다.[20]

법가가 주장한 명실 관계는 오늘날의 법학에서도 기본 원칙으로 확인된 책임에 관한 비례성의 원칙, 보충성의 원칙 그리고 죄형법정주의의 원칙 등을 포괄하고 있는 개념이다. 왜냐하면 법은 이러한 법 일반의 보편적인 원리를 충족시켜야만 실효성이 있기 때문이다. 법가에서 거론되는 명실 관계에서 명(법규)

---

18) 이러한 이해는 형벌론 일반의 기본 토대이기 때문에 비단 법가의 경우에 한정된 것은 아니다. 『論語』, 「子路」, "名不正則言不順, 言不順則事不成, 事不成則禮樂不興, 禮樂不興則刑罰不中, 刑罰不中則民無所措手足論. 故君子名之, 必可言也. 言之必可行也. 君子於其言, 無所苟而已矣."
19) 『荀子』, 「正名」, "故知者爲之分別, 制名以指實, 上以明貴賤, 下以辨同異."
20) 『韓非子』, 「姦劫弑臣」, "循名而定是非, 因參驗而審言辭"; 같은 책, 「問辯」, "夫言行者, 以功用 爲之的彀者也."

은 국가 권력의 몫이지만 그것을 지켜야 되는 수범자受範者는 관리를 포함한 일반 백성이기 때문에, 법규는 반드시 '쉽게 알 수 있도록', '쉽게 지킬 수 있도록', '일정 기간 항구성을 지니도록' 해야 하며, 무엇보다도 '합리적으로 제정'될 때 실효적일 수 있다.[21] 그리고 이러한 요소를 지닌 법규는 반드시 관철되어야만 한다. 그래야만 제정된 법의 존재 형식(名)은 그 본질(實 즉 實效性)을 다할 수 있게 된다. 물론 이러한 법을 통해 실현된 사회는 법이 없이도 유지될 수 있는 무위이치의 이상 사회일 것이다.[22]

3. 법가가 추구한 이상 사회

법가가 법에 대해 수많은 말을 했어도 결국 법치는 법 없이도 유지될 수 있는 사회를 이루기 위한 수단에 불과하다. 법가가 강조하는 '이형거형以刑去刑'이나 '이정거정以政去政' 등의 구호는 결코 법치 자체를 목적으로 삼고 있지 않음을 말해 준다.[23] 만물은 어느 것이든 도의 원리에 따라 자신의 본질을 실현시킨다. 법가의 법도 이와 같은 도의 기능과 원리를 대체하는 위치에 있다. 이와 같이 도의 원리가 사회 규범의 원리로 전화한 것이 바로 '법'이라는 생각은 직하 황로 학파의 신도愼到에 의해서 구체화되었다.[24] 법에 의해 이루어진 이상적 사회에서는 위계의 차이에서 오는 가치의 차별이 있을 수 없다. 왜냐하면 가치는 존재 차별에서 비롯되기 때문에 모든 것이 복잡하게 나뉘고 분류되는 사회에서는 의미가 있을 수 있겠지만, 대공지정하고 공평무사한 법치가 실현되는 이상적 사회에서는 존재 차별이 그만큼 상쇄되기 때문이다.[25] 이는 삼

---

21) 『商君書』, 「壹言」, "故聖人之爲國也, 不法古, 不修今, 因世而爲之治, 度俗而爲之法. 故法不察民之情而立之則不成."

22) 같은 책, 「愼法」, "夫以法相治, 以數相擧者, 不能相益. 訾言者不能相損, 民見相譽無益, 相管附惡, 見訾言無損, 習相憎而不相害也. 夫愛人者不阿, 憎人者不害, 愛惡各以其正, 治之至也."

23) 같은 책, 「靳令」, "輕其重者, 輕者不至, 重者不來. 此謂以刑去刑, 刑去不成. 罪重刑輕, 刑至事生. 此謂以刑致刑, 其國必削"; 같은 책, 「畫策」, "以殺去殺, 雖殺可也, 以刑去刑, 雖重刑可也."

24) 『愼子』, 「逸文」, "以道變法者君長也."

라만상에 위계의 차이에 근거한 가치의 고저가 있을 수 없는 것과 마찬가지 이유이다. 법가는 이것이 법을 통해서 즉 법치에 의해서 이루어질 수 있다고 보았다. 이것이 논리적으로 가능할 수 있는 까닭은, 법가의 법이 영원불변의 질서 원리 즉 도가의 도에 다름 아니기 때문이다.[26] 그러므로 법가의 법은 논리적으로 결코 악법일 수 없는 것이다.

3. 법가 사상의 3요소

1. 법法

혼히 법가가 사용하는 '법'자를 유달리 특별한 내용을 지닌 것으로 개념화하기 일쑤이다. 반드시 성문화되어 공포된 것이 법가의 법 개념이라는 식의 논의가 그것인데, 물론 법은 이러이러해야 한다고 주장하는 표현도 많다. 그러나 이것은 법 개념을 정의한 것이라기보다는 새롭게 국가 제도로 정착하기 시작한 법치가 반드시 지녀야 할 요소나 기능 등을 강조하기 위한 것으로 보아야 한다. 왜냐하면 법가의 법 개념을 오로지 성문화되고 공포되어 실제로 실현되는 것으로 개념 정의하게 되면 법가야말로 오늘날의 법학사에서 말하는 전형적인 법실증주의로 여겨질 수 있기 때문이다. 법가의 법이 '문서로 만들어져 관청에 비치되어 백성이면 누구나 알 수 있도록 선포된 행위 준칙'을 의미한다[27]는 점

---

25) 『商君書』, 「愼法」, "夫以法相治, 以數相擧者, 不能相益. 訾言者不能相損, 民見相譽無益, 相管附惡, 見訾言無損, 習相憎而不相害也. 夫愛人者不阿, 憎人者不害, 愛惡各以其正, 治之至也." 愼到도 이와 같은 표현을 하고 있다. 『愼子』, 「逸文」, "法者, 所以齊天下之動, 至公大正之制也. 故知者不得越法而肆謀, 辯者不得越法而肆議, 士不得背法而有名, 臣不得背法而有功. 我喜可抑, 我忿可窒, 我法不可離也."

26) 『愼子』, 「逸文」, "不逆天理, 不傷情性…… 不急法之外, 不緩法之內. 守成理, 因自然. 禍福生護道法, 而不出乎愛惡. 榮辱之責在乎己, 而不在乎人. 故至安之世, 法如朝露, 純樸不欺. 心無結恕. 口無煩言." 이와 같은 내용은 『韓非子』의 「大體」에도 나온다.

27) 『韓非子』, 「難三」, "法者編著之圖籍, 設之於官府, 而布之於百姓者也."

에서 법가를 법 실증주의자로 보기도 한다.[28] 그러나 이 경우에도 직하 황로 법가에서 보듯이, 법의 정당성의 근거를 도에서 구한다는 점은 법가 일반의 공통된 경향이라고 보아도 무방할 것이다.[29] 이렇게 보면 일체가 궁극적 근원으로서의 도 또는 천도에 귀일한다는 동양 사상에서는 악법도 절차에 맞게 확정 공포된 한 법으로서 가치를 지닌다는 전형적인 법 실증주의적인 사고는 발붙일 곳이 어느 곳에도 없다.

법이 지녀야 하는 속성·기능 등 법에 대한 법가들의 일반적 태도는 대동소이하다. 그러나 그중 순수 법가의 이론적 틀을 완성한 상앙은 특별히 종래까지의 법을 '율律'이라는 용어로 대치시켰다.[30] 그 이후 중국 역사에서 국가 권력에 의해 제정·공포되는 법은 '율'이라는 이름이 붙여졌다. '율'은 '균포均布'를 의미한다.[31] 이것은 같지 아니한 다양한 것들을 동일한 것으로 여겨 획일적으로 처리하는 원칙이라는 의미를 담고 있다. 각자가 처한 다양한 환경이나 다양한 사고 등을 전혀 고려하지 않고 '일률적'으로 처리한다는 의미에서 율의 의미가 드러난다. 상앙은 법이 지닌 대공무사와 평균적 정의의 이념을 결합하여 '일壹'의 의의를 강조했고 그 때문에 법은 율로 대치될 수 있었다. 상앙은 이러한 법의 '율'적인 특성에 근거하여 법을 통해 이루어지는 구체적인 정책을 일민壹民[32]·일상壹賞·일형壹刑·일교壹敎[33] 등으로 구체화하고 있다. 여

---

28) 혹자는 『愼子』의 「威德」에 나오는 "法雖不善, 猶愈於無法"이라는 내용을 근거로 愼到를 비롯한 법가들이 '악법도 법이다'라는 주장을 하고 있다고 강조한다. 그러나 이는 지나친 추론이다. 전기 법가들은 부국강병은 국가를 위한 것이지 군주 일인을 위한 것이 아님을 강조하고 있으며, 군주 독존을 강조한 한비에게서조차 악법 자체를 정당화하는 논지는 찾아보기 힘들다. 악법이 명백한 경우에 이를 道와 관련 지을 수는 없기 때문이다.

29) 『商君書』, 「畫策」, "聖人見本然之政, 知必然之理. 故其制民也, 如以高下制水, 如以燥溼制火"; 『管子』, 「心術上」, "法出於權, 權出乎道"; 『黃帝四經』, 「經法·道法」, "道生法. 法者, 引得失以繩, 而明曲直者醫. 故執道者, 生法弗敢犯醫, 法立而弗敢廢."

30) 『唐律疏義』, 「名例」, "商鞅傳授, 改法爲律"; 『史記』, 「商君列傳」, "其言改法爲律者, 謂 盜律·賊律·囚律·捕律·雜律·具律也."

31) 『說文解字』, 「律部」, "律, 均布也" 段玉裁 注, "律者, 所以范天下之不一, 而歸於一. 故曰均布也."

32) 『商君書』, 「壹言」, "愼務察務, 歸心於壹務而矣"; 같은 책, 같은 곳, "故摶力以壹務也."

33) 같은 책, 「賞刑」, "聖人之爲國也, 壹賞·壹刑·壹敎."

기에는 '각자에게 그의 것을' 돌려 주는 원칙으로서의 배분적 정의의 원칙이 잠정적으로 유보되어 있다.[34] 즉 법이 지니고 있는 보편적 정의와 구체적 타당성 사이에서 상앙은 당시의 진秦에 평균적 정의의 원칙이 우선되어야 한다고 여긴 것이다. 이러한 평균적 정의관에 입각한 법의 획일적 특성에 대한 사고는, 전국 시대 당시의 법가 일반이 공통적으로 지니고 있던 생각이었다. 법가에서 강조되는 법은 대체로 다음과 같은 특성을 지닌다.

법의 공포와 기능   법은 제정되어 반드시 공포되어야 한다. 양계초梁啓超도 지적했듯이, 법은 반드시 군주에게서 나와야 한다는 법가의 주장은 군주 독존으로 흐를 가능성의 문을 언제나 활짝 열어 놓고 있다. 그러나 앞서 보았듯이 법은 군주의 이름으로 제정·공포되고 집행되지만 그것이 정당성을 지니기 위해서는 반드시 도에 근거해야 한다는 전제가 있다.[35]

제정법의 공포 원칙은 획기적인 의미를 지닌다. 앞서 말한 비밀형주의에 비해 법 집행의 객관성을 확보하겠다는 의도가 들어 있기 때문이다.[36] 즉 법 제도의 객관적 운용을 통해 효율적으로 행정 행위를 해야 할 만큼 행정 대상이 넓어졌다고도 볼 수 있다. 제정·공포를 통한 법 집행의 객관성 확보는 우월적 취급을 요구하던 구귀족을 견제할 수 있는 중요한 역할을 하였다.

법가에서 중시하는 법 기능으로는 '분分'을 들 수 있다. 흔히 '정분定分'으로 표현되는 '나눔의 확정'은 법을 통해서 이루어진다. 즉 일체의 객체는 그 성

---

34) 같은 책, 「畫策」, "所謂義者, 爲人臣忠, 爲人子孝, 少長有禮, 男女有別, 非其義也, 餓不苟食, 死不苟生." 이것이 당시의 통상적으로 이해되던 義의 의미이다. 이에 비해 「開塞」에는 다음과 같은 내용도 나온다. "吾所謂利者, 義之本也. 而世所謂義者, 暴之道也. 夫正民者以其所惡, 必終其所好, 以其所好, 必敗其所惡." 이를 보면, 商鞅이 이해하고 있던 義는 '利'임을 알 수 있는데, 이 것은 다음에서 보듯이 劃一·一律에서 나온다. 「弱民」, "利出一孔, 則國多物, 出十孔, 則國少物. 守一者治, 守十者亂"

35) 『愼子』, 「逸文」, "以道變法者君長也"; 『韓非子』, 「飾邪」, "夫搖鏡則不得爲明, 搖衡則不得爲正, 法之謂也. 故聖王以道爲常, 以法爲本." 군주의 자의에 의한 법일지라도 그것이 군주에 의해 제정되었다는 이유만으로 효력을 지녀야 한다는 주장을 여기서는 찾아보기 힘들다.

36) 『商君書』, 「定分」, "郡·縣·諸侯一受實來之法令, 學問幷所謂. 吏民之法令者, 皆問法官. 故天下之吏民無不知法者. 吏明知民知法令也, 故吏不敢以非法遇民, 民不敢犯法以干法官也."

질·상태·혹은 관계 등에 따라서 일정한 법률의 '명名'에 의해 일정한 주체에게 귀속되는 것으로 인정된다. 정분에 의해 질서가 확립되면 관리나 백성 모두 공과 사를 엄격히 구별하여 적법한 행위를 하게 되어 모든 것은 최선의 상태를 이루게 된다.37) 법에 의한 정분의 효과는 각 개인의 권리와 권리 행사의 한계를 확정함으로써 백성들 상호간의 침탈을 방지하고 질서를 유지하는 데서도 드러난다.38)

법적 평등 오늘날에도 법은 공평한 적용 즉 대공무사성을 중요한 특징으로 한다. 이 점은 법 집행시 법규에 규정된 대로 엄격하게 사안을 처리함으로써 현상화된다. 결국 관리의 공무 집행에 엄정을 기하게 되고 귀족들의 특권이 사라지게 된다.39) 당시의 비밀형주의에 정면으로 배치되는 이러한 법 집행이 많은 반대에도 불구하고 관철될 수 있었던 것은, 귀족은 물론 군주까지도 법의 평등한 적용을 철저하게 받는다는 원칙 때문이었다.40) 이것을 실제로 실천한 사람이 상앙이다. 그는 태자가 범법을 저질렀다는 이유로 두 차례에 걸쳐 태자의 스승을 벌하였다.41) 법가가 가장 중요시하는 공사의 엄격한 구별, 즉 대공무사성은 법의 본질이요 전체인 것이다.42)

법이 지닌 대공무사성은 경험적 측면에서 볼 때 상품 경제의 보편화가 몰고 온 등가 관념의 일반화 추세에서 확인할 수 있겠지만, 다른 한편으로 이는 선

---

37) 이재룡, 「商鞅의 法思想」, 88쪽, 『商君書』, 「定分」, "如此, 天下之吏民, 不能皆一言以枉法. 雖有千金, 不能以用一. 故知詐賢能者, 皆作而爲善, 皆務自治奉公…… 此所生於法明白易知而必行."
38) 『愼子』, 「逸文」, "一兎走街, 百人追之, 貪人具存, 人莫之非者, 以兎爲未定分也. 積兎滿市, 過而不顧, 非不欲兎也. 分定之後, 雖鄙不爭." 같은 내용이 『商君書』의 「定分」에도 실려 있다.
39) 『商君書』, 「靳令」, "靳令則治不留, 法平則吏無姦."
40) 『愼子』의 「君人」에는 "君人者, 舍法而以身治, 則誅賞與奪, 從君心出矣"라고 했고, 『商君書』의 「說民」에서도 "故有道之國, 治不聽君, 民不從官"이라 했다. 법의 존엄성을 명확히 밝히고 있는 것은 『管子』이다. 「任法」, "君臣上下貴賤皆從法, 此之謂大治." 「法法」, "不爲君欲變其令, 令尊於君."
41) 『史記』, 「商君列傳」.
42) 『愼子』, 「逸文」, "法之功, 莫大使私不行. 君之功, 莫大使民不爭, 今立法而行私, 是私與法爭, 其亂甚於無法."

진철학사에서 볼 때 보편적 이치가 구체적 사물·사태 속에 내재해 있다는 도와 리理의 관계와 상관 관계를 지니고 있다고 볼 수 있다. "만물은 도의 일부분이고 개별 사물은 만물의 일부분이다"[43]라는 데서 더 나아가, 만물의 그러한 (自然) 근본 원인인 도와 개별적 사물의 세부 조리인 리가 근본과 전체의 관계에 있다는 데까지 발전하였다.[44] 즉 만물에 보편적으로 적용되는 법칙성으로서의 도가 일체의 인간사는 법에 의해 규율된다는 사고로, 세부 조리로서의 리가 구체적 타당성에 상응하는 개별적 규범 원리로 치환됨으로써 법은 도의 권위와 타당성을 부여받을 수 있었다. 그러므로 법은 합리성 또는 이성적 판단의 척도이면서 속성상 도와 동일하다는 의미로 받아들여져 보편성과 신성함을 지니게 되었다.[45] 그러므로 천명을 받은 천자가 막강한 권위로 제례작악制禮作樂할 수 있었듯이, 군주는 법이 지닌 신성함을 무기로 막강한 국가 권력을 창출해 낼 수 있었다.

법의 신성함과 국가 권력의 결합은 법의 규범력을 제고시키면서 당시 정착하기 시작한 중앙 집권적 관료 체제를 제도화시킬 수 있는 토대를 제공하였다. 국가 행위는 물론이고 백성들의 행위까지도 법의 영역으로 흡수할 수 있게 된 것이다. 법은 백성의 시속時俗을 고려해 시세의 추이에 따라 그들의 정황을 살펴 백성들이 쉽게 범할 수 없는 것을 내용으로 하되, 애매모호한 표현은 피하여 되도록 간단하면서 확실하고 명백하게 문자로 정립된 성문법을 의미한다. 그것은 반드시 공포되어 백성 누구나 그 법 내용을 알아 실행할 수 있어야 하

---

43) 『荀子』, 「天論」, "萬物爲道一偏, 一物爲萬物一偏."

44) 『韓非子』, 「解老」, "道者, 萬物之所然也. 萬物之所稽也. 理者, 成物之文也. 道者, 萬物之所以成也. 故曰, '道, 理之者也.' 物有理不可以相薄, 物有理不可以相薄故理之爲物之制. 萬物各異理, 萬物各異理而道盡."

45) 물론 시기적으로 道와 理의 관계에 대한 철학적인 논의 시점과 법의 대공무사성에 대한 重視의 시점을 선후 관계로 논할 수는 없다. 그러나 철학적 이론이 정착되기까지는 그 이전에 이미 보편성과 합리성의 관계에 대한 경험과 이해가 일반화되었다고 보아야 할 것이다. 법가의 법치가 '順民心, 因人情'을 강조하는 한, 법은 인간 일반의 합리적인 이성적 판단력을 배제하고는 생각할 수 없다. 신도는 "法非從天下, 非從地出, 發於人間, 合乎人心而已"(『愼子』, 「逸文」)라 하여 인간 性情의 합리성에 강한 긍정을 나타냈고, 그런 맥락에서 "守成理, 因自然, 禍福生乎道法"(같은 책, 같은 곳)이라 하고 있다.

며, 집행하는 법관·법리法吏와 행정 관리들은 물론 백성들의 행위의 준거가 된다.46)

2. 術術

신불해申不害에 의해 강조된 술은, 법제에 의해 구축된 중앙 집권화된 관료 조직에서 직분을 안배하고 직능의 범위를 설정하여 상호간 견제와 균형을 유지함으로써 각자의 역할과 능력을 발휘할 수 있는 관리에 대한 조종 원리이다.47) 술은 인간 성정을 소재로 볼 때 마땅히 그렇게 관계 지어져야만 상호 조화와 균형을 꾀하고 능률을 제고시킬 수 있는 원리를 의미한다. 술의 운용은 법을 통한 제도화로써만 가능하다. 결국 술은 입법 원리로서 기능하게 된다. 정도의 차이는 있지만, 대부분의 법가들이 법치를 강조하면서도 술의 중요성을 강조하는 것은 이런 이유 때문이다. 그러나 술치術治를 중시하는 법가들은 하나같이 술을 군주만이 지닐 수 있는 '권력의 자루'(權柄)로 이해하고 있다. 이 점에서 술치는 군주의 독단과 자의를 보장해 주는 폭정의 수단이 될 소지가 있다. 그러므로 순수 법가들은 입법 원리의 측면에서 술의 필요성을 인정할 뿐이지 결코 군주의 권병權柄으로서 강조하지는 않는다.48)

우리는 다음과 같은 말에서 이 점을 확인할 수 있다.

명군明君이 몸이라면 신하는 손과 같다. 군주가 소리를 내면 신하는 메아리처럼 응

---

46) 이재룡, 「商鞅의 法思想」, 101쪽.
47) 『韓非子』, 「定法」, "今申不害言術, 而公孫鞅爲法. 術者, 因任而授官, 循名而責實, 操殺生之柄, 課君臣之能者也. 此人主之所執也."
48) 상앙과 신도는 '術'을 '數'로 표현하고 있는데(『商君書』, 「禁使」과 『慎子』, 「君臣」), 이들에게 數의 의미나 기능은 결코 중요시되지 않고 법의 기능 또는 법 제정의 원리 이상의 의미도 지니고 있지 않다. 그러나 申不害는 術 자체를 매우 중시하고 있기 때문에 엄밀히 말해 법치를 중시하는 순수 법가라고 할 수는 없다. 법치는 술수에 의한 정치와는 궤를 달리하기 때문이다. 법가가 술치와 혼합되게 되면 법대로 대공지정하게 집행되어야 할 법치의 중요한 요소가 왜곡될 수도 있다. 그러므로 법치가 술치와 결합된 양태를 띠려면 술 또한 도의 원리에 바탕한 범위 내에서만 받아들여져야 한다.

한다. 군주가 근본을 세우면 신하는 지말枝末에 종사한다. 군주가 요체를 다스린다면 신하는 그 세부 사항을 행한다.…… 명명名이란 천지의 강령이며 성인의 부신符信이다. 천지의 강령을 펼치고 성인의 부신을 운용한다면 모든 사물의 실정은 달아날 데가 없을 것이다. 그러므로 군주의 업무를 훌륭히 하는 사람은 어리석은 듯한 태도를 취하고 다 채워지지 않은 듯하며, 억지로 하지 않는 경지에 서고 일이 없는 곳으로 몸을 숨긴다. 무슨 단초든 드러내지 않고 어떠한 여운餘韻조차 감추며 천하에는 작위함이 없다는 것을 보인다. 이 때문에 가까이 있는 사람들은 그를 친숙하게 여기고 먼 곳의 사람들도 그를 그리워한다.[49]

술에 의해 국가 조직과 관료들의 행정 행위가 전개될 경우, 자연의 운행에 따라 만물이 생장해 가듯 모든 것은 순조롭게 이루어진다. 즉 술이 제도화된 것이 법이다. 법 앞에서는 "군주도 자기 마음대로 경중을 재단할 수 없으니", "위대한 군주는 법에 맡기며 몸소 하지 않는 것이며", "위와 아래에 아무런 일이 없고자 하면 오로지 법에 맡겨야 한다."[50] 즉 술은 군인남면君人南面을 가능하게 하는 원리요, 그 실현 상태가 곧 무위이치이다. 이러한 신불해의 술치관은 신도의 영향을 받아 발전된 것이다.[51]

3. 세勢

법가에서 법치의 실현은 신하와 관리에 대한 군주의 용인用人 및 조종을 뜻하는 술치에 의해 보완되지만, 이 양자를 가능하게 하는 실질적 근거는 막강한 통치권이다. 이것을 법가에서는 일반적으로 '세勢'라 한다. '세'란 본래 외재적

---

49) 『羣書治要』 권36, "明君如身, 臣如手, 君若號, 臣如響, 君設其本, 臣操其末, 君治其要, 新行其祥, 君操其柄, 臣事其常, 爲人臣者, 操契而責其名, 名者天地綱, 聖人之符. 張天地之綱, 用聖人之符, 則萬物之情, 無所逃之矣. 故善爲主者, 倚於愚, 立於不盈, 設於不敢. 藏於無事, 竄端匿疏, 示天下無爲. 是以近者親之, 遠者懷之."

50) 『愼子』, 「君人」, "君舍法而以心裁輕重, 則同功殊賞, 同罪殊罰矣"; 같은 책, 같은 곳, "大君任法而不躬"; 같은 책, 「君臣」, "上下無事, 唯法所在."

51) 郭末若, 『十批判書』, 335쪽.

상황에 편승해 주체가 발휘할 수 있는 집결된 힘으로 표현될 수 있다. 세가 통치 체제에 등장하면 권세가 되어 군주의 불가침적 통치력으로 나타나며, 힘 그 자체를 의미할 때는 세력이 된다. 통치에서 세를 강조한 사람은 신도였다.

> 요순 같은 성인도 일개 필부匹夫였다면 이웃조차 다스리지 못했을 테지만, 남면하여 천하를 통치하는 왕이었기 때문에 그의 명령은 행해질 수 있었고 금령도 지켜질 수 있었다. 이로써 보건대 현명함만으로는 불초한 자들을 굴복시키기에 부족하며 오히려 세력과 지위가 있을 때에 그로써 현명한 자들까지 굴복시킬 수 있다. 그러므로 이름이 없어도 결단을 내릴 수 있는 것은 그의 권세가 중하기 때문이요, 쇠뇌(弩)가 비록 약하지만 화살을 높이 쏘아 올릴 수 있는 것은 바람을 탈 수 있기 때문이며, 불초하게 타고났어도 그의 명령이 행해질 수 있는 것은 군중의 지지를 받기 때문이다.[52]

신도가 보기에 당시의 세습적 왕위는 필연성을 지니는 일종의 '자연적 세'로 이해되었다. 현명한 자와 불초한 자는 늘 있는 것이 아니다. 그러므로 치난을 통치자의 현불초에 맡기기보다는 이상적인 통치 상태를 법으로 제도화하고 그것을 집행 관철할 수 있는 세를 보장해 주는 것이 더 확실한 방편이 된다. 신도의 세위勢位는 이처럼 존현설尊賢說에 대한 비판적 토대 위에 서 있다. 그렇다고 오로지 제도적인 세위 그 자체에만 치난治亂을 맡길 수는 없다. 그러므로 한비는 현명한 자가 그에 상응하는 세위에 있어야 한다고 주장하고 있다.[53]

그러면 구체적 정치 현실에서 세는 어떻게 나타나는가? 통치자에게는 '집세集勢'로, 백성들에게는 '위세位勢'로 표현된다. 전자는 강권 정치와 중앙 집권을 통해 존군尊君으로 강화되고, 후자는 그 위세를 통한 엄격한 준법의 실시로

---

52) 『愼子』, 「威德」.
53) 『韓非子』, 「亂勢」, "夫勢者非能使賢者用已, 而不肖者不用已也. 賢者用之, 則天下治, 不肖者用之, 則天下亂. 人之情性, 賢者寡, 而不肖者衆. 而以威勢之利, 齊亂世之不肖人, 則是以勢亂天下者多矣, 以勢治天下者寡矣." 그러나 한비는 같은 곳에서 "夫賢之爲勢不可禁, 以勢之爲道也無不禁, 以不可禁之賢與無不禁之勢, 此矛盾之說也"라 하여, 현자와 세와의 관계는 양립할 수 없는 모순 관계이지만 현자의 통치에 대한 강한 긍정을 보이고 있다.

나타난다. 따라서 세치勢治의 속성은 군주 권력의 유일성과 최고성 그리고 강제성으로서, 현실적으로는 입법·명령·용인·감찰·상벌권 등의 형태로 행해진다. 즉 법가가 강조한 세는 오늘날의 통치권 즉 입법권·행정권·사법권 등 일체에 내재하는 힘을 의미한다.

일개 신하에 불과했던 군주에게 어떻게 그와 같은 막강한 세가 주어질 수 있는가? 천명을 받은 천자가 이념적 통일체인 국가의 화신일 수 있었던 것에 비해 전국 시대의 군주는 아직 그 정도의 존엄한 위치에는 있지 못했다. 그러므로 초기 법가들은 군주를 국가의 이념적 화신으로 보지 않고, 신하·백성과 함께 국가를 구성하는 존재로 보고 있다.[54] 즉 군주는 신성한 존재가 아니기 때문에 존군의 필요성이 강조될 수밖에 없었고, 이것을 뒷받침하기 위해 관료적인 정치 체제를 통해 군주 일인에 귀일되는 막강한 세가 요구되었던 것이다.

그러므로 세는 법과 불가분의 관계에 있다. 세는 법을 통해 제도화되고 법을 통해 현상화되어야 한다. 그렇지 않을 경우 강도 집단이 휘두르는 단순한 폭력에 지나지 않을 것이다. 왜냐하면 그 힘 자체가 세는 아니기 때문이다. 그러므로 군주의 세는 결코 본래적인 것이 아니요 법제화된 제도 속에 가치가 있다. 이것은 결국 법 제도를 통해 백성의 승인을 담보하는 힘만이 온전한 군주의 세일 수 있다는 의미이다.[55] 그 때문에 신도는 군권 지상을 말하지 않고 시종 일관 군주조차도 일을 처리할 때에는 반드시 법에 의거해야 한다고 강조하고 있다.[56]

---

54) 『商君書』, 「修權」, "今亂世之君臣, 區區然皆擅一國之利, 而管一官之重, 以便其私. 此國之所以危也"; 같은 책, 「說民」, "故有道之國, 治不聽君, 民不從官"; 『愼子』, 「威德」, "立國君以爲國, 非立國以爲君也."

55) 『商君書』, 「修權」, "故堯舜之位天下也, 非私天下之利也. 爲天下位天下也. 論賢擧能而傳焉. 非疏父子親越人也. 明於治亂之道也. 故三王以義親, 五覇以法正諸侯, 皆非私天下之利也. 爲天下治天下. 今亂世之君臣, 區區然皆擅一國之利, 以管一官之重, 以便其私. 此國之所以危也. 故公私之交, 存亡之本也." 신도도 이와 같은 말을 하고 있다. 『愼子』, 「威德」, "古者, 立天子而貴之者, 非以利一人也. 曰天下無一貴則利無由通, 通利以爲天下也. 故立天子以爲天下也. 非立天下以爲天子也. 立國君以爲國, 非立國以爲君也."

56) 韋東海, 『中國法家』, 68쪽.

4. 법가의 주인공들

1. 전기 법가와 한비자

한비는 직하 학파에서 구체화되기 시작한 천인지분天人之分의 사고를 그의 스승 순자를 통해 받아들임으로써 철저한 경험적 인식론의 토대 위에서 법가 사상의 철학적 체계를 세울 수 있었다.[57] 즉 그는 상앙에 의해 소박하게 제기된 정명의 문제를 참험이라는 구체적이고 경험적인 검증을 통해 이론화시킴으로써 이것을 입법론에 원용하고자 했다. 천인지분의 사고는 이성적 합리성에 대한 확인이자 가치 부여이다. 그러므로 일체의 사회적 관계와 국가 제도는 이치에 근거하여 상황에 맞게 이루어져야 한다.

또한 그가 처한 한韓나라의 국가적 상황과 그 자신이 왕자 출신이라는 점 때문에 한비는 술치를 대단히 중시하였다. 이것이 한비의 법 사상이 국가 지상에서 군주 독존으로 흐르게 된 최대의 폐단이다. 상앙과 신도의 수數는 입법의 원리라는 측면을 넘어서지 않지만 신불해의 술은 치국의 모든 것이라는 중대성을 지닌다. 이에 비해 한비는 이것을 또다시 법과 결합시켜 군주에게 귀일하고 있다. 즉 순수히 있는 그대로 집행되는 법 본래의 진면목에서 벗어나 조작과 술수에 의해 자의적으로 변형될 수 있는 길을 열어 놓았다. 그 때문에 한비는 어느 곳에서도 군주의 준법을 말하지 않는다. 즉 군주조차 법 아래 있는 전기 법가의 국가 지상에서 법을 손 안에 넣은 지고 무상의 군주 독존으로 흐른 것이다. 이 때문에 한비는 변질된 법가라는 후세의 평을 받고 있다.[58]

---

57) 『愼子』, 「逸文」, "法非從天下, 非從之出, 發於人間, 合乎人心而已"; 『荀子』, 「天論」, "受時與治世同, 而殃禍與治世異, 不可以怨天, 其道然也. 故明於天人之分, 則可謂至人矣."
58) 郭末若, 『十批判書』, 345쪽.

2. 전기의 순수 법가와 선진의 황로 법가

상앙은 그가 어린 시절을 보낸 위나라 이회李悝의 영향을 크게 받았다. 이회가 그랬듯이, 그의 법치관은 철학적 토대를 제시하기보다는 경험적 역사적 토대에서 치국의 방책으로 거론되고 있다. 이것은 삼진(그 중에서도 특히 衛)의 법가가 제의 법가와는 달리 유가적 맥락 속에서 잉태된 것이기 때문에 현실적인 관련 치세책으로 전개된 사상적 분위기 탓도 있을 것이다. 이에 비해 제의 법가는 출발부터 삼진과는 상이한 양상을 띠고 있었다. 제의 문화는 태공망太公望 여상呂尙의 법가적인 직본주의적 기풍이 전래되어 실질적이고 경험적인 분위기가 강했다.59) 기원전 386년 정권을 획득한 전田씨 가문이 정권을 유지하고 국력을 신장시키며 학자들의 자유로운 학술 활동을 장려하기 위해 직하학궁을 열었는데, 여기서 기존 여러 학파의 학문을 종합하여 단순한 치세책에 불과하던 유가적 법가를 도가와 결합시켜 철학적 근본 토대를 제공하는 황로 법가가 탄생될 수 있었다.

신도는 도를 근거로 하는 법 중심의 황로 법가의 틀을 구축했다.60) 황로 법가는 직하학궁 후기의 최고 학자인 순자에 의해 흡수되어 예 중심의 법후왕法後王을 중시하는 사상으로 종합되었고, 다시 그의 제자인 한비에 의해 집대성될 수 있었다. 황로 법가는 도에 근거하여 법을 논의하였기 때문에 법에 의한 정치를 실행하는 데에 객관성과 필연성 그리고 중요성을 강조하면서, 노자의 학설 가운데 소극적인 무위 사상을 버리고 초기 도가 사상에서 적극적이고 진취적인 정신을 빌려 왔다.61) 그러므로 법가는 대체로 유가 계열의 법가가 도가의 도와 도가의 적극적인 통치 사상을 받아들임으로써 황로 법가로 발전했다고 볼 수 있다. 그러므로 선진의 황로 법가에서 이미 유·법 합류의 단초는 열려 있었다고 보아야 할 것이다.

---

59) 김충열, 『중국철학사』 1, 201쪽.
60) 『莊子』, 「天下」, "道則無有者矣. 是故愼到棄知去己, 而緣不得已. 泠汰於物爲道理."
61) 劉蔚華·苗潤田, 『직하철학』, 곽신환 옮김, 506쪽.

5. 법가 사상의 역사적 명암

1. 정치 제도상의 개혁

발전적 역사관에 입각한 법가는 관념적인 도덕 수양이나 천도의 본체론 문제가 아니라 인간에 의해 영위되는 현실적인 삶의 추구에 관심을 기울였다. 따라서 그들의 주된 관심은 부국강병에 기반을 둔 안녕과 풍요였고, 이것은 제도의 정비와 농전農戰을 통한 경제 부흥으로 구체화되었다. 이러한 역사 발전관에 힘입어 법가에 의해 이루어진 여러 정치 제도는 중국 역사에서 획기적인 전환점을 이루어 수천 년의 중국 정치에서 일관되게 시행되어 왔다. 중앙 집권적 군현제, 국민 개병제, 천맥제阡陌制를 통한 토지 사유제, 과세 집중제 및 도량형의 통일 그리고 무엇보다도 성문법에 의한 법률 제도의 정비 등 법가에 의해 정착한 여러 정치 제도들은 많은 부분이 그대로 청 말까지 지속되었다.

법가 사상을 바탕으로 성립한 국가 제도가 이처럼 수천 년 동안 지속될 수 있었던 것은, 인간과 사회를 바라보는 그들의 시각이 오늘날의 사회과학 즉 정치학·행정학·경제학 등의 측면에서 볼 때 매우 합리적이었음을 입증하는 것이다. 법가는 결코 도덕 가치를 추구하고 인식하려는 순수철학도 아니요, 본질로의 회귀를 추구한 고고한 종교적 성스러움도 지니고 있지 않다. 흔히 법가가 바라 본 인간상이 '자사자리自私自利'한 인간관이라 하여 비난받아 왔다. 법가는 인성을 순수한 의미에서 가치 규정하고 있지는 않다. 오히려 사회 전체와의 관계에 영향을 미치는 범위 내에서 거론하고 있을 뿐이다. 이러한 인간상은 오늘날의 법학이 상정하고 있는 인간상과 기본적으로 유사하다. 법가의 이러한 부분은 올바르게 평가될 필요가 있다.

2. 법가 사상에 대한 반성

법가가 혹독한 지탄을 받는 것은 무엇보다도 '진감秦鑑'에서 구해야 한다.[62] 진의 패망은 중국정치사에서 중요한 것으로 취급되는 '역취순수逆取順守'의 대원칙을 거역했기 때문이다. 법가가 오백여 년 동안 지속된 혼란을 평정해 백성을 전쟁의 도탄에서 구한 공로는 중국 역사상 보기 드문 업적이다. 그러나 무단적 강권주의로 백성을 혹독하게 탄압할 수 있는 여지를 남겨 준 것은 분명 크나큰 과오였다.

그러나 천도에서 자신들의 이론 토대를 구축한 법가가 왜 이처럼 잔혹한 무단 정치의 대명사로 전락했을까? 이는 위정자들이 법가 통치술의 본체를 보지 못하고 지엽적인 부분만을 도용한 데서 비롯된다. 즉 통치자는 허정무위虛靜無爲하고 도리에 순응하며 사욕을 버리고 천하의 공복임을 자처해야 법가 통치의 진면목이 실현될 수 있는데 이는 매우 힘든 환골탈태의 수양이 있어야 가능하다. 그러므로 사회의 현실을 소재로 그에 적합하게 이론을 세운 법가 사상은 현실 긍정 위에 도덕적 가치를 추구하는 유가와 조화될 때에만 양자가 모두 이상적이라 할 수 있다. 이럴 경우에 대공무사하게 정립된 법이 무위적인 천도의 공능을 술로 삼고, 백성의 총의가 귀일된 세위勢位와 한데 어우러져 법가 사상의 진면목을 구현할 수 있기 때문이다.[63] 🐟

---

62) 金忠烈, 「秦代哲學思想硏究」, 85쪽. 김충열은 여기서 秦이 천하 통일 이전에 앞서 학술 문화상의 통일을 기도한 점을 '秦範'이라 평가하고, 秦 패망의 원인이 이후 중국의 정치 철학에서 귀중한 교훈이 되어 왔다는 점을 '秦鑑'으로 명명하고 있다.
63) 이재룡, 「法家의 統治術」.

『尙書』

『左傳』

『論語』

『莊子』

『商君書』

『黃帝四經』

『管子』

『愼子』

『荀子』

『韓非子』

『禮記』

『呂氏春秋』

『史記』

『唐律疏義』

『羣書治要』

김충열, 『중국철학사』 1(서울: 예문서원, 1994)

劉蔚華·苗潤田, 『직하철학』, 곽신환 옮김(서울: 철학과 현실사, 1995)

郭末若, 『十批判書』(郭末若全集出版委員會編, 北京: 人民出版社, 1882)

范傳賢, 『中國古代社會探微』(鄭州: 中州古籍出版社 1993)

韋東海, 『中國法家』(北京: 宗敎文化出版社, 1996)

兪榮根, 『儒家法思想通論』(南寧: 廣西人民出版社, 1992)

劉澤華 主編, 『中國政治思想史』 先秦卷(杭州: 浙江省新華書店, 1996)

周谷城, 『中國政治思想史』(北京: 中華書局, 1982)

이재룡, 「商鞅의 法思想」(고려대학교 석사학위논문, 1986)

_____, 「法家의 統治術」(『민족지성』 24호, 1988)

金忠烈, 「秦代哲學思想硏究」(臺灣大 哲學系, 『哲學評論』 第十期)

통일 시대를 위한 철학적 구상과 그 전환

이석명

1. 통일 시대의 등장과 황로학

중국 역사에서 진대秦代와 한대漢代는 시대적으로나 문화적으로 상호 밀접한 연관성 속에 있다. 때문에 이 시기는 역사서에서 흔히 '진한 시대'로 불린다. 이러한 진한 시대는 중국 역사에서 중요한 의미를 지닌다. 진을 기점으로 그이전을 선진先秦 시대로 부르는 데에서도 볼 수 있듯이, 진한대는 역사의 중요한 전환기로 간주되기 때문이다. 이 역사의 전환기라는 점과 관련하여 우리는 진한 시대가 지니는 다음 두 가지 의미를 생각해 볼 수 있다.

첫째, 진한 시대는 지루한 전란의 종식을 의미한다. 서주西周의 쇠락 이후중국 천하는 이른바 춘추春秋 시대와 전국戰國 시대라는 오랜 기간의 전쟁과혼란의 상황이 전개되었다. 이 같은 상황은 천하에 전국을 주도할 뚜렷한 중심세력이 부재함으로써 야기되었으며, 이 때문에 혼란 상태는 기원전 221년 진이천하를 통일하기까지 지속적으로 이어진다. 그러한 전란의 과정에서 민중들은자신들의 이익이나 의사와는 아무런 상관없이 소수의 지배 계층의 이해 관계에 따라 이리저리 끌려 다니면서 쉼없이 이어지는 전쟁의 소모품으로 동원될수밖에 없었다. 그 결과 민중들은 헐벗고 지쳐서 이 지리하고 피곤한 전쟁 상황이 하루 빨리 종식되기만을 간절히 바라게 되었다. 따라서 진 제국 및 한 제국의 성립은 이러한 민중들의 절실한 염원에 따른 결과로 볼 수 있다.

둘째, 진한 시대는 이러한 전란의 종식을 통해 궁극적으로는 중국 최초의 통일 시대의 등장을 의미하게 된다. 중국은 춘추 말의 혼란기로부터 시작하여 지방 제후국들 간의 상호 겸병 전쟁이 본격적으로 진행되는 전국 시대 내내 끊임없이 피비린내 나는 전쟁 상황이 진행되었다. 그리고 이러한 제후국들 간의 겸병 전쟁 과정에서 '칠웅七雄'(秦·楚·齊·燕·魏·趙·韓)이 출현하였고, 이후 다시 '삼강三强'(秦·楚·齊)으로 정리되었다. 이들 열강 중 특히 진은 일찍이 상앙商鞅을 등용하여 변법變法을 시행하였고, 그 결과 여러 열강 중 가장 먼저 강력한 중앙 집권제와 부국강병의 체제를 확립할 수 있었으며, 궁극적으로는 천하 통일의 대업을 이루게 되었다. 따라서 진 제국의 성립은 춘추 말 이래 지속된 '천하 대란'의 전국戰國 시대의 마감과 통일 시대의 시작을 의미한다.

한편 진 제국이 강압 통치로 인해 3대 15년의 짧은 생애를 마감하고 중국 천하가 다시 천하 대란의 혼란기에 진입하게 되자, 그 뒤를 이어 한나라가 다시 천하 통일의 대업을 계승하게 된다. 지방 하급 관리에 불과했던 한 고조 유방劉邦은 자신의 취약한 기반과 세력에도 불구하고 특출한 용인술을 발휘해 마침내 '초楚·한漢 쟁패기'를 거치면서 중국 천하를 재통일하기에 이르렀다.

이렇게 하여 중국 천하는 진한대에 이르러 최초의 통일 국가를 형성하게 되었고, 이러한 정치적 통일은 이후 문자의 통일, 도량형의 통일, 화폐의 통일 등으로 이어져 궁극적으로는 사회·문화·경제의 통일 및 사상의 통일을 이룩하게 된다.

이러한 시대적 상황 속에서 도가 사상도 새로운 모습으로 나타난다. 선진 시대의 도가 사상은 노자와 장자로 대표된다. 노자가 도가 사상을 창시했다면 장자는 대체로 노자 사상을 충실하게 계승 발전시킨 것으로 알려져 있다. 그러나 노장의 선진 도가 사상은 대략 전국 말기 이후 새로운 형태로 변화 발전된다. 노자와 장자의 제자 및 그 후학들이 그들 스승의 사상을 계승 발전시키는 과정에서 자신들의 처한 시대적 상황에 따라 부분적인 변화를 모색하였기 때문이다. 그들은 기본적으로 노자와 장자의 근본 정신을 그대로 계승하면서 동시에 자신들이 처한 시대 상황에 합당하게 일부 요소들을 변형 발전시켰다. 여기에 해당되는 대표적 문헌들로『장자』중의 이른바 황로 학파의 일부 저작들,『황제사경黃帝四經』,『갈관자鶡冠子』,『문자文子』그리고『여씨춘추呂氏春秋』,『회남자淮南子』등을 들 수 있다. 이들은 기본적으로 노장 사상을 계승하고 있으나 노장 사상과 뚜렷이 구별되는 특성들도 지니고 있다. 그 대표적인 특성으로 제가諸家에 대한 노장과 이들 저작 간의 관점상의 차이를 들 수 있다. 노자와 장자가 유가 및 법가 등의 제가에 대해 주로 비판적인 입장을 견지했다면, 이들 황로학 저작들은 제가에 대한 비판을 전제로 하면서도 한편에서는 그것들에 대해 적극적인 수용 태도를 취하였다. 이들의 학문적 경향을 통상 '황로도가' 혹은 '황로학'이라고 부르는데, 진한 시대의 도가 사상은 주로 이 황로학의 영향하에 있었다.

선진의 문헌들에서는 '황로黃老'라는 용어를 찾아보기 힘들고, 한대의『사기史記』에서 집중적으로 나타난다.『사기』에서 '황로' 혹은 '황제노자'가 병칭되는 곳은 10여 차례이다. 그 외에『한서漢書』와『후한서後漢書』,『논형論衡』등에서도 간혹 찾아볼 수 있다. 이렇게 볼 때 '황로'라는 용어는 한대에 들어와 비로소 크게 유행했음을 알 수 있다. 따라서 황로학은 한대에 와서 보편적으로 알려진 하나의 사상적 경향이었다는 사실도 추정해 볼 수 있다.

한편 '황로黃老'에서 '황黃'은 황제를, '노老'는 노자를 의미한다. 따라서 황로학은 형식상 황제 사상과 노자 사상이 하나로 결합된 것이라 할 수 있다. 그러나 사상사적으로 황제 사상이 알려진 것은 아니다. 더욱이 황제는 사상가라기보다는 단지 전설상의 제왕으로 알려져 있을 뿐이다. 그런데 황제의 전설이 유행하기 시작한 것은 전국 중기 이후로, 당시는 제후국들 간의 겸병 전쟁이 심화되고 패자들 사이에서는 천하 통일에 대한 야심이 꿈틀대던 시기였다. 이후 제가백가들은 모두들 황제에 관해 언급하고 있으며, 그 중 도가서에서 가장 많이 언급되고 있다. 따라서 '황제'가 상징하는 바는 통일 전쟁과 관련된 정치가라는 의미가 강하다. 그리고 이러한 황제가 노자와 결합함으로써 나타난 황로학은 도가 사상의 정치 철학화를 암시한다고 하겠다. 실제로 전국 말 이후 그리고 진한 시대의 도가 문헌들에는 정치의 방법과 기술, 즉 군주의 통치술에 관련된 언급들이 많이 나타난다. 가령 전국 말의『관자管子』네 편과『장자』에 들어 있는 황로 학파의 문헌들 및『황제사경』,『갈관자』등이 그렇고, 진한 시대의『여씨춘추』와『회남자』등이 그렇다. 특히 한 초의『회남자』는 황로학의 집성으로 알려져 있다.

그러면 이상과 같은 황로학의 문제 의식은 무엇이었을까? 앞서 언급했듯이 황로학이 형성 발전되고 있던 시기는 전국 말기로서, 당시는 중국 천하가 '분열의 시대'로부터 '통일의 시대'로 향해 가는 통일 지향적 분위기에 싸여 있었다. 이 같은 분위기는『황제사경』의 "오직 나 한 사람만이 천하를 소유한다"[1]는 말에서도 찾아볼 수 있다. 당시의 황로 학자들에게 천하 통일은 이미 기정 사실로 받아들여졌기 때문에 그들은 통일 이후의 문제를 생각하게 되었다. 다시 말해 그들의 최대 관심사는 중국이 통일된 이후 이 하나로 된 천하를 어떻게 경영해야 할 것인가에 있었다고 하겠다. 특히『여씨춘추』가 쓰여진 시대는 천하 통일을 목전에 둔 시기였고,『회남자』의 시대 역시 이미 한 제국이 수립된 이후였다. 이와 같은 시대적인 분위기는『여씨춘추』와『회남자』의 저술 목적에서부터 충분히 드러나 있다.

무릇 십이기十二紀라는 것은, 다스림과 어지러움, 살아남과 멸망함을 다스리는 방법이자 장수와 요절, 길함과 흉함을 알아내는 방도이다. 위로는 하늘을 헤아리고 아래

---

1)『黃帝四經』, 「十六經 · 果童」, "唯余一人, 兼有天下."

로는 땅을 살피며 가운데로는 인간을 이해한다. 이렇게 하면 옳고 그름, 가함과 불가함이 숨을 곳이 없게 된다.[2]

무릇 책을 지어 논하는 것은 도덕道德의 줄기를 갈래짓고 인사人事를 아우르기 위한 것이다. 위로는 하늘을 살피고 아래로는 땅을 헤아리며 가운데로는 (인간사의) 뭇 이치에 통달하게 되면, 비록 현묘한 도道의 내용을 모두 드러내지는 못하더라도 만물이 변화하는 추이를 살피는 데는 별 어려움이 없을 것이다.[3]

이들 두 문헌의 저술 목적에 나타난 하나의 공통점은 두 문헌 모두 천지인天地人을 두루 살필 것을 강조하였다는 사실이다. 여기서 천天과 지地는 자연 즉 천도天道를 상징하며, 인人은 인간사(人事)를 상징한다. 따라서 천하를 경영하기 위해서는 천도와 인사 모두에 두루 통달해야 한다는 것이다. 그래서 『회남자』에서는 또 다음과 같이 말한다. "그러므로 20편을 지었으니, (여기에는) 천지天地의 이치가 궁구되고 인간의 일들이 다루어지고 있으며, 제왕帝王의 도道가 모두 갖추어졌다."[4] 이처럼 천도와 인사를 두루 겸한다는 것은 결국 종합성을 지향한다는 의미가 된다. 그리고 이것은 간단히 '도사조화道事調和'라는 말로 요약될 수 있다.[5] 이때 '도'는 통일성을 의미하고, '사'는 다양성을 의미한다. 요컨대 황로학의 문제 의식은 '도'와 '사'의 조화, 다시 말해 통일성과 다양성의 조화에 있다고 하겠다. 그들이 직면한 문제가 사회 정치적으로는 다양한 형태로 난립해 있던 각 제후국들의 이질적 요소들을 천하 통일의 시대를 맞이하여 어떻게 하나로 통합시킬 수 있느냐 하는 것이었으며, 학술적으로는 다양한 주의주장을 내세우던 이전의 제자백가를 어떻게 하나의 사상 체계로 융합

---

2) 『呂氏春秋』, 「序意」, "凡十二紀者. 所以紀治亂存亡也, 所以知壽天吉凶也. 上揆之天, 下驗之地, 中審之人, 若此則是非可不可無所遁矣."
3) 『淮南子』, 「要略」, "夫作爲書論者, 所以紀綱道德, 經緯人事. 上考之天, 下揆之地, 中通諸理, 雖未能抽引玄妙之中, 才繁然足以觀終始矣."
4) 같은 책, 같은 곳, "故著書二十篇, 則天地之理究矣, 人間之事接矣, 帝王之道備矣."
5) 이석명, 「『淮南子』의 無爲論 연구」, 38쪽 참조

하느냐 하는 것이었다.

2. '백가쟁명'에서 '백가합류'로

이상과 같은 문제점을 해결하기 위한 하나의 방안으로 황로 학자들은 종합
적이고 개방적 사유를 제시하는데, 이것은 통일 시대라는 당시의 시대적 상황
과도 부합된다. 흔히 선진 시대는 '백가쟁명百家爭鳴'의 시대로 알려져 있다.
이것은 이 시대에 다양한 사상가 혹은 학파들이 상호 경쟁적으로 다투고 있음
을 의미한다. 그러나 이러한 '백가쟁명'의 상황이 전국 말 천하 통일이 무르익
을 무렵에는 '백가합류百家合流'의 추세로 변모한다. 전국 말에 이르러 시대적
분위기가 통일을 지향하게 되자, 여러 사상 학파들도 상호 비난이나 배척보다
는 상호 융합의 경향을 보이기 시작하기 때문이다. 그 결과 전국 말에는 이른
바 "유가와 묵가를 겸하고 명가와 법가를 합하는"(兼儒墨, 合名法) 이른바 '잡가
雜家'들이 출현한다. 예컨대 순자는 원시 유가를 바탕으로 하여 도가·법가·
명가·묵가 등의 제가諸家 사상을 겸섭하였으며, 한비韓非는 법가 이론을 바
탕으로 하여 도가 및 유묵儒墨을 비판적으로 수용하게 되었다. 그 결과물이 바
로『순자』및『한비자』이다.

그런데 당시 이러한 '백가합류'의 실질적 주체는 도가였다. 왜냐하면 도가의
핵심 개념은 '도'인데, '도'는 모든 사물의 근원 즉 우주 만물의 통일적 존재 근
거라는 성격을 지녔기 때문이다.『노자』28장의 '박산위기樸散爲器'가 상징하
듯이, 현상적으로 존재하는 다양성인 사물은 모두 최초의 근원자 '박' 혹은 '도'
로부터 파생된 것으로 간주된다. 따라서 '도'는 다양한 현상의 통일성이라는 특
성을 지니게 된다. 때문에 도가는 그 어떤 학파보다도 제가의 다양한 사상적
요소들을 하나로 융화 종합하는 데 유리한 위치를 차지할 수 있었다.

그리고 우리는 당시의 도가 문헌 즉 황로학의 저작들로부터 기존의 원시 도

가와는 명백히 구별되는 점들을 발견하게 된다. 그것은, 유가·법가·묵가 등을 비판하던 과거의 원시 도가와는 달리 그들은 각 개별 학파들의 근본 이념을 흡수하여 포용하는 종합적이고 개방적인 학술 성향을 지녔다는 점이다. 그리하여 그들은 당시에 유행한 음양가의 기론적氣論的 사유를 저변에 깔고 유가의 인의 및 예악 그리고 법가의 법 및 형명刑名 등을 도라고 하는 통일적 질서 체계 속으로 끌어들이고자 하였다. 요컨대 황로학의 특징은 특정의 학파에만 편협되게 치우치지 않고 제가諸家의 장점들을 두루 섭렵하고 융합하는 개방적이고 종합적 사유를 전개하는 데 있다고 할 수 있다. 이러한 사상적 경향은 분명히 노장으로 대표되는 원시 도가와는 확연히 구분되는 특성이다.

그러면 황로 학자들이 이처럼 '백가합류'를 주장하는 이유는 무엇인가? 이 점은 앞서 언급한 당시의 시대적 상황과 연계시켜 이해해 볼 수 있다. 황로학의 주요 무대가 되는 전국 말에서 한 초까지는 천하 통일의 기운이 무르익거나 천하 통일이 이미 완성된 시점이다. 따라서 당시의 사상가 및 정치가들의 고민은 천하 통일의 길을 가기 위해 혹은 통일된 천하를 경영하기 위해서는 어떤 이념이 합당한가 하는 문제였을 것이다. 사실상 그 이전에 각 제후국들은 유가나 법가 중 어느 하나의 사상 원리를 통치 이념으로 삼았다. 예컨대 춘추 말 노나라가 유가의 원리를 중시하고, 제나라가 법가 이념을 중시한 식이다. 그러다가 전국 중엽 이후부터는 주로 법가 이념이 천하에 횡행하게 되었다. 그리고 그것에 의해 성공한 대표적 예가 바로 진秦이다. 진은 원래 중국 서쪽 변방의 척박한 지역에 자리한 보잘것없는 제후국이었다. 그러다가 효공孝公 이후 상앙을 등용하여 법가 사상을 통치 이념으로 채택함으로써 단시일 내에 부국강병을 이룰 수 있었다. 그 결과 진은 전국 말에 천하 통일의 가장 유력한 주체로 대두하게 되었다.

그러나 황로 학자들은, 법가 사상이 비록 통일로 가는 과정에서는 유효한 통치 이념이 될 수 있었다 할지라도 통일 이후 천하를 경영하는 데에는 더 넓고 포괄적인 이념이 필요하다고 보았다. 기존의 이질적인 다양한 요소들을 하나로 담기 위해서는 이전의 작은 그릇이 아닌 큰 그릇이 필요하다고 보았기 때문이다. 결국 천하 통일을 위해서는, 혹은 통일된 천하를 다스리기 위해서는 어느 특정의 사상이나 이념에만 고착되어서는 안 되며, 여러 사상 요소들의 장점들을 골고루 섭취 융합하는 것이 필요하다고 인식한 것이다. 이러한 인식은 황로학의 집대성으로 알려진 『회남자』에서 다음과 같이 표현되고 있다.

> 한 시대의 제도로써 천하를 다스리려고 하는 것은, 마치 손님이 배를 타고 가다가 강 가운데서 칼을 빠뜨리자 급히 돛대에 표시를 하고서, 저녁 무렵 배가 강가 얕은 곳에 닿았을 때 그 칼을 찾는 것과 같다. 이런 자는 사물의 이치를 매우 모른다고 할 수 있다. 무릇 한 귀퉁이의 자취를 좇거나 할 뿐, 천지에 말미암아 노닐 줄 모르면 그 미혹됨이 그보다 클 수는 없다.[6]

선진 시대의 제자백가들은 모두 자기네 사상만이 천하를 구제할 수 있는 유일한 대안이라고 주장하였다. 공자나 맹자가 천하를 주류하면서 뭇 제후들에게 자신의 사상을 유세한 것이나, 상앙이나 한비가 자신의 이론을 실천하다가 오히려 자신들의 몸을 망친 것들이 모두 이 부류에 속한다. 『회남자』의 시각에서 바라볼 때 이들은 단지 '각주구검刻舟求劍'의 어리석음을 범하는 자들에 불과하다. 왜냐하면 그들은 "한모퉁이의 자취만을 따름으로써" 전체를 바라보는 종합적 시각을 결여하고 있기 때문이다. 즉 "한 부분에만 세밀한 자와는 더불어 변화를 말할 수 없고, 한 시대에만 밝은 자와는 전체를 말할 수 없다"[7]고 보는 것이다.

이 같은 인식에 근거하여 그들은 어느 한쪽에 치우치지 않은 개방적이고 종합적 사유를 전개한다. 이때 '백가합류' 혹은 '제가의 종합'에는 일정한 원칙이

---

6) 『淮南子』, 「說林訓」, "以一世之制度治天下, 譬猶客之乘舟, 中流遺其劍, 遽契其舟桅, 暮薄而求之, 其不知物類亦甚矣! 夫隨一隅之迹, 而不知因天地以游, 惑莫大焉."
7) 같은 책, 「繆稱訓」, "察一曲者, 不可與化, 審一時者, 不可與言大."

있다. 그 원칙은 도가 사상의 원리를 바탕으로 하여 유가 · 법가 등 제가의 장점들을 선택적으로 수용한다는 것이다. 또 이를 『회남자』에서 낚시에 비유하여 다음과 같이 설명하고 있다.

도道를 낚싯대로, 덕德을 낚싯줄로, 예악禮樂을 낚싯바늘로, 인의仁義를 떡밥으로 삼아 강에 던지고 바다를 누빈다면 무수히 많은 만물 중 어느 것인들 낚아 올리지 못하겠는가?[8]

낚시에서 가장 근간은 낚싯대와 낚싯줄이다. 또 낚시를 하고자 하면 낚싯대와 낚싯줄 외에도 낚시바늘과 떡밥 등이 필요하다. 이것들 중 어느 하나라도 빠진다면 결코 고기를 낚아 올릴 수 없기 때문이다. 마찬가지로 인간 세상에서 도 도와 덕이 근간이 되며, 그와 동시에 예악과 인의와 같은 사회 질서도 아울러 필요하다는 것이다. 물론 여기서 도와 덕은 도가의 기본 요소들이고, 예악과 인의는 유가의 기본 요소들이다. 따라서 이 예문에서 『회남자』가 주장하고자 하는 바는, 우리의 삶에는 도가적 원리뿐만 아니라 유가적 원리들 또한 불가결한 요소들이며, 이들이 모두 갖추어져야만 '대용大用'을 이룰 수 있다는 것이다. 이 같은 논리를 확대하면 중요한 것은 유가뿐만 아니라 법가 등 기타의 사상적 요소들 모두 중요한 것으로 인식될 수 있다. "백가百家의 말은 각기 그 취지가 서로 다르나 도에 합치된다는 점에서 하나이다"[9]라고 생각하기 때문이다.

3. 전기의 외적 지향과 후기의 내적 모색

황로학을 구성하는 주요 철학적 이론은 크게 '무위 정치론' 및 '양생론'으로 나누어 볼 수 있다. 하지만 이들 철학적 요소는 각자 그것이 강하게 나타나는

---

8) 같은 책, 「俶眞訓」, "以道爲竿, 以德爲綸, 禮樂爲鉤, 仁義爲餌, 投之於江, 浮之於海, 萬物紛紛, 孰非其有?"
9) 같은 책, 「齊俗訓」, "百家之言, 指奏相反, 其合道一體也."

시기가 다르다. 즉 무위 정치론은 전기에, 양생론은 후기에 각각 사상의 주요 형태로 작용한다. 황로학의 이 같은 사상적 변화는 주로 서한 중반을 전후해 나타나며, 이 시기는 한 무제武帝의 즉위와 동중서董仲舒의 등용과 맞물린다. 당시는 초기의 미약한 한 제국이 6∼70년간의 휴양생식기를 통해 국력이 신장되고 정권이 안정됨으로써 정국 주도에 대한 중앙 정부의 자신감이 강하게 표출되던 시기이다. 이 점을 염두에 두면서 편의상 한 무제 등장 이전의 황로학을 '전기 황로학'으로, 그 이후의 황로학을 '후기 황로학'으로 구분하여 그 사상적 특색을 살펴보도록 하자.

1. 전기 황로학의 외적 지향 ― 무위 정치론

전기 황로학은 주로 정치 철학적 관심에서 출발하며, 그것의 근간이 되는 철학 이론은 무위론無爲論이다. 무위론 혹은 무위 사상은 도가 철학의 핵심이다. 비록 시대에 따라 혹은 사상가에 따라 형식은 각기 다르게 나타난다 할지라도 모두 '무위'를 중시한다는 점에서는 일치한다. 전기 황로학도 예외는 아니다. 이미 언급했듯이 진한 시대는 기나긴 전란의 시대가 바야흐로 막을 내리고 이제 겨우 안정을 찾아가던 시기였다. 따라서 당시 사람들은 하루빨리 혼란스러운 상황이 정리되어 휴양생식休養生殖할 수 있기를 바라는 염원이 간절하였다. 이러한 시대적 상황에 부응하여 황로 학자들은 무위 사상을 제창하였다.

이때 황로학의 '무위'는, 개인의 삶의 방식으로보다는 주로 통치자의 통치술 차원에서 제시되었다. 예컨대 진대의 대표적 황로 저작인 『여씨춘추』의 경우, "도가 있는 바른 군주는 (객관적 상황에) 따를 뿐 작위를 행하지 않고, 문책을 할 뿐 일일이 시키지 않으며, (주관적) 상념과 의도를 버리고 고요함과 텅 비움으로써 기다린다"[10]고 하여 군주의 무위적인 통치 자세를 주장하였다. 한대의 『회남자』 또한 "성인은 안으로 (자신을) 감추고 물物에 앞서 제창하지 않으며,

---

10) 『呂氏春秋』, 「知度」, "有道之主, 因而不爲, 責而不詔, 去想去意, 靜虛以待."

사事가 도래하면 제어하고 물物이 이르면 반응할 뿐이다"[11]라거난 "군주의 통치술은 무위로 일을 처리하고 말없는 가르침을 행하며, 고요히 부동하여 법도를 하나로 하여 흔들리지 않는다"[12]고 하여 군주의 무위 통치술을 강조하였다.

한편 그들은 이처럼 군주가 무위해야 하는 근거를 원시 도가와 마찬가지로 천지 자연에서 찾는다. 인간세의 이상적 통치자는 자연 질서를 본받아야 하며, 그것은 바로 무위라는 것이다. 그러므로 『여씨춘추』에서는 "하늘은 형체가 없으나 만물은 이것으로써 이루어지고, 지극한 정기精氣는 형상이 없으나 만물은 이것으로써 변화된다. 위대한 성인도 일삼는 바가 없으나 뭇 백관은 각자 공능을 다한다. 이것이 이른바 가르침 없는 가르침이며 말없는 다스림이다"[13]라고 말하며, 『회남자』 또한 "천하를 일부러 도모하지 않는 자는 반드시 천하를 다스릴 수 있는 자이다. 서리와 눈과 비와 이슬은 만물을 죽이고 살리나, 하늘은 거기에 대해 아무런 작용도 하지 않는다. 그럼에도 오히려 하늘은 귀하게 여겨진다"[14]라고 말하여 천지 자연에 나타나는 제 현상으로부터 무위 정치의 타당성을 논증한다. 요컨대 원시 도가가 자연 법칙에서 인간사의 준칙을 발견했듯이, 황로 학자들 역시 존재 법칙(자연)으로부터 인간의 당위 규범을 이끌어 내었다. 이런 점에서 황로학은 원시 도가의 충실한 계승자라고 말할 수 있다.

그러나 황로학의 무위 사상은 원시 도가의 무위 사상과 확연히 구분된다. 황로 학자들의 '무위' 개념과 원시 도가의 '무위' 개념 사이에는 그 구체적 내용에서 중요한 차이점이 존재한다. 원시 도가 중 노자의 무위 사상은 주로 이른바 '법자연法自然'으로 규정될 수 있다. 『노자』 25장의 "인간은 땅을 본받고 땅은 하늘을 본받으며, 하늘은 도를 본받고 도는 자연을 본받는다"[15]에서 보듯이,

---

11) 『淮南子』, 「詮言訓」, "聖人內藏, 不爲物先倡, 事來而制, 物至而應."
12) 같은 책, 「主術訓」, "人主之術, 處無爲之事, 而行不言之教, 淸靜而不動, 一度而不搖."
13) 『呂氏春秋』, 「君守」, "天無形, 而萬物以成, 至精無象, 而萬物以化. 大聖無事, 而千官盡能. 此乃謂不教之教, 無言之詔."
14) 『淮南子』, 「詮言訓」, "無以天下爲者, 必能治天下者. 霜雪雨露, 生殺萬物, 天無爲焉, 猶之貴天也."
15) 『老子』 25장, "人法地, 地法天, 天法道, 道法自然."

인간은 궁극적으로 자연을 본받아 삶을 영위해야 하는 존재로 설명되고 있다. 한편 장자의 무위는 '소요逍遙 무위'로 규정될 수 있다. 장자는 노자의 '법자연'의 무위를 계승하면서도 '소요 무위'라는 독특한 무위관을 제시하고 있다. 그리고 이 '소요 무위'는 주로 정신적 소요의 경계 혹은 정신적인 자유를 의미한다.16) 이상과 같은 원시 도가의 무위에는 적어도 표면상 '유위'가 끼여들 여지가 없는 것처럼 보인다. 예컨대 노자의 경우는, "백성을 다스리기 어려운 것은 윗사람들이 유위17)하기 때문이다"18)라고 말함으로써 외형상 '유위'를 배척하는 태도를 드러낸다.

그러나 황로학의 '무위' 개념은 이상과 같은 원시 도가의 것과는 뚜렷이 구별된다. 황로학의 '무위'는 기본적으로 원시 도가의 '무위' 개념을 근본 바탕으로 삼고 있으면서도 인간의 주체적이고 능동적인 '유위'의 요소를 내포하고 있다. 이 점은 '무위'에 대한 『회남자』의 다음과 같은 정의에서 매우 분명하게 나타난다.

내가 말하는 무위는, 사사로운 뜻이 공적인 길에 끼여들지 않고, 개인적 욕망으로 인해 올바른 통치 방법(術)이 왜곡되지 않으며, 이치에 따라 일을 실행하고(擧事), 객관적 바탕에 따라서(因) 공업을 세우며(立功), 자연의 형세를 밀고 나가 교묘한 기교가 허용되지 않는 것이다. 일이 이루어져도 자신이 한 일로 자랑하지 않고, 공이 세워져도 명예를 소유하지 않는다. 그러므로 자극을 받아도 반응하지 않고 공격해 와도 움직이지 않는 것을 가리키는 것이 아니다.19)

일반적으로 '무위'는 아무런 행위도 하지 않는 것 혹은 고요히 관조하는 삶

---

16) 劉笑敢, 『莊子哲學及其演變』, 154쪽.
17) 물론 여기서 말하는 '유위'는 행위(action) 자체를 의미한다기보다는 自然의 법칙과 어긋나는 인위적인 '作爲'를 가리키는 것으로 보아야 할 것이다.
18) 『老子』 75장, "民之難治, 以其上之有爲."
19) 『淮南子』, 「脩務訓」, "吾所謂無爲者, 私志不得入公道, 嗜欲不得枉正術, 順理而擧事, 因資而立(功), 權自然之勢, 而曲故不得容者. 事成而身不伐, 功立而名弗有. 非謂其感而不應, 攻而不動者."

의 태도로 이해되기 쉽다. 이 점은 도가에 대한 일반인의 이미지와도 관계가 있다. 일반인들에 비친 도가 사상은 탈세속적이고 소극적인 은둔 사상으로 간주되는 경향이 있기 때문이다. 그러므로 『회남자』에서도 '무위'에 대한 일반의 인식을 다음과 같이 말한다. "혹 말하길, '무위'라는 것은 조용히 소리도 내지 않고 고요히 움직이지도 않으며, 끌어도 오지 않고 밀어도 가지 않는 것이라고 한다."[20] 그러나 황로학자들의 관점에서 '무위'는 단순히 그러한 소극적인 것이 아니다. 위의 예문에서 보듯이 그들의 관점에서 진정한 '무위'는 "일을 실행한다"(擧事)거나 "공업을 세운다"(立功)는 표현처럼, 개인의 능동적 행위까지도 포괄하는 적극적 개념이다. 다만 이때 전제되는 것은 공정성과 객관성의 확보이다. 이것은 '법천도法天道'의 원칙을 염두에 두고 있음을 의미한다.

'무위'에 대한 이 같은 적극적 규정은, '무위'에 대한 일반인들의 오해를 해소시키고자 하는 차원일 수도 있고, 또 기존의 소극적인 무위관을 비판함으로써 적극적인 새로운 무위관을 펼치고자 하는 의도일 수도 있다. 어쨌든 황로학자들이 '무위'를 설명한 내용을 보면 기존의 원시 도가와는 중요한 차이가 있다. 이상과 같은 황로학의 무위는 결국 '무위'와 '유위'가 하나로 결합된 형태로 볼 수 있다. 구체적으로 "이치에 따른다"(順理) 및 "자연의 형세를 밀고 간다"(推自然之勢)와 같은 말은 '법자연法自然'의 '무위'를 의미하고, "일을 실행한다"(擧事) 및 "공업을 세운다"(立功)와 같은 말은 인간의 능동적인 행위 즉 '유위'를 지시하는 것으로 볼 수 있기 때문이다. 따라서 황로학의 '무위'는 원시 도가의 무위와 달리 적극적이고 능동적인 성격을 지닌다고 하겠다.

한편 이와 같은 황로학의 무위는 그들의 무위 정치론에서 구체적으로 '군주는 무위하고, 신하는 유위한다'(君道無爲, 臣道有爲)의 형식으로 나타난다. 예컨대 『여씨춘추』에서 우리는 다음과 같은 진술을 찾아볼 수 있다.

---

20) 같은 책, 같은 곳, "或曰, 無爲者, 寂然無聲, 漠然不動, 引之不來, 推之不往."

옛날의 왕은 그 행하는 바는 적었고 객관적 형세에 따르는 바가 많았다. 따르는 것은 군주의 통치술이고 몸소 행하는 것은 신하의 길이다. 몸소 행하면 어지럽고 따르면 고요하다. 겨울에 따라서 추위를 행하고 여름에 따라서 더위를 행한다면 군주는 무엇을 일삼겠는가? 그러므로 군주의 길은 무지無知 무위無爲하여도 신하의 유지有知 유위有爲보다 현명하다고 하는 것이다.[21]

이 예문에서 보듯이 군주의 길은 '무위'로 규정되고 신하의 길은 '유위'로 규정된다. 그리고 이때의 '무위'의 방식은 '따른다'(因)로 설명된다. 즉 '군주는 무위한다'고 할 때의 군주는, 아무것도 하지 않고 고요히 머물러 있다는 것을 의미하지는 않는다. 군주는 주어진 상황 혹은 자연적 형세를 잘 살펴서 그러한 상황과 형세에 따라서(因) 거기에 합당한 조치를 취하는 존재로 설명되고 있다. 다만 여기서 통치 업무의 실질적 담당자는 신하로 간주된다. 다시 말해 신하는 군주의 명령을 받아 그것을 몸소 수행하는 자로 설명된다. 그러므로 "도를 얻은 군주는 객관적 형세에 따를 뿐 직접 행하지 않으며, 독책할 뿐 일일이 가르치지 않는다.…… 신하에 앞서 먼저 떠벌리지 않고 신하의 일을 빼앗지 않는다"[22]고 한다. 요컨대 군주의 길은 '명名을 살펴 실實을 따진다'(督名審實) 혹은 '실實을 취함으로써 그 명名을 따진다'(取其實以責其名)는 '무위'이고, 신하의 길은 그러한 군주의 명령을 직접 수행하는 '유위'라는 것이다.

결국 황로학의 무위론은 기본적으로 원시 도가의 '법자연'의 무위를 바탕으로 하여, 여기에 다시 법가 내지는 명가의 유위적 요소를 끌어들이고 있는 것이다. 따라서 황로학의 무위론은 다음과 같은 특성을 지니게 된다. 첫째, 무위에 유위를 융합함으로써 원시 도가의 무위론에 비해 적극성을 지니게 되었다. 둘째, 도가 사상에 법가 및 명가 사상을 결합시킴으로써 사상의 개방성 및 종합성을 띠게 되었다.

---

21) 『呂氏春秋』, 「任數」, "古之王者, 其所爲少, 其所因多. 因者, 君術也, 爲者, 臣道也. 爲則擾矣, 因則靜矣. 因冬爲寒, 因夏爲暑, 君奚事哉? 故曰君道無知無爲, 而賢於有知有爲."
22) 같은 책, 「知度」, "有道之主, 因而不爲, 責而不詔…… 不伐之言, 不奪之事."

이상과 같은 황로학의 무위론은 당시의 시대적 상황을 반영한 결과이다. 천하가 하나로 통일되는 시점에 이르러서 통일 시대의 통치 이념으로는 기존의 상호 경쟁적이고 배척적인 '백가쟁명'의 이념보다는 상호 융합적인 '백가합류'의 종합적 사고가 요청되었을 것이기 때문이다.

2. 후기 황로학의 내적 모색 ― 양생론

한편, 한 제국은 한 초의 휴양생식기와 이른바 '문경지치文景之治'의 태평세를 거치면서 정권이 안정되고 중앙 정부를 위협하는 지방 세력들이 약화되자 점차 정책의 변화를 보이기 시작하였다. 그 징조는 한 무제가 즉위하면서 본격적으로 나타났다. 즉 한 무제가 친정을 행하는 원광元光 원년元年(기원전 134) 이후부터는 도가의 발언은 무시되고, 유가류의 사상이 중시되기 시작하였다. 그 대표적인 예가 당시 대표적인 도가서인『회남자』에 대한 한 무제의 태도에서 나타난다. 즉 한 무제는 종친이었던 회남왕淮南王 유안劉安이 헌상한『회남자』는 깊이 감추어 두고 활용하지 않고, 유학자 동중서의 건의를 받아들여 유가를 국학으로 삼았다. 이후 한대는 외형상 '독존유술獨尊儒術'의 정책을 시행함으로써 한 제국의 명목상 지도 이념은 유가 사상이 되었다.

이처럼 한 무제 이후 유가 사상이 정치 무대에 전면으로 등장하게 된 것은 무엇보다도 당시의 시대적 상황의 소산이라 할 수 있다. 황제 중심의 중앙 집권 체제가 확립되어 가는 과정에서 군신유의君臣有義 혹은 군군신신君君臣臣 등과 같은 정명正名 사상은 정치 질서의 확립 차원에서 군주에게 매우 효과적인 방법이 될 수 있었으며, 또 삼강오륜三綱五倫의 덕목은 통치자로 하여금 가족 사회는 물론 사회 전체 구성원을 효과적으로 지배할 수 있는 유용한 도구가 될 수 있었다. 이런 점에서 유가 사상은 안정기의 사회에 적합한 정치 이론을 제공하는 특성을 지니고 있다고 할 수 있다.[23] 그리고 그에 따라 한 초 지배 이

---

23) 鄭日童,「漢初의 정치와 黃老思想 연구」, 228~229쪽.

념의 자리를 누렸던 도가 사상은 자연스럽게 중앙 무대에서 퇴장해야만 했다.

그러나 '독존유술' 이후 한대에서 도가 사상이 완전히 쇠퇴한 것은 아니다. 한 무제에 의해 『회남자』가 무시된 이후에도 도가 사상에 대한 연구와 성과는 지속적으로 이어졌기 때문이다. 가령 학자들 가운데는 적지 않은 사람들이 여전히 『노자』를 연구하였으며, 심지어 유가를 본받아 『노자』를 '경經'으로 받들어 전하기도 하였다. 『한서』 「예문지藝文志」에 따르면, 당시에 이미 『노자인씨경전老子鄰氏經傳』 4편, 『노자부씨경설老子傅氏經說』 37편, 『노자서씨경설老子徐氏經說』 6편 등의 노자 주석서가 존재하고 있었다고 한다.(단 이들은 모두 실전되어 현존하지 않는다.) 그 외에도 서한 말에는 엄준嚴遵의 『노자지귀老子指歸』와 『노자주老子注』가 나왔고, 동한에는 『노자하상공주老子河上公注』가 나왔다.

그런데 『회남자』 이후 성립된 한대의 도가 작품들을 검토해 보면 하나의 뚜렷한 특색이 나타난다. 그것은 진한 교체기 및 한 초의 도가 사상에서 유행하였던 경세經世 즉 통치에 대한 관심이 현저히 퇴조하고 있다는 사실이다. 앞서 언급했듯이 진한 교체기 및 한 초의 황로학은 사실상 경세經世의 문제로부터 출발했다고 해도 지나치지 않다. 그러나 황로학의 이러한 경향은 한 무제의 '독존유술' 정책 이후 점차 변화하기 시작한다. 그리고 그 변화는 두 가지 방향으로 흘렀다. 하나는 도가적 자연 질서의 바탕 위에서 어떻게 하면 유가적 인간 질서를 하나로 통합시킬 수 있느냐 하는 문제를 중심으로 전개되는 지극히 추상적 철학 사변이었고, 다른 하나는 어떻게 하면 개인의 생명을 온전하게 보전하여 그것을 최대한 발현할 수 있게 하는가에 관심을 둔 양생론 방면이었다. 전자는 이후 원시 도가에서 위진 현학으로 넘어가는 관절적 역할을 하게 되며, 엄준의 『노자지귀』로 대표된다. 후자는 이후 도가 사상의 종교화 즉 도교 발전에 중요한 바탕이 되는 것으로 보여지며, 『노자하상공주老子河上公注』로 대표된다. 이 두 가지 흐름 중 후기의 황로학 즉 동한 시대의 도가 사상을 주도하는 것은 주로 후자의 양생론 방면이라고 할 수 있다.

따라서 후기 황로학의 대표적 문헌으로는 『노자하상공주』를 들 수 있다. 『노자하상공주』는 동한 도가 즉 동한의 황로 학자에 의한 저술이다.24) 그 주요 내용은 한대에 유행한 황로 학파의 무위 정치론과 청정淸靜 양생론으로서 『노자』를 해석한 것이다. 그러므로 『노자하상공주』에는 경세와 양생에 대한 내용이 병존하고 있음을 찾아볼 수 있다. 그러나 이 중 『노자하상공주』의 핵심은 양생 방면이라고 할 수 있다. 이 점에 대해서는 간혹 학자들 간에 이견이 제기되기도 하나, 그러한 이견은 별 설득력이 없는 것 같다. 물론 『노자하상공주』에는 치신治身25)에 관한 것뿐만 아니라 치국治國에 관한 언급도 상당수 발견된다. 그러나 기본적으로 우리가 염두에 두어야 할 점은, 주석의 대상인 『노자』 자체가 본래 사회 정치 방면으로 많은 관심을 보였고 또한 그것에 관해 발언을 하고 있다는 사실이다. 따라서 『노자』를 주석할 때 일차적으로 원전에 입각하여 치국 방면으로 해석하는 것은 당연하다고 하겠다.

그런데 우리가 주목해야 할 점은, 『노자하상공주』의 저자는 『노자』 가운데 비록 명백한 치국 문제에 관한 구절들을 항상 양생 문제와 결부시키고 있다는 사실이다. 더구나 이러한 경향이 단지 일부분에 그치는 것이 아니라 『노자하상공주』 전편에 걸쳐 고르게 분포되어 있다. 또 단순 비교치로 보더라도 『노자하상공주』의 내용에서 치국보다는 치신에 관련된 구절이 절대적 우위를 차지한다.26)

---

24) 『老子河上公注』는 『老子』의 3대 古本 중의 하나이며, 이 책의 성립 시기 및 저자에 대해서는 의견이 분분하다. 이 책의 성립 시기에 대해서는 크게 西漢說, 東漢說, 魏晉說 등으로 나누어 볼 수 있는데, 이 가운데 동한설이 대체로 타당한 듯하다. 그 이유는 여러 가지를 들 수 있겠으나 무엇보다 중요한 것은 동한 시대에 성행한 황로 신선 사상이 이 책에 매우 풍부하게 반영되어 있다는 사실이다. 이 책은 동한 시대의 황로 학자가 전국 시대에 존재했던 것으로 알려지는 河上丈人에 의탁해 저술한 것으로 보인다.

25) 『하상공주』에서 쓰이는 治身은 유가적 의미의 '修身'이 아니다. 『하상공주』의 작자는 治身을 통해 長生不死를 논하고 있기 때문이다. 따라서 여기서의 '治身'은 주로 양생과 관련지어 보아야 할 것이다.

26) 구체적인 숫자를 밝히자면, 治國에 관한 것이 대략 60여 회임에 비해 治身에 관한 것은 100여 회가 된다. 물론 여기에는 治國과 治身을 병기한 것도 각기 포함한 수치이다.

우리는 『노자하상공주』 본문 가운데서도 명백히 치국보다는 치신에 가치적 우위를 두고 있는 듯한 구절을 찾아볼 수 있다. 첫째, 『노자』 1장의 "도가도道可道, 비상도非常道"에 대한 다음과 같은 주석을 들 수 있다. "(항상된 도가 아니라는 것은) 경술정교經術政教의 도道를 가리킨다. 스스로 그러하게 길이 존재하는 도道가 아니다."27) 여기서 말하는 '경술정교의 도'는 국가의 경영에 관련된 도를 가리키며, 이것은 결국 치국의 도를 의미한다. 따라서 위 주석의 요지는, 치국의 도는 상도常道 즉 참된 도가 아니라는 것이다. 또 『노자』 64장의 "학불학學不學"에 대한 주석에서도 다음과 같은 진술을 찾아볼 수 있다.

성인은 일반인들이 배울 수 없는 것을 배운다. 사람들은 지식과 속임수를 배우나 성인은 '스스로 그러한 이치'(自然)를 배운다. 사람들은 세상을 다스리는 것(治世)28)을 배우나 성인은 몸을 다스리는 것(治身)을 배워 참된 도를 지킨다.29)

이 주석에서는 명백하게 치세 즉 치국을 치신보다 하위에 두고 있음을 볼 수 있다. 따라서 『노자하상공주』의 근본 사상을 '양생'으로 이해하는 데에는 별 무리가 없을 듯하다. 그리고 『노자하상공주』의 양생 사상은 주로 '정기신론精氣神論'을 중심으로 전개된다. 즉 그것의 중심 내용은 '정을 보존한다'(保精), '기를 아낀다'(愛氣), '신을 기른다'(養神) 등으로 표현되며, 이러한 양생의 궁극적 목적은 자연으로부터 부여받은 개인 생명을 욕심이나 외물의 침범으로부터 온전히 보존하는 것에 있다.

이처럼 후기 황로학이 양생론 방면으로 흐르게 된 이유는 앞서 언급한 유도儒道 사상간의 투쟁에서의 패배 외에 다음과 같은 당시의 사회적 분위기에도

---

27) 王卡 校點, 『老子道德經河上公章句』 1장, "謂經術政教之道也. 非自然長生之道也."
28) 이 '治世'에 대해 오상무는 이것은 '治國'과 다른 차원으로 이해해야 한다고 주장한다. 즉 '治世'는 도에 의한 통치가 아니라 법률, 형벌 등에 의해 다스리는 것을 의미한다는 것이다.(吳相武, 『老子』河上公·想爾·王弼三家注比較研究』, 55쪽 참조) 그러나 '治國' 및 '治世'에 대한 일반적 어법이나 혹은 『하상공주』 자체에서 '治國'과 '治世'를 그와 같이 구별해 볼 근거는 없다.
29) 王卡 校點, 『老子道德經河上公章句』 64장, "聖人學人所不能學. 人學智詐, 聖人學自然, 人學治世, 聖人學治身, 守道眞也."

기인한다. 동한 시기에는 황제로부터 고관 귀족에 이르기까지, 그리고 문인 학자로부터 은둔거사에 이르기까지 모두 치신治身과 양성養性에 힘쓰는 것이 하나의 사회적 풍조가 되었다. 가령 환제桓帝는 정희延熹 8년(165년)에 세 차례나 사람을 보내 노자에게 제사지내게 하였고 또 연희延熹 9년에는 친히 노자에게 제사를 지냈는데, 그 목적은 장생불사에 있었다. 이것은 당시 통치자들이 표면적으로는 유가 정치를 표방하고 있었으나, 내면적으로는 개인의 양생 방면에 관심이 많았음을 입증한다. 또『후한서』「일민열전逸民列傳」에는 다음과 같은 기록들이 보인다. "교신矯愼은…… 어려서부터 황로를 좋아하여 산과 계곡에 은둔하여 굴을 파고 기거하면서 적송자와 장교의 도인술을 숭상하였다", "임외任隗는…… 어려서부터 황로를 좋아하여 맑고 고요히 욕심이 적었다.…… 그는 의로이 행하고 안으로 닦았으며 명예를 구하지 않았다." 이것은 당시의 도가인들이 개인의 수양이나 양생에 치중하였다는 사실을 전한다. 그뿐만 아니라 일찍이 신선 방술을 비판하였던 왕충王充조차도 말년에는『양성養性』이라는 글 16편을 지었으며, 그 종지는 양기養氣·양성養性하는 것이었다.[30] 그러므로 왕명王明은 "동한 이후 말엽에 이르기까지 황로를 받드는 자들은 대개 양성養性을 위주로 하였다. 당시에 유행한 '원기元氣가 사람을 생성한다'는 설은 곧 기를 호흡하는 방법을 익히면 장생에 이를 수 있다는 것으로 이해되었다"[31]고 말하였다. 이처럼 동한 시대에는 전반적인 사회적 풍조가 양생養生에 관심이 많았음을 알 수 있다.

요컨대 황로학은 전기에는 노자 사상을 근거로 하여 정치를 비평하고 국사를 논하며 정치 사상을 표현하였으나, 후기에 이르러서는 한적하고 고요한 청정 무위의 정신 상태를 추구하며 '물질을 경시하고 생명을 중시하는'(輕物重生) 풍토로 변화하였다고 하겠다. 그것은 당시에 도가가 처한 정치적 상황 그리고 당시의 사회적 분위기에 따른 자연스러운 현상이었다고 볼 수 있다. 여기서 전

---

30) 那薇,『漢代道家的政治思想和直覺體悟』, 246~247쪽.
31) 王明,『道家和道教思想研究』, 293쪽.

기 황로학에 나타났던 사회 및 정치 방면에 대한 관심을 황로학의 외향성外向性이라고 한다면, 후기 황로학에 나타난 개인 생명에 대한 관심은 황로학의 내향성內向性이라고 할 수 있을 것이다. 따라서 후기 황로학은 이전의 외향성에서 내향성으로 전화하였으며, 이것은 곧 황로학의 관심이 경세經世에서 양생養生으로 옮겨 갔음을 의미한다.

4. 황로학과 황로학 이후의 도가

이상과 같은 황로학은 분명히 기존의 도가 사상과는 다른 모습을 보인다. 이와 관련하여 우리는 도가사상사에서 황로학이 지니는 다음의 몇 가지 의미를 찾아볼 수 있다.

첫째 황로학은 중국 최초의 통일 시대를 맞이하여 도가사상사에서 최초로 한 시대의 지배 이념으로 발전하였다는 정치적 의미를 지닌다. 중국 역사에서 도가는 정치 무대에 전면으로 등장하기보다는 주로 개인의 인생 철학 내지는 민중의 저변의 삶의 방식에 많은 영향을 미쳤다. 그러나 유독 진한대의 도가인 황로학은 한초 6～70년간 한 제국의 지배 이념으로 등장하여 그것의 현실 정치적 역량을 발휘하였다. 이때 황로학은 원시 도가가 지닌 소극적 성향을 극복하고 통일 시대에 합당한 적극적 사상을 제시함으로써 도가사상사에서 유일하게 한 시대를 주도하는 통치 이념으로 자리할 수 있었다.

둘째, 황로학은 이전의 기타 사상에서는 찾아보기 힘든 종합적 사유를 발휘하였다는 의미를 지닌다. 황로학은 단순히 도가 이념만을 주장하는 것이 아니라 제가의 장점을 두루 섭렵하였다. 한 초에는 표면상 도가의 무위 사상을 전면으로 내세웠으나, 그러한 무위 정치가 지탱될 수 있었던 것은 그 배후에 법가 및 유가 등의 이념이 적절히 자리하고 있었기 때문이다. 즉 한 초에 통치자가 '무위'하면서도 '다스려지지 않는 바가 없는'(無不治) 정치를 시행할 수 있었던 것은 진대의 제도를 거의 그대로 계승하고 있었기 때문이라는 말이다. "한나라는 진의 제도를 계승하였다"(漢承秦制)는 말은 이런 맥락을 잘 보여 준다. 이것은 황로학이 단순히 도가 사상만을 계승하고 있는 것이 아니라 기타의 사상적 요소들도 폭넓게 흡수하고 있다는 의미이다. 황로학의 이러한 성격은 사마담의 「논육가요지論六家要指」에서 기술된 '도가'에 대한 설명에서 분명하게 찾아볼 수 있다. 황로학의 이러한 종합적 사유는 장자의 개방 정신과는 또 다른 개방 정신의 발로라 하겠다.[32]

셋째, 황로학은 이후 위진 현학 및 도교의 토대가 되었다는 의미를 지닌다. 서한 이후 황로학은 기존의 정치 지향적 성격에서 벗어나 새로운 형태로 발전되어 간다. 우선 황로학은 지극히 추상적 사변으로 흐르게 된다. 그것은 서한 말 엄준嚴遵의 『노자지귀老子指歸』로 대표된다. 여기서 엄준은 어떻게 하면 도가의 자연 질서를 바탕으로 유가의 인간 질서를 하나로 통합시킬 것이냐 하는 철학적 사변에 몰두하게 된다. 이러한 자연 질서와 인간 질서의 합일 즉 자연自然과 명교名敎의 통합 문제는 바로 도가를 바탕으로 제가를 융합한다는 황로학의 기본 성격으로부터 발전된 것으로 볼 수 있다. 『노자지귀』에 나타나는 이러한 철학적 사변은 이후 위진 현학 발생의 중요한 토대가 된다. 다음으로, 황로학은 그것에 내재되어 있던 개인의 수양 혹은 양생 사상 방면을 발전시키게 된다. 그 대표적 예가 『노자하상공주』이다. 『노자하상공주』는 정기신론精氣神論을 중심으로 하는 양생 사상을 크게 발전시켰다. 이 책에서 정·기·신은 생명을 구성하는 중요한 3요소로 간주되며, 따라서 양생의 핵심은 정·기·신을 적절히 기르고 보존하는 것으로 설명된다. 이와 같은 정·기·신의 양생 사상은 이후 위진의 신선 도교를 열어 주는 단초가 된다. 동진東晉 남조南朝 시대 갈홍葛洪의 『포박자내편抱朴子內篇』과 상청파上淸派 경전은 『하상공

---

32) 장자의 개방 정신이 是非와 彼此의 차별적 세계관에서 벗어나 세상을 초월하는 제물론적 개방 정신이라고 한다면, 황로학의 개방 정신은 현세간의 삶에서 불가피하게 요구될 수밖에 없는 부분들(예컨대 仁義의 윤리 질서나 법 질서 체계 등)을 인정하여 그들을 비판적으로 수용하는 실용주의적 개방 정신이라고 할 수 있다.

주』의 양생술을 한층 더 발전시킨 것으로 볼 수 있다.[33] 그리고 이후 정·기·신으로써 노자를 해석하고 주석하는 것은 도교 노학老學의 일대 전통이 되었으며, 아울러 이것으로부터 출발하여 정·기·신을 중시하는 도교의 생명철학이 전개되어 간다. ☯

---

33) 王卡, 『老子道德經河上公章句』, 14쪽.

『老子翼』(『漢文大系』 9, 東京: 富山房, 昭和 59)

『莊子翼』(『漢文大系』 9, 東京: 富山房, 昭和 59)

郭慶藩, 『莊子集釋』(北京: 中華書局, 1982)

曹礎基, 『莊子淺注』(北京: 中華書局, 1985)

『韓非子翼毳』(『漢文大系』 8, 東京: 富山房, 昭和 59)

『淮南子』(『漢文大系』 20, 東京: 富山房, 昭和 59)

劉文典, 『淮南鴻烈集解』(北京: 中華書局, 1989)

余明光 註釋, 『黃帝四經今注今譯』(湖南: 岳麓書社, 1993)

陳鼓應 註譯, 『黃帝四經今註今譯』(臺北: 商務印書館, 1995)

陳奇猷 校釋, 『呂氏春秋校釋』(上海: 學林出版社, 1984)

王卡, 『老子道德經河上公章句』(北京: 中華書局, 1993)

『史記』(北京: 中華書局, 1983)

吳光, 『黃老之學通論』(浙江: 浙江人民出版社, 1985)

劉笑敢, 『莊子哲學及其演變』(北京: 中國社會科學院, 1988)

王明, 『道家和道教思想研究』(北京: 中國社會科學出版社, 1990)

那薇, 『漢代道家的政治思想和直覺體悟』(山東: 齊魯書社, 1992)

李剛, 『漢代道教哲學』(四川省: 巴蜀書社, 1995)

이석명, 「『淮南子』의 無爲論 연구」(고려대 박사학위논문, 1997)

정일동, 「漢初의 政治와 黃老思想 研究」(고려대 박사학위논문, 1992)

吳相武, 「『老子』河上公・想爾・王弼三家注比較研究」(北京大 박사학위논문, 1996)

제국의 논리와 제국의 학문

문재곤

1. 한 제국의 등장과 경학

중국 사상사에서 중국의 정치 현실을 지배해 온 사상으로 우리는 대개 한漢 나라 이후의 유가儒家 사상을 꼽는다. 유학은 농경 사회의 현실적이고 현세적인 윤리관을 바탕으로 삼고 예제禮制를 근본으로 하는 종법宗法 질서秩序를 강조한다. 그 때문에 농경 문화 중심 사회에서 가장 적합한 통치 이념으로 받아들여질 수 있었다. 그러나 유학이 지향하는 도덕 정치는 위정자가 겉으로 표방하는 정치 이념이었을 뿐이고 실제로는 법가法家적인 통치가 중국 역사를 이끌어온 실질적인 힘이었다. 하지만 그 실질적인 모습이야 어떠했든, 우리가 여기에서 정작 관심을 갖고자 하는 것은 유가가 한대에 들어와 지배적인 이념으로 정착하게 되는 이유와 과정이다.

전국 시대의 혼란을 평정하고 이른바 '천하'를 대일통大一統으로 이끈 것은 진秦이었다. 그 진 왕조의 정치적 실패로 '천하'는 다시 혼란에 빠지고 만다. 이를 수습하고 등장한 것이 한이다. 한의 통치자들은 진의 멸망 원인을 지나친 무력 통치에서 찾고, 자신들은 문치文治를 통하여 새로운 제국의 기틀을 도모하려 하였다. 이는 한 고조高祖 유방劉邦(기원전 256 혹은 247~195)이 육가陸賈

(기원전 240?~170?)가 제시한 '역취순수逆取順守'(정권을 잡을 때는 상도에 어긋나는 방법으로 했어도 지킬 때에는 순리에 맞게 함의 위대성을 어느 정도 인지했기 때문이다.

그러나 한 초에는 오랜 전란의 뒤라서 이른바 휴양생식休養生息으로 새로운 기운을 충전하느라 충분히 문치의 부흥에 손쓸 만한 여유가 미처 없었다. 다만 황로학黃老學의 무위술無爲術에 내맡김으로써 소생의 기미만을 기다릴 뿐이었다. 대개 고高·혜惠·문文·경제景帝의 시대가 그러하였다. 그러다가 문제 때부터 유가 계통에서 활발한 움직임이 일면서 유가 경전의 중요성을 부르짖게 되고, 무제武帝(기원전 156~87) 때에 오면 '백가를 내몰고 유가만을 높이는'(罷黜百家, 獨尊儒術) 시대가 열리게 된다.

유가 경전은 공자孔子가 '여섯 가지 전적'(六籍)을 다듬어 만든 『시詩』, 『서書』, 『역易』, 『예禮』, 『악樂』, 『춘추春秋』의 육예六藝가 그것인데, 『악경樂經』은 이미 없어졌고 한대에는 나머지 다섯 가지만 남아 있었다. 한대 유학은 이것들을 드높이기 위해 '경經'자를 붙여서 '오경五經'이라고 했다. 문·경제 때에 『시경』과 『춘추』 두 경전은 이미 박사博士를 두었고, 나머지 세 경전은 무제 때 박사를 두었다. 문·경제 시대의 경우, 유가 경전에 박사를 두었다고 해서 다른 학파를 배척한 것은 아니었다. 유가가 여러 학파들 가운데 하나로 끼여들었을 뿐이다. 하지만 무제의 오경박사 설치는 앞 시대와는 전혀 의미가 다른 조치였다. 다른 학파의 완전한 배척과 유가만의 독존 시대가 열리는 것이다. 유학이 현실 정치와 비로소 적극적으로 접맥되는 획기적인 사건이었다. 그 이후 유학의 독존은 양한兩漢을 지배하게 되고, 이후 중국 사상 전반에 걸쳐 깊은 영향을 주게 된다.

유학 경전 속에 담겨진 이론을 이끌어 내어 현실 정치에 응용할 수 있는 방책으로 삼고자 하는 것이 '경학經學'이다. 그러므로 경학의 역사는 유학 경전이 국가적인 차원에서 공인되고 존숭 받기 시작하는 시점과 함께 출발한다. 그러나 대개 경전에 대한 해석으로 출발하는 경학은 그 본질상 어느 하나의 정통적 입장을 찾기가 어렵다. 하지만 경학이 지니고 있는 더 큰 문제는 이런 데에 있지 않다. 경학은 경전의 문자를 훈고訓詁하기 위해서가 아니라 경전의 간단한 말(微言) 속에 담긴 크나큰 의미(大義)를 밝혀 내려는 학문적 작업이다. 그런데 문제는 그 '미언대의'를 밝혀 내는 작업이 순수한 학문적인 욕구에 의하여 유발되지 않았다는 것이다. 통치자의 현실적 요구에 부응하는 방향으로 이루어질 수밖에 없다. 그러므로 통치자의 요구가 바뀌면 경학의 방향도 바뀌게 마련이고, 그에 따라 신구의 경학자들 간에 갈등이 생긴다. 결국엔 상호 배척으로 치닫게 되는 것, 이것이 경학이라는 학문이 지니는 필연적인 태생적 한계이다.

경학이 한대의 정치 세력에 반영되기 시작하는 일은 바로 동중서董仲舒(기원전 179~104)가 무제에게 올린 「천인삼책天人三策」(자연과 인간의 관계에 관한 질문에 대답한 세 가지 글)에서부터 시작된다. 그 이후 선제宣帝(기원전 91~49)의 석거각石渠閣(未央宮 뒤에 있던 장서각) 회의, 왕망王莽(기원전 41~기원후 23)과 유흠劉歆(기원전 53~기원후 23?)의 경고문학經古文學, 장제章帝(58~88)의 백호관白虎觀 회의에까지 이르는 일련의 경학 논쟁을 통해 유학은 현실 정치에 깊숙이 관여해 들어간다. 이 과정은 곧 동중서의 「천인삼책」에서 비롯된 경학이 백호관 회의에 이르러 '국헌國憲'화되는 과정이기도 하며, 경학으로서의 유학이 타락해 가는 과정이기도 하다.

그렇지만 경학이 그 처음부터 유학의 타락을 목적으로 출발한 것은 결코 아니다. 어떻게 보면 순수한 의도가 현실의 유혹에 쉽게 빠져들었을 따름이다. 우리는 그 의도마저 부정해서는 안 된다. 현실을 떠나 멀리 날아서도 안 되지만 현실에 발목을 잡혀 허우적거려서도 곤란하다. 그러므로 우리는 경학이 겪은 자취를 더듬어 봄으로써 학문의 이상과 현실이 빚는 모순을 통해 오늘의 우리를 되돌아보는 계기로 삼으려 하는 것이다. 이런 취지를 바탕으로 이 글에서는 유가 사상이 정치 이념화되는 효시인 동중서의 「천인삼책」을 통해 경학자들이 최초에 꿈꾸었던 경학의 본래 목적을 먼저 조감해 보는 데에서부터 논의를 출발하려고 한다.

2. 경학의 성립 과정과 동중서의 「천인삼책」

건원建元 원년(기원전 140년), 무제는 자신이 즉위한 첫 해에 승상과 어사, 열후 등의 백관에게 조서를 내려 '성품이 어질고 행동이 바르며 곧은 말을 하고 잘못을 비판할 줄 아는'(賢良方正直言極諫) 선비를 천거하라고 지시한다. 그가 이러한 현량賢良을 천거할 것을 지시한 것은 멸망한 진의 교훈을 되살려 지식인을 중시하고 우대하는 정책을 펴는 한편, 그들로부터 자신의 정치 방략을 얻으려는 목적에서였다. 무제에 따르면 '현량'은 '고금의 왕의 일에 관련된 예에 밝은'(明于古今王事之禮) 사람들, 곧 교화 제도에 능통한 유자儒者를 가리킨다. 무제는 유학자들의 방정한 태도와 곧은 말 그리고 극간하는 자세를 얻음으로써 도덕 교화의 문치文治를 열어 갈 것을 기대하였다. 그러나 그 결과는 커다란 실망으로 끝나고 만다. 천거된 사람들은 유학자라기보다는 법가와 종횡기縱橫家에 속하는 인물들이었기 때문이다. 이에 승상 위관衛綰의 건의에 따라 법가와 종횡가류의 학문을 하던 지식인을 몰아내게 된다.[1]

건원建元 5년(기원전 136년)에는 오경박사를 두게 되는데, 이것은 유가로써 백가를 완전히 대체한 일로서 경학을 통해 무제 자신의 통치 이념을 지지하는 사상의 통일을 꾀한 것이다. 그러나 현실적으로는 백가, 그 가운데에서 황로학의 세력이 강하였고 유가의 학문은 아직 훈고 단계에 머물면서 자잘한 언설만을 일삼고 있는 상황이었다. 때문에 그것이 하나의 통치 철학으로 정립되기에는 시기상조였다. 그러다가 즉위 7년째인 원광元光 원년(기원전 134)[2]에 『공양

---

1) 『漢書』, 「武帝紀」, 44쪽 아래a. 당시 衛綰은 申不害, 商鞅, 韓非, 蘇秦, 張儀의 학술을 연구하는 것은 국정을 혼란시킨다는 이유를 들어 내몰 것을 주청했다.
2) 동중서가 「天人三策」을 올린 정확한 시기에 대해서는 몇 가지 이설이 있다. 자세한 것은 章權才,

전公羊傳』학자 동중서의 「천인삼책」을 받고서야 무제는 비로소 자신의 목적에 부합되는 이념을 얻음으로써 유학만을 높이 떠받들고 백가를 몰아내는 전환을 시도한다.

고조 이래 혜·문·경제의 4대의 휴양생식을 거치는 동안, 경제적으로 소금과 철의 국가 전매를 통해 많은 재물을 축적하고 정치적으로도 오초吳楚 7국의 난을 평정하고 지방 호족 세력의 발호를 제거하여 중앙 권력의 강화를 이룩한 한 제국은, 무제의 등장으로 말미암아 모든 방면에서 대일통을 도모하게 된다. 비록 그런 과정을 통하여 경제적으로나 정치적으로 중앙 집권의 통치 구도를 확립하기는 하였지만, 무제가 집정한 초기는 이 모두를 사상적으로 엮을 수 있는 정치적 이념은 아직 마련하지 못한 상태였다. 수많은 학자들의 주장도 무제 자신이 꿈꾸는 사상적 대일통이라는 욕구를 충족시키지는 못하였다. 그들의 주장은 고작해야 유학 경전에 대한 훈고에만 그쳤을 뿐, 그 경전의 미언대의를 드러내어 천하를 다스려 나갈 큰 도리를 제시하는 데에는 미흡했기 때문이다. 그러나 동중서의 「천인삼책」은 이와 달랐다. 확실한 논리의 전개와 대일통 제국의 질서를 유지하기 위한 기본 장치를 갖추었기 때문에 무제의 관심에 정확히 부합하는 대책이었다.

동중서의 「천인삼책」은 제목 그대로 세 번에 걸쳐 진행된다. 첫 번째는 무제가 '수명개제受命改制'(하늘에서 명을 받아 왕위에 올라 예악을 새롭게 고치는 일)를 통한 신왕新王의 등장이 지닌 천명天命적인 근거를 물은 것에 대한 대답이다. 두 번째는 제왕의 무위지치無爲之治적 이상과 구체적인 덕교德敎와 형벌의 시행은 어떤 관계가 있는가 하는 것에 대한 대답이다. 세 번째는 과연 동중서의 말대로 실행했을 때 얻게 되는 결과에 관한 확인성 질문에 대한 대답이다. 동중서의 대책은 그의 춘추 공양학에 근간을 둔 '천인상감天人相感'의 철학이 골간이 된다. 하지만 그것은 직접적으로 무제가 치국의 큰 도리와 지극한 이론

『兩漢經學史』, 77쪽을 참조할 것.

을 물은 것에 대한 대답이기 때문에 지리한 철학적 논의는 배제하고 있다. 학자들은 일반적으로『춘추번로春秋繁露』가 각론이라면「천인삼책」은 총론이자『춘추번로』의 요지라고 평가한다. 반고班固가『한서漢書』의「동중서전」을「천인삼책」하나로 충당한 이유도 바로 이런 데 있다 하겠다.

3. 제국적 힘의 논리와 유가적 가치의 결합

앞에서도 언급하였듯이, 무제는 어느 학설의 자잘한 내용을 알기 위해 현량들의 대책을 물은 것은 아니었다. 그는 '대도의 요체'와 '지론의 극치'를 알고자 한 것이다. 이 양자는 곧 사상적 대일통을 도모하기 위한 요체이기 때문에 거기에 대한 대답은 국부적인 특수 이론이어서는 안 되고 전체적이며 통합적인 보편 이론이어야 했다. 이러한 의도를 꿰뚫은 동중서는 공양학을 바탕으로 하면서 음양가·도가·법가 등의 여러 사상을 흡수·종합하여 유가의 인의仁義를 구현하고자 하는 보편 철학 곧 천天의 철학을 제시하였다.

무제의 첫 번째 책문策問은 우선 하夏·은殷·주周 3대가 받은 천명의 징표나 재이災異와 같은 변괴가 일어나는 까닭을 물음으로써 황권皇權의 천수성天授性을 분명히 하고자 하는 관심을 보여 주는데, 인간 성품의 선악과 수명의 길고 짧음의 관계에는 어떠한 이치가 작용하는가 하는 인간 본질에 대한 철학적 물음, 그리고 백성을 화평하게 하여 천지의 기운을 조화롭게 할 수 있는 정치는 어떤 것인가 하는 통치 이념에 대한 물음으로 구성되어 있다. 곧 대도와 지론은 이런 문제에 대해 충분한 해답을 제시해 줄 수 있을 것이라는 것이 무제가 처음부터 가졌던 기대였던 것이다. 두 번째와 세 번째 질문은 첫 번째에서 제기된 문제를 반복하는 내용으로 되어 있다. 그러면 무제의 이와 같은 질문에 대한 대답으로서, 동중서의 대책이 제시하고 있는 주요한 내용을 정치의 근본 이념과 실행 원칙 그리고 실천 방법 등으로 나누어 살펴보기로 하자.

1. 인의의 도 ― 정치의 근본 이념

무제의 책문에 대해 동중서는 '천인상여天人相與', 곧 자연과 인간의 상감相感 관계를 바탕으로 논의를 전개한다.

하늘과 인간의 관계는 서로 긴밀한 유대를 갖는다. 인간세의 득실은 그대로 하늘의 뜻(天意)에 의해 평가되며, 하늘의 마음(天心)은 인애仁愛를 근본으로 한다. 그러므로 하늘은 인간으로 하여금 자신의 잘못을 우선 자각하게 하여 개선할 수 있도록 재이를 내보이고, 그것이 성공하지 못하였을 경우 좀더 강화된 괴이를 일으켜 경계심을 북돋운다. 그런데도 마지막까지 고칠 줄 모르고 패악을 저지르면 나라를 멸망케 하는 사태가 닥치게 되어 통치자는 나라를 잃고 백성은 살 터를 잃게 된다. 결국 하늘은 끝까지 인간을 보살피고자 하므로 인간은 그 속에서 자신의 노력을 드러내 보여야 한다는 것이다.[3]

하늘이 인간 행위의 잘잘못을 견제하고 있다는 주장에서 출발하여 동중서는 패란을 없애고 치평으로 가는 길을 제시한다. 동중서는 '도'를 통해서 그것이 가능하다고 본다. 올바른 통치에 힘쓰기 위해서는 기본 원칙이 있어야 하는데, 동중서에게 있어 그 기본 원칙이 바로 도이다. 그리고 그 도의 실천에 필요한 구체적 도구가 유학의 인의예악仁義禮樂이다. 무제가 얻고자 하는 바도 바로 이 도에 있다고 할 수 있다. 이미 그가 대도와 지론의 요체와 극치를 원하였던 만큼 도는 단순한 일상적 차원에서 논의될 수 있는 성질의 것은 아니다.

동중서의 철학에서 도는 물론 일차적으로 인간세의 치평을 가능하게 하는 길이긴 하지만, 그것은 결과적으로 삼광三光(해·달·별)의 빛을 온전히 하고 추위와 더위를 화평하게 함으로써 하늘의 복을 받고 귀신의 신령스러움을 맛보게 되는 길이기도 하다. 인간과 하늘은 도를 매개로 연결되어 있으며, 그 도의 실현과 방기에 따라 인간은 하늘이 내리는 화복 가운데 그 어느 하나를 받

---

3) 『漢書』, 「董仲舒傳·第一對策」, 666쪽 위a.

는 위치에 있다. 다시 말해 도는 하늘과 인간 사이를 교류시키고 감응케 하는 한편, 그 둘을 협화와 통일로 이끌어 유기적 정체의 균형과 지속을 가능하게 하는 매개체이자 그 법칙이기도 하다.[4] 이런 까닭에 동중서는 "그 도를 바로 하고 그 이익을 도모하지 않으며, 그 이치를 따라 행해 나가고 그 공적에 급급해 하지 않을" 것을 요구한다.[5] 우리는 이로부터 도와 이치는 동중서에게서 이익이나 공적과는 차원을 달리하는 성격의 것임을 알 수 있다. 도와 이치는 정체적이고 통합적인 차원의 것인 반면, 이익과 공적은 세부적이고 개별적인 차원의 것이다.[6]

이런 점에서 도의 도구는 '인의예악'이라고 동중서는 못박는다. 여기에서 '인의'를 도의 정신이라 한다면 '예악'은 실현 방편이라고 할 수 있다. 인의는 천지天志 그 자체이기도 하다. 그렇다면 인의를 동중서는 어떻게 규정하는가?

동중서가 『춘추』를 통해 밝히고자 하는 인의의 법도는 공자나 맹자의 그것과 기본적으로 다르지 않다. 공자는 인仁을 가족 공동체를 통해 확인되는 친친親親의 순수 정감으로 파악하고 그것을 그대로 타인에게까지 확산할 것을 요구하였고, 맹자는 사람의 사람됨을 인에서 찾고 그 실천 방법으로서 의義를 제시하였다. 이렇게 본다면, 공자의 경우 인이 개인적 차원을 아직 벗어나지 못한 점이 있으나 맹자에 오면 의와 함께 이미 인간 윤리의 절대 명령으로 설정된다고 할 수 있다. 그런데 동중서의 인의는 공맹의 의미를 포함하는 한편 한 걸음 더 나아가 통치자를 직접적으로 겨냥한 통치의 근본 강령으로 등장한다. 이 점

---

4) 李澤厚, 『中國古代思想史論』, 151쪽.
5) 『漢書』, 「董仲舒傳」에는 "夫仁人者, 正其誼, 不謀其利; 明其道, 不計其功"(672쪽 아래a)라고 한 데 비해, 『春秋繁露』의 「大膠西王越大夫不得爲仁」에서는 "仁人者, 正其道, 不謀其利; 修其理, 不急其功"(賴炎元, 『春秋繁露今注今譯』, 243쪽. 앞으로 『春秋繁露』의 인용은 이 책에 의거한다)이라고 하고 있다. 『春秋繁露』의 글이 『한서』의 그것보다 동중서가 大道至論을 지향한 점을 드러내는데 훨씬 적절하다. 이 점은 이미 李澤厚가 지적을 한 바 있다.(李澤厚, 『中國古代思想史論』, 151쪽.)
6) 이런 통일적 차원의 道와 理를 수립하기 위한 노력은 이미 『呂氏春秋』에서부터 시작되고 있고, 이어서 한 초에 『淮南子』에서도 나타난다. 그러나 이것이 실질적으로 통치 이념으로 자리잡은 것은 동중서가 제시하는 仁義를 내용으로 하는 道 개념에서부터이다.

은 그가 인을 천지天志 또는 천의天意로 규정하고 있는 데에서도 충분히 확인된다.[7] 따라서 자신의 행위 준칙을 하늘로부터 이끌어 내고자 하는 통치자에게는 인이 의보다 더욱 절대적인 중요성을 지니게 된다.

인의 아름다움은 하늘에 있다. 하늘은 인이다. 하늘은 만물을 덮어 주고 길러 주는데, 변화를 일으켜 낳아 주고 다시 길러서 성취시킨다. 그것이 하는 일은 그침이 없어서 다하면 다시 시작된다. 그리고 자신이 한 모든 일을 가져다가 사람을 받들어 준다. (이런 점에서) 하늘의 뜻을 살펴보면 그것은 다함이 없는 인이다. (그러므로) 하늘에서 명을 받은 사람은 하늘에서 인을 본받아 그 인을 실행한다.[8]

동중서가 '천의' 또는 '천지'를 인으로 규정하는 흔적은 『춘추번로』 곳곳에서 보이는데, 여기서 인용한 내용은 그 나머지를 대표한다. 하늘의 뜻은 끝없이 만물을 낳고 길러 주며 마치면 다시 시작하는 다함없는 사랑이기에, 하늘의 명을 받아 새롭게 왕이 된 사람은 하늘의 그러한 인의仁意를 반드시 본받아 사랑을 베풀어야 한다는 주장은 바로 동중서가 「천인삼책」을 무제에게 올린 근본 동기와 부합한다. 이를 통하여 우리는 동중서가 정치의 근본 이념으로 제시한 인의의 도는 다른 것이 아니라 바로 천명을 받아 새롭게 왕이 된 사람이 반드시 따라 실천해야 하는 '천지' 또는 '천의'의 다른 표현에 불과하다는 것을 쉽게 알 수 있다. 이렇듯 동중서는 유가의 순수 정감적인 도덕심을 천의에 그대로 연결 짓고, 이것을 다시 자신이 천명을 받았다고 주장하며 개제改制를 통한 혁신을 꾀하는 신왕들에게 반드시 이행해야 하는 소명으로 덧씌워 놓는 방식을 통하여 치세의 화평을 그 나름대로 희구하고자 하였다.

한편 화복은 군주의 노력 여하에 따라 결정됨을 강조한 동중서는 군주가 자신이 행하는 노력의 당위성을 확인받을 수 있는 '부명符命'이란 장치와, 반대로

---

7) 『春秋繁露』, 「仁義法」, 224~225쪽.
8) 같은 책, 「王道通三」, 295쪽.

당위적인 노력을 기울이지 않는 군주를 견제하는 '재이災異'라는 장치를 설정하여 자신의 그러한 생각을 보강한다. '부명'은 황권의 천수성을 확보하는 수단이고 '재이'는 황권의 횡포를 막는 견제책이다. 이 가운데 '부명'은 모든 사람들이 어느 특정인의 덕에 감화되어 한마음으로 귀속해 오면 하늘은 그에 감응하여 상서로운 징험을 내보여 제왕에게 덕이 갖추어져 있음을 알리고 신왕으로의 등극을 종용한다는 논리를 핵으로 한다.

무제도 한 초의 오덕전이五德轉移에 따라 천명을 받아 등극한 신왕이라는 분위기 속에 있었음은 물론이다. 그러나 동중서가 강조하는 것은 오덕전이에 따른 그런 식의 왕조 교체가 아니라 '경덕보민敬德保民'의 결과로 얻어지는 수명이었다.[9]

자연과 인간이 '상감相感'이라는 방식으로 서로 영향을 주고받는 데에는 어떠한 형식이 있게 마련이다. 특히 통치 차원에서 군주는 정권의 천수성을 주장하므로 자신의 통치 행위에 대해 하늘로부터의 어떤 향응을 요청한다. '부명'이 새로운 왕의 출현에 맞추어 나타나는 것이라면, '재이'는 정치상의 패란이 발생할 때마다 그것을 바로잡기 위해 하늘이 내리는 경고이다. 그러므로 동중서가 볼 때, 자연에서 발생하는 변괴는 물리적인 현상이 아니라 군주의 정치적 실책을 경고하여 올바른 정치로 나가도록 도와 주는 하늘이 지닌 인仁의 표현이다.[10]

이상과 같이 동중서는 인의의 도를 천의 또는 천지와 결합시킴으로써 새로 등장한 한 제국의 개제의 근본 이념을 제시하고, 그와 아울러 군주의 나태함이나 폭거를 제재하기 위해 재이라는 장치를 마련해 놓았다. 이런 구도 아래 그는 구체적인 정치 행위의 기본 원칙을 제시하게 되는데, 그것은 '원元'과 '정正'의 두 범주 속에서 논해진다.

---

9) 그렇다고 동중서가 역사의 순환성을 부정한 것은 아니다. 그 또한 이른바 '一質一文'의 역사 법칙에 따른 왕조의 교체를 강조한다. 『春秋繁露』의 「三代改制質文」은 이것을 집중적으로 논하고 있다.
10) 『春秋繁露』, 「必仁且智」, 236쪽.

2. 왕도 — 정치 행위의 기본 원칙

동중서가 「천인삼책」을 통해 말하고자 하는 것은 "위로 하늘이 하는 바를 받들어 이어서 아래로 자신이 하는 바를 올바르게 하는 것이 왕도의 근본을 바로 잡는 일이다"[11]라는 것이다. 그는 왕도의 근본을 '정正'에서 찾고, 그 정은 바로 '왕王'이 자연의 '춘春'을 본받아 이루어진 것이라고 본다. 이러한 구조는 '유감類感'을 통한 자연과 인간의 합일 바로 '배천配天'을 위한 것이다.

자연의 변화는 단순한 무질서의 연속이 아니라 엄정한 법칙의 순환이다. 그리고 그 순환 법칙 가운데에는 변화를 가능하게 하는 원리와 인간의 고정 불변한 위계성이 자리한다고 동중서는 인식했다.[12] 그런데 그런 위계성과 법칙성을 과거의 성현들이 경전에 밝혀 놓았으므로 경전의 미언을 깊이 관찰하여 그 대의를 올바로 파악해 내는 것이 후세인의 할 일이라는 것이다.[13] 그 대표적인 것이 『춘추』로서, 이것은 공자가 천명에 부응하여 등극한 신왕의 개제를 위한 산물이다. 하지만 『춘추』가 춘추 시대 243년 간의 기록의 포폄을 통해 후왕들이 지켜야 할 법도를 수립한 것이라고는 하나 그 미언대의를 간파해 내는 일이 쉬운 것이 아니다. 이 때문에 동중서는 『공양전』을 통해 공자의 뜻을 알고자 했고, 그 대체가 바로 『춘추』 첫머리의 "춘왕정월春王正月"이라는 한 마디에 담겨져 있다고 생각하였다. 즉 『춘추』의 서법은 단순한 것이 아니기 때문에 "맨 처음에 춘春자를 놓고 다음에 왕王자를 놓으며 끝에 정正자를 둔 것은 왕이 된 자가 위로는 천시天施를 받들고 아래로는 인류를 바르게 하여야 함"[14]을

---

11) 『漢書』, 「董仲舒傳・第一對策」, 666쪽 아래b〜667쪽 위a.
12) 동중서는 이런 위계성을 陰陽・五行・四時의 체계로 파악하는데 현본 『春秋繁露』 가운데 과반 수 이상의 편이 이 부분에 할애하고 있다.
13) 『春秋繁露』의 「深察名號」에서는 경전의 문자(名)는 실제(實)를 그대로 반영하므로 경전은 성인 이 사물의 이치를 드러낸 실상의 세계라고 강조한다. 특히 『春秋』는 사물의 이치를 변별하여 그 개념을 바로잡고자 꾀했기 때문에 사물을 개념 짓는 데에 있어 그 무엇보다도 진실에 부합되도 록 하였다고 하면서, 그 실례를 들어 증명하기도 한다.
14) 『春秋繁露』, 「竹林」, 46쪽.

드러낸 것이라는 주장이다.

『공양전』의 '대일통'관을 바탕에 깔면서 한 걸음 더 나아가 동중서는 '왕정월'을 바로 수명한 신왕이 정삭을 개정하여 얻은 정월로 이해한다. 이미 경문에서 글자의 배열을 의도적으로 안배한 만큼, 수명한 신왕이 위로는 천시를 받들어 아래로 천하를 다스림에 있어서 천시의 봄, 곧 하늘이 생명의 탄생을 베푸는 사시의 시작에 상응하는 군주의 시원적 조치가 필요하다는 논리이다. 정삭을 고치는 것이 바로 그 행위이다. 그리고 복색을 바꾸며 그에 맞게 예제와 음악을 새로 만들어 천하를 하나의 통치 질서 속으로 한데 묶음으로써 단순한 전 왕조의 계승이 아니라 천명을 받들어 대업을 성취했음을 천명한다는 것이다.

그러면 '정'의 의미를 통해 군주의 행위 준칙은 알았다면, 그 행위의 정당성은 어디에서 찾아지는가? 동중서는 이것을 '왕정월'의 바로 앞 구절인 '원년춘元年春'에서 찾는다. 그는 이 점에 대하여 다음과 같이 말한다.

> 신이 삼가 『춘추』에서 '일一'을 '원元'으로 말한 의미를 살피건대, '일'이란 만물이 그로부터 시작하는 바이고 '원'이란 『주역』에서 말하는 '대大'입니다. '일'을 일컬어 '원'이라고 한 것은 시원을 중요하게 여김(大始)을 보임으로써 근본을 바로잡고자 하기 때문입니다.[15]

천지 만물을 하나의 통일적인 원리로 파악할 수 있다면 그 원리는 곧 모든 것의 근본인 동시에 시원始原이기도 하다. 동중서는 천도와 인사의 계통적 질서를 찾고자 노력했기 때문에 그 통일적 원리의 존재성을 신봉해 마지않았다. 그러므로 『춘추』에서 '일'을 '원'으로 바꾸어 말한 것은 그런 시원의 의미를 중시하는 성현의 은미한 뜻이 담겨 있다는 것이다. '원元'은 '근원'(原)의 의미로, 천지의 변화종시를 바탕으로 전개되는 원리이다. '원'이 있기에 천지가 변

---

15) 『漢書』, 「董仲舒傳・第一對策」, 667쪽 위ab.

화하고 만물은 그 천지 속에서 생장수장한다. 그러므로 '원'은 곧 인간을 포함한 만물의 근본이다. 이것은 바로 위로 천도를 받들고 아래로 만물을 화평하게 하고자 하는 대업을 꾀하는 신왕에게는 천도와 인사의 시원을 우선적으로 통찰하고 그에 바탕해 제도 개혁을 단행해야 함을 제시해 주는 것이라고 동중서는 파악했다.

3. 무위 ─ 정치 실행의 실제 방법

마지막으로 동중서는 이상과 같은 정치의 근본 이념과 기본 원칙을 실천해 나가는 방법으로 '무위無爲'를 주장한다. 무위는 본래 도가적인 개념이다. 이것이 황로학적 변용을 거쳐 한 초에 이르면 유학의 인의 사상을 가지고 천하를 통치하는 것이라는 새로운 해석이 등장하는데,[16] 동중서는 무위에 대한 그와 같은 해석을 계승한다. 동중서에 있어서도 역시 무위는 인의를 통한 유가적 유위를 실천하기 위한 하나의 '통치술'로 자리매김이 되는 것이다.

> 군주 된 자는 무위無爲로써 도道를 삼고 무사無私로써 보배를 삼으니, 무위의 자리에 서서 완벽하게 관료들의 힘을 이용한다. 발이 스스로 움직이지 않아도 상자相者(예를 행하는 것을 도와 주는 사람)가 이끌어서 나가도록 해주고, 입으로 스스로 말하지 않아도 빈자儐者(손님을 대접하는 사람)가 대답을 도와 주며, 마음이 스스로 염려하지 않아도 뭇 신하가 맡은 책임을 다한다. 그러므로 군주가 몸소 일을 하는 것을 보지 못해도 공업이 완성된다.[17]

군주는 모름지기 신하들에게 적절한 명분을 제공하는 일만을 수행하여 그들이 자연스럽게 온 힘을 다해 각자의 직분을 충실히 이행하게 하여야 한다. 그

---

16) 『新語』, 「無爲」, 6~7쪽.
17) 『春秋繁露』, 「離合根」, 154쪽.

러면 신하들은 서로 공적을 다투게 되고, 군주는 그에 따른 명성을 자연스럽게 얻게 된다. 이렇게 되면 "공적은 신하에서 나오고 명성은 군주에게로 돌아가는"[18] 결과가 이루어진다. 그러나 인의 실천을 목적으로 하는 무위는 군주의 사사로움이 없어야 한다(無私)는 점이 전제되어야 한다. 무위를 통해 인의의 대도를 펼친 군주가 곧 인성仁聖이라는 동중서의 말[19]은 이런 맥락에서 나온 것이다.

이렇게 본다면, 동중서가 강조한 것은 결국 도道와 리理의 실현을 목적으로 하는 무위이지 이익과 공적을 탐하는 유위는 아님을 알 수 있다. 역대의 여러 성인은 그 추구하는 목적이 같았으므로 목적에는 변화가 없었다. 다만 그것을 추구해 들어가는 방법상에서 약간의 덜고 보탬만이 있었을 뿐이다. 다시 말해 유위의 방식이 시대 여건에 따라 조금씩 변화를 겪었을 따름이라는 것이다. 결론적으로 동중서는 성왕들이 추구한 목적은 영원 불변의 것, 곧 인의의 대도이며 그것은 바로 천인天人이 서로 함께할 수 있는 연결고리가 됨을 말한다.[20]

결국 이상의 내용을 종합하면, 동중서의 사상은 대일통적 질서의 유지라는 현실적 요구와 그런 제국적 힘을 등에 업고 백가쟁명의 종착역에서 최종적으로 독점적 지위를 확보하고자 한 유가의 관심이 절묘하게 결합된 산물이라고 할 수 있다. 한대를 관통한 경학은 바로 이와 같은 결합이 탄생시킨 일종의 관방 철학이다. 어떻게 보면, 동중서 이후 경학이 드러내는 빛과 그림자는 이와 같은 경학의 태생적 한계가 필연적으로 초래한 결과에 지나지 않는다.

---

18) 같은 책, 「保位權」, 165쪽.
19) 같은 책, 「對膠西王越大夫不得爲仁」, 243쪽.
20) "道의 큰 근원은 하늘에서 나오는데, 하늘이 변하지 않으므로 道 또한 변하지 않는다"(道之大原, 出於天, 天不變, 道亦不變: 『漢書』, 「董仲舒傳·第三對策」, 671 위a)는 동중서의 유명한 말 속에 그의 이런 생각이 축약적으로 담겨 있다.

4. 경학 국헌화로 가는 길

1. 석거각 회의 ― 유가 이념의 통속화

앞에서 동중서의 「천인삼책」을 통해 '경학'의 이름으로 경전의 미언대의를 천발하여 얻은 이른바 '의리義理', 곧 유가 이념을 현실 정치에 접맥시키고자 하는 노력의 일면을 살펴보았다. 대개 이상은 이상으로 남아 있고 현실은 항상 이상과는 거리가 있다. 그러나 현실을 주도해 나갈 수 있는 지배 이념을 찾는 노력이 끊어져서는 안 된다. 그 노력은 바로 경학이 훈고학에서 벗어나 의리학으로 발전해 나가는 과정이며 거기에서 새로운 창조가 가능하기 때문이다. 동중서가 그 의리학의 시단을 열어놓자 경학은 시대와 함께 부침하면서 다양한 변화를 겪는다. 비록 그것이 현실에 너무 가까이 접근해 가는 바람에 이상을 향해 높이 날아오르는 본연의 모습을 잃기는 했지만, 그것은 불가피한 추세였다. 이제 경학이 변질되어 가면서 하나의 도그마로 자리잡아 간 길을 따라가 보기로 한다.[21]

선제宣帝(기원전 91~49) 감로甘露 3년(기원전 51)의 석거각石渠閣 회의는 왕권이 경학 발전에 크게 관여하기 시작하는 계기가 된다. 동중서는 무제에게 유가의 인의를 통치 이념으로 삼아서 덕교에 힘쓰고 형벌을 적게 할 것을 건의하면서, 전제 군주의 전횡을 막기 위한 하늘의 견책(天譴)과 재이災異라는 견제 장치를 마련해 두었다. 그렇지만 전제 군주로서는 학문을 항상 자기의 통치 목적에 적합하도록 강요하게 마련이다. 그러나 이러한 강요에 순순히 굴복하지 않고 저항하는 세력이 있었으니, 소제昭帝(기원전 94~74) 때의 휴홍眭弘(생몰년 미상)과 선제 때의 하후승夏侯勝(생몰년 미상)을 들 수 있다. 공양학자 휴홍은 동중서의 재이관災異觀에 근거하여 개조환대改朝換代와 정권선양政權禪讓을 요

---

21) 經學 論爭에 관한 기술은 章權才의 『兩漢經學史』, 61~99쪽과 任繼愈가 주편한 『中國哲學發展史(秦漢)』, 456~474쪽을 참고하여 정리했음을 밝혀둔다.

구하였고[22], 상서학자尚書學者 하후승은 선제가 무제의 덕을 기려 묘악廟樂의 제정을 요구하자, 무제가 영토를 확장한 공은 있으되 전쟁을 일으켜 많은 인명을 살상했고 무도한 사치로 천하 재물의 피폐 등을 불러일으켰지 백성들에게 베푼 은택이 없음을 들어 그 일을 반대하였다.[23] 이들은 집권자의 눈에는 "시의를 제대로 알지 못하고 옛것을 긍정하고 지금을 부정하기를 좋아하는" 무리로 치죄되어 죽임을 당하거나 옥에 갇히게 된다. 이와 같은 사례로부터 우리는 무제로부터 선제까지의 90여 년간에 유가로써 백가를 대체하고자 하는 목적은 달성되었으나 통치자의 의도에 맞는 경학을 통한 완전한 사상의 통일은 원활히 이루어지지 않았음을 알 수 있다. 또한 경학 내에 본래 내재된 학문상의 분화 가능성은 파당의 형성과 배척을 불러왔으므로 오경의 대의를 관통하는 하나의 통일적 경학을 마련하여 통치의 원활한 수행을 기해보려는 의도는 여전히 어려움에 봉착하고 있었다.[24]

선제에 의한 석거각 회의의 소집은 경학의 그런 부정적인 면을 일소하고 각 문호의 대립적 시각을 통일시켜 자신의 통치 목적에 기여하도록 하기 위한 것이었다. 일차적으로 감로 원년(기원전 53년)에 『공양전』과 『곡량전』의 '같고 다름'을 논의하도록 하기 위해 각 파의 대표를 5인씩 참여시켜 30여 개의 문제에 대해 변론하게 하였다. 처음에는 공양학자들이 전통적인 우세를 유지하여 『곡량전』을 폄하했지만, 오경五經의 전문가 소망지蕭望之(기원전 ?~ 47) 등의 지지와 선제의 『곡량전』에 대한 편호偏好로 인하여 마침내 『곡량전』은 『공양전』과 나란히 하게 되었다. 그 후 2년이 지난 뒤에 선제는 석거각에 여러 학자

---

22) 『漢書』, 841쪽 아래a.
23) 같은 책, 842쪽 위a.
24) 무제에서 昭 · 宣帝에 이르기까지는 世族과 豪族 세력이 그 이전의 타격에서 벗어나 차츰 발전하던 시기이다. 이들은 봉건 사회에서 전제 군주에 대한 강력한 방해 세력이 되었으므로 자연히 고조 이래 억제책이 강구되었지만, 지방 경제의 활성을 통한 자체 세력의 구축과 족척간의 비호로 말미암아 그 세력은 날로 확대되었다. 소 · 선제 시기에는 외척 집단이 계속 팽창하였고 또한 경학의 위상이 높아짐에 따라 경학을 중심으로 하는 文人儒士가 새롭게 등장하여 각 파당을 중심으로 자신들의 이익을 위해 서로간에 파당을 만들어 배척하였다. 더구나 이들 유사 집단이 관료 집단과 결탁하게 됨으로써 통치자는 더더욱 大一統의 통치 수권에 어려움을 겪는 상황이었다.

들을 모아 오경의 같고 다름을 토의하고, 『공양전』과 『곡량전』의 동이를 강구하며, 오경으로써 그 옳고 그름을 판단하도록 하였다. 이 때는 선제가 직접 판결을 내리기도 하였는데 그 토론의 수준은 결코 높은 것이 아니었다.[25]

이 회의가 내세운 목적은 오경의 동이를 강론하고 『공양전』과 『곡량전』의 동이를 강론하여 시비를 가리려는 것이었다. 그러나 실제의 목적은 '다름'을 지양하여 '같음'으로 합일시키고 여러 가지 경전 가운데에서 통치자의 통치에 합리적 근거를 제공할 수 있는 사상 원칙을 찾아냄으로써 모든 학자들이 그에 순응하도록 하기 위한 것이었다. 또한 여기에는 통치자가 선호하는 경전의 근거를 확보하여 그것을 높이려는 목적도 개재되어 있었다. 따라서 석거각 회의는 통치자의 의도가 크게 반영된 모임이었다. 천자의 권위를 빌려 통일적인 결론을 이끌어 냈다는 사실이 그것을 분명히 보여 준다. 이 석거각 회의 이후로 『양구하역梁丘賀易』과 대소하후大小夏侯의 『상서尚書』, 『곡량춘추穀梁春秋』의 박사가 학관에 세워지게 됨으로써 경학의 다변화를 가져와 모두 14가家의 학설이 나타나게 되었다.

2. 왕망과 유흠의 경고문학 — 유가 이념의 참위화

애哀·평제平帝 연간은 서한 통치상의 위기의 시대였는데, 이 때 사상계에는 참위학讖緯學과 고문古文 경학이란 두 조류가 새로운 세력으로 등장한다. 이 둘은 모두 왕망王莽과 유흠劉歆이란 야심적 정치 개혁가와 고문 경학자에 의해 크게 발전하면서 경학 발전의 새로운 단계를 형성한다.

참위의 성격에 대해서는 여러 가지 학설이 있으나, 이것은 대체로 '참讖'과

---

25) 석거각의 논의에 대한 자세한 기록은 오늘날 제대로 남아 있지 않은데, 馬國翰이 집일한 『石渠禮論』을 통해 당시의 일면을 알 수 있다. 물론 이것이 禮儀 방면에 관한 논의이기는 했지만, 예론의 본질과는 거리가 먼 지엽적인 예의 형식에 관한 것이고 그 토론의 수준 또한 논리적인 분석이나 충분한 설득력을 갖지 못한 것이었다. 더구나 선제의 판결은 정치적인 목적에 의한 수용과 거부에 불과했다.

'위緯'라는 두 성분으로 구성된다. '참'은 "거짓으로 은어隱語를 만들어 길흉吉凶을 미리 결단하는" 무고성誣告性이 강한 부류로서, 본래 유가 경전의 의의와는 성격을 달리 하는 것이다. '위緯'는 글자 그대로 경經에 맞서는 것이며 경전의 의의를 신비화시켜 보는 부류이다. 자신들의 견강부회적 해석을 대개 공자에 가탁하고 있음을 볼 때, 이들은 유가 경전이 추숭되고 공자의 지위가 격상된 이후에야 비로소 나타난 듯하다. 일반적으로 동중서가 『공양전』을 해석하면서 여러 가지 재이와 상서부명을 거론한 것을 위서 형성의 기점으로 보고 있다. 그러나 참과 위가 엄연히 구별되지 않고 서로가 혼합돼 있어 뚜렷한 구분이 어려운 것이 사실이다. 어쨌든 참위는 인간이 사회적 위기에 봉착했을 때 새로운 인물의 등장과 새로운 질서의 개제를 요구하는 데에서 발전하게 된다. 기존의 경전은 여러 가지 제한이 많으나 참위는 어떠한 구속도 받지 않고 자신이 원하는 이론을 만들어 전개할 수 있기 때문이다.

섭정 시기 중에 참위를 이용해 자신이 군주의 자리에 등극할 필연성을 역설한 왕망은, 정식으로 왕위에 오른 그 해(始建國 원년; 기원후 9)에 가탁된 『부명符命』 42편을 천하에 반포한다. 이것은 뒤에 광무제가 '적복부赤伏符'에 의해 등극을 합리화하고 이어 즉위 후에는 도참圖讖을 천하에 반포하는 선례가 되었다.

그런데 참위는 대개 재이와 부명에 치우쳐 있기 때문에 통치자의 새로운 등장에도 유용하지만, 기득권 세력에 대한 저항으로도 이용될 수 있다. 따라서 왕망이나 광무제의 참위 반포는 그런 불상사를 미리 예방하기 위한 조치였다.[26] 참위는 새로운 통치 이념을 제시해 주지는 못하는 한계가 있기 때문에 '수명이제'를 가탁하는 새로운 왕은 개제에 필요한 사상적 기반을 경전에서 찾을 수밖에 없다. 따라서 새로운 왕은 새로운 경전을 들고 나와 그 미언대의를 찬양하게 마련이다. 그런 필요성에 따라 왕망이 선택한 것이 바로 『주례周禮』였다.

---

26) 任繼愈가 주편한 『中國哲學發展史』 秦漢篇에 실려 있는 「緯書綜述」은 참위에 대한 간명한 논술로 탁월하다.

그것을 통해 그는 정치와 경제의 두 영역에서 복고개제復古改制를 단행한다. 그가 선택한 것은 금문경학今文經學이 아니라 새롭게 발굴한 고문경학古文經學이었으며, 그 이념을 현실 정치에 실천하고자 했다.[27] 비록 실패로 끝나기는 했지만 그러한 시도는 고문 경학의 위치를 금문 경학과 나란히 하게 만드는 계기가 되었다.

왕망과 마찬가지로 고문 경학의 발전에 큰 기여를 한 사람은 금문학자 유향劉向(기원전 77~?)의 아들 유흠劉歆이다. 유흠은 왕망의 정권 장악에 경전적 근거를 제시해 준 인물이다.[28] 그는 궁중의 비서를 교서校書하다가 일련의 고문 경전을 얻게 되었는데, 고문『춘추좌씨전』도 그 가운데 하나였다. 그는 훈고를 넘어서서 전문傳文(『좌전』)을 이끌어다가 경문經文(『춘추』)을 해석하고 양자를 서로 참고하여 '의리義理'를 발명해 냈다.[29] 그는 나중에 군주의 총애를 얻게 되자『좌씨춘추左氏春秋』·『모시毛詩』·『주례』·『고문상서古文尙書』등을 모두 학관에 설립하고자 하였으나, 여러 박사들은『고문상서』는 완전치 못하고『좌전』은『춘추』를 전석傳釋한 것이 아니라는 태도를 보이며 거부하였다. 이에 그는 태상박사太常博士에게 글을 보내 비판하는데, 여기서 그는 크게 네 가지 문제를 제기한다. 첫째, 오경은 공자가 특수한 정치 배경 아래에서 제왕의 도를 기술한 전적이며, 혼란을 다스려 올바름으로 되돌이키는 데에 목적이 있었다. 둘째, 한 무제가 유가를 독존하기 이전까지는 오경은 '글이 모자라고 내용이 빠져나간' 상태였다. 셋째, 한 초에 협서율挾書律을 해제한 이후에 민간에 숨겨져 있던 고문 경적들이 세상에 나오게 되었다. 넷째, 이전의 금문 경학은

---

27) 그렇다고 왕망이 금문 경학을 완전히 배제한 것은 아니다. 왕망은 자신에게 위해를 끼치지 않는 경우는 용납하고 그 반대의 경우는 철저히 배척하는 방식으로 적절히 금문 경학을 이용하였다.

28) 유흠은 왕망이 居攝践祚할 때(기원후 5년) 博老諸儒 78인과 함께『周禮』를 천착해 '因監'의 도리를 체득할 것을 주청하기도 했고, 왕망의 신분을 伊尹과 周公에 견주면서 섭정에 대한 여론을 불러일으키기도 했다. 이런 일 때문에 왕망은 황제에 오르자 유흠을 國師嘉信公에 봉하고 대권을 장악하는 四輔 가운데 한 사람으로 임명했다.

29) 『漢書』에 있는 "유흠이『左傳』을 연구함에 전문을 이끌어다가 경문을 해석하여 서로 돌려가면서 발명해 냈는데 이로써 章句와 義理가 갖춰졌다"고 한 기록을 근거로 많은 학자들은『左傳』은 유흠의 작품이라고 주장한다.

'문자나 분석하고 언사를 번쇄하게 만드는' 훈고에 머물렀기 때문에 어느 것 하나에라도 제대로 능통한 학자가 없어 현실적 대응 능력이 없다. 따라서 지금 의 학문 태도는 못난 무리나 할 일이지 사군자士君子에게서 기대할 바가 아니라고 비판한다. 결국 이 글은 금문 학파에 대한 일대 도전이 되었고, 금문과 고문이 길을 달리하게 되는 계기가 되었다.

유흠이 들고 나온 고문경 가운데 고문 학파의 기둥이 되는 것은 『좌전』과 『주례』이다. 훈고에 그쳤던 『좌전』을 그가 『춘추』와 교묘히 연결하고 '의리'를 발명해 냄으로써 『좌전』은 훈고의 대상에서 장구章句의 체제와 의리義理의 내용이 모두 갖춰진 학문으로 전환하게 된다. 『주례』의 원래 이름은 『주관周官』으로, 『사기史記』의 「봉선서封禪書」에 이미 그 이름이 보이므로 진 이전의 작품으로 볼 수 있다.[30] 이것은 관제와 직책 등을 전문적으로 기록한 저작으로 그 안에 들어 있는 전장 제도가 시의에 적절하지 못하였다. 그러다가 성成·애제哀帝 때에 이르러 유흠이 『주관』 6편을 경에 넣어 『주례』로 할 것을 주청함으로써, 단순히 명칭만 바뀐 것이 아니라 그 지위에도 일대 변화가 일어나게 된다. 왕망은 이것을 개제 시에 철저히 이용하였다.

3. 백호관 회의 — 유가 이념의 국헌화

지방 호족의 세력을 업고 등장한 광무제는 이른바 '광무중흥光武中興'을 꾀하면서 통치의 발판으로 왕망 시대의 3대 경학, 즉 금문 경학, 고문 경학, 참위학을 고르게 키우면서 적절히 이용하였다. 그것은 바로 왕망과 농민 기의에 의해 어지러워졌던 통치 사상을 다시 바로잡고 경학을 창도함으로써 정권의 신수화神授化를 도모하는 한편, 경학이라는 통일적 구심체를 공유함으로써 지주

---

30) 그러나 이런 단정도 책명의 일치에 근거한 것일 뿐 그 내용까지를 염두에 둔 것은 아니다. 『周官』의 성립 시기와 그 사상적 성격에 관한 연구로는 徐復觀의 『周官成立之時代及其思想性格』이 매우 탁월하다. 여기서 그는 『주관』은 왕망과 유흠의 僞撰이라는 입장을 취한다.

지식층과의 지속적인 유대를 확보해 통치권의 광범한 지지를 얻기 위한 것이었다.

동한의 경학 논쟁은 건무建武 초년(기원후 21년)에 처음 일어난다. 서한 애제 때 유흠이 불러일으킨 경금고문 논쟁은 궁극적으로 『좌전』이라는 저술의 학관 설립 문제로 귀결되는데, 건무 초년의 제2차 금고문 논쟁도 그 성격과 내용이 유사하다. 당시 상서령尙書令인 고문 경학가 한흠韓歆이 제기한 이 논쟁의 목적은 『비씨역費氏易』과 『좌씨춘추左氏春秋』에 박사를 세우기 위한 것이었다. 광무제가 이 논변을 주관해 나갔으며, 논쟁은 두 차례에 걸쳐 진행되었다. 첫 번째는 범승范升과 한흠, 허숙許淑 간의 논쟁이다. 여기서 범승은 『좌전』은 공자를 조술祖述한 것이 아니라 좌구명左丘明의 손에서 나온 것이고 사도의 전수 관계가 불확실하며 이전의 제왕들도 학관에 세운 적이 없다는 이유로 학관에 세우는 것이 부당함을 말하고, 아울러 『사기』와 일치하지 않는 『좌전』의 기록 45조를 들어 논하였다. 이에 대해 한흠과 허숙이 반발함으로써 그들간의 논쟁이 매우 격렬하게 전개되었다.[31] 그러나 광무제가 재결裁決을 보류하고 박사와 학자들에게 범승의 의견에 관해 토론하게 하자 진원陳元이 반박하고 나옴으로써 두 번째 논쟁이 일어난다. 진언은 우선 『좌전』의 성격에 대해 좌구명이 공자에게서 진견한 것이며 전문한 것이 아니었다는 유흠의 논리를 가지고 그 우월성을 주장한다. 이어서 이전의 제왕들이 학관에 세우지 않았던 것에 대해서는 인습과 아울러 창조가 필요한 것이 제왕의 도리라는 논리를 펌으로써 전환점을 찾아보려 했다. 또한 『좌전』의 오류라고 제기한 것은 한낱 몇몇 글자상의 오류일 뿐 대도大道에 손상을 주는 것은 아니라고 반박하고 나온다. 이러한 10여 차례의 논변 끝에 마침내 『좌전』은 학관에 세워지게 되었다. 그러나 『좌전』은 유신儒臣들의 논의가 끊이지 않고 담당 박사가 병으로 죽음으로 해서 이내 다시 폐립되고 만다.[32]

---

31) 『後漢書』, 330쪽 위ab.
32) 같은 책, 330~331쪽.

광무제 때에 일어난 경금 고문의 제2차 논쟁은 최고 통치자의 '겸이존지兼而存之' 정책에 의해 양자간의 평형을 유지하였고, 장제章帝 때에 이르면 다시 큰 경학 회의가 개최된다. 건초建初 4년(기원후 79년)에 수도 낙양洛陽의 백호관白虎觀에서 장제가 직접 학자들을 불러 새로운 통치 이념의 정립을 도모한 것이다. 이 때는 이미 경학이 130년간 발전해 성숙기에 접어들었으므로, 한달 여에 걸친 토론은 선제 때의 석거각 회의와는 달리 하나의 통일된 결론을 도출해 낼 수가 있었는데, 그 집결체가 곧 『백호통白虎通』이다.

백호관 회의 소집의 직접적 배경은 장제가 등극한 지 얼마 되지 않은 건초 원년에 발생한 가규賈逵(30~101)와 이육李育 간의 제3차 금고문 논쟁이었다 광무 때의 제2차 금고문 논쟁에서 진언은 범승의 반대에 대해 『좌전』이 '공자의 정도正道'를 밝히는 것임을 들어 반박하지는 못하였다. 그에 반해 가규는 『좌전』의 사상이 곧 '군부君父를 높이고 신자臣子를 낮추며 근본을 강화하고 지엽은 약화하며 권선징악하는 지극히 명절明切하고 직순直順한' 것이라고 주장했다. 또한 그는 『좌전』과 『공양전』은 열에 일곱 여덟이 같고 다른 것은 열에 둘셋에 불과하며 양자 모두가 '군신간의 정의正義와 부자간의 기강紀綱'을 밝힌다는 공통점이 있는데, 『좌전』은 군부君父의 확립에 깊은 반면, 『공양』은 권변權變에 많이 치우쳐 있다고 결론 짓는다.[33] 결국 범승이 공자의 정도를 결여하고 있다는 이유로 거부했던 『좌전』에 대해 가규는 오히려 『좌전』이 그것에 가장 충실한 경전임을 주장한 것이다.

백호관 회의에 많은 학자들이 참여하였다고는 하나 확인된 사람은 대략 13인이다. 이들 가운데 대부분은 금문 경학자였지만, 그 일부는 금문과 고문에 모두 통달한 인물이었다. 그들은 장제가 조칙에서 밝혔듯이 '다름'을 지양하고 '같음'을 찾으려고 했다. 이 회의 토론 결과는 반고班固(32~92)에 의해 『백호통』으로 정리된다. 『백호통』의 이론적 특징은 세 가지 측면에서 살필 수 있

---

33) 같은 책, 332쪽 위ab.

다.[34]

첫째, 『백호통』은 봉건 사회의 예교禮敎를 중심으로 하여 경학의 서로 다른 이론 체계를 하나로 융합하였다. 통치 사상을 중건하기 위하여 『백호통』에서는 관冠·혼昏·상喪·취娶·사射·향鄕·조朝·빙聘의 팔례八禮를 선택하여 여러 경전에서 이론적 근거를 찾으려고 했다. 여기서는 비단 14박사의 금문학만이 아니라 고문 경학을 비롯해 참위서들이 많이 인용된다. 특히 우리가 주목할 것은 동중서 이래 날로 지위가 높아가고 있는 『논어』와 『효경』이 대단히 많이 인용되고 있고, 그와 더불어 '공자왈孔子曰'로 인용되는 문구도 상당히 빈번하게 나타난다는 점이다. 이것은 여러모로 공자의 권위를 빌려오려는 의도가 개입된 결과이다. 『주례』의 인용이 빈번한 것 또한 백호관 회의의 목적이 무엇인지를 잘 보여 준다.

둘째, 『백호통』은 봉건 사회의 계층 구조를 조직하고 선양함으로써 세가호족世家豪族의 통치력을 강화시켰다. 예교의 강조점은 존비를 밝히고 상하를 구별하며 귀천을 등급 짓는 데에 있다. 따라서 예교에 대한 중시는 자연적으로 봉건 사회의 계층과 계급의 정당성을 확보해 주게 마련이다. 『백호통』에서는 공후公侯의 분봉分封과 그 특권, 종법 제도와 족권族權, 삼강육기三綱六紀[35] 등을 정립하고 강화한다. 특히 삼강육기의 수립과 강조는 『백호통』에 와서 그 신성성을 바탕으로 확고하게 정립되기에 이른다. 이미 동중서도 삼강의 기틀을 제시했지만,[36] 『백호통』과 같이 강화되어 나타나지는 않았다. 양존음비관陽尊陰卑觀을 철저히 적용한 『백호통』은 삼강에서 군주·부모·지아비는 높은 위치에 있고 신하·자식·지어미는 낮은 위치에 있음을 강조한다. 항상 전자가 후자의 기준이 되는 수직적 윤리 질서인 것이다.

셋째, 천인상감의 논리를 배경으로 기존 체제의 신성성과 영원성을 강조했

---

34) 章權才, 『兩漢經學史』, 216~224쪽.
35) 三綱은 君臣, 父子, 夫婦이고 六紀는 諸父, 兄弟, 族人, 諸舅, 師長, 朋友이다.
36) 『春秋繁露』의 「基義」, 「陽尊陰卑」, 「天辨在人」 등에 보인다.

다. 『백호통』은 교사郊祀·사직社稷·영대靈臺·명당明堂·봉선封禪 등 집권 계급이 자신들이 누리는 권력을 비호하고 강화하기 위해 행하는 제천祭天 행사에 관한 논의에서는 참위서를 많이 인용하고 있다. 그것은 참위서는 어떤 특수한 목적을 전제로 이루어지기 때문이다. 참위서는 경전에서 자신의 황당한 목적론을 합리화할 수 있는 근거를 찾을 수가 없을 때 오경과 그 산정자刪定者인 공자에 가탁하여 이루어진다. 때문에 의도가 불순한 만큼 그 이론도 지리하기 짝이 없다. 대개 상서부명과 견고재이의 천인상감론이 주요 이론이고 그 구체적 전개는 음양오행론을 바탕으로 한다.

건초 4년(79년)의 백호관 회의는 이상과 같은 특징을 갖는다. 이후 다시 원화元和 2년(85년)에 조포曹褒 등이 오경과 참위 등의 글을 바탕으로 천자에서 서인에 이르기까지의 관혼길흉종시冠婚吉凶終始의 제도를 등급 지어 놓은 150편의 『한례漢禮』를 지었다. 그러나 『한례』는 장포長酺와 장민張敏이 조포가 제멋대로 지어 성술聖術을 파괴하여 혼란하게 한 것이라고 반대하자 시행되지 못하였다.[37] 그러나 『백호통』과 『한례』는 장제가 '국헌'에 준하는 문물 제도를 만들고자 하는 의도에 부응해 이루어졌다는 점을 잊어서는 안 된다. 동중서에서 시작된 경학의 국헌화, 곧 유가 사상의 정치 이념화 작업은 위에서 살펴보았듯이 『백호관』에 이르러서야 그 목적을 달성한 것이다. 비록 유가가 지향하는 높은 이상 세계로 현실을 이끌고 날아오른 것이 아니라 권력의 요구에 휘말려 현실의 바닥으로 곤두박질하기는 했지만.

5. 경학의 뒤안길

진은 6국을 병합하여 천하 통일의 대업은 성취했지만, '대일통'의 세계로 이끌어 들일 수 있는 사상적 기반이 없었다. 진을 이어 천하를 거머쥔 한은 진의

---

37) 『後漢書』, 322쪽 아래 ab.

과오를 거울삼아 엄형을 지양하고 덕교를 숭상하려고 했다. 그러나 오랜 전란의 뒤라서 휴양생식이 필요했고, 그러다 보니 덕교를 위한 군주 자신의 노력은 자연히 게으를 수밖에 없었다. 현실을 지배하는 것은 무위의 휴양생식이 아니라 엄정한 법에 내맡기는 음흉한 지배술이었으며, 통치자 주위를 맴도는 족척族戚들의 권세였다. 결국 대일통 사업의 실질은 채워 주지 못하는 명분만이 있었을 뿐이고, 세습 호족의 등장은 형식적 대일통마저 위태롭게 하였다. 이 때 무제의 등장은 영토의 확장 통일만이 아니라 지배 이념의 통일을 가져오게 된다.

무제가 오경박사를 두고 현량을 천거하여 통치 이념을 유가에서 구하고자 한 것은 유학의 지위를 바꾸어 놓는 계기가 된다. 거기에 동중서 같은 경학자가 합세함으로써 유가 사상의 정치 이념화 작업이 더욱 활기를 띠게 된다. 동중서는 무위를 빙자한 권문 세족의 횡포를 일축하고 '유위'를 통한 대대적인 '개제'를 주장한다. 물론 유위의 근본 정신은 인의의 도의 실현에 있다. 그가 말하는 도는 이미 자연에서 인간이 천부적으로 부여받은 것이며, 이 도를 매개로 자연과 인간은 하나가 된다.

자연에서 최고 존재는 '천天'이고 인간 세계에서 최고의 존재는 군주이다. 때문에 군주는 천도天道·천의天意·천지天志 등으로 표현되는 자연의 뜻을 올바로 알아 그에 순응하는 정치를 펴나가야 되는 것이다 그렇지 않으면 하늘은 재이를 내보인다. 상승하치上承下治가 완전히 이루어질 때, 천을 중심으로 모든 존재가 하나의 정체整體 속에서 조화를 이루듯이 인간 세계도 군주를 정점으로 대일통의 체제를 유지하게 된다.

한 제국의 등장과 그에 따라 요청된 제국의 통치 논리를 제공하고 그것을 이론적으로 정당화시키는 이와 같은 일련의 작업에서 한대의 경학이 수행한 역할은 지금까지 살펴본 대로이다. 한대의 전시기를 거치면서 경학은 자신이 몸담은 시대의 현실적 수요에 끊임없이 응답하면서 다양한 모습으로 변신하였고, 최종적으로는 국헌의 지위에까지 오름으로써 더 이상 학문이기를 포기한 일종의 도그마로 변질된다.

경학의 이런 모습에 대해서는 다양한 평가가 가능하다. 우선 한대 경학사의 흐름 속에서 유학적 치세의 이념을 집권 군주에게 인식시키고 그것을 현실 정치로 나타나게 하려는 유학적 문제 의식을 꾸준히 유지하고 있었다는 사실에 대해서는 정당한 평가를 내려야 할 것이다. 이 점에 대해서 우리는 인색할 필요가 없다. 그러나 현실을 감시하고 비판함으로써 그 현실을 이상으로 한 걸음 더 다가가게 하는 것이 적어도 학문의 포기할 수 없는 자기 존재 이유 가운데 하나라면, 한대 경학의 최종적인 모습은 역시 부정적일 수밖에 없다. 특히 경학을 가능하게 했던 제국적 질서가 붕괴되는 한대 후반기로 가면서 경학은 강점이었던 현실적 적응력마저도 급격하게 쇠락하는 모습을 보인다. 그러므로 경학이 국헌화되는 과정과 병행하여 그런 경학적 세계관에 대한 반동의 움직임이 싹트고 그것이 한 말에 가서는 무시할 수 없는 사조로 자리잡게 되는 것은 이런 점에서 볼 때 필연적이다.

환담桓譚과 왕충王充을 비롯하여, 왕부王符, 순열荀悅, 중장통仲長通 등으로 이어지는 비판 사조가 그런 경향을 대변한다. 경학의 목적론적 세계관을 철저히 부정하는 이들의 작업은 세계와 인간에 대한 새로운 접근을 요청하는 시대적 요구이다. 비록 한 말에 마융馬融이나 정현鄭玄과 같은 이른바 '통유通儒'들에 의해 경학의 새로운 종합화가 시도되긴 하지만, 이들의 도전에 효과적으로 대응하기엔 경학적 사고는 이미 너무 굳어져 있었다. 그리고 한대 경학의 그런 무기력을 확인하고 나자 중국철학사는 위진 현학의 시대로 치닫는다. 🌀

陸　賈, 『新語』(『新編諸子集成』本, 臺北: 世界書局, 民國 67)

賴炎元, 『春秋繁露今注今譯』(臺北: 商務印書館, 民國 73)

戴　聖, 『石渠禮論』(馬國翰, 『玉函山房佚輯書』二, 臺北: 文海出版社, 民國 63)

班　固, 『漢書』(『正史全文標校讀本』本, 臺北: 鼎文書局, 民國 68)

范　曄, 『後漢書』(『正史全文標校讀本』本, 臺北: 鼎文書局, 民國 68)

徐復觀, 『周官成立之時代及其思想性格』(臺北: 臺灣學生書局, 民國 69)

李澤厚, 『中國古代思想史論』(北京: 人民出版社, 1986)

任繼愈 主編, 『中國哲學發展史』秦漢(北京: 人民出版社, 1985)

章權才, 『兩漢經學史』(廣東: 人民出版社, 1990)

顧頡剛, 「五德終始說下的政治和歷史」(『古史辨』第五冊 下編, 臺北: 明倫出版社, 1970 重印)

자연과 명교, 그 갈등과 조화의 변주곡

원정근

1. 자연 질서의 이상과 도덕 질서의 현실

이상과 현실은 어떤 관계를 지니고 있는 것일까? 우리 인간이 꿈꾸는 궁극적 이상은 무엇이고, 우리 인간이 몸담고 살아가는 현실은 어떤 모습을 지니고 있는가? 모든 사상이 그 시대의 현실 속에서 이상을 담고자 하는 염원을 지니고 있는 것이라면, 위진 현학도 예외일 수 있을까? 위진 현학의 시대 정신은 무엇일까? 위진 현학은 어떤 이상을 어떤 현실 속에 담아 내려고 고민하였을까? 현실 사회는 어떤 존재론적 근거에 토대를 두고 있는가? 현실 사회의 도덕 질서가 왜곡되고 변질되는 그 이유는 어디에 있는가? 왜곡되고 변질된 현실 사회의 도덕 질서를 바로잡을 수 있는 해결책은 없는가? 이상과 현실의 충돌을 조화시키려는 것은 인간의 부질없는 만용에 불과한 것일까?

고대 중국 철학의 보편적 이상은 자연 질서와 도덕 질서를 하나로 일치시키는 것이었다. 즉 '천天'과 '인人'의 관계 문제가 바로 그것이다. 한대의 통치 이념을 제공하였던 경학 사조도 이 문제 의식에서 벗어나는 것은 아니다. 그러나 한대의 경학 사조는 자연 질서와 도덕 질서의 감응 관계를 '재이설'이나 '참위설'과 결부시켜 지나치게 견강부회한 이론을 제시함으로써 그 이론적 근거를 확보하는 데 실패하고 만다. 황건적의 난이 일어나면서 사회 질서가 더욱 혼란하게 됨에 따라 현실 정치를 지탱하고 있던 경학의 통치 이념은 차츰 빛이 바래게 된다. 후한 말에 이르러 경학 사조가 퇴조하고 사회 비판 사조가 등장하는 것은 당시의 사회적 위기의 산물이다. 후한 말의 일단의 사회 비판 사상가들은 인간 사회의 도덕 질서를 경전에 대한 번다한 주석 방식으로 해결하려는 경학 사조의 한계성을 극복하여 부조리한 현실 사회의 제도론적 모순을 제거함으로써 새로운 도덕 질서를 정립하려고 시도하였다. 그러나 사회 비판 사조도 당대의 시대적 과제를 진단하고 해결하는 데는 일정한 한계성을 드러내고 말았다. 그것은 사회 비판 사조가 현실 사회의 도덕 질서를 정당화시킬 수 있는 그 나름대로의 일관된 세계관의 정립에 실패하고 말았기 때문이다.[1]

위진 현학은 중국철학사에서 한 획을 그을 수 있을 만큼 거대한 시대적 변혁을 이루었다. 그것은 위진 현학이 후한의 비판 사상가들과는 달리 현실 사회의 도덕 질서를 우주 만물의 자연 질서에 근거하여 새롭게 설명할 수 있는 통일적 이론을 정립함으로써 인간 사회의 현실과 자연 질서의 이상을 하나의 체계로 통합할 수 있는 이론적 근거를 제시하였기 때문이다. 자연 질서와 도덕 질서의 관계를 하나로 일치시키려는 위진 현학의 노력은 그 당시의 사회 현실의 시대적 문제 의식을 반영하는 것으로, 특정한 시대 정신의 표현이라고 할 수 있다.

그러면 지금부터 위진 현학의 시대적 과제는 무엇이고, 위진 현학이 당대의 현실 사회에 대한 진단을 통해 어떤 해결 방안을 제시하고 있으며, 그 해결 방안이 위진 현학의 철학 체계에 어떻게 투영되어 있고, 그런 해결 방안이 오늘날 우리에게 어떤 의미와 한계를 던져 주고 있는가를 이상과 현실의 충돌과 조화라는 관점에 중점을 두고 간략하게 살펴보도록 하자.

---

1) 任繼愈 主編, 『中國哲學發展史』 秦漢篇, 745쪽.

2. 자연과 명교를 둘러싼 새로운 흐름

위진 현학은 크게 보아 정시正始 시기(240~249)의 하안何晏과 왕필王弼에서 시작되어 죽림竹林 시기(254~262)의 완적阮籍과 혜강嵇康, 원강元康 시기(290 전후)의 배위裴頠와 곽상郭象을 거쳐서 동진東晉 시기(317~420)의 장잠張湛에 서 대단원의 막을 내리는 네 시기의 전개 과정을 이루고 있다. 즉 정시 현학, 죽림 현학, 원강 현학, 동진 현학이 그것이다.

이런 위진 현학의 근본 목표는 400여 년 동안이나 한 제국의 통치 이념을 제 공하던 유학의 도덕 질서가 그 존립 근거를 상실하게 되자 그것을 자연 질서에 대한 새로운 인식에 근거하여 재정립하려는 데 있다. 이것이 바로 위진 현학의 중심 과제를 이루는 '자연自然'과 '명교名敎'의 관계 문제이다.[2] '자연'이 우주 만물의 자연 질서를 뜻하는 것으로 인간이 꿈꾸는 이상 세계를 말하는 것이라 면, '명교'는 인간 사회의 도덕 질서를 뜻하는 것으로 인간이 몸담고 있는 현실 세계를 의미한다고 볼 수 있다. 이 두 가지를 이원적으로 이해하는 과정을 거 쳐 양자를 하나로 합치시키려는 단계로 이행하는 것이 위진 현학의 거시적인 발전 궤도라고 볼 수 있다.

위진 현학의 사상가들은 정도의 차이는 있지만, 우주 만물의 자연 질서와 인 간 사회의 도덕 질서를 하나로 일치시킴으로써 현실 속에서 이상을 실현하려 는 측면에서는 공통된 목표를 지니고 있었다. 다만 이들은 자신들이 살고 있던 시대적 한계에 부딪쳐서 문제를 진단하고 처방하는 방식에서 차이를 드러내게 된다. 이런 사실을 가장 극명하게 보여 주는 대화가 있다.

> (阮瞻이) 사도인 왕융王戎을 만났는데, 왕융이 물었다. "성인은 명교를 귀하게 여기 고 노장은 자연을 밝혔으니, 그 요지는 같은가 다른가?" 첨이 말했다. "아마도 같지 않을까요?"[3]

---

2) 余敦康, 『中國哲學論集』, 246쪽.

완첨의 대답은 '자연'과 '명교'가 현실적으로는 다르지만, 본질적으로 같다는 것이다. 즉 공자가 주장하는 '명교'와 노장이 주장하는 '자연'이 각기 도덕 질서와 자연 질서를 강조하고 있다는 측면에서는 구별되지만, 양자가 모두 자연 질서와 도덕 질서의 통일적 관계를 추구한다는 측면에서는 본질적으로 서로 다른 것이 아니라는 것을 반어적인 어법으로 완곡하게 표현하고 있다.

정시 시기의 하안과 왕필은 이상 사회의 실현을 가로막고 있는 부조리한 사회 현실을 비판하는 데 주력하였던 후한 말의 비판 사상가들과는 달리, 현실적 명교 질서의 존립 근거를 확보함으로써 이상적 자연 질서를 현실 사회 속에 우려내고 현실 사회 속에 이상적 자연 질서를 담아 내려는 방안을 모색한다. 이는 사회적 통치 기능을 담당하고 있던 '명교'를 '자연'에 근거하여 하나로 절충함으로써 한 말과 한위 교체기의 새로운 도덕 질서의 정착이라는 당시의 시대적 요구에 부합할 수 있는 통치 이념을 제공하려는 것이다.

하안(190~249)은 조조曹操의 양자이며 후한의 대장군 하진何進의 손자인데, 사마의司馬懿에게 피살당하였다. 하안이 위진 현학에서 차지하는 지위와 역할은 중국 철학의 보편적 이상이자 현실적 이상이라고 할 수 있는 자연 질서와 사회 질서의 관계를 모색하였다는 점이다. 하안은 「경복전부景福殿賦」에서 이렇게 말한다.

위대하도다, 위나라여! 대대로 명철한 성군이 있었으니, 무왕께선 으뜸인 기틀을 창조하시고 문왕께선 천명을 완성하셨다. 모두 하늘을 본받아서 제도를 건립하시고 시세에 순응하여 정령을 제정하셨다. 지금의 명제에 이르러 더욱 번창하게 되었다. 멀리는 음양의 자연을 따르고, 가까이는 인물의 지극한 실정을 근본으로 삼았다. 위로는 옛날의 넓은 도를 받들어 살피고, 아래로는 장구한 세상의 훌륭한 원칙을 드러내었다.4)

---

3) 『晉書』 권49, 1363쪽, "見司徒王戎, 戎問曰: '聖人貴名敎, 老莊明自然, 其旨同異?' 瞻曰: '將無同!'"

4) 田兆民 主編, 『歷代名賦譯釋』, 553쪽, "大哉惟魏, 世有哲聖, 武創元基, 文集大命, 皆體天作制,

「경복전부」는 조조의 양자로 들어간 하안이 조위曹魏 정권의 덕을 칭송하는 글이다. 하안은 이 글을 통해 조위 정권이 자연 질서에 근거한 도덕 질서를 세우고 있다고 주장한다. 이런 하안의 생각은 하후현夏侯玄의 말을 통해 집약적으로 표현되고 있다. "천지는 자연을 형체로 삼고, 성인은 자연을 활용한다"[5]는 것이 바로 그것이다. 이는 인간 사회의 도덕 질서를 포함한 우주 만물이 '자연'의 자연 질서를 존재 근거로 삼아야 한다는 뜻이다.

하안의 주된 관심은 한 말에 이르러 사회 질서의 혼란으로 무너진 기존의 도덕 질서를 뒷받침할 수 있는 새로운 세계관을 확립하는 일이었다. 『진서晉書』「왕연전王衍傳」은 이렇게 설명한다.

위의 정시에 하안과 왕필 등은 노자와 장자를 조술하여 이론을 세우면서 천지 만물은 모두 무無로 근본을 삼는다고 생각하였다. 무는 사물을 열고 임무를 이루는 것인데, 어디에도 있지 않는 곳이 없다. 음양은 이를 의지하여 변화하고 생겨나고, 만물은 이를 의지하여 형체를 이루며, 현명한 사람은 이를 의지하여 덕을 이루고, 불초한 사람은 이를 의지하여 몸의 환난에서 벗어난다. 그러므로 무의 작용은 벼슬은 없지만 귀한 것이다.[6]

하안은 노자와 장자가 주장하는 '도'의 무형성을 우주 만물의 궁극적 존재 근거로 제시함으로써 모든 사물을 하나로 포괄할 수 있는 통일적 세계관의 틀로 삼고자 하였다. 우리는 이런 사실을 장잠의 『열자주列子注』에 실려 있는 하안의 「도론道論」에서 구체적으로 확인할 수 있다.

順時立政. 至於帝皇, 逢重熙而累盛. 遠則襲陰陽之自然, 近則本人物之至情. 上則崇稽古之弘道, 下則闡長世之善經."
5) 楊伯峻 集釋『列子集釋』, 121쪽, "天地以自然運, 聖人以自然用."
6)『晉書』권43, 1236쪽, "魏正始中, 何晏·王弼等祖述老莊, 立論以爲, '天地萬物皆以無爲本. 無也者, 開物成務, 無往不存也. 陰陽恃以化生, 萬物恃以成形, 賢者恃以成德, 不肖恃以免身. 故無之爲用, 無爵而貴矣.'"

유가 유됨은 무에 의지해서 생겨난다. 일이 일됨은 무로 말미암아 이루어진다. 말하려 해도 말할 수 없고, 이름지으려 해도 이름지을 수 없으며, 보려 해도 형체가 없고, 들으려 해도 소리가 없다. 이것이 도의 온전함이다.7)

여기서 '무'는 존재하는 모든 것을 하나로 끌어안을 수 있는 무형의 통일적 상태 즉 '도道'를 뜻한다. '무'는 그 어떤 대상적 실체로 한정 지을 수 없는 무형의 통일적 존재이기 때문에, 존재하는 것을 존재케 하는 근본으로서 모든 사물의 궁극적 존재 근거가 될 수 있다. 하안은 이런 '무'의 통일적 세계관에 입각하여 군주의 이상 인격을 제시하려고 한다.

백성들에게 기림을 받는 것은 이름이 있는 것이다. 기림이 없는 것은 이름이 없는 것이다. 대저 성인은 이름지을 수 없는 것을 이름한 것이고 기릴 수 없는 것을 기린 것이니, 이름이 없는 것을 도라고 하고 기림이 없는 것을 크다고 한다. 따라서 무릇 이름이 없는 것은 이름이 있다고 할 수 있고, 기림이 없는 것은 기림이 있다고 할 수 있다. 그러나 저 기릴 수도 있고 이름지을 수도 있는 것과 더불어 어찌 쓰임을 같이 할 수 있겠는가?8)

이름지을 수 없는 '무명無名'의 '도'가 우주 만물을 하나로 포함할 수 있는 존재 근거이듯이, 그 무엇이라고 이름지을 수 없는 '성인'의 '무명'이 이름을 지닌 모든 백성을 하나로 통합할 수 있는 이상적 군주의 인격이라는 것이다. 여기서 우리는 하안이 도가에서 주장하는 자연 질서의 근거인 '도'와 유가에서 도덕 질서의 근거인 '성인'의 인격을 '무명'의 관점에서 연결하여 논술하고 있음을 볼 수 있다. 이는 결국 통치자의 이상적 인격을 통해 자연 질서와 도덕 질

---

7) 楊伯峻 集釋,『列子集釋』, 10쪽, "有之爲有, 恃無以生, 事而爲事, 由無以成. 夫道之而無語, 名之而無名, 視之而無形, 聽之而無聲, 則道之全焉."
8) 楊伯峻 集釋, 같은 책, 121쪽, "爲民所譽, 則有名者也, 無譽無名者也. 若夫聖人, 名無名, 譽無譽, 謂無名爲道, 無譽爲大. 則夫無名者, 可以言有名矣, 無譽者, 可以言有譽矣. 然與夫可譽可名者豈同用哉?"

서의 일치성을 입증하려는 시도이다. 그러나 하안은 자연 질서와 도덕 질서를 하나로 묶어 낼 수 있는 구체적인 방법론의 틀을 창출하지는 못하였다.

왕필은 위나라 문제文帝 황초黃初 7년(226년)에서 정시 10년(249년)까지 생존한 인물이다. 왕필의 주된 관심은 후한 이래 현실 정치에 의해서 왜곡된 도덕 질서의 원인을 탐구하여 사회 질서를 바로잡을 수 있는 새로운 대안을 제시하는 일이었다. 이런 문제 의식에 착안하여 왕필은 하안과 마찬가지로 '무'를 근본으로 삼는 '귀무론貴無論'의 철학 체계를 형성하였다. 왕필의 '귀무론'의 철학 체계는 우주 만물의 자연 질서가 무형의 통일성을 존재 근거로 삼아 저절로 그러하게 생겨나고 변화한다는 사실을 입증함으로써 도덕 질서의 정당성을 확보하려는 노력인 것이다. 왕필은 우주 만물의 자연 질서를 이렇게 설명한다.

자연의 바탕은 각기 정해진 분수가 있어서 짧다고 모자라는 것이 아니고 길다고 남는 것이 아닌 것이니, 덜어 내고 덧붙이는 것을 어찌 보탤 수 있으리오[9]

우주 만물의 자연 질서에는 누가 시키지 않아도 저절로 그러하게 질서와 조화를 이룰 수 있는 자기 조절의 공능이 있다. 왕필은 이런 자연 질서와 마찬가지로 인간 사회의 도덕 질서에도 자기 조절의 능력이 있다고 본다. "천지가 서로 화합한다면 단 이슬을 따로 구하지 않아도 저절로 내리고, 내가 그 참된 본성을 지켜서 하는 것이 따로 없다면 백성은 명령하지 않아도 저절로 균등하게 된다는 것을 말하는 것이다."[10] 이는 통치자가 자연 질서에 순응할 수만 있다면 자연 질서와 마찬가지로 인간 사회의 도덕 질서도 저절로 그러하게 질서와 조화를 이룰 수 있다는 뜻이다. 따라서 정책을 담당하고 있는 통치자가 자연 질서를 근본으로 숭상하여 인위적 조작만 가하지 않는다면 인간 사회의 도덕

---

9) 樓宇烈 校釋, 『老子·周易王弼校釋』, 421쪽, "自然之質, 各定其分, 短者不爲不足, 長者不爲有餘, 損益將何加焉"
10) 樓宇烈 校釋, 같은 책, 81쪽, "言天地相合, 則甘露不求而自降. 我守其眞性無爲, 則民不令而自均也."

질서도 저절로 실현될 수 있다. 그렇다면 인간 사회의 도덕 질서가 현실적으로 자연 질서와 조화를 이루지 못하는 이유는 어디에 있는 것일까?

> 그러므로 인의 덕이 두터운 것은 인을 써서 할 수 있는 것이 아니고, 의의 올바름을 행하는 것은 의를 써서 이룰 수 있는 것이 아니며, 예와 경의 맑음은 예를 써서 이룰 수 있는 것이 아니다. 도로써 싣고 어미로써 통제하므로, 드러날지라도 높일 것이 없고 나타날지라도 다툴 바가 없다. 저 이름 없음을 쓰므로 이름이 이로써 독실하게 되고, 저 형체 없음을 쓰므로 형체가 이로써 이루어진다. 어미를 지켜서 그 자식을 보존하고 근본을 높여서 그 지말枝末을 든다면, 형체와 이름이 모두 있다고 할지라도 사악함이 생겨나지 않고 큰 아름다움이 하늘에 짝한다고 할지라도 번화함이 일어나지 않는다. 그러므로 어미는 멀리할 수 없고 근본은 잃어서는 안 된다. 인의는 어미에서 생겨나는 것이니 어미가 될 수 없고, 형체와 기구는 장인이 만드는 것이니 장인이 될 수 없다. 그 어미를 버리고 그 자식을 쓰고 그 근본을 버리고 지말에 나아간다면, 이름은 곧 나누어지는 것이 있고 형체는 그치는 것이 있게 된다.[11]

왕필은 인간 사회의 도덕 질서가 우주 만물의 자연 질서로부터 일탈되어 '이화異化'될 수밖에 없는 이유를 '근본'(本)과 '지말'(末)의 방법론적 사유 방식을 통해 모색한다. 왕필에서 자연 질서와 도덕 질서는 '근본'과 '지말' 또는 '어미'(母)와 '자식'(子)의 관계를 지니고 있다. '근본'과 '어미'로서의 자연 질서는 '지말'과 '자식'으로서의 도덕 질서가 생겨나는 존재 근거이다. 즉 도덕 질서를 도덕 질서이게끔 하는 존재 근거는 자연 질서이기 때문에 양자는 떨어질래야 떨어질 수 없는 역동적 통일 관계를 지니고 있다. 따라서 자연 질서의 역동적 조화에 근거해서 이루어지는 도덕 질서는 사회적 인간 관계를 화해시킬 수 있는

---

11) 樓宇烈 校釋, 같은 책, 95쪽, "故仁德之厚, 非用仁之所能也, 行義之正, 非用義之所成也, 禮敬之淸, 非用禮之所齊也. 載之以道, 統之以母, 故顯之而無所尙, 彰之而無所競. 用夫無名, 故名以篤焉, 用夫無形, 故形以成焉. 雖母以存其子, 崇本以擧其末, 則形名俱有而邪不生, 大美配天而華不作. 故母不可遠, 本不可失. 仁義, 母之所生, 非可以爲母. 形器, 匠之所成, 非可以爲匠也. 捨其母而用其子, 棄其本而適其末, 名則有所分, 形則有所止."

살아 움직이는 도덕적 규범이 될 수 있는 것이다. 그러나 문제는 '지말'과 '자식'으로서의 도덕 질서가 '근본'과 '어미'로서의 자연 질서와 통일적 연관성을 맺지 못하고 고착화되면 왜곡되고 날조될 수도 있다는 점이다.

왕필은 "백성이 편벽되는 까닭과 다스림이 혼란하게 되는 까닭은 모두 위로 말미암는 것이지 아래로 말미암는 것은 아니라는 것을 말한다"[12]고 주장하여, 사회의 도덕 질서가 혼란하게 되는 근본 원인을 통치자의 그릇된 통치 방식에서 찾는다. 통치자가 자연 질서의 화해 방식을 따르기만 하면 저절로 그러하게 도덕 질서가 발현될 수 있는 '숭본거말崇本擧末'의 통치 방책을 포기하고, 근본을 버리고 지말을 좇는 '사본축말舍本逐末'[13]의 통치 행위를 함으로써 도덕 질서가 자연 질서에 벗어나 왜곡되고 변질되는 현상을 초래한다. 즉 인간 사회의 도덕 질서가 '이화'되는 이유는 권력을 잡고 있는 통치자가 근본을 이루는 자연 질서의 화해를 버리고 지말인 도덕 질서만을 추구하여 사회적 인간 관계를 왜곡시키기 때문이다.[14]

그러나 자연 질서에 부합되는 도덕 질서를 수립하려던 왕필의 희망도 현실 정치에서 제대로 수용될 수 없었다. 그것은 위나라의 제왕齊王 조방曹芳이 겨우 8세로 등극하여 제대로 정책을 펼 수 있는 정치적 능력이 없었기 때문이다. 그렇기는 하지만 자연 질서와 도덕 질서를 '귀무론'의 철학 체계에 입각해서 하나로 융합하려고 시도했던 왕필의 시도는, 이상적 자연 질서와 현실적 도덕 질서를 화해시켜서 현실 정치에 의해서 왜곡되고 변질된 도덕 질서를 새롭게 정초하려는 시대적 염원을 담고 있다고 하겠다.

---

12) 樓宇烈 校釋, 같은 책, 185쪽, "言民之所以僻, 治之所以亂, 皆由上, 不由其下也."
13) 樓宇烈 校釋, 같은 책, 139쪽.
14) 樓宇烈 校釋, 같은 책, 199쪽.

3. 자연과 명교의 대립과 충돌

죽림 현학의 대표적 인물은 완적(210~263)과 혜강(223~262)이다. 완적과 혜강이 주로 활동하던 이 죽림 시기는 조위 정권과 사마씨司馬氏 집단이 권력 쟁탈을 벌여서 사마씨 집단이 권력을 쟁취하는 위·진의 교체기에 해당된다. 사마씨 집단은 권력 찬탈의 과정에서 유학의 허위적인 도덕 질서를 자신들에게 반대하는 집단의 무리를 무자비하게 숙청하는 정책 수단으로 삼음으로써, '자연'에 합치되는 이상적 '명교'와 현실적 '명교'가 첨예하게 대립할 수밖에 없는 현실 상황을 조성하게 된다.

완적과 혜강도 초기에는 하안과 왕필의 정시 현학처럼 '자연'과 '명교'를 하나로 합치시킬 수 있는 이론적 근거를 제시하려고 시도하였다. 완적은 「통노론通老論」에서 이상적 자연 질서의 화해에 근거한 도덕 질서의 건립을 다음과 같이 주장한다.

성인은 하늘과 사람의 이치에 밝고 저절로 그러함의 분수에 통달하였으며, 정치와 교화의 본체에 통달하고 크게 조심하는 교훈을 살폈다. 그러므로 군주와 신하 사이에 예절이 있어 태소泰素의 질박함을 완비하였고 백성들은 기뻐하여 성명의 조화를 이루었다. 도라는 것은 저절로 그러함을 본받아서 변화되는 것이니, 제후와 왕이 그것을 지킬 수 있다면 만물이 저절로 교화될 것이다.[15]

완적은 '자연'에 근거한 정치와 교화를 시행할 것을 주장하고 있다. 만약 위정자가 이상적 자연 질서에 순종할 수 있다면 만물도 저절로 교화될 수 있다는 것이다. 혜강도 「성무애악론聲無哀樂論」에서 "옛날에 왕이 된 사람은 하늘을 받들어 만물을 다스리고, 저 간이簡易한 교화를 숭상하여 무위의 정치를 시행

---

15) 陳伯君 校注, 『阮籍集校注』, 159쪽, "聖人明於天人之理, 達於自然之分, 通於治化之體, 審於大愼之訓, 故君臣垂拱, 完泰素之樸, 百姓熙治保性命之和. 道者, 法自然而爲化, 侯王能守之, 萬物將自化"

하였다. 군주는 위에서 고요하게 있고 신하는 아래에서 순종하여, 현묘한 교화가 소리없이 소통되고 하늘과 사람이 서로 태평하게 되었다"16)고 하여, 자연 질서에 근거하여 도덕 질서를 세울 것을 주장한다.

그러나 위·진의 교체기라는 혼란한 시대적 상황 속에서, 완적과 혜강은 '자연'과 '명교'의 합일적 이상이 현실 사회에서는 실현될 수 없다는 현실 인식에 도달하게 된다. 그것은 현실의 '명교' 질서가 '자연'의 이상에 부합되는 '명교'가 아니라 사마씨 집단의 권력을 유지하기 위한 통치 수단으로 변질되고 말았기 때문이다. 그러므로 그들은 '자연'에 부합되는 이상적 도덕 질서를 구축하기 위해서 현실의 허위적 '명교'를 부정하는 데서 출발하지 않을 수 없었다. '자연' 질서와 '명교' 질서가 갈등과 대립의 관계를 빚을 수 있다는 인식은 이미 왕필에서도 찾아볼 수 있다. 그러나 왕필은 양자의 합일성에 대한 낙관론적 신념에 근거하여 그 모순적 관계를 어디까지나 위정자의 잘못된 통치 방식에서 비롯된 것으로 규정하였다. 그러나 완적과 혜강은 현실 정치의 한계를 군주 제도의 모순에서 그 이유를 찾는다.

군주가 세워지면 잔학함이 일어나고, 신하가 있게 되면 도적이 생겨난다. 군주가 앉아서는 예법을 제정하여 백성을 속박한다. 어리석은 사람을 속이고 모자라는 사람을 미혹되게 하며 지모를 감추어 스스로 신묘한 체한다. 강한 사람은 눈을 치켜 뜨고서 포악한 사람을 업신여기고, 약한 사람은 초췌하게 다른 사람을 섬긴다. 청렴결백한 듯이 꾸며서 탐욕을 이루고, 속으로는 험악하면서도 겉으로는 어진 척한다.…… 너희들 군자의 예법이란 천하를 해치고 어지럽히며 죽음으로 내모는 술책이다.17)

완적은 도덕 질서가 왜곡과 변질되는 이유를 군주제의 폐단에서 찾고 있다.

---

16) 殷翔·郭全芝 注, 『嵇康集注』, 225쪽, "古之王者, 承天理物, 必崇簡易之教, 御無爲之治. 君靜於上, 臣順於下, 玄化晉通, 天人交泰"
17) 陳伯君 校注, 『阮籍集校注』, 170쪽, "君立而虐興, 臣設而賊生, 坐制禮法, 束縛下民, 欺愚誑拙, 藏智自神, 强者睽眠而凌暴, 弱者憔悴而事人, 假廉以成貪, 內險而外仁…… 汝君子之禮法, 誠天下殘賊亂危死亡之術耳."

즉 그는 자연 질서에 어긋나는 허위적인 도덕 질서가 군주 제도에서 비롯된 것으로 파악함으로써, 군주제를 모든 사회악의 근원으로 비판하고 있다. 그리하여 완적은 "대개 군주가 없어도 뭇 사물이 안정되고 신하가 없어도 온갖 일이 다스려진다"[18]고 하여, 군주도 신하도 없던 태곳적 사회를 이상으로 동경한다. 혜강도 「태사잠太師箴」에서 "옛날에는 천하를 위하였는데, 지금에는 한 사람의 몸만을 위한다. 아랫사람은 윗사람을 미워하고, 군주는 신하를 의심한다. 상사喪事와 화란禍亂이 더욱 심하게 되었으니, 나라가 곧 이로 인하여 무너지게 되었다"[19]고 하여, 군주의 개인적 사리사욕이 현실 사회의 국가 질서가 붕괴는 되는 근본 요인이 된다고 비판한다. 그래서 혜강은 군주가 자연 질서에 따라 무위의 정책을 시행함으로써 백성이 자족하는 생활을 하던 태곳적 이상 세계를 주장한다.

까마득한 옛날 큰 질박함이 무너지지 않았을 때에는, 군주는 위에서 꾸미는 것이 없었고 백성은 아래에서 다투지 않았으며, 사물이 온전하고 이치에 순응하여 저절로 얻지 않음이 없었다. 배부르면 편안히 잠자고 배고프면 먹을 것을 구하며 즐겁게 배를 두드리면서 지극한 덕을 지닌 세상을 알지 못하였다. 이와 같다면 어찌 인과 의의 실마리와 예와 율의 꾸밈을 알겠는가?[20]

이런 완적과 혜강의 현실 사회에 대한 비판은 당시의 위정자에 의해서 옹호되고 있는 허위의 도덕 질서가 생겨나기 이전의 자연 질서와 도덕 질서가 하나로 일치되었던 이상 세계의 원초적 화해를 강조하는 데 그 의미가 있다.

그러나 현실적 도덕 질서의 허구성을 비판하고 이상적 자연 세계를 강조하

---

18) 陳伯君 校注, 같은 책, 170쪽, "蓋無君而庶物定, 無臣而萬事理."
19) 殷翔·郭全芝 注, 『嵇康集注』, 351~352쪽, "昔爲天下, 今爲一身. 下疾其上, 君猜其臣. 喪亂弘多, 國乃隕順"
20) 殷翔·郭全芝 注, 같은 책, 265쪽, "昔洪荒之世, 大樸未虧, 君無文于上, 民無競于下, 物全理順, 莫不自得, 飽則安寢, 飢則求食, 怡然鼓腹, 不知爲至德之世也. 若此, 則安知仁義之端, 禮律之文?"

는 것이 단순히 이상적 도덕 질서의 정당성까지도 부정하는 것은 아니다. 완적과 혜강이 비판하고 있는 도덕 질서는 이미 당시 사마씨 정권에 의해서 왜곡되고 변질된 '명교'를 말한다. 따라서 완적과 혜강의 궁극적 의도는 결국 도덕 질서 그 자체를 부정하는 데 있는 것이 아니라 기존의 왜곡되고 변질된 현실적 도덕 질서를 해체함으로써 자연 질서에 부합되는 새로운 도덕 질서를 창출하려는 데 있다고 하겠다. 즉 현실적 도덕 질서가 백성을 억압하는 도구적 통치 수단으로 오용되고 있는 현실 속에서 이상적 자연 질서에 부합되는 이상적 사회 질서를 역설적인 방식으로 추구하려는 것이다. "명교를 초월하여 자연에 내맡긴다"(越名敎任自然)는 혜강의 주장이 바로 그러한 사유를 극단적으로 보여 주는 말이다. 현실 속에서 이상을 실현할 수 있는 가능성이 상실된 상황에서, 현실을 부정함으로써 이상에 부합되는 현실을 역설적으로 표출하려는 것이다. 완적과 혜강이 현실의 허위적 도덕 질서에 반대하여 당시의 '예교'에 어긋나는 극단적 행위를 일삼는 것은, 현실 사회의 허구적 도덕 질서를 부정함으로써 이상 세계의 자연적 행위를 역설적으로 강조하는 것이라고 볼 수 있다.

이상 세계와 현실 세계가 이분화되는 시대적 현실 속에서, 완적과 혜강은 인간의 이상적 자아와 현실적 자아가 충돌과 갈등을 빚는 이중적 자기 분열의 모순을 느끼지 않을 수 없었다. 즉 왜곡된 사회 질서 속에서 현실적 자아를 긍정한다는 것은 결국 자기 기만을 의미하는 것이기 때문이다. 완적과 혜강은 이런 자아의 이중적 자기 분열의 위기에 직면하여 인간의 본성을 재규정함으로써, 이상적 인격 속에서 자연 세계와 도덕 세계의 갈등과 충돌의 모순을 해소하려고 하였다. 이런 사실을 우리는 완적과 혜강의 다음과 같은 발언 속에서 확인할 수 있다.

저 현실에 구차하게 얽매여 사람들은 세속이 존귀하다고 여기지만 어찌 저 세속이 여기에다 견주면 비천하다는 것을 알 수 있겠는가? 그러므로 세속과 더불어 존귀함을 다투지만 그런 존귀함은 존귀하게 여길 만한 것이 못되고, 세속과 더불어 부유함을 다투지만 그런 부유함은 내세울 만한 것이 못된다. 반드시 세속을 초월하여 무리와 절교하고 세속을 버리고 홀로 나아가며, 태초 이전에 올라서 황홀하고 적막한 시초를 보며, 생각은 밖이 없는 곳을 두루 돌아다니고 뜻은 호탕하여 저절로 펼쳐지며, 사계절의 운행을 타고 돌아다니고 팔방을 자유롭게 날아다닌다.[21]

무릇 군자라고 일컬어지는 사람은 마음에 시是와 비非를 두지 않고 행함에 도를 어기지 않는 사람이다. 무엇 때문에 그렇다고 말할 수 있는가? 무릇 기氣가 안정되고 신神이 비어 있는 사람은 마음에 자랑과 높임을 두지 않고 몸이 밝고 마음이 통달한 사람은 정情이 욕망에 얽매이지 않는다. 자랑과 높임을 마음에 품지 않으므로 명교를 초월하여 자연에 맡길 수 있고, 정이 욕망에 얽매이지 않으므로 존귀함과 비천함을 살펴서 사물의 실정에 통달할 수 있다. 사물의 실정에 순응하고 통달하였으므로 대도에 어긋남이 없고, 명교를 초월하여 마음에 내맡겼으므로 시와 비를 두지 않는다.[22]

이처럼 완적과 혜강은 이상적인 자연 질서와 현실적인 도덕 질서가 첨예하게 대립되는 현실 사회의 모순에 직면하여 현실의 '시비'를 초월한 이상적 인격에서 이상과 현실의 통일적 조화를 꾀하려고 하였다. 이러한 혜강과 완적의 이상은 당시 사회 현실과 관련하여 볼 때, 다음과 같은 의미를 지닌다. 그것은 위·진 교체기의 군주제의 폐단에 대한 분석을 통해 군주제를 허위적인 도덕 질서의 근본 원인으로 비판하고 사회 질서의 궁극적 존재 근거로 이상적 자연 질서를 설정하여, 인간의 주체적 능력을 통해 이상과 현실의 합일을 모색하고 있다는 사실이다. 이는 죽림 시대의 사람들이 당시의 시대적 현실에 염증을 느

---

21) 陳伯君校 注, 『阮籍集校注』, 185~186쪽, "彼勾勾者自以爲貴夫世矣, 而惡知夫世之賤乎玆哉? 故與世爭貴, 貴不足爭, 與世爭富, 富不足先. 必超世而絶群, 遺俗而獨往, 登乎太始之前, 覽乎忽莫之初, 慮周流於無外, 志浩蕩而自舒, 飄颻於四運, 翩翩翔乎八隅"
22) 殷翔·郭全芝 注, 『嵇康集注』, 231쪽, "夫稱君子者, 心不措乎是非, 而行不違乎道者也. 何以言之? 夫氣靜神虛者, 心不存乎矜尙, 體亮心達者, 情不系乎所欲. 矜尙不存乎心, 故能越名敎而任自然, 情不系于所欲, 故能審貴賤而通物情. 物情順通, 故大道無違, 越名任心, 故是非無措也"

끼고 인간의 주체적 역량을 통해 '자연'의 이상과 '명교'의 현실이 하나로 일치
될 수 있기를 갈망하던 시대적 염원을 표현한 것이다.

4. 자연과 명교의 융합과 화해

이상에서 보듯이, 혜강과 완적을 비롯한 죽림 현학가들의 '자유로운 행위'(放
達)는 현실적 도덕 질서의 허위성을 폭로하고 부정함으로써 자연 질서에 부합
되는 이상적 사회 질서를 구축하기 위한 '고육책'으로 볼 수 있다. 그러나 그
뒤 이런 죽림 현학가들의 '자유로운 행위'를 떠받들면서 극도로 방탕한 생활을
일삼는 사람들이 나오게 된다. 그래서 "왕평자王平子와 호무언국胡毋彦國 등
여러 사람들은 모두 제멋대로 방종하는 것을 통달한 것으로 여겼는데, 어떤 사
람은 발가벗은 사람도 있었다. 그러므로 악광樂廣 같은 사람은 '명교에도 즐거
운 경지가 있거늘 어찌 그렇게까지 할 필요가 있겠는가!'라고 비웃었다"[23]고
말하게 될 정도였다. 악광의 이러한 말은 죽림 현학가들을 포함한 많은 사람들
의 방종한 생활 방식이 현실 사회의 도덕 질서의 뿌리를 파괴시킬 수도 있다는
시대적 위기 의식을 반영하고 있다.

이상적 '자연'과 현실적 '명교'가 극단적인 대립 양상을 보이는 죽림 시기의
혜강과 완적의 문제점을 보완하기 위하여, 원강 시기의 배위(267~300)는 현실
적 '명교'의 합리성과 정당성을 확보하려는 노력을 시도한다.

이 때문에 허무를 빙자한 이론을 세우고서도 현묘하다고 말하고, 관직에 있으면서
맡은 일을 직접하지 않으면서도 우아하고 고원하다고 말하며, 제 몸만을 위하여 그
청렴과 지조를 버리면서도 도량이 넓다고 말한다. 그러므로 힘써 자기를 갈고 닦는
풍속이 더욱 허물어지게 되었다. 방자한 사람은 이로 인하여 길사와 흉사의 예를 어

---

23) 徐震堮, 『世說新語校箋』(北京: 中華書國, 1987), 14쪽, "王平子 · 胡毋彦國諸人, 皆以任放爲達,
或裸體者. 樂廣笑曰: '名教中自有樂地, 何爲乃爾也!'"

그러뜨리고, 용모와 행동거지의 모습을 소홀히 하며, 어른과 아이의 차례를 업신여기고, 존귀함과 비천함의 등급을 혼란하게 만들었다. 이보다 더 심한 사람의 경우에는 벌거벗기도 하고 웃으며 말하면서 올바름을 잊어버리고 거리낌없는 것을 아량이 넓다고 여기니, 선비의 행실이 또 어그러지게 되었다.[24)]

배위는 하안과 왕필의 정시 현학과 혜강과 완적의 죽림 현학을 동시에 비판하고 있다. 하안과 왕필의 정시 현학은 '허무'에 입각한 공허한 이론을 세우고도 자기들의 주장을 오묘하게 여긴다고 비판한다. 그리고 혜강과 완적을 비롯한 죽림 현학은 현실의 '예교'를 부정하여 제멋대로 행동하면서도 자신들을 도량이 넓은 사람으로 여긴다고 비판한다. 배위는 현실 정치의 정당성을 확보하기 위해 현실 존재의 중요성을 이렇게 지적한다.

유有를 천시하면 반드시 형체를 도외시하게 마련이고, 형체를 도외시하면 반드시 제도를 버리게 마련이다. 제도를 버리면 반드시 방지하는 것을 소홀히 하고 방지하는 것을 소홀히 하면 반드시 예를 잊어버린다. 예와 제도가 보존되지 않으면 정치를 시행할 수 없게 된다.[25)]

'무'를 강조하여 '유'를 무시하게 되면 마침내 사회 제도를 등한시하게 되어 현실 정치의 원동력을 상실하는 결과를 빚게 된다는 것이다. 이렇듯 배위가 '귀무론'을 반대하고 '숭유론崇有論'을 주장하는 이유는 현실 사회의 도덕 질서의 중요성을 강조하려는 데 있다. 그러나 문제는 배위가 '숭유론'의 입장에서 현실 정치의 정당성을 확보하는 노력에 치우침으로써 현실적 '명교'가 왜 왜곡되고 변질될 수밖에 없는가에 대한 현실 정치의 모순과 비리를 치밀하게 설명

---

24) 『晉書』 권35, 1045쪽, "是以入言籍於虛無, 謂之玄妙, 處官不親所司, 謂之雅遠, 奉身散其廉操, 謂之曠達. 故砥礪之風, 彌以陵遲. 放者因斯, 或悖吉凶之禮, 而忽容止之表, 瀆棄長幼之序, 混漫貴賤之級. 其甚者至於裸裎, 言笑忘宜, 以不惜爲弘, 士行又虧矣."
25) 같은 책, 1044쪽, "賤有則必外形, 外形則必遺制, 遺制則必忽防, 忽防則必忘禮. 禮制不存, 則無以爲政矣."

하지 못하고 있다는 데 그 한계가 있다.

곽상(252~312)은 서진西晉 왕조가 통일되고 멸망되는 전과정을 살다가 간 사람이다. 그는 하안에서 배위에 이르는 위진 현학의 여러 갈래의 흐름을 거시적인 관점에서 조망하여 '자연'의 이상이 바로 '명교'의 현실이고 '명교'의 현실이 곧 '자연'의 이상이라는 통일적 관점에서 양자의 관계를 하나로 융합시키려고 하였다. 곽상 철학의 초점은 현실 사회의 이상적 존재 근거가 무엇이고, 이상 사회에 일치하는 현실 사회의 모습이 어떤 것인가를 논증하는 일이다. 이를 입증하기 위해서 곽상은 '독화론獨化論'과 '현명론玄冥論'을 제시한다. "신기神器는 가물하게 합치한 상태에서 독자적으로 변화한다"[26]가 바로 그것이다. 여기에서 '신기'는 좁은 의미에서 현실 사회의 국가 정치를 뜻한다. 국가 정치는 모든 것이 하나로 융합되는 우주 만물의 통일성 속에서 독자적으로 변화하는 자연적 화해 질서를 지니고 있다. 이는 존재에 가치성을 부여하는 사유 방식이다. 즉 인간을 포함한 존재하는 모든 것이 우주 만물의 자연적 화해 질서에 근거한 것이기 때문에, 인간 사회의 도덕 질서도 우주 만물의 자연 질서와 마찬가지로 자연적 화해와 조화를 이루고 있다는 뜻이다.

그렇다면 인간 사회의 도덕 질서가 자연 질서처럼 화해와 조화를 이루지 못하고 파괴되는 이유는 어디에 있는 것일까? 곽상은 그 근본 원인을 완적이나 혜강과 같이 군주제의 폐단에서 비롯되는 것으로 본다. 즉 자연 질서와 도덕 질서가 본래 하나로 일치될 수 있는 것임에도 불구하고 현실 정치가 이상적 자연 질서에 위배되는 까닭은 군주제의 폐단에서 비롯된다는 것이다.

무릇 사람 위에 군림하는 사람이 움직이면 반드시 사람을 타게 마련이니, 한 번 성을 내면 엎어진 시체에서 피가 흘러나오고 한 번 기뻐하면 수레와 면류관이 길을 막는다. 그러므로 군주가 나라를 다스림에 가볍게 여겨서는 안 된다.[27]

---

26) 郭慶藩 集釋 『莊子集釋』, 3쪽, "神器獨化於玄冥之境."
27) 郭慶藩 集釋 같은 책, 132쪽, "夫君人者, 動必乘人, 一怒則伏尸流血, 一喜則軒冕塞路. 故君人者之用國, 不可輕之也."

이는 군주의 통치 행위가 현실 사회의 도덕 질서를 변질시키는 근본 요인임을 지적하는 말이다. 그러나 곽상은 혜강과 완적과는 달리 군주제 그 자체를 부정하지는 않는다. 그는 "천 명의 사람이 모여 있더라도 한 사람으로 군주를 삼지 않는다면, 혼란하지 않으면 분산된다. 그러므로 현명한 사람이 많다고 해서 군주가 많을 수 없고 현명한 사람이 없다고 해서 군주가 없을 수 없다. 이것은 하늘과 사람의 길이니 반드시 지극히 마땅한 것이다"[28]라고 주장한다. 이는 군주제가 설령 아무리 폐단이 많다고 할지라도, 만약 한 사람의 군주로 통일적 질서를 확보할 수 없다면 현실 정치는 혼란의 도가니에 빠지지 않을 수 없다는 것이다. 군주제의 현실적 필요성을 강조하는 대목이다.

곽상의 고민은 군주 제도의 필요성을 전제하면서도 군주제의 폐단을 어떻게 치유할 수 있는가 하는 데 있다. 그는 군주제의 폐단과 한계성을 직시하면서도, 다른 한편으로는 군주의 역할이 사회 질서의 통일과 조화를 구축할 수 있는 중심축이 될 수 있다는 사실에 착안하여 군주제를 보완하는 작업을 모색한다. 그러나 곽상은 군주제의 구체적인 모순과 비리를 변혁시키는 일을 선택하기보다는 군주의 이상적 인격을 통해 자연 질서에 일치되는 사회 질서의 통일과 조화를 구축하려고 시도한다.

곽상은 『장자주』의 서문에서 '내성외왕內聖外王의 도'를 제시하여 군주의 주체적 역량을 통해 이상적 자연 질서와 현실적 도덕 질서를 하나로 일치시킬 수 있는 새로운 방안을 제시한다. 곽상에 따르면 '성인聖人'은 유가에서 주장하는 '인의'의 도덕성을 사회에서 구현한 이상적 인격을 대변하고, '신인神人'은 도가에서 주장하는 '도'의 자연성을 구현하는 이상적 인격을 대변한다. 즉 '성인'은 현실 세계의 '명교' 속에 살면서도 이상 세계의 '자연'을 하나로 합치하여 살 수 있는 존재이다. 왜냐하면 '성인'은 몸이 '묘당' 위에 있으면서도 마음은 '산림' 속에 있는 것과 다름없기 때문이다.[29] 곽상은 군주의 이상 인격을 통

28) 郭慶藩 集釋, 같은 책, 156쪽, "千人聚, 不以一人爲主, 不亂則散. 故多賢不可以多君, 無賢不可以無君, 此天人之道, 必至之宜."

해 '자연'과 '명교'가 하나로 일치될 수 있다는 것을 보여 주고 있다. 이는 결국 전제 군주 사회에서 군주의 인격을 새롭게 규정함으로써 군주 독재에서 비롯 되는 도덕 질서의 왜곡과 변질을 방지하기 위한 것이라고 하겠다.

곽상은 『논어체략論語體略』에서 군주의 이상 인격을 전제로 한 '무위이치無 爲而治'를 이렇게 주장한다.

> 온 백성은 갖가지로 품격을 달리하고 온 나라는 갖가지로 풍속을 달리하니, 다스리 지 않는 것으로 다스려야 그 극치를 얻을 수 있다. 만약 자기를 닦는 것으로 다스리 면 비록 요와 순일지라도 반드시 어렵게 여길 것이니, 하물며 군자이리요! 만물은 저 절로 함이 없지만 다스려지니, 마치 하늘이 저절로 높고 땅이 저절로 두터우며, 해와 달이 밝고 구름이 운행하고 비가 내리는 것과 같을 뿐이다. 그러므로 평탄하게 드러 내고 가닥마다 통달하여 곡진하게 이루어 빠뜨리는 것이 없을 수 있으니, 어렵게 여 기는 것이 없다.30)

곽상은 우주 만물의 자연 질서처럼 인간 사회의 도덕 질서도 저절로 그러하 게 이루어질 수 있다는 이상론을 펼치고 있다. 즉 군주가 다스림의 대상을 따 로 설정함이 없는 '불치不治'의 상태에서 정치의 통일성을 이룰 수 있다면, 우 주 만물이 전체의 통일성 속에서 개별적 독자성을 발현하여 하는 것 없이 다스 려지는 것처럼 도덕 질서도 다스리는 것 없이 다스릴 수 있다는 것이다.

이런 곽상의 관점은 몇 가지 측면으로 나누어 정리하여 볼 수 있다. 첫째, 이 상적 자연 질서와 현실적 도덕 질서의 일원성을 주장함으로써 존재와 가치의 일치성을 주장한다. 둘째, 이 세계는 자연 질서와 도덕 질서가 하나로 일치될 수 있는 존재론적 근거를 지니고 있음에도 불구하고, 그것이 현실적으로 파괴 되는 이유는 군주제의 폐단에서 비롯된다는 것이다. 셋째, 자연 질서와 도덕 질

---

29) 郭慶藩 集釋, 같은 책, 28쪽.
30) 程樹德, 『論語集釋』, 1041쪽, "百姓百品, 萬國殊風, 以不治治之, 乃得其極, 若欲修己以治之, 雖 堯舜必病, 況君子乎? 今堯舜非修之也, 萬物自無爲而治, 若天之自高, 地之自厚, 日月之明, 雲行 雨施而已, 故能夷暢條達, 曲成不遺而無病."

서의 합일은 결국 군주의 이상 인격에서 찾지 않을 수 없다는 점이다. 군주가 다른 사람을 포함한 모든 사물과 조화를 이룬 상태에서 개인의 독자적 자유를 구축할 때, 인간 사회는 따로 다스리는 것이 없더라도 저절로 그러하게 다스려질 수 있다는 것이다.

그러나 이러한 곽상의 관점에도 여전히 문제점은 있다. 왜냐하면 이상적 군주가 나오지 않는다면 여전히 문제는 원점으로 돌아갈 수밖에 없기 때문이다. 곽상이 생존한 시대는 '팔왕八王의 난'(300년)과 '영가永嘉의 난'(307~312)이 연달아 발생한 지극히 혼란한 사회였다. 당시의 혼란한 사회에서 이상적 군주의 주체적 역량을 통해 자연 질서에 부합되는 이상적 도덕 질서의 건립을 모색하는 것은, 현실 사회를 지나치게 낙관적으로 보는 순진무구한 발상으로 평가될 수도 있다. 그렇기는 하지만 어떤 의미에서 이런 곽상의 관점은 역설적 시대정신을 담고 있다고 하겠다. 그것은 진 혜제惠帝와 같은 어리석은 군주가 현실 정치를 꾸려 가고 있는 군주제의 상황에서 자연 질서와 도덕 질서가 둘이 아니라 하나임을 존재론적으로 입증하고, 이를 군주의 이상 인격을 통해 당위론적으로 추구함으로써 이상과 현실의 통일적 관계를 모색하는 것이 군주 인격의 전환 없이는 불가능하다는 것을 역설적인 방식으로 보여주는 것이기 때문이다.

동진 현학을 대표하는 인물은 장잠이다. 현재로서 장잠의 정확한 생존 연대는 알 길이 없다. 그러나 현존하는 역사적 자료를 분석하여 보면 대체로 동진의 성제成帝(326~342)에서 안제安帝(397~418)에 이르는 시기에 생존한 인물이라고 할 수 있다.[31] 장잠은 자연 질서와 도덕 질서가 둘이 아니라고 주장하는 곽상의 관점에 기본적으로 동의한다. 그러나 장잠이 곽상과 뚜렷하게 구별되는 점은 곽상처럼 '자연'과 '명교'가 본질적으로 서로 떨어진 것이 아니라는 일원론적인 입장을 지니면서도, 현실적으로 양자를 서로 다른 양상을 지닌 것으로 대비시키는 이원론적 입장을 표명하고 있다는 점이다. 장잠은 이런 사실을 설

---

31) 馬良懷, 『張湛評傳』, 27쪽.

명하기 위한 방안으로 곽상과는 다른 존재론적 근거를 제시한다.

> 생겨나지 않는 것은 진실로 사물을 생겨나게 하는 종주이다. 변화하지 않는 것은 진
> 실로 사물을 변화하게 하는 종주이다. 생겨나는 것은 스스로 생겨날 수 없는데 생겨
> 나며, 변화하는 것은 스스로 변화할 수는 없는데도 변화한다. 단지 저절로 생겨나지
> 않을 수 없고 변화하지 않을 수 없다.[32]

장잠에 따르면, 이 세계의 모든 사물은 두 가지 서로 구별되는 존재 방식을
동시에 지니고 있다. 하나는 어떤 경우에도 생겨나거나 변화하지 않는 '불생자
不生者'와 '불화자不化者'의 이상적 세계이고, 다른 하나는 끊임없이 생겨나고
변화하는 역동적 과정에 있는 '생자生者'와 '화자化者'의 현실적 세계이다. 장
잠은 이 둘이 완전히 분리되어 있는 것이 아니라는 사실을 분명히 한다. 즉 모
든 사물은 '불생자'와 '불화자', '생자'와 '화자'가 하나의 존재 영역으로 합치되
는 역동적 상태에서 그 무엇에도 의지함이 저절로 그러하게 생겨나고 변화한
다는 것이다. 그러나 장잠은 두 가지 존재 영역이 반드시 구별되는 것으로 보
아야 한다고 주장한다. 왜냐하면 '불생자'와 '불화자'는 '생자'와 '화자'의 궁극
적 존재 근거로서 현상 세계의 변화를 포함하면서도 그것에 관계없이 그 자체
의 독자적 불변성을 확보하는 존재이기 때문이다.
　장잠은 이런 우주 만물에 대한 관점을 토대로 인간 사회의 역동적 도덕 질
서를 정초하고자 한다.

> 오직 예와 악의 잘못만을 버릴 뿐이지, 예와 악의 작용을 버리는 것은 아니다. 예와
> 악은 본디 버릴 수 없다.[33]

『시詩』와『서書』를 없애고 통치술을 바꾸려고 하는 것이 어찌 폐단을 구하는 길이

---

32) 楊伯峻 集釋『列子集釋』, 2쪽, "不生者, 固生物之宗. 不化者, 固化物之主. 生者非能生而生, 化
　　者非能化而化也, 直自不得不生, 不得不化者也."
33) 楊伯峻 集釋 같은 책, 116쪽, "唯棄禮樂之失, 不棄禮樂之用, 禮樂故不可棄."

겠는가? 나아가되 버리지 않고 행하되 뽐내지 않으면 사물이 저절로 온전하게 된다.[34]

장잠은 도덕 질서의 폐단과 한계를 지적하면서도 그것의 사회적 기능과 효용성은 인정한다. 그는 자연 질서에 일치되는 도덕 질서가 이루어질 수 있다면, 모든 사물이 누가 그렇게 되도록 시키지 않아도 저절로 그러하게 다스려질 수 있다고 본다. 이는 자연 질서와 도덕 질서의 일치성을 주장하는 일원론적 관점이다. 그러나 도덕 질서는 어디까지나 세상을 다스리는 도구에 지나지 않는 것이다. 그는 "시와 서와 예와 악은 세상을 다스리는 도구이다. 성인은 이를 근거로 삼아 활용함으로써 한 시대의 폐단을 구제한다"[35]고 말한다. '명교'의 도덕 질서는 세상을 다스리는 방편적 도구에 지나지 않기 때문에 한 시대의 폐단을 치유하는 것에 그쳐야 한다. 그런데도 만약 한 시대의 폐단을 치유하는 도구에 지나지 않는 도덕 질서를 고집하여 그것을 고정된 질서로 따로 강조한다면, 여기에서 도덕 질서가 왜곡되고 변질되어서 모든 사회의 혼란이 생겨난다고 주장한다. "세상을 다스리는 방법은 실로 인과 의를 사용해야 한다. 세상이 이미 다스려졌다면 사용했던 방법은 버려야 한다. 만약 모인 것이 흩어지고 일이 끝났는데도 고집하여 버리지 않는다면, 그것에 정情을 두는 사람은 적고 그것을 이용하려는 사람은 많게 된다. 쇠퇴함과 각박함의 시초는 이로 말미암는 것이다"[36]라는 말이나 "명교를 크게 부양시키고자 한다면 폐단에 이르는 까닭을 완전하게 막을 수 없다"[37]고 한 말이 바로 그것이다. 즉 자연 질서에 근거해서 모든 사물이 저절로 다스려질 수 있는데도 '명교'를 따로 강조하는 것이 바로 도덕 질서가 '이화異化'되는 근본 이유라는 것이다.

---

34) 楊伯峻 集釋, 같은 책, 같은 쪽, "若欲捐詩書, 易治術者, 豈救弊之道? 卽而不去, 爲而不恃, 物自全矣."
35) 楊伯峻 集釋, 같은 책, 115쪽, "詩書禮樂, 治世之具, 聖人因而用之, 以救一時之弊."
36) 楊伯峻 集釋, 같은 책, 같은 쪽, "治世之術實須仁義. 世旣治矣, 則所用之術宜廢. 若會盡事終, 執而不舍, 則情之者寡而利之者衆. 衰薄之始, 誠由於此"
37) 楊伯峻 集釋, 같은 책, 194쪽, "將以大扶名敎, 而致弊之由不可都塞."

장잠은 '자연'이 '명교'의 변화에 관계없이 그 자체의 불변성을 확보하고 있다고 봄으로써, 변화 속에서도 변화하지 않는 '자연'의 영원성을 주장하게 된다. 즉 장잠은 현실 세계와 이상 세계가 하나의 통일적인 현실이라는 점을 주장하면서도, 양자의 관계를 명료하게 대비시키면서 이상 세계의 영원성을 주장하는 이원적 견해를 주장하고 있는 셈이다. 이는 자연 질서의 영원성을 주장함으로써 현실적 도덕 질서에 관계없이 언제든지 '가능한 현실'임을 주장하려는 것이다. 이런 장잠의 생각은 어떤 의미를 함축하고 있는 것일까? 장잠이 자연 질서와 도덕 질서를 이원화하지 않으면서도 양자를 명료하게 대비시키는 것은, 현실의 도덕 질서가 아무리 혼란스럽더라고 하더라도 이상적 자연 질서는 그것에 관계없이 독자적 불변성을 지니고 있기 때문에 인간의 주체적 노력을 통해 얼마든지 이상과 현실을 하나로 일치시킬 수 있음을 보여 주는 것이라고 하겠다. 따라서 장잠이 이상과 현실을 일원적이면서도 이원적으로 파악하는 것은 현실 속에서 곧바로 이상이 실현되어야 함을 당위적으로 역설한 것이라고 볼 수 있다.

5. 위진 현학이 남긴 것

위진 현학은 현실 세계를 떠난 그 어떤 곳에서 이상 세계를 따로 실현하려고 한 것은 아니다. 위진 현학이 한결같이 고민한 문제는 어떻게 하면 '자연'의 이상적 화해를 분열과 혼란이 난무하는 현실 사회의 도덕 질서 속에 담아 낼 수 있는가 하는 것이었다. 위진 현학자들의 문제 의식은 자연 질서와 도덕 질서의 통일적 관계를 존재론적으로 해명하고 이를 당위론적으로 일치시키려는 것이다. 그러나 그들은 저절로 그러하게 굴러가는 '자연'과는 달리 모순과 비리가 판치는 현실적 '명교' 속에서 이상과 현실의 괴리를 경험하게 된다. 이런 현실 사회의 모순과 갈등에 직면하자, 그들은 다같이 이상 세계를 현실 세계 속에 담아 내려는 동일한 목표를 지니고 있음에도 불구하고 각기 서로 다른 현실 세계에 대한 다른 진단책과 해결책을 제시하고 있다.

한마디로 말해서 위진 현학자들의 서로 다른 견해는 이상과 현실의 충돌과 조화의 관계를 반영하고 있다. 위진 현학자들은 이상과 현실의 관계를 이원적으로 파악하면서도 그 양자의 관계가 각기 서로 동떨어져 존재하는 독립적 실체가 아니라 동일한 존재의 상이한 양상에 불과하다는 사실을 존재론적으로 입증하고, 이를 인간의 역동적인 주체의 노력을 통해 체험적으로 확인하려고 시도함으로써 존재와 당위의 일치성을 역설한다. 이처럼 이상과 현실이 둘이 아니라 하나로 합치될 수 있다는 사실을 강조하는 것은 현실 속에서 이상이 곧바로 실현될 수 있다는 점을 존재론적 차원에서뿐만 아니라 당위적 차원에서 검증하려는 것이라고 볼 수 있다. 그런데 주목을 끄는 것은 위진 현학이 후기로 내려가면서 이상과 현실이 하나로 일치될 수 있다는 사실을 일원적인 관점에서 주장하면서도, 이상이 현실과는 달리 시공의 흐름에 따라 변화하지 않는 절대적인 존재임을 강조하는 이원적인 관점으로 전환되어 간다는 사실이다. 이는 위진 시기의 후대로 내려갈수록 이상과 현실의 틈이 더욱 벌어지고 있다는 사실을 보여 주는 것이라고 할 수 있다.

지금의 세계는 '외우내환'의 위기에 직면하고 있다. 밖으로는 자연 질서의 파괴로 인하여 생태계의 위기에 시달리고 있고, 안으로는 도덕 질서의 붕괴로 인해 공동체의 위기를 맞고 있다. 이런 위기 상황에 직면한 현대 세계는 이 두 마리의 토끼를 동시에 잡아낼 수 있는 새로운 패러다임을 모색하고 있다. 즉 어떻게 하면 자연 질서에 근거하여 새로운 도덕 질서를 구축함으로써 자연과 사회의 모순을 동시에 해소할 수 있는가 하는 것이다. 여기서 우리는 오늘날 우리가 추구해야 할 과제도 위진 현학의 시대적 과제에서 멀리 떨어져 있는 것이 아님을 알 수 있다. 따라서 우주 만물의 자연 질서와 인간 사회의 사회 질서를 하나의 완정한 조화 체계로 구축하여 자연과 사회의 관계를 탐구했던 위진 현학을 통해 오늘날 우리가 안고 있는 위기 상황을 바라볼 수 있는 새로운 반성의 계기를 마련할 수 있을지도 모른다. 인간의 본질이 변화하지 않는 한 자연 질서와 도덕 질서의 관계를 문제로 제기하여 이상과 현실을 하나로 일치시키려고 시도한 위진 현학의 과제는 오늘도 여전히 미해결의 숙제로 남아 있다고 하겠다.

하지만 그와 같은 공시적인 문제 의식은 잠시 덮어놓고 시야를 중국철학사 속으로 좁혀 본다면, 우리는 위진 현학이 이후의 중국철학사의 흐름에 결정적인 이정표 역할을 하고 있음을 알게 된다. '자연'과 '명교'의 관계 문제라는, 자신에게 주어진 시대적 과제를 풀어 나가는 과정에서 위진 현학이 이룩한 철학적 성과들은 이어지는 불교의 중국화 과정에 결정적인 역할을 했으며, 또 철학적 사유의 자연스러운 흐름 속에서 그 연장선상에 있다고도 할 수 있는 성리학의 태동에 기본적인 개념틀이나 이론틀로도 적극적으로 작용해 들어갔다. 이런 점에서 위진 현학은 지금도 중국 철학의 역사 속에서 그 독창적 사고들을 통하여 활기차게 숨쉬고 있는 것이다.

程樹德, 『論語集釋』,(北京: 中華書局, 1990)

樓宇烈 校釋, 『老子・周易王弼校釋』,(臺北: 華正書局, 1983)

郭慶藩 集釋, 『莊子集釋』,(北京: 中華書局, 1978)

陳伯君 校注, 『阮籍集校注』,(北京: 中華書局, 1987)

殷翔・郭全芝 注, 『嵇康集注』,(合肥: 黃山書社, 1986)

楊伯峻 集釋, 『列子集釋』,(北京: 中華書局, 1996)

田兆民 主編, 『歷代名賦譯釋』,(哈爾濱: 黑龍江人民出版社, 1995)

『晉書』,(北京: 中華書局, 1975)

徐震堮, 『世說新語校箋』,(北京: 中華書國, 1987)

馬良懷, 『張湛評傳』,(南寧: 廣西敎育出版社, 1997)

余敦康, 『中國哲學論集』,(瀋陽: 遼寧大學出版社, 1998)

任繼愈 主編, 『中國哲學發展史』 秦漢篇(北京: 人民出版社, 1985)

불교의 중국화와 중국의 불교화

박태원

1. 얽혀 있는 두 힘

철학의 형성과 전개는 시대의 요청과 불가분의 관계에 있음이 분명하다. 모든 형태의 철학은 당면한 시대적 과제에 대한 대응이라는 측면을 지니고 있다. 따라서 불교의 중국 전래와 중국인들의 불교 수용 역시 그 시대 중국인들의 문제 상황과 연관시켜 파악해야 할 것이다. 불교 도입과 수용의 사상사적 이해를 위해서 그 당시의 시대적 요청을 읽어내는 작업이 선행되어야 하는 까닭이 여기에 있다.

중국에서의 불교 수용과 전개에 함축되어 있는 사상사적 의미에 접근하기 위해서 또 한 가지 고려해야 할 점이 있다. 중국인들에 대한 불교의 요구가 그 것이다. 중국에 전래될 때의 불교는, 이미 자신의 개성을 충분히 형성한 완정된 철학 체계로서의 면모를 지니고 있었다. 중국인들의 구미나 특수한 시대적 요청에 맞추어 적당히 취사선택하거나 변질시키는 작업이 결코 용이하지 않을 정도의 선명한 철학적 개성과 체계를 이미 구축하고 있었던 것이 불교였다. 달리 말해, 중국에 전래될 당시의 불교는 이미 형성된 자기 개성을 받아 줄 것을 중국인들에게 요구할 수 있는 정도의 강한 사상 체계였다. 따라서 우리는 중국인들의 마음에 자신을 투영시키려고 하는 불교의 요구를, 중국의 시대적 요청과 더불어 동시에 고려해야 한다.

불교의 중국 전래와 수용에는 이처럼 두 가지 힘이 얽혀 작용하고 있다. 당면한 문제 상황의 해법을 불교에서 발견하려는 '시대적 요청'과, 이미 선명한 개성을 고도로 완비한 불교가 중국인들에게 자신을 반영시키려고 하는 '불교의 요구'라는 두 힘은, 서로 복잡하게 얽히면서 마침내 양자 모두 인류 역사상 보기 드문 멋진 성취를 이룩해 낸다. 중국인들은, 어쩌면 외래 문화 수용의 가장 성공적인 사례일 수도 있는 '불교의 중국화'라는 작업을 멋들어지게 성취한다. 동시에 불교는 저 오만하리만큼 도도한 중화 의식을 헤집고 들어가, 마침내 중국 철학과 문화를 유儒·불佛·도道라는 삼교三敎 체제로 정립시키고 그 한 자리를 확고하게 차지하는 '중국의 불교화'에 성공한다.

그러면 '시대의 요청'과 '불교의 요구'라는 두 힘을 축으로 하여 사상사적 관점에서 불교의 중국 전래와 수용 과정을 더듬어 보자. 그것은 시기적으로 불교가 전래된 전한前漢 때부터 남북조南北朝까지가 그 대상이 된다. 중국 역사는 진秦과 한漢의 400여 년 통일 시대에 이어 위진魏晉·남북조南北朝의 360여 년 분열 시대가 전개된다. 한나라 때 전래된 불교는 한 제국의 붕괴 이후 위진·남북조의 분열 시기를 기름진 토양으로 삼아 수용의 착근着根과 이식移植 작업을 수행하게 된다. 그러므로 이 글은 그 착근과 이식 과정의 사상사적 개관이다.

2. 제국의 붕괴와 불교 착근의 토양

중국에 불교가 처음 전래된 시기에 대해서는 여러 가지 설이 있다. 서주西周의 목왕穆王 때라는 설,[1] 동주東周의 경왕敬王 때라는 설,[2] 공자 당시 이미 불

---

[1] 문수와 목련이 서쪽에서 와 목왕을 교화한 것을 계기로 왕이 절을 짓고 불상을 조성하였다는 설.

교가 알려져 있었다는 설,3) 진시황 4년 때라는 설,4) 전한前漢 무제武帝 때라는 설,5) 전한 성제成帝 때 유향劉向이 불경을 보았다는 설,6) 전한 애제哀帝 때라는 설,7) 후한 명제明帝 때라는 설8) 등이 그것이다. 종래 후한 명제 때(영평 10년. 67)라는 설이 널리 통용되어 왔으나, 근래의 연구 성과를 고려하면 이보다는 훨씬 이전에 불교가 전래되었다고 볼 수 있으므로 그 신빙성이 의심된다. 그 결과 최근에는 사료적 신빙성이 가장 높은 전한 애제 때(기원전 2)의 전래설이 선호되고 있다. 즉 적어도 애제 때에는 이미 불교가 중국에 전래되었다고 보는 것이다.

하지만 문헌에 기록으로 등재된 시점이 실제로 불교가 최초로 전래된 시기라고 보기는 어렵다. 문화 교섭과 전파의 성격을 고려할 때, 이미 민간 차원에서는 훨씬 이전부터 실질적인 불교 전래가 이루어지고 있었을 가능성이 높은 것이다. 그런데 문헌상 확인할 수 있는 불교 전래 시기를 전한 애제(기원전 2) 때로 확정한다 하더라도, 이 시기의 불교는 중국인들의 삶과 사상에 그다지 주목할 만한 영향은 끼치지 못했다. 불교가 중국인의 사상적, 문화적, 제도적 풍

---

2) 부처가 입멸한 지 약 200년 후에 출현한 인도 阿育王이 팔만사천의 불사리탑을 조성하였는데, 그 때 중국에 세운 곳이 19군데이며, 시기는 東周 敬王 때의 일이라는 설.

3) 『列子』, 「仲尼」에 나오는 "三王五帝는 성인이 아니다. 오직 서방에 성인이 있으니, 백성을 다스리지 않아도 문란치 않고 말하지 않아도 저절로 믿음이 생기며 교화하지 않아도 스스로 행한다"는 공자의 말에 의거하여, 이 서방의 성자는 곧 부처이므로 공자에게 이미 불교에 대한 지식이 있었다는 설.

4) 진시황 4년(기원전 243년)에 서역의 사문 釋利房 등 18인이 와서 불경을 전하였는데, 왕이 그들을 옥에 가두자 밤에 金人이 나타나 옥문을 부수고 그들을 구출하는 것을 보고는 왕이 놀라 고개를 숙였다는 설.

5) 전한 무제 元狩 2년(기원전 121년)에 흉노를 토벌한 곽거병이 흉노왕 休屠가 모시던 金人을 황제에게 바치자 황제는 이것을 감천궁에 안치하여 조석으로 예배하였는데, 이 금인이 바로 불상이라는 설.

6) 유향이 궁정의 天綠閣에서 책들을 정리하다가 불경이 있는 것을 발견하였고 또 그가 지은 『列仙傳』에도 불경에 관해 기술하고 있으므로, 이 때 이미 불교 경전이 전래되어 있었다는 설.

7) 전한 애제 元壽 원년(기원전 2년)에 大月氏 왕의 사자가 伊存으로부터 景盧가 불교를 구두로 전해 받았다는 설.

8) 명제 永平 10년(67년) 어느 날 밤 金人이 서쪽에서 광명을 내며 궁으로 내려오는 꿈을 명제가 꾸고는 18인을 서역으로 보내어 불도를 구하게 하였는데, 그들이 인도로 가던 중에 불경과 불상을 백마에 싣고 오는 迦葉摩騰과 竺法蘭을 만나 함께 낙양으로 오니, 황제가 기뻐하며 낙양문 밖에 백마사를 짓고 두 사람을 모셨고 거기에서 두 사람이 경전을 번역하였다는 설.

토에 현저한 변화를 초래하게 되는 것은 한 제국이 붕괴되는 3세기에 이르러서이다.

막강한 통일 제국 진秦(기원전 221～207)에 이어 등장한 한(기원전 206～기원후 220) 제국의 신진 지식인층은 새 제국의 질서를 구축하고 합리화시키기 위하여 오행五行 등의 비유교적 전통마저 광범위하게 끌어들여 한대 유교라는 새로운 이념의 틀을 마련함으로써 제국의 새로운 질서를 뒷받침한다. 한대 유학자들이 구축한 새 이념의 틀은 유비類比의 방법을 이용하여 인간사와 자연사를 밀접하게 관련시키는 것이었다. 한대 유학자들이 이해한 우주의 정연한 질서는 자연 현상과 인간의 일들이 예측 가능한 방식으로 상호 정교하게 연관되어 있었다. 그리하여 그들은 그들이 이해한 자연의 일정한 질서를 인간 사회와 제도의 질서와 배열에 반영시켰다. 음양과 오행의 상보적 관계와 변화 질서에 의해 인간사와 자연사의 모든 현상들을 질서 정연하게 체계화시켜, 그들이 운영하는 새로운 국가와 사회를 안정되게 합리화시켰다. 군주와 유학자들은 모두 이 새로운 질서 속에서 각자의 안정된 지위를 확보하고자 합심하여 노력하였다. 유학자들은 이 질서의 원리를 발전시켰고, 군주는 그것을 법에 의해 제도화시켰다.

제국의 형성기에 군주와 유학자 두 계층은 상호 이해 관계가 부합하면서 거대하고도 정교한 안정된 위계 질서를 구축하였다. 그러나 한대 유학이라는 이념적 장치가 얼마 안 가 새로운 사회·정치적 변화 상황에 대처하는 능력을 발휘하지 못하자, 제국이 붕괴되는 동시에 한대 유학 자체도 근본적으로 불신되어 무력해진다. 제국의 질서와 단단히 결합되어 있던 한대 유학은 제국의 붕괴가 시작되자 함께 몰락하는 운명의 길을 걷게 된 것이다.

2세기 후반부에 오면 한 제국 내에서 왕권을 둘러싼 권력 다툼이 치열해진다. 황후 일족을 등에 업고 흥기한 신흥 호족들은 자신들의 탐욕을 위해 왕위 계승을 조정하였으며, 환관들은 권력 최측근이라는 자신들의 위치를 치부와 특권 확보의 발판으로 활용하였다. 그리고 이미 엄청난 부와 권력을 확보한 권문 세가는 신흥 호족 및 환관을 경계하면서 역시 사사로운 탐욕으로 맞섰다. 한편 지방 유학자들을 중심으로 한 지식 계층은 이와 같은 부패한 권력 집단에 대응 하여 청의淸議의 형식으로 비판과 개혁의 목소리를 높였다. 그 결과 제국은 그 통합력을 근본적으로 위협하는 여러 경쟁 집단으로 분열되어 갔다. 그리고 네 집단(권문세가·신흥 호족·환관·유학자 지식인 계층) 사이의 투쟁은 급기야 유 혈 폭력 사태로 이어져(서기 166년 환관과 지식인 계층이 대결한 黨錮의 禍), 증오 와 복수의 살육과 암살이 처절하게 진행된다. 부와 권력을 둘러싼 살육의 투쟁 과정에서 가장 절망적인 고통에 빠진 이들은 농민 계층이었다. 탐욕스런 살육 의 투쟁으로 분열된 상류 계층은 갈수록 농민을 착취하고 학대하였다. 조세와 노역, 기근에 지친 농민들은 커져 가는 고통과 더불어 체제에 대한 불만도 심 화되어 갔다. 호소할 곳 없는 그들의 불만은 대중 폭동의 불씨로 커져 가고 있 었다.

한편 체제의 질환을 진단하고 처방하고자 하는 반성적 지성들은 제국의 질 서를 지탱하는 한대 유교 자체를 비판적으로 점검한다. 그들은 정통 문명의 비 판 과정에서 새로운 철학적 대안을 도가道家에서 찾는가 하면, 법가法家적 처 방에서 현실적 대안을 모색하기도 하였다. 그 반성적 지성들은 제국의 질서를 유지했던 이념의 쇠퇴와 해체를 목격하면서 기존 이념을 대체 내지 보완할 수 있는 새로운 철학을 모색하였다.

결국 한 제국의 분열과 해체의 조짐은 세 가지 요소로 그 모습을 드러낸다. 상류 계층의 격렬한 권력 다툼, 농민 계층의 불만과 폭동, 정통 이념을 불신하 고 새로운 철학적 대안을 모색하는 반성적 지성들의 노력이 그것이다. 이 세 요소가 각기 활성화되면 될수록 제국의 질서는 동요되고 무력해졌으며, 그 구 질서의 이완과 해체의 혼란은 외래 종교와 사상인 불교를 하나의 새로운 대안 으로서 뿌리내리게 하는 토양으로 작용하였다.

2세기 말엽, 고통과 절망에 신음하는 농민들에게 도교는 민중 종교로서의 희망과 활력을 가지고 등장하게 된다. 도교 지도자들은 도교 공동체 내에서 제국이 제공해 주지 못한 안정된 삶의 환경을 농민들에게 제공해 주었다. 그리하여 이 도교 공동체는 제국 전역에 급속도로 확산되어 갔다. 이렇게 힘을 얻게 된 도교는 마침내 제국에 도전하게 되니, 184년과 189년에 일어난 황건적의 난이 그것이다.

분열되어 투쟁하던 제국의 권력자들은 그들 모두를 위협하는 이 새로운 도전을 합심하여 물리친다. 그러나 황건적의 도전을 물리친 후 제국의 권력자들은 다시 분열되어 다투었고, 결국 권력은 황건적과의 전투에서 입지를 확보한 군사적 강자들의 손에 넘어 갔다. 그리고 그 강자 가운데 한 사람인 조조曹操(154~220)가 북중국을 장악한다. 그러나 통일된 중앙 집권적 체제를 재건하려는 조조의 노력은 좌절되고, 뒤이어 등장한 진晉 왕조(265년) 역시 필요한 개혁을 수행치 못하다가 왕위 계승을 둘러싸고 일어난 팔왕八王의 난(290~306)으로 쇠약해져 갔다. 그리고 이 즈음에 이르러 한 제국의 보편적 질서는 사실상 완전히 붕괴되었다. 동시에 이 제국 질서의 붕괴는 중국인들이 불교를 받아들이게 되는 중요한 계기가 되었다.[9]

제국의 질서가 붕괴되어 가는 것을 직면한 반성적 지성들은 유교가 주도한 인위 문명의 한계를 절감하게 된다. 그리하여 그들은 자연스럽게 인위 문명의 병폐를 철저하게 비판하는 노자나 장자의 사상 속에서 새로운 해답을 구하고자 하였다. 이른바 동한東漢 말에서 양진兩晉의 시기에 걸쳐 유행한 청담淸談 혹은 위진魏晉 현학玄學이 바로 그 경향을 대변한다. 그러나 철학적 도교에 관한 이 새로운 관심과 모색도 붕괴해 가는 구질서를 대체할 수 있는 새로운 모델의 확실한 토대가 될 수는 없었다. 새 질서를 수립하는 적극적 기능을 하기

---

9) 불교 수용의 배경으로서 漢 제국 질서의 붕괴를 주목하여 분석한 사람은 Arthur F. Wright이다. 그는 자신의 저서 *Buddhism in Chinese History*, 3~41쪽에서 이러한 관점을 명쾌하게 개진하고 있는데, 여기서는 그의 관점을 참조하였다.

보다는 오히려 냉소적 도피주의나 은둔주의 혹은 공허한 관념적 위안거리로 전락해 버리고 말았기 때문이다. 그 때 중국인들은 허물어져 가는 제국의 질서를 중국 고유의 철학적 체계로써 수습하고자 하는 노력이 무력함을 절감했을 것이다. 지금까지 현실을 운영해 왔던 선명한 질서는 붕괴되어 힘을 잃었고 그것을 대신할 새로운 대안과 질서는 아직 모습을 드러내지 않고 있는 이러한 이중의 결핍 상황이야말로, 외래 종교와 철학으로서의 불교가 중국인들의 마음과 삶에 스며들 수 있는 절호의 기회가 되었다. 실제로 이 시기에 불교는 중국 전역에 확산되면서 뿌리를 내려갔다.

3. 정통과 비정통의 갈등 그리고 격의 불교

1. 정통 진영의 불교 비판과 불교 진영의 대응

한 제국의 체제와 질서의 와해를 틈타 제국 곳곳에서 나름대로 불교가 뿌리를 내려가자 강한 중화적中華的 자존심들은 외래의 불교에 대해 경계와 의심의 눈길을 보내기 시작하였다. 불교가 중국인들의 삶과 생각에 구체적이고도 광범위한 영향력을 행사할 수 있는 토대가 활발하게 형성되자 정통과 비정통의 갈등이 불거지게 되었다.

사실상 불교적 사유와 정통 중국적 사유는 여러 면에서 현저한 차이를 보인다. 전반적으로 볼 때, 정통 중국 문화가 다분히 현세적 세속주의에 기울어져 있는 반면, 불교는 세속에 대한 철저한 본질적 반성에 입각하여(세속의 해체) 세속성을 극복하고자 하였다.(세속의 재구성. 이를 세속의 초월 혹은 出世間主義라 부른다.) 노장 사상을 제외한 정통 중국 사상은 인생에 대한 세속적 이해의 범주를 탈피하려 하지 않는다. 세속주의의 상식적 가치관을 본질적으로 반성하지 않았던 중국인들에게는, 세속성의 철저한 반성과 그에 입각한 수행으로 실현된다는 해탈解脫의 세계가 낯설기만 한 것이었다. 지극히 세속적인 가치관에 입각한 가족주의나 중화적中華的 특수주의에 익숙한 정통적 안목에서는 불교의 차원이 다른 인생관과 가치관, 출가주의나 보편주의를 납득하기 어려웠다. 그 결과 현세적이고 공리적인 차원의 영험 많은 종교로서 종교적 도교와 비슷하게 보았던 전래 초기의 불교에 대한 이해10)에서 벗어나 불교의 개성을 직면하게 된 중국 정통 지성들은, 사상적 낯설음과 민족 의식 등이 혼합되어 촉발한 불교 비판 이론들을 제기하게 된다.

유교와 도교로 대변되는 정통 진영의 이러한 불교 비판에 대해 불교 진영에서 자기 변호를 하는 것은 당연하다. 중국 땅에 확실하게 뿌리내리기 위해서 불가피했던 이 호불론護佛論의 전방에 모자牟子의 『이혹론理惑論』11)이 자리 잡는다. 『이혹론』에서 펼쳐지고 있는 정통과 비정통의 갈등 및 그 해소를 위한 논리를 출가 문제를 둘러싼 문답을 통해 확인해 보자.

질문: 후손이 있는 것보다 더 큰 복은 없고, 후손이 없는 것보다 더 큰 불효는 없다. 그런데 사문들은 처자를 버리고 재산을 포기하며 혹은 평생 결혼을 하지 않으니, 복과 효에 어긋나는 짓을 하는 것이 아닌가? 스스로 괴롭히지만 기이하지도 않고, 스스로 피곤하게 하지만 이채롭지도 않다.

대답: 무릇 왼쪽을 길게 하면 오른쪽이 짧게 되고, 앞을 크게 하면 뒤가 좁게 되는 법이다.…… 처자식과 재물은 세속의 부차적인 것이지만 맑은 몸과 무위無爲는 도의 오묘함이다. 노자는 "명예와 몸 가운데 어느 것이 더 가까운 것이며, 몸과 재화 가운데 어느 것이 더 귀중한 것인가"라고 말하고 있다.…… 허유는 나무에서 둥지를 틀고 살았으며, 백이와 숙제는 수양산에서 굶어 죽었다. 그런

---

10) 세속적인 중국인들의 공리적인 현세적 욕망을 반영한 도교는 도가 철학과 달리 세속주의의 연장선 위에 있다. 그리고 불교 전래 초기에 불교를 접한 소수 중국인들은 불교 역시 도교처럼 초자연적 힘으로 자신들의 세속적 기대에 부응하는 신앙 체계로 이해하였다. 당시 부처를 일컬었던 '黃老浮屠'라는 말은 이러한 정황을 반영한 것이다.

11) 牟子는 후한 말에서 삼국 시대에 걸쳐 남방의 교주에 살았던 인물로 추정되며, 유학을 비롯한 諸子의 설 및 신선 사상까지 폭넓게 섭렵하였다. 그는 『理惑論』에서 불교가 결코 유교나 노장 사상과 충돌 관계에 있는 것이 아님을 역설하고 있는데, 이 책은 중국사상사에 있어서 유·불·도 三教의 관계를 논한 선구적 저술이다.

데도 순과 공자는 그들의 현명함을 칭송하여 '인仁을 구하여 인을 얻은 사람'
이라 말하였지, 그들이 후손도 없고 재화도 없다는 것을 비난하는 소리는 듣지
못하였다. 사문은 도와 덕을 닦는 것으로써 세속에서 노니는 즐거움과 바꾸었
으며 맑고 현명함으로 돌아가는 것으로써 처자의 즐거움을 등졌으니, 이것이
기이하지 않다면 무엇이 기이하며 이것이 이채롭지 않다면 무엇이 이채로운
것이겠는가?[12]

불교는 이후 유교와 도교로 대변되는 중국 정통 진영의 비판에 대한 호불護
佛의 대응 작업을 이론과 실천 양면에서 지치지 않고 전개하여 마침내 유교,
도교와 더불어 중국 사상의 삼대 축의 하나로 자리잡는 데 성공한다. 이러한
불교 진영의 노력은 기본적으로 배타적 독선이나 공격이 아니라, 불교에 대한
오해가 제거되고 이해가 심화됨으로써 성취되는 동반적 포섭 관계의 구축 과
정으로 일관되고 있다. 그리고 그런 포섭과 관용의 태도가 불교로 하여금 중국
이라는 낯선 토양에 뿌리를 깊이 내리는 데 기여하고 있다. 중국인들은 시간이
지날수록 불교 사상이 결코 중국의 정통 문화 기반을 위협하거나 해악적이지
않으며, 오히려 중국의 문화와 사상을 보완하여 중국인들의 삶을 풍요롭게 할
수 있다는 확신을 더할 수 있었다.

2. 격의 불교

불교를 모르는 중국인들, 그러나 깊이 있고 선명한 개성의 고유 사상과 문화
를 지니고 있으며 그것에 대해 강한 자부심을 지니고 있는 중국인들, 그들로
하여금 불교에 마음 열게 하기 위해 불교 진영은 적절한 전술과 전략을 고안하

---

12) 『弘明集』(『新修大藏經』 52권, 3쪽 상). 『弘明集』은 남조 불교의 융성기인 梁나라 때 승려인 僧
祐가 불교가 전래된 후한 明帝 때 이후 양나라 天監 17년(518년)까지 오백 년 동안의 불교 관계
문서 58편을 모아 엮은 것인데, 모자의 『이혹론』도 여기에 실려 전하고 있다. '불도를 넓히고 밝
힌다'는 책명처럼, 護佛論적 성격의 글들을 모두 수록하고 있다. 불교가 활발하게 뿌리내렸던 양
나라 때까지의 三教 對論의 내용을 확인시켜 주는 중요한 문헌이다.

여 구사해야 했다. 그런데 그 사상의 본성상 결코 침략적 정복주의나 배타적 공격주의를 선택할 수 없는 불교가 선택할 수 있는 길은 분명했다. 평화와 공존을 추구하면서 자신을 반영하는 방법, 자기 개성을 충분히 주장하면서도 배타적이지 않을 수 있는 방법을 불교 진영은 선택해야 했다. 그리하여 불교 진영의 전술은 이렇게 결정된다. '우선 불교에 대한 중국 정통 진영의 낯설음과 경계심을 완화시켜야 한다. 그러자면 불교와 중국 전통과의 차이점을 강조하거나 공격하기보다는 중국 정통 사상 및 문화, 신앙 등과 불교의 유사한 점과 서로 상통하는 점들을 적극적으로 부각시켜야 한다.' 불교의 개념들을 중국 정통 사상의 개념들과 결부시킴으로써 토착인들의 경계나 반발을 무마시키면서 자신을 알리는 이른바 '개념의 짝짓기'(格義) 작업의 배경은 이런 것이었다.13)

문제 해결의 새로운 실마리를 불교에서 구하려고 하는 중국인들, 그리고 불교를 새로운 땅에 소개하려는 종교적 원력으로 충만한 불교인들 모두에게 초미의 과제가 되었던 것은 불교 경전의 번역 작업이었다. 도래한 서역西域 승려들이14) 가져온 불경을 중국인의 언어로 번역하는 일이야말로 도교처럼 불로

---

13) 노자가 인도로 가서 그들을 교화하고 석가가 되었다거나 석가의 스승이 되었다고 하는 이른바 '老子化胡說' 역시 이런 배경에서 이해할 수 있다. 불교가 중국 전역에 뿌리내려 갈수록 도교측의 반발이 거세져 양자 사이의 논쟁이 빈발하는데, 西晉 말 불교측의 帛遠과 도교측의 도사 王浮 사이에도 도·불 논쟁이 벌어져 백원이 왕부를 굴복시켰다고 한다. 그 때 왕부는『老子化胡經』을 지어 대항하였다고 한다. 이『노자화호경』은 현존하지 않지만 돈황 문서를 통해 그 내용을 짐작할 수 있는데, 노자가 인도(胡)로 가서 그들을 교화하고 석가가 되었다거나 석가의 스승이 되었다는 내용이다. 이 설은 이후 도·불 논쟁의 중요한 논거로 활용된다. 그런데 왕부가『노자화호경』을 위작하기 이전부터 이미 '노자화호설'은 유포되어 있었다. 후한 桓帝 延熹 9년(166년) 양계의 상소 속에 "혹은 말하기를 노자가 夷狄에 들어가 浮屠(석가)가 되었다 한다"고 하였고, 그 후 100여 년이 지나『魏略』의「西戎傳」속에 "浮屠(이 때는 불경)에 실린 바가 중국의 노자경과 서로 출입한다. 생각건대 노자는 서쪽 關을 나와서 서역을 지나 天竺(인도)에 가서 胡(인도인)를 가르쳤다"고 하였다. 그렇다면 적어도 2세기 중엽, 즉 왕부가『노자화호경』을 위작하기 약 150여 년 전에 이미 노자화호설이 중국 사회에 유포되고 있었던 셈이 된다. 이 점을 두고 학계에서는 노자화호설이 도·불 논쟁 과정에서 도교측이 날조해 낸 것이 아니라 불교측에서 의도적으로 유포시킨 것일 수도 있다고 해석한다.(이 점에 관한 학계의 연구는 鎌田茂雄,『中國佛教史』, 정순일 옮김, 38쪽에 소개되어 있다.) 즉 불교 진영에서 불교 전래 초기에 도교인들의 반발이나 비판을 완화시키고자 하는, 다분히 의도된 전술적 배려 아래 유포시킨 것으로도 볼 수 있는 것이다.
14) 중국에 도래한 초기의 승려들은 인도에서 직접 온 사람들이 아니라 대부분 인도 북방의 大月氏(아프카니스탄 지방), 安息(이란 지방), 康居(사마르칸드 지방) 등으로부터 중앙아시아 지역에 걸

장생과 관련된 현세적이고 공리적인 영험 많은 신앙으로 여겼던 전래 초기의 불교 이해 수준을 획기적으로 변화시킬 수 있는 작업이었다. 그리하여 후한後漢 말에는 마침내 한역漢譯 불전佛典이 등장하게 된다. 그리고 인도 정신과 중국 정신의 교섭이라는 이 기념비적인 인류문화사의 사건이 이로 인해 본 궤도에 오르게 된다.

각 시대 최고의 역량을 갖춘 이들이 총동원되어 장기간에 걸쳐 공연된 한역 대장경漢譯大藏經의 형성이라는 불가사의한 드라마의 첫 장은 후한 환제桓帝 때에 서역에서 도래한 안세고安世高와 지루가참支婁迦讖에 의해서 열린다. 서역 안식국 태자 출신인 안세고는 아함阿含이나 선관禪觀 및 아비담학阿毘曇學에 정통하여 그들과 관련된 불전들, 즉 초기 불교(소승 불교)[15] 문헌들을 번역하였다. 이에 비해 서역 대월지국 출신으로 안세고와 거의 같은 시기에 도래한 지루가참이 번역한 경전은 모두 대승 경전이었으며, 특히 『도행반야경道行般若經』(『小品般若經』)은 『반야경』 최초의 번역으로서 중국 불교 최초로 '공空'의 도리를 소개하였다는 중요한 의미를 지닌다. 또 그의 『반주삼매경般舟三昧經』 번역으로 중국 불교에 아미타불이 최초로 소개되어 이후의 중국 불교 전개에 큰 영향을 미치기도 하였다. 안세고와 지루가참으로 인해 비로소 초기 불교와 후기 불교의 불전들이 거의 동시에 중국에 소개되었고, 이를 계기로 중국

처 있던 지역의 사람들 즉 西域 출신들이었다. 중국에 처음 전래된 불교는 인도 불교가 아니라 인도로부터 동서 문명의 교통 요지였던 이 곳 서역에 전래된 불교(서역 불교)였다. 중국이 인도 불교와 직접 교류하게 된 것은 東晉 시대부터이다.

15) 초기 불교와 소승 불교, 후기 불교와 대승 불교가 반드시 동일한 용어는 아니다. 초기 불교와 후기 불교라는 용어는 불교를 시간적 고려 아래 객관적으로 기술할 때 사용하는 것이고, 소승 불교와 대승 불교라는 말은 대승 불교의 등장이라는 불교사 안의 특수한 사태를 전제로 사용하는 용법이다. 불교의 역사에서 자신을 '大乘'이라 칭하면서 퇴색된 불교의 본질성과 건강성을 회복하려고 노력한 사람들이 그 비판의 대상으로 설정했던 불교가 바로 '小乘' 불교이다. 따라서 대승 불교와 소승 불교라는 말은 대승 불교 운동자들의 평가적 안목이 전제되어 있는 특수하고도 제한된 용법들이다. 대승 불교 운동은 불교 역사의 후기에 등장한 것이므로 대승 불교를 곧 후기 불교라 해도 무방하지만, 소승 불교와 초기 불교를 동일시할 수는 없다. 초기 불교 경전이라 하더라도 대승의 안목에서 소화하면 대승 불교이고, 후기 불교 경전이라 하더라도도 소승적으로 소화하면 곧 소승 불교라는 것이 대승 불교의 기본적인 문제 의식인 것이다. 따라서 안세고가 번역한 경전들은 소승 경전이라기보다는 초기 경전들이라 하는 것이 더 적절할 것이다.

인의 불교 수용은 본 궤도에 오르게 된다.

그런데 안세고와 지루가참에 의해 막이 오른 경전 번역과 해설 작업 역시 정통 중국 사상을 의식한 불교 진영의 뿌리 내리기 전술에서 예외일 수는 없었다. 불교 사상의 개념들을 가급적 중국인들에게 친숙한 토착 개념들과 짝지어 번역하는 것이 불가피한 전술적 선택이었기 때문이다. 그래서 이른바 '격의 불교'가 전개된 것이다. 그리고 불교 진영은 이 '개념 짝짓기' 작업의 적절한 반려자로 도가 사상을 주목하였다. 예컨대 앞서 소개한 모자의 『이혹론』에서는 이런 문답이 오고 간다.

> 질문: 불교에서 말하는 도道란 무엇인가? 도란 어떤 종류인가?
> 대답: 도란 이끈다는 것이다. 사람들을 이끌어서 무위無爲에 이르게 한다. 도는 앞으로나 뒤, 위로나 아래로 한계가 없으며, 보아도 형상이 없고 들어도 소리가 없으며, 사방이 비록 광대하나 도는 그 밖에 있고, 터럭끝같이 가늘지만 도는 오히려 그 사이에 들어간다. 그러므로 도라 한다.16)

여기에서는 불교의 법法(dharma)과 열반涅槃(nirvana)을 명백히 노자의 도道와 무위無爲라는 개념으로 설명하고 있다. 이밖에도 격의 불교에서는 불교의 성인인 아라한阿羅漢(Arhat)을 진인眞人으로 설명하는 등의 짝짓기 작업을 서슴지 않았다. 개념 짝짓기의 대상이 도가 사상에만 국한된 것은 아니었다. 일반인을 위해 불교의 기본 윤리인 오계五戒를 유교의 오상五常과 짝지웠고, 불교의 윤리 체계인 계戒(sila)를 번역하는 데 효순孝順이라는 유교 용어를 사용하기도 하였다. 그런데 비록 격의 불교가 유교와 도가 사상 모두를 그 격의의 대상으로 삼기는 하였지만, 불교측이 더욱 친밀함을 느낀 파트너는 아무래도 도가 쪽이었다. 불교측이 개념 짝짓기의 적절한 파트너로서 도가 사상을 주목할 수 있었던 까닭을 두 가지 측면에서 생각해 볼 수 있다. 하나는 당시의 사상적 상황이

---

16) 『弘明集』(『新修大藏經』, 52권, 2쪽 상.)

고, 다른 하나는 불교와 노장 사상의 사상적 친화성이다.

격의 불교는 위진 시대에 성하였다. 그런데 위진의 사상계는 이른바 현학玄學의 전성 시대이다. 한 제국의 멸망과 동시에 제국의 질서를 지탱했던 한대 유학이 쇠퇴의 길을 걷자, 제국의 붕괴를 목격하면서 진단과 처방에 몰두했던 지성들은 유교가 무능한 통치자들을 위한 이데올로기였을 뿐 더 이상 문제 해결 능력을 찾아볼 수 없다고 판단하였다. 그리하여 그들은 도가 철학의 전통 속에서 유학이 앞장서서 구축했던 문명을 비판하는 안목을 이끌어 내는 동시에 혼란 속에서 인간이 안전할 수 있는 삶의 지혜를 확보하고자 하였다. 한 제국이 붕괴되면서 위魏·촉蜀·오吳의 삼국 시대가 분립되고 다시 진晉으로 이어지는 시기에 이런 경향의 철학적 모색이 활발하였다. 우리는 그 시기의 그런 사상적 동향을 현학玄學 혹은 청담淸談 등으로 부른다.

이처럼 위진 시대의 사상계는 노장 사상 탐구의 열기가 가득하였다. 그리고 현학에 몰두하던 이들은 자연히 새로이 소개되는 불교의 '공空' 사상 등을 도가의 '무無'와 결부시켜 호감을 가지고 음미하기도 하였다. 민간 신앙화된 도교적 범주에서의 불교 이해 단계를 탈피하여 이제 본격적으로 자신의 사상을 역경譯經을 통해 중국인들에게 알리려는 불교의 입장에서 당시 사상계의 주류로 유행하고 있던 노장 사상을 격의의 대상으로 삼는 것이 당연한 일이었다. 중국인들의 불교에 대한 이해를 철학적 단계로 발전시키기 위해서는 그 시대 지성인들의 주된 관심사에 부응해야 하였기 때문이었다.

불교측이 격의의 주된 파트너로서 노장 사상을 선정한 또 하나의 간과할 수 없는 이유는 바로 불교와 노장 사상의 친화성이다. 다분히 현세적 세속주의로 기울어져 있는 중국 문화 풍토에서 노장 사상은 매우 이색적인 영역이었다. 노장 사상은 중국인들의 세속적 사유 범주를 근저에서 뒤흔들며 위협하는 힘을 지니고 있기 때문이다.

세속주의의 토대인 유有의 사유를 넘어서 무無의 세계를 제시하고, 문명과 문화라는 이름으로 끊임없이 확대일로를 걷는 자기 주장과 탐욕의 세속적 욕망(有爲)을 비판하면서 무위無爲의 경지를 설하며, 삶과 죽음을 비롯한 일체의 세속적 편견과 선입관에서 벗어난 자유의 경지를 설하면서 노장 사상은 인생에 대한 중국인들의 답답한 세속적 안목을 근원적으로 틔워 주는 역할을 한다. 그러기에 중국 지성들은 유가적 안목으로 무장하고 세속적 성취를 위해 힘쓰다가도, 패배와 좌절의 시기에는 노장 사상 속에서 인간 존재의 근원적 보호책이나 위안법을 구하곤 하였다. 노장 사상은 중국인들로 하여금 세속주의의 틀에서 벗어나게 해 준 어쩌면 유일한 정통적인 사상 체계였다.

그런데 불교는 그야말로 일체의 세속적 범주를 근저에서부터 철저히 재검토하고 비판해 나간다. 자아와 모든 존재에 대한 인간의 뿌리깊은 선입견을 송두리째 흔들어 뽑아 버리고 교정함으로써 새로운 세계를 열어 나간다. 애당초 잘못된 이해에 입각하여 전개되어 온 것이 이른바 세속적 욕망일진대, 그 역시 원천에서부터 비판적으로 재검토 당한다. 오랜 세월 너무나도 당연시되어 온 세계 이해와 경험, 즉 세속世俗 자체를 철저히 비판하고 세속성이 극복된 해탈의 경지를 대안으로 제시하는 것이 불교이다.

노장 사상과 불교는 이처럼 본질적으로 상통하는 점이 있다. 민간의 세속적 기대에 부응하여 종교적 형태로 변질된 도교가 아닌, 본래의 철학적 도가 사상(노장 사상)은 불교와 밀접한 사상적 친화성을 지니고 있다. 그러기에 가급적 중국 토착 사상의 언어로 불교를 번역하려는 격의 불교 단계에서의 불교로서는 당연히 노장 사상을 그 개념 짝짓기의 주된 파트너로 택하게 된 것이다. 이런 점에서 노장 사상은 불교의 중국 수용에 사상적 가교 역할을 수행하였다고 할 수 있다.[17]

---

17) 노장 사상과 불교의 사상적 친화성에 비해, 유교와 불교는 상대적으로 거리가 있을 수 있다. 유교의 합리적 세속주의는 불교의 세속 비판에 대해 부정적이기 때문이다. 그러나 유·불·도 삼교는 결국 밀접한 상호 관련을 맺으며 전개된다. 도교가 불교를 본받아 교단 조직을 발전시켰는가 하면, 신유학인 성리학의 형성에는 불교가 깊이 개입하고 있다. 그리고 격의 불교는 중국 정통 사상 진영의 반발이나 거부를 무마시켜 순조로운 불교 이식을 가능케 한 장점도 있는 반면에, '오

4. 불교 토착화의 두 갈래 길

중국 북쪽과 서쪽의 흉노匈奴, 선비鮮卑, 갈羯, 저氐, 강羌 등의 이민족들은 서진西晉 말 팔왕八王의 난을 틈타 침입하여 강북 땅에 제각기 나라를 세웠다. 흉노족인 한漢(前趙)의 유총劉聰(재위 310~317)이 서진을 멸망시키니, 멸망당한 서진의 일족 사마예司馬睿는 남쪽의 건강建康으로 피하여 그곳에서 제위에 오르고 원제元帝(재위 317~322)라 칭하여 동진東晉(317~418) 시대를 열었다. 이후 백여 년간 강남 지방은 동진이 지배한다. 한편 강북 중원 지방은 전조前趙 이후 오호五胡(흉노, 선비, 갈, 저, 강)의 여러 민족들이 다투며 16국을 세워 흥망을 거듭하니, 이른바 5호16국이다. 이후 북방 호족 국가들은 북위北魏(439년)에, 그리고 동진은 송宋(420년)에 통합되는데, 이 때까지의 백 여 년간을 동진 시대 혹은 5호16국 시대라 한다. 이 시기의 불교는 질과 양에서 모두 급격히 발전하면서 본격적인 불교 연구 시대의 막을 올린다. 또 동진의 왕실을 빼앗고 유유劉裕가 세운 송宋(420~478)과 그를 이은 제齊(479~501)・양梁(502~556)・진陳(557~589)의 4대에 걸친 남조南朝와, 북방의 호족 국가를 통합한 북위北魏(386~534)와 동위東魏(534~550)・서위西魏(535~556)・북제北齊(550~577)・북주北周(557~580)의 5대에 걸친 북조北朝가 수隋에 의해 병합되어 통일될 때까지의 150여 년간을 남북조 시대라 부른다. 이 시기는 동진 시대와 마찬가지로 강북(화북)은 호족이, 강남은 한민족이 지배하였다. 엄청나게 형성된 한역 불전들을 연구하여 학파 불교가 성립된 것은 이 남북조 시대의 일이다.

이처럼 동진 시대와 남북조 시대는 모두 호족이 지배한 강북의 불교와 한민족이 통치한 강남의 불교로 양분되어 전개된다. 강남・강북의 상이한 정치・사회・문화적 환경에 적응하면서 이 시대를 통해 불교는 중국인의 정신과 삶

해와 왜곡의 가능성'을 잉태하고 있기도 하다. 이 격의 불교적 오해와 왜곡은 중국 불교의 성장과 발전에 부응하여 극복되어 간다. 특히 구마라집의 경전 번역은 격의 불교적 한계를 극복하는 중요한 전기를 이룬다.

에 확실히 이식되었고, 후일 수·당 시대에 꽃피울 '중국화된 불교'의 토대를 마련하는 데 성공하였다.

1. 강북 불교

진과 한 제국의 중심으로서 한족의 정치·문화·철학적 무대였던 화북華北의 중원은 이민족들 사이의 패권 다툼으로 항상 전란이 끊이지 않았다. 이민족들 사이의 무자비한 폭력과 증오로 강북 사회는 항상 불안과 긴장이 넘쳐흘렀다. 그러나 역설적으로 불교는 이 고통의 현장에서 자신의 적극적인 역할을 확보하고 수행해 감으로써 오히려 활발하게 발전한다.

특히 강북 지역을 지배하게 된 호족 통치자들은 자신들이 외래 민족이라는 점에서 외래 종교인 불교에 대해 더욱 우호적이었다. 외래 민족으로서 한족의 주무대였던 중원을 통치하면서 한족의 통치 이념이었던 유교에 의존하는 것은 자칫 한족 문화의 영향권으로 말려들어 정치적 기반마저 잠식될 우려가 있었다. 그러기에 호족 통치자들로서는 외래 종교인 불교를 사회 통합과 정치적 후원의 파트너로 선택한 것은 바람직한 일이었다. 더욱이 불교는 모든 인종과 국가를 포용하는 보편적 윤리를 지니고 있다는 점이 이민족 통치자들에게는 매력적이었다. 이민족들 간의 증오와 다툼으로 심각한 사회 균열과 갈등을 노출하고 있는 강북 사회의 통합 이념으로 불교가 기능할 수 있을 것이라는 기대 때문이었다. 실제로 불교의 갖가지 기념일이나 축제가 각 지역민들에게 공통체적 어울림의 기회를 제공하는 등 강북의 불교 신앙은 분열된 사회를 통합시키는 데 크게 기여하였다.

강북 사회의 이러한 상황적으로 인해, 불교는 강북 통치자들로부터 열렬한 지지와 후원을 받으며 발전할 수 있었다. 물론 강북의 이민족 통치자들이 정치·사회적 고려만으로 불교에 열광한 것은 아니다. 개인적으로 이들 이민족 통치자들은 불교 승려들의 경이로운 영험력과 탁월한 자문에 크게 감동하고 있었다. 그들은 불교를 통해 정치·사회·문화·사상·종교적 결핍을 해소할 수 있다고 생각해 경쟁적으로 고승들을 모시려고 치열한 쟁탈전까지 벌였다. 이러한 강북 지도자들의 열렬한 지지와 사회 정황으로 인해 불교는 강북 사회에 급속도로 확산되고 발전되었다.

강북 불교의 개척자 역할을 수행한 것은 서역 구자국龜玆國 출신 승려 불도징佛圖澄(232~348)이었다. 신통술이 뛰어난 그는 단순하고 무식한 흉노족 통치자를 교화하기 위해 자신의 신통술을 적절히 활용하였다. 그리하여 포악했던 후조後趙의 통치자 석륵石勒과 석호石虎를 그의 열렬한 신자로 만들어 교화시킴으로써 백성들을 폭정에서 구하였다. 불도징에 대한 석륵과 석호의 존경은 실로 대단한 것이어서 그들은 불도징을 '나라의 신인神人', '나라의 큰 보배'로 받들었다. 또 백성들도 불도징이 있는 곳을 향해서는 감히 침을 뱉는 사람이 없었을 정도로 그를 존경하였다. 이러한 국가적 존경을 바탕으로 불도징은 수많은 차세대 불교 지도자들을 길러내는 동시에, 전국에 많은 사찰(893개)을 세워 불교 전파의 거점을 확보하였다. 이제 강북의 지성들은 불교에서 새로운 희망을 찾고자 속속 불교에 귀의하였다. 유교를 익혔고 신도가新道家(玄學)에서 해답을 구하려고 시도하였지만 성공적이지 못했던 이들은, 인간과 사회를 이해하고 수습하는 새로운 해답을 불교에서 구하고자 진력하게 된다. 그리하여 이들로부터 강북 불교의 위대한 사상가와 지도자들이 다수 배출되었다.

이렇게 배출된 불교 사상가와 지도자들은 불경의 번역과 탐구에 활발하게 몰두하여 중국 불교의 수준을 급속히 향상시킨다. 특히 강북 지방은 지리적 여건으로 인해 중앙 아시아로부터 도래하는 외국 승려들을 개방적으로 맞이할 수 있었다. 도래 승려들로부터 새로운 불교 정보를 얻고 계발되면서 강북 불교는 종교적 흥성과 더불어 학구적 탐구도 가속화된다. 이리하여 중국 출신의 위대한 불교인인 도안道安(312~385)이 전진前秦 때 배출된다. 불도징의 제자인 그는 장안에 온 인도 승려들과 경전을 번역하는 한편, 경전을 주석하면서 경전

해석 이론을 수립하였고 그때까지 번역된 경전의 목록을 편찬하였으며, 승단僧團의 제도[18]와 규범을 수립하여 교단 발전의 토대를 마련하였다. 도안은 사실상 중국 불교의 기반을 구축하였다는 평가를 받을 정도로 강북 불교가 배출한 대표적 지도자이다.[19]

후진後秦 때에는 중국 역경사譯經史의 새 장을 연 구마라집鳩摩羅什(Kumarajiva, 344~413 혹은 350~409)이 등장하여 중국 불교를 단순한 이식 단계에서 벗어나 연구 및 발전 단계로 올라가게 한다. 당나라 때의 현장과 함께 '이대역성二大譯聖'으로 일컬어지는 그는, 완벽한 역경 시스템을 갖추고 적절하고도 정확하고 유창한 번역으로 불경 한역의 새로운 경지를 펼쳤다.[20] 그가 번역해 낸 300권 이상의 불전들은 이후 중국 불교 교학의 형성에 결정적 영향력을

---

18) 도안 이전에는 출가 승려의 성을 주로 출생국의 이름이나 스승의 성에서 따왔다. 그런데 도안이 출가자는 모두 석가로부터 비롯되는 것이기 때문에 '釋'을 성으로 해야 한다고 주장하여, 이후로는 출가 승려의 성이 모두 '釋'씨로 통일되었다.

19) 前秦 왕 苻堅은 도안의 명성을 듣고 그를 존경하다가 급기야 도안을 모셔 국정의 보좌로 삼고자 하여 십만 대군을 거느리고 도안이 있던 襄陽(湖北省)을 공격하여 그를 장안으로 모셔 온다. 이를 보면 강북의 통치자들이 고승을 모시기 위해 얼마나 치열하게 경쟁했는지를 알 수 있다. 후진을 이은 北涼의 왕 沮渠蒙遜 역시 중인도 출신 승려 曇無讖(Dharmaraksha)을 모셔 와 극진히 섬겼다. 담무참은 譯經에 몰두하여 수많은 경전을 번역해 내는 동시에 왕의 정치 고문역도 수행하였다. 그런데 당시 대국이었던 北魏가 담무참의 뛰어난 법력을 흠모하여 초빙하고자 열망하였으나, 저거몽손은 죽으면 죽었지 담무참을 보낼 수는 없다면서 북위의 청을 거절하였다. 그런데 그 후 담무참이 『涅槃經』의 아직 전해지지 않은 원본을 구하러 인도로 출발하자, 저거몽손은 자기를 떠나 다른 왕에게 가는 것으로 오해하여 자객을 보내 담무참을 살해해 버린다. 이 사건 역시 강북 통치자들과 불교와의 관계를 시사해 준다. 강북 불교는 강남보다도 훨씬 정치와 밀접하게 연관되어 있었다.

20) 구마라집은 종래의 개인적 차원의 번역을 국가적 차원으로 전환시켰다. 그가 구축한 국가적 차원의 번역 시스템은 각 분야의 전문가를 결집시킨 이상적 협력 체계였다. 불교 교리를 토론하는 집단, 적합한 중국어를 선택하는 집단, 새로운 번역을 옛 번역과 비교하여 검토・보완하는 집단, 편집, 부편집, 필사 등 이상적인 완결 구조를 가지고 각 단계마다 그 분야의 전문가들을 참여시키는 시스템이었다. 서역 구자국 출신인 구마라집은 7세에 출가하여 11세에는 이미 외도들과 토론하여 굴복시켰다고 할 정도로 천재였다. 그의 명성이 중국에까지 널리 퍼지자 前秦 왕 부견은 그를 모시기 위해 장군 呂光에게 명하여 구자국을 토벌하고 구마라집을 모셔 오게 하였다. 여광이 구자국을 쳐 구마라집을 모셔 오는 도중에 부견이 살해되고 전진이 멸망하였다는 소식을 듣고는 涼州에 後涼國을 세웠다. 그리하여 구마라집도 양주에 15년 동안 머물게 되었는데, 다시 후진왕 姚興이 후량국을 토벌하고 구마라집을 장안으로 모셔왔다. 구마라집의 천재성에 반한 여광과 후진 왕 요흥은 그의 혈통이 끊기는 것이 안타까워 억지로 그에게 여인을 붙였고, 훗날 북위의 효문제는 그의 자손을 찾아내 벼슬을 주었을 정도였다.

행사하게 된다. 그가 번역한 『중론中論』·『백론百論』·『십이문론十二門論』의 중관 사상 논서는 뒷날 삼론종三論宗을, 『성실론成實論』은 성실종을 흥기시켰다. 또 『법화경法華經』은 천태종의 단서가 되었고, 『아미타경阿彌陀經』이나 『십주비파사론十住毘婆沙論』은 정토교의 이론서가 되었으며, 『미륵성불경彌勒成佛經』은 미륵 신앙을 발달시켰고, 『범망경梵網經』은 대승계大乘戒를 소개하였으며, 『십송률十誦律』은 계율 연구를 가능케 하였다. 구마라집의 경전 번역은 중국 불교의 연구 시대를 열게 하였던 것이다.

또 그의 번역으로 인해 격의 불교에 잉태되어 있던 오해와 왜곡의 한계가 획기적으로 극복되게 된다. 그가 번역한 반야 계통 경전과 중관 사상 논서에 힙입어 대승 불교의 공空 사상은 도가적 곡해에서 벗어나 그 정확한 의미를 천명하게 되었다. 그리고 그는 수많은 제자들을 길러 냈는데, 그의 문하생들은 동진 시대와 남북조 시대 초기의 불교를 주도하였다. 승조僧肇와 도생道生은 구마라집 문하의 대표적 인물이다.

5호16국 시대를 통해 통치자들의 열렬한 지지 아래 급속한 발전을 거듭한 강북 불교는 남북조 시대에 들어 와서도 계속 크게 융성하였다. 특히 교단의 발전은 눈부신 것이었는데, 북위 때는 사찰이 약3만, 승려가 약 2백만이었다고 전해진다. 이러한 교세의 팽창은 필연적으로 부작용을 수반하게 마련이다. 즉 승려에게는 부역과 징병 및 징세의 면제라는 특권이 주어지고 사원의 토지는 면세가 된다는 점을 악용하는 사례가 빈발하게 되었다. 부역과 징병, 징세를 피하려는 의도에서 승단으로 편입하는 사람들이 늘어났고, 토지의 세금을 면제받기 위해 사원 토지로 위장 전입시키는 일도 빈발하였다. 이러한 교단의 부패와 타락은 곧 정치적 사안으로 부각되면서 급기야 북위北魏 태무제太武帝와 북주北周 무제武帝에 의한 두 번의 폐불廢佛 사태가 벌어졌다. 강북인들의 불교 신앙을 도교로 대체하려는 도교 진영의 선동과 국가 재정상의 고려 등이 불교 교단의 타락과 맞물려 빚어진 이 폐불 사태로 인해 불교는 일시적으로 타격을 입었으나 곧 부흥하게 된다. 불교는 이미 그런 정도의 타격으로는 흔들리지 않는 확고한 기반을 강북에 마련했던 것이다.

2. 강남 불교

호족들에 의해 강남으로 쫓겨나 동진을 세운 한족은, 강남에 한족 문화를 이식시켜 강북 문화와는 대조되는 강남 문화를 형성하였다. 이 과정에서 강남의 토착인들과 강북에서 내려온 사람들 사이에는 오랜 긴장과 갈등이 존재하였다. 또 강남 엘리트들은 중원을 이민족에게 빼앗긴 상처를 치유하고자 현학의 청담에 몰두하였다. 그러나 비록 인간과 세상을 보는 깊은 안목에 눈떠 철학적 지평을 넓히기는 하였지만 청담은 곧 무기력한 귀족적 재담으로 전락하고 만다. 이러한 강남의 사회 및 지성의 상황 속에서 불교는 강북 못지않게 발전을 거듭하는데, 강남의 풍토에 부응하여 다분히 귀족 불교적 전개가 두드러진다. 특히 지둔支遁(314~366)은 현학적 귀족 불교의 발전에 크게 기여하였다. 그는 강남의 명사들과 교류하며 귀족 사회에 불교를 전파하였는데, 노장 사상에 통달한 그는 귀족 사회의 청담에서도 크게 환영받았다. 노장 사상과 불교를 결부시킨 그의 불교 해설은 강남 귀족 사회에 불교를 보급하는 데 크게 일조하였다.

강남 불교의 대표적 인물은 혜원慧遠(334~416)이다. 강북 도안의 제자인 혜원은 강남 여산廬山에 머물며 당시 강북 장안의 구마라집과 함께 각각 남북 불교계를 대표하는 거장이었다. 30여 년 동안 산 밖을 나가지 않으며 모범적인 수행으로 사방의 존경을 받았던 그는, 제자들을 서역으로 보내어 경전의 산스크리트어 원전을 구해 오게 할 정도로 경전 번역과 유포에 혼신의 힘을 쏟았다. 혜원은 구마라집이 장안에 오자 편지를 보내어 교류를 시작하였는데, 새로이 전래된 대승 경전에 대하여 혜원이 묻고 구마라집이 대답한 것을 기록한 책이 바로 『대승대의장大乘大義章』이다. 이는 당시의 불교학 수준을 알려 주는 동시에 인도적 사유와 중국적 사유의 대비를 보여 주는 중요한 자료가 된다.

염불결사念佛結社인 백련사白蓮社를 창시하여 뒷날 중국 정토교의 개조로도 추앙된 혜원은 『사문불경왕자론沙門不敬王者論』을 지어 세간법에 대한 출세간법의 입장을 분명히 하기도 하였다. 즉 당시 심양潯陽과 강릉江陵 지방에서 세력을 떨치던 재상 환현桓玄이 승려를 왕권 아래 예속시키기 위하여 "사문도 왕에 대해 예경을 올려야 하지 않느냐"고 혜원에게 질문한 것에 대해, 혜원은 『사문불경왕자론』을 지어 "세간법과 출세간법은 다른 것이므로 사문은 왕에게 예경을 올릴 필요가 없다"고 대답하였다. 한족의 중화적 민족주의와 불교의 보편주의의 충돌 속에서 혜원은 불교 본연의 입장을 견지함으로써 이 문제에 대한 불교측 입장을 최초로 분명히 내세웠다. 강북과 강남 불교의 차이점이 여기서도 확인된다. 불교가 외래 종교라는 점에 오히려 호감을 지녔던 강북의 호족 통치자들과는 달리, 중화적 민족주의의 태도를 지녔던 강남의 한족들은 불교를 오랑캐 종교라고 멸시하는 풍조가 있었다. 그리하여 국가와 불교가 하나로 결합된 강북과는 달리 강남에서는 양자의 관계 설정이 쟁점화될 수 있었던 것이다.

동진 말 강남 불교를 대표했던 구마라집의 제자 도생道生(355~434)은 종래에 성불할 가능성이 없는 사람이라고 간주해 온 일천제一闡提도 성불이 가능하다고 하는 천제성불설闡提成佛說과 단박에 깨달아 부처를 이룬다는 돈오성불설頓悟成佛說을 주창하였는데, 이는 기존의 불교계의 주류 이론과 다른 것이어서 불교 사상계에 커다란 파문을 일으켰다. 천제성불설은 뒷날 『열반경』 40권이 담무참(385~433)의 번역으로 소개되면서 입증되었고, 돈오성불설은 돈오頓悟(단박에 깨달음)와 점오漸悟(점차로 깨달음)의 논쟁을 일으키면서 후대에 선종이나 화엄종에도 영향을 미쳤다. 도생의 돈오성불설은 인도 불교의 점오적漸悟的 체계에 대한 중국적 대응으로 볼 수 있으며, 이는 후대 선종에서 쟁점이 되었을 뿐만 아니라 주자학과 양명학의 대립에까지 이어지는 문제 제기였다고 할 수 있다.

동진 시대의 불교는 서진 때에 비해 비약적으로 발전하고 있었다. 서진 시대와 비교할 때, 사찰은 180여 개에서 1,800여 개로, 승려는 3,700여 명에서 24,000여 명으로 증가하였다. 이러한 교세의 발전은 강북과 마찬가지로 여러 가지 문제점을 초래했다. 특히 유교는 불교 발전에 따른 징세 면제의 문제, 사찰 건립에 따른 국고 낭비의 문제 등을 비판하는 동시에, 사상적으로도 유교적 관점에서 비판 이론을 제기하였다. 이 과정에서 신멸불멸神滅不滅・삼세인과응보 등의 문제를 중심으로 유・불의 대론對論이 오고 갔다. 또 도교는 불교 교리의 영향을 받아 도교의 교리적 기초를 다지는 동시에, 특히 구마라집의 역경 작업에 자극 받아 불경을 모방한 도교 경전들을 만들어 냈다. 그리고 도교와 불교의 우열 논쟁 과정에서 도교측은 『노자화호경老子化胡經』 등을, 불교측은 『청정법행경淸淨法行經』[21] 등을 만들어 대응하기도 하였다.

강북의 구마라집에 의해 번역된 대승 경전들로 인해 중국 불교의 연구 시대가 전개되어 갈 때, 동진의 강남 불교계에는 새로운 대승 경전이 번역되어 연구되기 시작하였다. 담무참의 『열반경』 번역을 계기로 불생설佛性說을 연구하는 열반 학파가 생겨났고, 각현覺賢(Buddhabhadra, 359~429)이 『화엄경』을 번역함으로써 화엄의 연기 사상이 연구되었는데, 이 각현이 번역한 『화엄경』에 의하여 당대唐代에 화엄종이 성립하게 된다.

남조 시대의 강남 불교는 달마대사와의 선문답禪問答으로 유명한 양梁나라 무제武帝(재위 502~549)의 48년 치세 때에 그 절정에 이른다. 이 시기에는 불교뿐만 아니라 남조 문화 역시 최고도로 융성하였다. 이 때에 양무제의 초청으로 도래한 서인도 출신의 진제眞諦(Paramartha, 499~569)는 중국 4대 역경승(구마라집・진제・현장・불공)의 한 사람으로 일컬어지는데, 그가 번역한 경전들은 불교 사상 연구와 발달에 엄청난 영향을 끼쳤다. 그가 번역한 유식학唯識學 경론들에 의해 유식학 연구가 성행하면서 중국 불교사상사에 획기적인 전기가 마

---

21) 부처가 세 제자를 중국에 보내 교화했는데, 유동보살은 공자, 광정보살은 안연, 마하가섭은 노자라고 불렸다는 내용이 들어 있다.

련되었으며, 특히 그가 번역한 『섭대승론攝大乘論』으로 섭론종이 흥기하였고, 『대승기신론大乘起信論』은 대승 불교의 사상을 연구하는 데 필독의 이론서가 되어 광범위한 영향력을 행사하였다.

5. '불교'와 '중국'의 만남이 갖는 의미

한 제국의 붕괴로 촉발된 중국인들의 새로운 해법 찾기는 불교의 전래와 수용 과정에서 주목할 만한 성취를 이룩하였다. 중국인들은 인도와 서역 출신의 도래 불교인들의 협력 아래 경이로운 불경 한역 작업을 통해 인도 문화와 중국 문화 결합의 토대를 탄탄하게 마련하였고, 그 역경譯經의 기반 위에 남북조 시대가 끝날 무렵에는 삼론·성실·열반·지론·섭론·선·천태·정토 등에 관한 학파적 연구가 이룩됨으로써 이어지는 수·당의 화려한 결실의 시대를 예비하게 된다.

중국인들은 불교를 통해 터무니없이 불합리하고 혼란스러워 보이는 인생과 세상을 새로운 통합적 질서와 궁극적 낙관으로 대할 수 있는 안목에 눈떠 삶의 혼란을 수습할 수 있는 힘을 얻었다. 엘리트 지성들은 고도의 종교·철학적 개안으로 인생과 세계를 광대하고도 심오한 차원에서 이해하고 경험할 수 있게 되었고, 대중들은 지친 삶을 위로하고 희망을 제공하는 종교적 신념을 이끌어 낼 수 있었다. 또 중국인들은 불교를 통해 그 강렬한 학문 의지와 사색력, 자기 훈련의 열정을 무한히 계발할 수 있었으며, 분열된 사회의 통합 원리와 기능을 확보하기도 하였다. 중국인의 문화적 소양과 축적 역시 불교로 인하여 눈부시게 풍요로워졌다.

불교의 입장에서 불교의 중국 전래는 각별한 의의를 지닌다. 인도적 토양에서 형성된 불교 사상과 이론은, 중국에 이식되면서 중국 문화의 자극과 영향으로 새로운 면모를 갖추게 된다. 세속 이탈의 성향이 농후한 인도 문화 속에서 세간 이탈의 측면이 부각되어 버린 인도 불교는, 중국 문화의 세속 선호와 만나면서 '세속 자체에서 세속성을 초월한다'는 불교 사상 본래의 불이성不二性 혹은 불리성不離性을 재확인하게 된다. 인도의 출세간주의적 유혹과 중국의 세간주의적 흡인력이 조우하면서, 불교는 뜻밖에도 불교 본래의 사상적 개성을 확인하는 중도적 성취를 이룩한 것이다. 수·당 시대에 수확되어 결실을 맺을 수 있었던 토대를 마련한 것이 지금까지 살펴본 전래와 수용의 시대였다. 그리고 중국 불교는 이러한 성취로 인해 불교사상사의 전개에도 중요한 기여를 하였다. 🍃

참고문헌

『弘明集』(『新修大藏經』 52卷)

鎌田茂雄, 『中國佛敎史』, 정순일 옮김(서울: 경서원, 1985)
鎌田茂雄, 『中國佛敎史』(1·2·3), 장휘옥 옮김(서울: 장승, 1992)
K.S. Kenneth Chen, 『중국불교』, 박해당 옮김(서울: 민족사, 1991)
Arthur F. Wright, *Buddhism in Chinese History*(Stanford: Stanford University Press, 1980)

현세주의와 정신주의의 융화

이효걸

1. 통일 전 단계까지의 불교의 중국화 과정

동아시아 역사상 가장 큰 사상적인 변화의 계기를 준 것은 불교에 의한 중국 문화의 변용이다. 인도 불교의 중국 수용은 인도 문명과 중국 문명의 연속적인 상호 작용으로서의 문화 양상이다. 불교에 의한 역동적인 문화 양상을 통해 중국인들의 삶과 사유에 어떠한 변화가 일어났는지 살펴본다면 중국 문명 속에 들어 있는 특성과 사유 방식, 양 문화 사이의 궁극적 차이점 그리고 그것이 어떻게 극복되어 갔는지를 알 수 있을 것이다.

양 문화 사이에 존재하는 궁극적 차이점은 중국적 사유가 전반적으로 경험적 세계에 고착되어 있다면, 인도적 사유는 추상을 극단적으로 지향하고 있다는 점이다.[1] 구체성과 간결성을 가진 중국적 사유는 그 타당성을 자연 현상에 대한 경험과 현세적 삶을 통해서 확인하려고 한 반면, 추상성과 복합성을 가진 인도적 사유는 스스로의 타당성을 사색의 치밀성과 극단성을 통해 보증 받으려 했다. 즉 한마디로 중국적 사유가 현세주의적이라면, 인도적 사유는 정신주의적인 셈이다.

---

1) 아서 F. 라이트, 『불교와 중국지성사』, 최효선 옮김, 53쪽.

그러므로 인도의 불교가 중국인에게 수용되기 위해서는 이와 같이 극과 극을 달리는 두 문화의 격차를 이어주는 다리가 필요했고 동시에 그 다리를 건널 상황이 마련되어 있어야 했다. 여기서 다리 역할을 한 것이 바로 중국의 철학적 도가 사상이고, 또 다리를 건널 수 있도록 해 준 것은 한 제국이 멸망하고 북중국이 와해되면서 변방 민족이 북중국을 지배한 사건이었다.

철학적 도가 사상이 두 문화의 다리가 되어 상호 작용이 일어나는 과정은 두 단계로 나누어 설명할 수 있다. 첫 단계는 후한 초기 불교의 전파와 한 제국의 멸망 그리고 위진魏晉 시대(65~317)까지를 말하는데, 이때까지는 중국 민족의 북중국 지배가 계속된 시기이다.[2] 둘째 단계는 여러 변방 민족이 북중국의 지배권을 장악하기 위해 서로 각축하고, 남중국은 북중국에서 쫓긴 한족의 귀족적 정치체가 남북 권역으로 나뉘어 공존하는 남북조南北朝 시대(317~589)이다. 중국불교사에서는 앞의 시기를 중국 불교의 준비기, 뒤의 시기를 토착화의 시기라고 말하기도 한다.

먼저 준비기의 중국 불교를 간략히 살펴보자. 한 제국에서 위진 시대로 이행

---

2) 중국불교사의 시대 구분 문제는 5기설, 4기설, 3기설, 2기설이 있다. 먼저 5기설은 제1기를 前漢부터 東晉 초기까지의 번역기, 제2기를 東晉 초부터 南北朝까지의 연구기, 제3기를 隋唐의 건설기, 제4기를 五代부터 明末까지의 계승기, 제5기를 淸나라 이후 쇠퇴기로 보는 입장이다. 4기설은 제1기를 後漢 초부터 東晉까지의 준비기, 제2기를 南北朝 시대의 토착기, 제3기를 隋唐 시대의 독자적 성장기, 제4기를 淸末까지의 동화기로 보는 입장이다. 3기설은 제1기를 後漢 · 三國 · 西晉의 초기 수용기, 제2기를 東晉 · 南北朝 · 隋 · 唐의 전성기, 제3기를 宋에서 淸末까지의 쇠퇴기로 보는 입장이다. 2기설은 거의 주목을 받지 못한다. 이러한 입장은 사상과 신앙 혹은 교단사 혹은 유불도 3교의 교섭 등 중점을 어디에 두느냐에 따라 차이가 난다. 5기설은 대체로 4기설의 제4기를 둘로 나눈 입장이라 볼 수 있다. 한편 인도 불교를 내면화시키는 과정에 중점을 둔 김충열 교수의 독특한 중국불교사 단계 구분이 있다. 그것은 依託 佛敎, 格義佛敎, 本義 佛敎, 改革 佛敎의 4단계설이다. 특히 본의 불교는 인도 불교의 진수를 완전하게 소화한 僧肇 이후의 불교로서, 이는 다분히 격의 불교에 대항하는 용어다. 그리고 개혁 불교는 그것을 중국적 상황에 맞춰 자주적으로 해석하고 활용하는 단계를 말한다. 나의 입장은 김충열 교수의 의미 있는 용어를 받아들이면서 역사적 시대 구분에 맞춘 4기설의 입장을 취하고자 한다. 그러므로 제1기 준비기의 의탁 불교와 격의 불교, 제2기 토착화기의 본의 불교(학파적 연구 불교), 제3기 수당 통일 시기의 자주적 불교(종파 불교), 제4기 송대 이후의 동화 · 쇠퇴의 불교로 나누고 싶다. 그러나 여기에서는 주로 통일 시기의 대표적 종파 불교에 초점이 있음으로 그 앞 시기를 대체적으로 요약하여 통일 시기의 불교를 이해하는 배경을 기술하는 데 그쳤다.

되는 중국 불교의 준비기는, 한 제국을 지탱해 주던 한대 유학의 취약성이 노출되자 그것을 바로잡으려는 철학적 도가 사상의 노력 과정이기도 하다. 한대의 유학의 취약성이란 인간 사회의 규범과 제도, 인간과 자연에 일어나는 모든 사건 등을 질서 있고 예측 가능한 상호 작용의 연계 체계로 망라하는 지나친 유비 추리에 몰두하여 자생력을 잃고 변화에 대응하지 못한 점이다. 이 점에 대해 일부 반성적인 지식인들은 유교에 덧씌워진 상징적이고 종교적인 첨가물을 걷어 내고 자연 질서의 내재 원리(道)를 추구하여 개별적 존재의 의미를 찾고자 했다. 이러한 태도는 한 제국이 멸망하고 위진 시대로 접어들자 더욱 노골화되었다.

신도가(新道家)라 불리기도 하는 위진 시대의 이러한 시대적 풍조를 '현학(玄學)의 시대'라 한다. 신도가는 한대 유교의 시대착오적 껍질을 부수고 중국 사상의 사유 범위를 확대시키며 사변적 깊이를 더해 주는 긍정적 역할도 했다. 그러나 한대 유학의 취약성을 철학적 도가의 고전에서 재발견한 이념과 조화시키려는 위진 시대의 노력도 마침내 포기되지 않을 수 없었다. 후한대 지배층의 권력 투쟁과 농민 봉기로 인한 지배 체제의 붕괴로부터 일어난 정신적 동요가 변방 민족의 북중국에 대한 전면적 지배로 현실화되자, 중국인의 마지막 자존심마저 무참히 깨어지는 정신적 파국이 찾아 왔기 때문이다. 견고한 체제의 붕괴와 그 붕괴를 막기 위한 새 질서를 향한 모색의 실패는 외래의 종교가 자리 잡을 더없이 좋은 터전이 되었다.

한편 한의 지배 체제가 해체되어 갈 즈음 불교는 서서히 중국 전역에 흩어진 몇몇 거점을 중심으로 확산되어 갔다. 이 거점들은 서역으로부터 중국 본토로 이어지는 무역로에 위치했는데, 인도 불교는 이 길을 따라 전파되었다. 유학적 질서가 지배하는 후한 초기에 전파된 불교는 아직 중국인들의 마음에 새로운 희망도 충격도 주지 못했다. 당시의 불교는 진기한 방술과 초자연적 힘을 가진 종교적 도가(도교)의 일파로 다가갔다.[3] 두 언어와 불교 지식을 다함께 잘 알 수는 없었던 초기 번역자의 불경 번역도 어설프기 짝이 없었다. 중국 지식인이 불교의 사변적인 개념을 합리적으로 이해할 수 있는 번역서는 3세기 후반 축법호竺法護(Dharmaraksa)에 의해서 가능했다.4)

이를 계기로 중국의 용어를 사용하여 중국식 사유에 조금씩 다가가는 장구한 중국의 불교 주석사가 마침내 시작된 것이다. 불교 주석가의 초기 노력은 전통의 토착 용어와 개념에 의존할 수밖에 없었다. 경험 세계에 고착된 중국적 사유 방식에서 볼 때, 고도의 추상성을 띤 불교 개념을 그들에게 친근한 용어로 이해시키는 데에는 철학적 도가의 용어와 개념이 가장 적절했다. 그러나 중국 불교의 초기 거점에서 활약하는 중앙 아시아 출신 승려들과 이에 협조하는 중국인들에 의해 번역된 준비기의 불경은 철학적 도가의 용어와 개념을 비조직적으로 차용하는 수준에 그쳤다. 또 위진 시대의 현학자들이 직접 불교를 이해하려 한 흔적도 없다.5) 불교 전파자의 입장에서 중국인이 불교를 쉽게 이해할 수 있도록 중국의 토착 용어를 단편적으로 차용하는 이러한 단계의 불교를 '의탁依託 불교'라 한다.

여기에서 한 걸음 더 나아가, 이제 중국인들은 번역된 불경을 통해 불교를 더 잘 이해하게 되었고, 불경 번역의 경험이 쌓이면서 두 문화의 이질성을 연결하는 고리를 좀더 진지하게 탐색하려 하였다. 반성적 고찰 없이 차용한 용어와 개념들이 두 문화의 상호 작용을 엉뚱한 방향으로 끌고 갈 위험성을 감지한 그들은, 번역에 차용되는 용어와 개념들 사이의 체계와 조직을 상호 비교해 봄으로써 그 위험을 줄이고자 하였다. 그리하여 일종의 '개념 짝짓기'를 광범위하게 시도했으며 때로는 과장되게 적용하여 설명을 부풀리기도 서슴지 않았다. 이러한 단계의 중국 불교를 '격의格義 불교'라 일컫는다.6) 격의 불교는 단순 대비의 억지도 있지만 불교의 중심 개념에 대한 정밀한 분석을 기함으로써 불

---

3) 김충열, 『중국철학산고』 I , 「印度佛敎의 中國化過程」, 234쪽.
4) 任繼愈 主編, 『中國佛敎史』 제2권, 49쪽.
5) 아서 F. 라이트, 『불교와 중국지성사』, 최효선 옮김, 52쪽.
6) 아서 F. 라이트, 같은 책, 57쪽.

218 역사 속의 중국철학

교를 철학적으로 이해할 필요성을 제기한 공로가 있다.

다음으로 중국 불교의 토착화 단계인 남북조 시대의 불교의 중국화 과정을 보면, 남중국과 북중국이 서로 다른 배경에서 다른 방향으로 발전하다가 6세기 말 통일 전에는 상호 활발한 교류가 일어나면서 그 상이점이 축소되고 마침내 공통의 철학적 관심과 공통의 불교 문화를 가지게 되었다고 할 수 있다.

남중국 지배 계층은 양자강 유역에 대대로 터잡은 유학적 소양을 가진 보수적인 토호 가문과, 북쪽에서 밀려온 현학적 소양의 망명 귀족들로 이루어졌다. 이 두 지배층은 다같이 불안정한 정치 현실을 벗어나 마음에 위안을 줄 불변적인 그 무엇을 찾고자 자기들의 소양에 걸맞은 지적 추구를 했다. 남중국 불교의 특징적 발전은 이와 같은 문화적 배경에서 가능했다.[7] 남중국 불교를 이해할 때는 다음의 사실도 고려해야 한다. 즉 남중국의 왕조가 강력한 왕권을 가지지 못했다는 점과 민중들 사이에 매우 영향력 있는 도교 교단이 존재하고 있었다는 점이다. 이러한 사실은 남중국 불교가 권력과 밀착된 국가 불교가 될 수 없었다는 것과 남중국의 민중 불교가 도교 교단과 경쟁하면서 민중에게 파고들기 위해 주술적 대중적 행태를 취하지 않을 수 없었던 사정을 말해 주기 때문이다.

북중국 불교의 독특한 모습도 극도로 불안정한 이 지역의 정치 상황과 밀접한 관계가 있다. 과거 중국의 심장부였던 이곳에 변방의 여러 민족이 허약해진 한족 지배 세력을 남쪽으로 몰아내고 상호 치열한 쟁패를 거듭하며 단명했던 여러 왕조를 만들었다. 이들 변방 민족들 중에는 중국화를 원하는 집단도 있었고, 선조들의 전통을 고수하는 집단도 있었다. 이러한 갈등을 가진 채 북중국을 장악한 그들끼리는 인종적인 증오가 무자비했으며, 한족과 침입한 변방 민족 사이에도 폭력과 대량 학살이 이어졌다. 거듭되는 전쟁으로 땅은 황폐해졌고 징집과 징세로 농민들은 땅에서 이탈되었다. 불교는 이러한 긴장과 불안감을

---

7) 도도 교순 외, 『중국불교사』, 차차석 옮김, 109쪽.

뚫고 제 갈 길을 발견하기 시작한 것이다. 또 부족적 전통만으로 중국을 통치할 수 없음을 잘 알고 있는 이민족 군주의 입장에서도 외래 종교인 불교가 통치에 유용한 매력적 대안이라는 점을 인정했다. 특히 불교의 윤리가 인종과 시대를 초월한 보편성을 가지고 있어 폭력적인 이민족의 왕조가 야기한 사회적 균열을 메워 주고 단합된 사회를 건설할 수 있는 최적의 수단으로 비춰졌기 때문이다. 그러므로 불교는 북중국 여러 이민족 군주의 전폭적 지지에 힘입어 사회 전체에서 급격히 성장하였다.[8]

그러나 급격히 성장한 불교 신앙과 교단 세력은 동시에 북중국 통치자의 의혹을 야기했다. 승려의 특권이 남용되고 교단은 백성들의 집단적 은둔지가 되었으며 사원 경제의 비대는 국가 재정을 약화시켰다. 이 기회를 틈타 평소 불교에 적대적이던 두 부류의 집단이 지체 없이 그 폐해를 파고들었다. 하나는 불교 세력과 경쟁하면서 5, 6 세기에 비로소 북쪽 지역에 영향력을 행사하기 시작한 도교 집단이고, 다른 하나는 유교 국가 재건을 통하여 유교적 지식으로 자신들의 입지를 강화시키려는 한인 관료층이었다.[9] 이들은 통치자의 의혹과 두려움을 부추겨 국가가 불교를 통제하도록 만들었다. 그 결과 북중국 불교에만 있는 주요한 두 가지 현상이 나타났다. 그것은 승관 제도의 확립[10]과 두 번에 걸친 대대적인 폐불의 조치였다. 두 사건이 시사하는 것은 북중국 불교가 전제 군주의 강력한 지지에 의존하는 국가 불교였다는 점과, 폐불에도 불구하

---

8) 北朝 왕권은 北魏 太武帝(446～452)와 北周 武帝(574～578)의 폐불 이외에는 대부분 불교를 옹호하고 이용했다. 북위 태무제의 폐불에서는 漢人 관료 출신 崔浩가 424년 천사도를 받드는 寇謙之를 끌어들여 폐불을 단행했던 반면, 북주 무제의 폐불은 종교에 대한 정치·경제적 통제의 필요성 때문에 일어났다.

9) 아서 F. 라이트, 『불교와 중국지성사』, 최효선 옮김, 83～84쪽.

10) 도도 교순 외, 『중국불교사』, 차차석 옮김, 165～166쪽. 護佛의 제왕 北魏 道武帝(386～409)는 왕명으로 수도에 불교 전각을 세우고 사문 法果를 道人統이라는 직책을 부여하고 승려들을 통솔하게 하였는데, 이것이 승관제의 시작이라 볼 수 있다. 빈민 구제 제도인 僧祇戶(늦어도 476년 정도)와 관노비를 불교적 교화로 지도 감독하며 그 노동력을 이용하는 佛圖戶가 창설되고, 이어 불교 교단을 통제 감독하는 중앙 관청인 監福曹가 만들어져 사원 건립·불상 조성·법회·승려들의 출가를 관장했다. 이 감복조의 총책임자를 道人統, 그 다음을 都維那라고 불렀는데 이러한 제도가 수·당에 이어졌다.

고 불교는 이미 북중국의 문화와 삶에 깊이 침투되어 있었다는 사실이다.

중국불교사에서 볼 때, 6세기 후반에 단행된 폐불의 혹독한 역사적 사건은 중국 불교의 독자적인 자기 모습을 갖게 하는 결정적 계기가 되었다.[11] 폐불 후 수나라의 불교 부흥 운동이 생명력 넘치는 여러 종파의 탄생으로 나타난 것은 결코 우연이 아니다. 중국 불교도들은 인도 불교가 아닌 '지금' '여기'에 사는 자신들의 삶과 정신에 지주가 되는 불교를 만들어 냈던 것이다. 폐불의 군주가 '천하가 왕토'라는 전통적 중국의 세계관에 빗대어 종교의 배타적 권위를 용납하지 않고 현실의 국가에 적응할 것을 강요했을 때, 중국 불교도는 고통받고 살아가는 개인의 현실적 삶에 주목하여 '지금' '여기'에서 해탈의 진리를 발견하려고 했다. 해탈이란 '지금' '여기'에 주어진 모든 조건으로부터 벗어난 곳에 있는 것도 아니고 그 조건에 맞서면서 이루어지는 것도 아니다. 오히려 바로 그 조건 속에 해탈과 해탈의 제약이 공존해 있다는 것이다. 정신에 내재하는 대립성을 극복하는 데 중심을 두는 인도 불교가 중국에 와서는 외재하는 현실과 그 속에 살아가는 개체의 정신 사이에 존재하는 대립성을 극복하는 문제로 바뀐 것이다. 이것은 확실히 중국의 전통적 현세주의에 부응하게 된 중국다운 불교의 모습이다.

한마디로 북중국 불교의 일반적 특징이 강력한 국가 불교라는 점과 교학적 이론 추구보다는 선관 위주의 실천적이고 정신적인 문제를 추구하는 불교라면, 남중국 불교는 귀족 불교요 학문 불교라고 할 수 있다. 이렇게 남북 두 권역으로 나뉘어 각각 그 지역적 조건에 적응하며 다른 발전 경로를 걷던 중국 불교는 분열의 시기가 끝나 갈 무렵 남북의 교류가 빈번해지면서 상이점이 점차 축소되고 불교 공통의 철학과 문화를 추구하는 경향이 두드러졌다. 이는 정치적 통일 시대를 예감하는 시대 정신의 자연적 발로였는지도 모른다.

---

11) 가마다 시게오, 『중국불교의 사상』, 정순일 옮김, 31쪽.

2. 불교 이론의 자주적 모색

1. 중국 불교의 자주적 모색

불교는 분열의 시대가 끝나 갈 무렵 남북 중국 전역에 걸쳐 농민 계층과 지식인 계층을 막론하고 넓은 지지층을 확보하였다. 그러므로 불교는 통일 제국 수隋와 이를 계승한 당唐에 의해 제국 안에 존재하는 갈등과 균열을 완화시키는 수단으로 이용되었다. 분열의 시대에 서로 다른 경로를 걸었던 남북 문화의 차별성, 인도 문화와 중국 문화의 이질성, 중국 문화 자체의 다양성 등을 아우르는 통일적 이념과 실천적 대안은 통일 제국의 필연적 욕구였다.

통일 시대의 불교는 자신의 활동을 위하여 공통의 신앙 내용과 결속된 형태를 계층과 종족을 초월하여 유연한 것으로 가꾸어 내고 또 적극적으로 실천해 나갔다. 이것은 불교가 제국의 통치에 기여할 수 있는 사회적 접착제 역할을 충분히 하고 있었음을 뜻한다.

이런 가운데 주목할 만한 사실은 불교가 가족적이며 향당적鄕黨的 윤리에 깊이 뿌리박힌 중국인의 협소한 윤리 의식에 보편성을 심어 주었다는 점이다.12) 불교의 보시布施는 단순히 도덕적 공동체를 유지하기 위한 가족적 정감에서 비롯되는 것이 아니라, 결국 자신의 영혼 구제로 회귀되는 필연성에 기초함을 알림으로써 사회적 결속을 훨씬 자발적으로 일어나게 했다. 중국 지식인은 불교를 통해 윤리의 인류적·우주론적 보편성에 눈뜨게 되었다. 이러한 각성은 중국 지식인들이 나중에 신유학을 재구성할 때 가족적이며 향당적 전통 윤리에 우주론적 근거를 구축하는 배경이 되기도 했다.

통일 시대를 맞이하여 중국 불교에서 나타나는 가장 중요한 변화는 그때까지 번역되고 연구되었던 다양한 불경을 통일적으로 해석하는 일과 불교의 참된 가르침을 중국인들의 삶 속에서 실천적으로 구현해 내는 일이었다. 전자는

---

12) 아서 F. 라이트, 『불교와 중국지성사』, 최효선 옮김, 54쪽.

불교 이론을 체계적으로 통일하는 이론의 문제이며, 후자는 '지금' '여기'에 사는 중국인들이 어떻게 구제 받을 수 있느냐 하는 실천의 문제이다.

수의 통일에 이르기까지 분열과 혼돈의 시대를 거치는 동안 불교는 중국에 서서히 뿌리를 내리면서 안팎으로부터 많은 도전을 받았고 또 거기에 잘 응전해 왔다. 밖으로부터의 도전으로는 불교가 오랑캐의 가르침이므로 중국인이 믿어서는 안 된다는 중화관, 왕권과 교권의 갈등에 전제되어 있는 전통적 국가관, 출가가 효 윤리에 어긋난다는 전통적 윤리관, 육체가 소멸해도 정신은 반복된다는 윤회관에 상반되는 전통적 세계관과 생명관 등이 그런 것이었다. 또 불안정한 이민족 권력에 의존하여 급속히 팽창한 불교 교단의 비대가 국력을 약화시킨다는 이유로, 불교는 몇 번에 걸친 폐불이라는 혹독한 시련을 맛봐야 했다.

물론 이러한 도전에도 불구하고 불교가 더욱 큰 지지층을 확보해 나간 것은, 당시 극심한 정치적 변동 속에 일상적 삶의 틀이 무너져 버린 대다수 중국인들의 정신적 방황을 붙들어 주고 구제의 희망을 심어 주었기 때문이었다. 일찍이 경험하지 못했던 불교의 정신적 체험을 맛본 중국 불교도들은 전통에 맞는 순치된 삶의 무미건조함을 뚫고 영원한 안락에 이르는 희망을 배웠다. 불안정한 시대에 많은 중국인의 마음에 파고든 불교였기 때문에 폐불을 행한 몇 군주를 제외하고 대개의 군주는 불교를 지지하고 이용했다. 특히 통일 제국을 건설한 수의 군주가 시행한 불교 보호 정책은 중국 불교의 새로운 도약에 기반을 제공하였다.[13]

이러한 기반 위에 통일 시대를 맞이한 중국 불교는 내적인 변화와 발전을 이루지 않으면 안 되었다. 사실 이제까지의 중국 불교는 인도 불교처럼 다른 사상과 대립하면서 자체의 이론을 발전시켜 온 것이 아니었다. 그저 수없이 번

---

13) 도도 교순 외, 『중국불교사』, 차차석 옮김, 240~250쪽. 전국 45개 주에 대흥국사를 설치하고 학문과 덕행이 높은 승려를 선발하여 大論衆·講論衆·涅槃衆·十地衆 등 5중주를 설치하였으며 전국에 113개의 사리탑을 설치한 隋 文帝와 또 그를 이어 강도 4도량을 설치하고 동도 洛陽에 내도량을 설치한 煬帝 등의 道·佛 중흥책은 중앙 집권을 목적으로 한 종교 정책이긴 했지만 결과적으로 불교 부흥에 획기적인 터전이 되었다.

역되는 경전마다 그것을 정확하게 이해하는 데 급급했다. 그들은 부파의 분열과 대소승이 대립해 온 인도 불교의 역사적 발전을 잘 알지 못하고 모두를 석가의 가르침으로 받아들였다. 남북조 시대 후반기에 오면 여러 경전의 이러한 차이를 인식하고 전체를 하나의 틀로 통합하려는 시도가 있었다. 이것을 교상판석敎相判釋 혹은 줄여서 교판敎判이라 하는데, 이는 중국 불교의 가장 중요한 특색 가운데 하나이다.[14] 그러나 남북조 시대의 교판론이 번역된 경전 전체를 평면적으로 정리하고 통합하려는 데 반하여, 통일 시기에 오면 각 경전의 우열과 심천深淺을 밝히고자 하는 분명한 종파 의식으로부터 기존의 여러 교판론을 취사선택하여 종파적 교의로 만들었다.

그러면 종파란 또 무엇인가? 이 물음에 답하기 위해서는 먼저 불교가 자각적 정신주의라는 특징을 가지고 있음을 이해해야 한다. 불교가 중국에 전래된 이래 남북조 시기까지 중국 불교도들은 개별적 불경의 진의 파악에 몰두해 왔다. 시간이 지나면서 불교에 대한 연구가 축적되고 진의가 밝혀지자 중국 불교도들은 점점 '자각적' 체험의 중요성을 깨달았다. 그러나 스스로 사색하고 실천하여 얻은 사상의 독자성은 위험성이 있기 때문에 불법의 진수라는 보증이 필요했다. 그 보증의 방법이 전통의 계승이라는 형태를 취하는 소위 '사자상승師資相承'인데, 이것 역시 중국 불교의 특이한 모습이다. 이러한 현상이 통일 시대인 수·당 시대에 비로소 드러나기 시작한 것은 중국 불교가 그만큼 자기 체험에 눈뜨고 자신의 길을 걷기 시작했다는 반증이다.

그런데 자각적 체험의 보증보다 중요한 것은 '지금' '여기'에서 그러한 체험이 누군가에 의해 정말로 일어나는 일이다.[15] 각 경전의 참된 뜻이 석가와 동

---

14) 도도 교순 외, 같은 책, 203쪽. 교상판석이라는 분류와 체계화는 구마라집 이후에 시도되었다. 또한 교상판석은 불교 교리에 대한 연구 성과가 어느 정도 축적된 다음에 가능했으며 동시에 한 단계 높은 불교 교리 연구를 가능하게 하는 것이기도 했다.

15) 류기 레이몬, 『대승불교총설』, 「중국의 대승불교」, 안중철 옮김, 206~207쪽, "중국인이 가장 바람직하게 생각하는 것은 현세에서 성인이 되는 것과 동시에 성인이 된 다음에 다시 비성인으로 떨어지지 않는 것이었다", "중국인들은 인도의 삼아승지겁 사상을 받아들이기 힘들었다.…… 어떻게 하면 현세에서의 깨달음에 대한 실천 방법을 발견할 수 있을 것인가가 문제였다."

일한 체험으로 '지금' '여기'에서 다시 재현될 수 있게 하는 현실의 지도자가 필요한 것이다. 그러한 지도자를 '조祖' 또는 '조사祖師'라 한다. 그러나 사자상 승이나 조사가 성립되었다 하더라도 그것은 교단사적 측면에서 본 수·당 불교의 특색일 뿐이다. 종파 관념은 자신이 믿는 가르침이 불교 본래의 사상이며 다른 모든 불교가 귀속되는 존엄한 것임을 교리적인 측면에서 뒷받침하려는 사유이다. 교판론과 표리 관계에 있는 수·당 시대부터 나타난 이러한 종파적 경향은 중국 불교의 현저한 특색이다.

불교는 수당 시대에 들어와 외래 종교라는 딱딱한 껍질을 벗고 점점 중국의 자양분으로 자신을 키워 갔다. 수당 시대에 뻗어 낸 종파적 가지는 삼론종, 법상종, 천태종, 화엄종, 정토종, 선종, 율종, 진언종 등이다. 이 중에서 인도의 중관 학파를 중국적으로 재구성한 삼론종이나 인도의 유가 학파를 이식한 법상종은 외래적 딱딱함으로 계속 자라지 못했다. 그러나 교학적 이론 불교인 천태종과 화엄종 그리고 실천 불교인 정토종과 선종은 중국 토양의 자양분을 흠뻑 먹고 번식력이 강한 새로운 변종으로 자라났다. 그러므로 여기에서는 중국다운 불교로서 천태종과 화엄종을 교학적 차원에서, 정토종과 선종을 실천적 차원에서 검토하겠다.[16)

2. 천태종

중국 전통 문화의 기반 위에서 불교의 본질을 갖추면서 동시에 중국인이 실천적으로 수행할 수 있는 중국적 불교를 만드는 데 주춧돌을 놓은 사람은 천태 지의天台智顗(538~597)이다. 그는 『법화경法華經』의 사상을 석가 교설의 최종적 결론으로 보고 모든 경론을 정리하고 통합하여 『법화경』의 사상에 귀결시킨 천태 사상의 교의를 체계화하였다. 다른 종파와 마찬가지로 천태 사상의 골

---

16) 도도 교순 외, 『중국불교사』, 차차석 옮김, 343쪽.

격은 일차적으로 교판론이다. 이 천태의 교판론 위에 천태적 진리관과 세계관 그리고 인간관과 실천론 등이 체계적으로 조직되어 있다.17) 지의의 사상은 『법화경』을 독자적으로 해석하여 이론화한 그의 저서 『법화현의法花玄義』, 『마하지관摩訶止觀』, 『법화문구法花文句』, 즉 천태종의 이론적 지표인 '법화 3부'에 잘 드러나 있다.

천태의 교판을 '오시팔교五時八敎'라 한다. '오시'란 석가 설법의 순서를 다섯 단계로 구분한 교판의 기준이고, '팔교'란 설법의 방법과 형식에 따라 넷으로 구분한 '화의化儀의 사교四敎'와 설법의 내용에 따라 넷으로 구분한 '화법化法의 사교四敎'를 말한다. 석가에 의해 설파된 모든 불경은 내용의 난이도나 설법 대상의 수준에 따라 방법과 형식과 순서를 서로 달리하지 않을 수 없었다는 것이다. 따라서 '오시'와 '팔교'는 중첩적으로 관련되어 있을 수밖에 없다.

이 교판론의 기본 전제는, 모든 불경은 쉽게 깨달을 수 없는 '현실의 인간을 위하여' 석가 설법의 프로그램을 미리 마련하고 중생을 '단계적으로' 구제하려는 세심한 배려의 결과라는 것이다. 여기에 따르면, 석가는 깨달음을 얻은 직후 설법 대상을 전혀 의식하지 않고 깨달음의 내용을 직접 표현했으나 중생들이 알아듣지 못하자, 그 대안으로 중생을 깨달음으로 이끄는 단계적인 설법 프로그램을 기획했다. 그러므로 불교의 모든 경전 석가가 기획한 이 설법 프로그램의 각 단계에 하나씩 해당한다. 그런데 천태의 주장에 따르면, 최초의 설법 내용을 담고 있는 『화엄경』과 달리 『법화경』은 이 단계적인 프로그램의 최후의 지점에 위치하고 있는 경전이다. 그러므로 석가의 진의는 『법화경』에서 비로소 드러난다는 것이다.

설법의 방법과 형식에 따른 구분인 '화의의 사교'란 뛰어난 사람을 위하여 일시적으로 깨닫게 하는 '돈頓'의 방법, 그렇지 못한 사람을 위하여 점차적 단계로 하는 '점漸'의 방법, 듣는 사람에 따라 의미가 일정하게 고정되지 않게 하

---

17) 다무라 쇼루 외, 『천태법화의 사상』, 이영자 옮김, 85쪽

는 '부정不定'의 방법, 부정의 방법 가운데서도 말로 표현되지 않는 '비밀秘密'의 방법을 말한다. 『법화경』은 돈·점·부정·비밀의 '화의사교'를 초월한다. 지의는 이러한 논법으로 기존의 평면적 교판을 입체적으로 재조직하여 『법화경』의 우위성을 과시했던 것이다.

설법의 내용에 따른 '화법의 사교'란 장교藏敎·통교通敎·별교別敎·원교圓敎를 말한다. 장교는 소승의 가르침을 말하고, 통교는 대소승에 공통되는 가르침을 말하며, 별교는 오로지 보살만을 위한 가르침으로서 단계적 수행을 통해 깨달음에 도달하는 가르침을 말한다. 마지막의 원교란 차별적 관점이 사라지고 진리와 세계를 총괄적으로 보는 가르침이다. 앞의 3교가 미혹을 끊는 수행으로 열반을 얻을 수 있다는 가르침인 데 비해, 원교는 일상적 삶 그 자체에서 열반을 깨치는 가르침으로 『법화경』이 이에 해당한다는 것이다. 여기서 중요한 것은 '현실의 세계'와 '깨달음의 세계'가 시간적 공간적인 틈 없이 즉각적으로 공존한다고 가르치는 것이야말로 석가의 본뜻이라고 지적한 점이다. 지의는 석가의 본뜻이 담겨 있는 『법화경』의 가르침을 가장 완전한 가르침인 원교라 했으며, 이를 경전의 깊고 얕음을 판별하는 기준으로 삼았던 것이다.

천태종의 진리관은 한마디로 중관 학파의 공관이다.[18] 이것은 대승 불교의 일반적 진리관과 같다. 공空이란 언어와 사유의 세계를 넘어선 그 자체로서의 세계를 말한다. 문제는 그러한 세계를 어떻게 이해하고 어떻게 드러내는가 하는 점이다. 지의는 공의 세계를 적극적으로 설명하기 위해 『중론』에서 이끌어 낸 공空·가假·중中이라는 개념적 범주를 먼저 설정한다. 이를 삼제三諦라 하는데, 지의는 서로 맞물려 있는 이 세 개념을 활용하여 사물의 실체성을 허물고 언어와 사유의 모순성을 드러내면서, 동시에 참된 세계는 허구적이고 모순적인 언어(사유)의 세계에 의존해 있는 것이라고 하였다.

이러한 진리관은 결국 대상의 문제가 아니라 인식의 문제 즉 진리 체득의

---

18) 다무라 쇼루 외, 같은 책, 61쪽.

문제로 연결된다. 지의가 '지관止觀'의 문제에 관심을 가지고 깊이 다룬 까닭도 여기에 있다. '지止'란 마음의 동요를 멈추게 하여 평정한 상태에 머무는 것으로 '정定'에 해당하고, '관觀'은 '지'의 상태에서 사물이 마음에 합치되어 드러난 내용으로 '혜慧'에 해당한다. 진리에 세 가지 양상이 있듯이 그에 상응하여 세 측면의 '지'와 '관'이 필요하다는 것이다. 이것이 '삼지삼관三止三觀'인데, 이는 진리를 실천적으로 체득하는 역동적 방법을 제시한 것이다.[19]

천태종의 세계관은 개별 존재에 대한 천태종의 진리관을 전체적인 것으로 확장한 것이다. 천태종은 공·가·중의 세 가지 양상으로 되어 있는 개별 존재가 다른 존재와 상호 작용을 하여 전체 세계를 구성하는 과정을 '십여시十如是'라는 열 개의 범주를 다시 설정하여 설명한다. 그것은 외적인 모습으로서 상相, 내적인 속성으로서 성性, 그 둘이 합쳐진 전체로서 체體, 잠재력으로서 력力, 현재의 작용으로서 작作, 존재의 직접 원인으로서 인因, 존재의 간접 원인으로서 연緣, 인연의 결과로서 과果, 그 결과가 외부로 드러난 보報, 마지막으로 이 아홉 개 범주에 일관하여 존재하는 본말구경本末究竟을 말한다. 유의할 점은 이러한 범주는 실체론적인 것이 아니라 관계론적이라는 것이다.[20] 여기서 말하는 관계란 'A는 곧 B이며 B는 곧 A이다'라는 소위 '상즉론相卽論'인데, 이것은 천태 사상의 모든 사유에 기반이 되는 논리이다. 왜냐하면 열 개의 범주는 세계상을 설명하기 위한 잠정적인 개념이므로, 이 개념에 고착되지 않기 위해서는 공·가·중이라는 진리 포착의 방법을 다시 적용해야 되는데, 그 결과 그러한 잠정적 개념들은 결국 상즉적인 관계에 있음을 알 수 있기 때문이다.

천태종의 인간관은 '십계호구설十界互具說'이라는 이론에 바탕을 두고 있다. 십계호구의 십계란 소승 불교의 전통적 윤회 세계인 육도(지옥·아귀·축생·아수라·인간·천상)에다가 대승 불교에서 새롭게 주장하는 사계(성문·연각·보살·불)를 덧붙여 우주에 존재하는 생명의 존재 방식을 열 개의 단계로 포괄

---

19) 다무라 쇼루 외, 같은 책, 66쪽.
20) 다무라 쇼루 외, 같은 책, 86쪽.

한 것이다. 뒤의 사계는 육도의 인간계에 속하지만 그것을 육도 위에 설정한 까닭은 생명의 본질을 정신에 두고 있기 때문이다. 그래서 형태적 구별인 육도 중 가장 상위에 있는 천계에도 크게 세 단계가 있다. 욕심에 사로잡혀 사는 욕계와, 욕심을 벗어났지만 육체적 한계에 매몰되어 있는 색계, 그리고 그 둘을 벗어난 자유로운 정신 단계인 무색계가 그것이다. 그러나 천계의 무색계는 '어떤 것으로부터' 벗어난 자유 정신이지 깨달음으로 향해 있는 것은 아니다. 이 무색계 위에 있는 성문·연각(소승 불교도)은 깨달음을 향하고 있다는 점에서 무색계의 소극적 자유 정신보다 우월하지만 여전히 자기 구원에 머물고, 보살은 한 걸음 더 나아가 타인 구제에까지 미치는 더 상위의 정신이며, 부처는 정신의 최후의 완성자이다.

생명 세계의 이러한 열 개 영역은 단절적이거나 배타적인 것이 아니라 상호 중첩적이다. 즉 지옥계의 악 속에도 불타 세계의 선이 있으며 불타 세계의 선 속에도 지옥계의 악이 존재한다는 것이다. 한 영역에 다른 모든 영역이 구비되어 있다는 것이다. 이것이 십계호구설이다. 십계호구설은 결국 선과 악의 극한 사이에 제멋대로 유동하는 현실적 인간의 알 수 없는 정신적 깊이를 반영하는 것이라 할 수 있다.[21] 또 천태의 상즉 논리, 더 구체적으로 삼제원융관으로 봐서도 십계는 상호 포섭할 수밖에 없고 선과 악도 상즉의 관계일 수밖에 없다.[22] 선악상즉론을 번뇌와 보리菩提(진리)를 양극으로 하는 불교 논법에 적용하면 '번뇌가 곧 보리'라는 극적인 표현이 나온다. 눈여겨 보아야 할 것은 선악상즉론과 십계호구설의 당연한 귀결로 부처에게도 악이 있다는 성악설의 인간관이 나온다는 점이다. 이것은 유학적인 성선설에 젖어 있던 중국인들에게 많은 논란을 일으킨다. 그러나 지의의 이러한 사상은 아무리 고고한 마음에도 숙명처럼 깃들인 악의 실태를 솔직하게 고발하고, 바로 그 지점에서 진리를 구현해

---

21) 아라키 겐코, 『중국사상사』, 조성을 옮김, 201쪽.
22) 도도 교순 외, 『중국불교사』, 차차석 옮김, 377쪽. "원융한 삼제가 한 마음에 구비되었을 때 이상적인 세계가 이 현실 속에 펼쳐진다는 것이다", "윤회를 거듭하며 깨달아 가는 인도 전래의 수행에 대해, 현재의 몸이 불성을 갖추고 있다는 입장에 섰다."

가는 결단을 지속적으로 내려야 함을 강조하려는 의도에서 나온 것으로 보아야 할 것이다.[23)]

3. 화엄종

천태종이 열반 학파를 수용하여 남중국 불교(통일 시대 남쪽 변방)의 맥을 이어갔다면, 화엄종은 지론 학파를 수용하고 남북의 불교를 종합하여 북중국 불교(통일 시대 수도권 지역)의 꽃이 되어 향기를 널리 피웠다고 할 수 있다.[24)] 화엄종은 실천적 수행으로 많은 사람들에게 인격적 감화력을 준 초조初祖 두순杜順(557~640)에 의해 성립되었다. 하지만 화엄 사상은 제2조 지엄智儼(602~668)이 이론적 기초를 다지고 제3조 법장法藏(643~712)에 의해 실질적으로 완성되었다. 중국 불교 철학의 절정이라 일컬어지는 화엄 사상은 통일 제국 당의 정치적 이념에 원용되었을 뿐만 아니라 선종과 신유학의 형성에도 지대한 영향력을 미쳤다.[25)]

화엄 사상은 두 개의 줄기를 갖는다. 하나는 당시까지 발전되어 온 다양한 갈래의 불교 사상을 종합하여 중국적 현실에서 창조적으로 재구성한 측면이고, 다른 하나는 『화엄경』에 내재한 사상을 중국적 사유로 재구성한 측면이다.[26)]

『화엄경』에 내재한 사상은 화엄의 세계관을 형성하는 데 뼈대가 된다. 『화엄경』은 원래 석가가 최고의 깨달음(正覺)을 얻어 그 상태를 어떤 특정한 설법의 대상을 전혀 의식하지 않은 채 스스로 음미하고 있는 내용이라고 말한다. 『화엄경』에 연출되는 설법 장면과 끝없이 펼쳐지는 화려한 수사학적 문장은

---

23) 아라키 겐코, 『중국사상사』, 조성을 옮김, 203쪽.
24) 도도 교순 외, 『중국불교사』, 차차석 옮김, 382쪽.
25) 모리모토 준이치로, 『동양정치사상사연구』, 김수길 옮김, 70쪽, 79쪽. 모리모토는 주자학은 화엄 교학 이론인 사법계설 중 이사무애법계관을 자신의 논리로 삼았으며, 화엄종과 선종의 관계는 화엄 5조 규봉종밀을 축으로 이론의 위기를 본질적으로 수정하지 않은 채 비이성적인 실천인 선종을 통해 극복하려 했음을 정치사상적으로 규명하고 있다.
26) 이효걸, 「화엄경의 성립 배경과 구조 체계」, 187~188쪽.

마치 우주 곳곳에서 지구에 몰려온 외계인이 지구 출신의 초월자와 공중에서 조우하여 현란한 조명 속에 정신 감응을 하고 있는 환상을 그리는 것 같다. 이 것이 화엄의 세계관이다. 화엄학적 개념으로 표현하면 화엄의 세계관은 '중중무진重重無盡'(끝없이 중첩적으로 상호 작용하는)의 '본래적 일승교一乘敎'(소승과 대승을 포괄하는 가르침)인데, 이것은 천태종의 '매개적 일승교'와 구별된다.[27] 요컨대 천태의 그것은 사람이 매개되어 있는 반면 화엄은 사람과 관계없이 본 래의 세계 그 자체를 묘사하고 있는 궁극적 가르침인 것이다. 화엄의 또 다른 용어로 표현하면, 사람이 개입되지 않고 사물(사건)과 사물이 직접 원만하게 상 호 작용하는 '사사무애事事無碍'의 세계이다. 이것은 사람의 정신 혹은 사물의 배후에서 사물을 지배하는 초월적 법칙으로서 '리理'가 개입하여 상호 작용하 는 '리사무애理事無碍'의 세계와 현격하게 다르다. 리사무애란 다양한 갈래로 소개되고 발전되어 온 중국 불교의 총합적 성과를 화엄의 입장에서 논리적으 로 압축한 것이라 할 수 있다.

그러면 이러한 화엄 세계에서 인간과 '리理'의 세계는 어디로 갔는가? 모두 '사事'의 세계로 철저하게 환원되었다. 왜냐하면 화엄적 세계관은 모든 분별이 완전하게 사라진 석가의 최고 경지가 그 입각점이기 때문이다. 그러나 화엄 사 상이 인간의 문제와 리법理法의 세계를 버린 것은 아니다. 그것은 본래의 세계 안에 고스란히 들어 있기 때문이다. 궁극적 깨달음의 시각에서 보면, 현상계의 다양한 차별성은 더 이상 극복되어야 할 대상이 아니다. 오히려 참다운 세계를 참답게 하기 위해 화려하게 장식하는 아름다운 낱낱의 꽃으로('華嚴'이라는 말 도 여기서 나왔다) 그 자리에 그렇게 있어야 하는 존재이다. 여기에서 화엄의 기 본 시각을 볼 수 있다. 하나는 최고의 정점에서 아래를 향하여 내려다보는 시 각이고, 다른 하나는 전체에서 개체를 바라보는 시각이다.

이러한 시각은 화엄 사상에 일관되게 흐르고 있다. 그러나 이러한 시각을 한

---

27) 아라키 겐코, 『중국사상사』, 조성을 옮김, 204쪽.

번 더 들여다보면, 높은 곳에서 보기 때문에 낮은 곳에서 높은 곳을 보는 시각도 있을 수 있고 전체에서 개체를 보기 때문에 개체에서 전체를 보는 시각도 있을 수 있다는 사실을 알 수 있다. 화엄학의 용어로 과果(결과)에서 인因(원인)을 볼 수 있으므로 인因에서 과果로 향해 가는 모습을 조망하게 된다. 이와 같은 시각의 선후적 상호 교환을 인과원만因果圓滿이라고 한다. 마찬가지로 전체와 개체 사이에도 내포와 외연의 상호 교환이 가능해져서 '일즉일체一卽一切, 일체즉일一切卽一', 즉 '하나는 곧 전체이고 전체는 곧 하나이다'라고 한다. 한마디로 극대와 극소를 자유로이 넘나드는 시각의 탄력성은 화엄 사유의 중요한 특징인데, 이것은 사변적 유희에서 온 것이 아니라 고도의 '자각적 정신 체험'(석가의 정각)이 풍부하게 묘사된 『화엄경』에서 도출된 것이다.28)

'일체의 세계가 주어진 그대로 이미 완전하다'는 화엄의 세계관에서는 고통받고 살아가는 현실의 인간도 그 순간 그 지점에서 완전할 수밖에 없다. 거기에는 천태와 같이 번뇌와 보리의 대립이나 선과 악의 대립 그 자체가 존재하지 않는다. 그러나 그것은 부처의 시각이다. 밑도 끝도 없이 솟아나는 욕망과 원하지 않는 만남으로 고통의 수렁에서 허우적거리는 대부분의 사람들에게는 진리를 희망하는 여유조차 불가능하다. 사실 하늘 꼭대기에서 온 세상을 환하게 비추는 부처의 눈길이 곳곳에 미친다 해도 그 빛을 느끼지 못하는 자에게는 해탈의 길이 막혀 있다. 불교는 최소한 진리의 빛을 느끼고, 그 빛을 찾고자 하는 마음을 내지 않으면 안 된다(發心). 만약 발심만 한다면 바로 그 순간 그곳에 정각(解脫)의 문은 활짝 열리게 되어 있다. 왜냐하면 인과원만의 정각의 세계에서는 정각을 이루고자 하는 원인 행위가 결과로 나타나는 정각의 세계와 즉각적으로 일치하기 때문이다.

여기에서 화엄적인 보살 수행의 길이 시작된다. 화엄 보살도는 화엄의 세계

---

28) 이효걸, 「화엄경의 성립 배경과 구조 체계」, 56쪽. 화엄경을 보는 시각은 불타의 고도의 정신 체험을 드러내는 소위 佛自內證의 경계라는 입장과 보살의 수행을 방대한 체계로 조직한 것이라는 두 입장이 있다.

관을 배경으로 하고 '닦음'과 '깨달음'의 벌어진 틈을 일상적 삶 속에서 팽팽하게 긴장시키고 화해시켜 가는, 멀고도 가까운 이상적 삶의 전형을 보여 준다.[29] 일상의 삶을 영위하기 위한 하찮은 행위도 해탈을 향한 마음의 문을 열고 다시 본다면 곧 해탈의 즐거움을 아기자기하게 누리는 유희적 행위로 보일 것이다. 심지어 고통까지 포함한 나에게 주어진 모든 조건들은 우주적 시공간에서 볼 때 너무나 아름다운 한편의 우주적 드라마일 것이며, 나는 두 번 다시 공연되지 않는 이 생생한 드라마에 가장 적합한 주인공이 되어 매순간마다 후회하지 않을 최선의 연기로 내 삶을 엮어 가겠다고 한다면, 그는 아마 자신도 모르는 사이에 화엄 보살도의 실천자가 될 것이다. 이런 의식이 분명할수록 그리고 실천이 의식과 일치할수록 그의 실제적 삶은 '닦음'에서 '깨달음'으로 중심이 옮아가다가 마침내 그 틈이 없어져 버린 화엄 보살도의 완성자가 될 것이다.

전반적으로 볼 때, 화엄종이 본래적 완전성에 초점을 두고 전체를 통해 개체를 완성시키려 한다면, 천태종은 상호 의존적인 선악 대립의 동질성에 초점을 두고 국소적 국면을 돌파하여 완전성에 이르고자 했다고 할 수 있다.[30] 화엄종의 입장에서 보면 천태종은 악의 현실성을 끌어들여 개체의 완전 자족성을 실현하려 함으로써 자칫 방종과 독선으로 흐를 위험성이 있다고 보고, 애써 인간 마음의 순수성을 강조하여 그 위험을 피하고자 하였다.[31] 화엄종이 천태종보다 더 널리 퍼졌던 것은 유학적 성선설을 정통으로 삼으려는 중국의 전통적 사유에 화엄종의 이러한 경향이 더 접근했기 때문일 것이다.

---

29) 이효걸, 같은 글, 88쪽.
30) 다무라 쇼루 외, 『천태법화의 사상』, 이영자 옮김, 84쪽. 천태 철학은 진리의 구체적인 보편에 주목하는 현실주의적 경향을 띤다면, 화엄 철학은 진리의 생성적인 역동성에 주목하는 이상주의 경향을 띤다고 말한다.
31) 이병욱, 「중국불교 양대 산맥의 인간 이해」, 152쪽. 여기에서는 천태종의 性具說과 화엄종의 性起說을 비교하면서 천태의 성구설적 인간관이 더 적극적인 중생 긍정사상임을 주장하기도 한다.

3. 이론 불교에서 실천 불교로

1. 정토종

중국 정토 사상의 기초를 마련한 사람은 『아미타경』 등 수많은 경전을 번역한 구마라집鳩摩羅什(344~413)과 같은 시대에 염불결사 운동을 실천 수행한 혜원慧遠(334~416)이다. 그러나 이 두 사람은 아미타불을 보는 것 자체가 궁극적으로는 공空에 이르는 지름길이라고 생각하고 받아들였다. 즉 정토 신앙 그 자체보다는 대승 공관空觀을 실현하는 보조적 수단으로 본 것이다. 따라서 보리심(진리를 찾으려는 마음)과 칭명염불(아미타불을 부르는 것으로 항상 부처를 생각함)과 신심이야말로 해탈을 얻는 참된 길이라고 확신하는 본격적인 정토 사상을 확립한 사람은 담란曇鸞(476~554)이라 할 수 있다.[32) 담란의 사상이 도작道綽(562~645), 선도善導(613~682)로 이어지면서 정토종이 형성되었다.

정토 사상은 소위 정토 3부경이라 일컫는 『무량수경』, 『아미타경』, 『관무량수경』에 근거한다. 이 세 경전은 무량수불無量壽佛(영원한 목숨을 가진, 그래서 지금 살아 있는 부처)이라 번역되는 아미타불이 그를 찾는 모든 이에게 구제의 힘을 뻗쳐 자신의 나라인 극락極樂의 정토에 태어나게 한다(往生)는 내용이다. 아미타불이 어떤 부처이고 그가 서방에 이룩한 유토피아인 극락정토는 어떤 곳이며 그곳에 태어나게 하는 조건은 무엇인가 하는 것이 정토 사상의 중심 주제이다.

초기 불교에서는 석가불만을 거론했지만 불교의 발전에 따라 부처를 보는 관점도 다양하게 나타났다. 역사적으로 존재했던 석가불만이 아니라 그 전에 존재했던 과거의 여러 부처, 미래에 다시 온다는 미륵불, 시공간을 초월한 우주 그 자체로서의 비로자나불, 보살 수행의 결과로 부처가 되어 영원히 타인을 구제하는 아미타불 등이 그런 것들이다. 이러한 여러 부처들 사이의 관계를 의미

---

32) 다마키코 시로 외, 『중국불교의 사상』, 정순일 옮김, 220쪽.

있게 연관시키는 관점이 소위 삼신관三身觀이다. 즉 부처의 몸은 세 가지 양상으로 나타나게 되는데, 진리 그 자체의 본래적 모습인 법신法身(비로자나불)과 법신불이 특정한 역사에 응해서 나타난 응신應身(석가불), 보살 수행의 결과로 부처가 되어 영원히 타인을 구제하는 보신報身(아미타불)이 그것이다.

이 중에서 정토종의 주불인 아미타불은 세 가지 측면에서 중요하다. 첫째, 보신의 의미이다. 보신이라는 것은 인과응보의 원리에 따라 보살 수행의 원인 때문에 그 결과 부처가 되었다는 뜻이다. 이것은 보살 수행을 한다면 어느 누구나 그러한 부처가 될 수 있다는 하나의 전형을 보여 준다. 또 보살 수행의 핵심은 타인 구제에 있기 때문에 결국 타인 구제의 수행은 반드시 부처됨을 보증하며, 보신으로서 부처는 타인을 구제해야 된다는 의미를 가지고 있다.[33]

둘째, 아미타불은 영원한 생명을 가진 부처의 의미이다. 원래 부처가 되면 육도 윤회의 세계를 벗어나게 되어 있다. 다시 말하면 부처는 궁극적으로 인간계와 관계를 갖지 않는다. 석가불은 깨달음을 얻고 육신이 다할 때까지는 윤회 세계에 있는 중생을 구제하였지만 열반한 다음에는 인간계와 관계하지 않는다. 그래서 부처 없는 시대에 사는 불교도들은 인간계에 다시 나타날 미륵불에 희망을 걸었던 것이다. 그러나 미륵불이 온다는 시간은 너무나 멀다. 특히 역사적 소용돌이에 휘말려 고통과 절망에 빠져 있는 사람들에게는 '지금'의 나를 교화하고 구제해 주는 부처가 절실히 요구될 수밖에 없다.[34] 정토 신앙이 중국인들에게 급격히 퍼져 나간 시기가 극심한 정치적 변동기를 맞아 고통과 불안이 팽배해 있는 남북조 시대라는 사실은 당연한 일인지도 모른다.

셋째, 아미타불의 구제력에 대한 신앙의 문제이다. 대승 불교의 본질은 소승 불교와 달리 타인 구제가 곧 자신의 구제라는 전제 아래 타인 구제에 힘쓰는 보살도를 수행하는 데 있다. 이러한 '보살의 타인 구제'를 '부처의 타인 구제'

---

33) 다마카코 시로 외, 같은 책, 201쪽. 후지타 코타츠는 "석존이 이타행을 본질로 하는 대승 보살의 이상적 형태로 출현한 부처가 아미타불이다"라고 한다.
34) 도도 교순 외, 『중국불교사』, 차차석 옮김, 190쪽.

로 승화시킨 것이 바로 아미타불의 구제력이다. 보살의 타인 구제는 그 속에 수행의 의미가 내포되어 있지만, 부처의 타인 구제로 승화되면 오로지 베푸는 힘밖에 없다. 문제는 아미타불의 구제력을 받아들이는 믿음이 중요하다는 것이다. 사실 정토종의 핵심은 여기에 있다. 자각적 깨우침을 본질로 하는 불교가 타력 신앙으로 변질되고 있는데도 이것이야말로 불교의 참된 가르침이라고 주장하기 때문이다.

요컨대 정토종의 해탈론은 '보살의 타인 구제'를 출발점으로 하여 일단 그것을 '아미타불의 타인 구제'로 승화시키고[35] 다시 그것을 매개로 '아미타불의 타인 구제에 대한 믿음'으로 전환시킨 것이다. 이 속에서 ① 보살의 꿈과 실천 → ② 부처의 보편적 자비와 구제 → ③ 범부의 신앙으로 이행되는 구제 방법론의 변모를 볼 수 있다. 이와 같이 '범부의 신앙'이 불교의 참된 구제의 길이라고 주장하는 정토종은 다른 종파의 교학적 성과를 끌어들여 교묘히 변증하고 있다. 그리하여 중국의 정토종은 '지금' '여기'에서 누구나 구제될 수 있다는 대중적 실천론을 제시함으로써 인도 불교가 마침내 중국인의 현실적 삶에 굳건히 자리 잡을 수 있도록 했던 것이다.

그러나 언뜻 보면 '이 세상'에서의 성불을 체념하고 '저 세상'에 왕생하여 성불한다는 것은 정토淨土와 예토穢土를 구별하는 집착과 분별에 사로잡히는 일이고, 또 곧바로 해결해야 할 문제를 후일로 미루는 도피가 될 수 있다. 이것은 또 불교의 본질인 '자각적 깨달음'에 위배되기도 하다. 이러한 문제에도 불구하고 굳이 타력에 의지하는 믿음을 내세우는 까닭은, 한치 앞을 내디딜 여유조차 없는 무지한 범부들에게는 부처와 만날 한 줄기 빛이 절실하기 때문일 것이다. 부처가 부처다운 것도 바로 이러한 범부에게 구제와 자비의 빛을 주기 때문이다. 다함이 없는 불교의 모든 가르침이 범부를 자각하게 할 수는 있다. 그러나 그것이 무지와 죄업에 가로막혀 있는 비천한 범부들을 격동시켜 감히 부처와

---

35) 시즈타니 마사오 외, 『대승의 세계』, 정호영 옮김, 184쪽.

만날 수 있도록 할 수는 없을 것이다. 깊이 잠들어 있는 생명의 의지를 흔들어 깨울 수 있는 것은, 교학의 가르침에 따르는 억지로 만든 다짐이 아니라 부처가 뻗쳐 주는 구제의 따사로움에 심신을 맡겨 버리는 믿음일 것이다. 정토종은 아미타불이 내민 구제의 손길에 심신을 전일하게 맡겨 버리는 가장 좋은 방법으로 '염불念佛'을 권하고 있다.

그러나 대중적 실천성이 강한 정토종도 교단으로서 독자성을 계속하여 유지하지 못했다. 그것은 교학적 치장을 극도로 싫어하고 범부의 입장에서 염불과 같이 매우 쉬운 방법으로 일시에 부처와 만날 수 있다는 정토종의 가르침은 이와 비슷한 경향을 가진 선종에 융화되어 갔기 때문이다.

2. 선종

중국의 각 종파는 모두 번역된 경전에 의거하여 교의를 조직하였다. 여기에 비해 선종은 특정한 경전에 의존하지 않는다는 점에서 매우 대조적이다. 그러면 선종에서는 왜 경전이 필요없다고 하는가? 현실 속에 살아가는 개별 주체가 부처의 위치에서 자신을 포착하고 자기 이외의 어떤 권위도 받아들이지 않으며 자신의 일상적 행위 하나 하나가 모두 부처의 작위라고 보기 때문이다. 이것은 부처의 구제력과 범부의 신앙이 조응하여 범부와 부처의 벌어진 틈을 일시에 좁혀 준다는 정토종의 가르침과도 확실히 구별된다. 선종은 경전이나 교의 혹은 교단으로부터 벗어나 일상적 삶 속에 사는 개별자가 이미 존재하는 스스로의 완전성을 깨닫는 실천적 자각 운동이다. 거기에는 부처에 대한 경외감도, 진리를 얻고자 이타행을 수행하는 보살의 결단도, 부처의 자비에 대한 기대감도 크게 드러나지 않는다.

중국 불교의 총결산이라고 말해도 좋은 선종이 서서히 자리잡기 시작한 것은 당의 혜능慧能(638~713)부터이다. 선종은 경전이나 교의보다는 마음과 마음의 직접적 만남 속에서 가르침이 베풀어지고 보증되고 이어진다는 점에서 전승의 계보를 특별히 중요시한다. 그래서 선종은 이러한 계보는 남북조 시대(520년경)에 중국에 전달한 보리달마에게까지 소급되고 다시 석가에 연결된다. 중국 선종은 보리달마를 제1조로 하고 제2조 혜가慧可(487~593), 제3조 승찬僧璨(?~606), 제4조 도신道信(580~651), 제5조 홍인弘忍(602~675) 그리고 혜능을 제6조로 계보화시켰다. 제5조 홍인 밑에 혜능과 더불어 신수神秀(?~706)가 있었는데, 신수는 당의 수도인 북쪽 장안長安으로 가 절차적 수행을 강조하는 북종선을 유행시켰다. 이것은 즉각적 깨달음을 강조하는 혜능의 남종선이 남쪽 지방에 활성화된 것과 대비된다. 그 이후 선종은 거의 혜능의 문하인 남악회양南岳懷讓(677~744)과 청원행사靑原行思(?~704)에 의해 본격적으로 발전하게 된다.

그러나 여기까지는 뚜렷한 종파로서가 아니라 일반적 경향으로서 불교의 수행법을 '좌선'이라는 하나의 행법에 두고 있다는 점에서 선종이라 부를 수 있는 정도다.[36] 오늘날 우리가 선종이라 할 수 있는 것은 당 말에서 송대에 걸쳐 소위 오가칠종五家七宗으로 불리는 선의 여러 가풍이 활발하게 일어났을 때이다. 오가의 성립은 임제의현臨濟義玄(?~867)의 임제종, 위산영우潙山靈祐(771~853)와 그 제자 앙산혜적仰山慧寂(807~883)의 위앙종, 동산양개東山良价(807~869)와 조산본적曹山本寂(840~901)의 조동종, 운문문언雲門文偃(?~949)의 운문종, 법안문익法眼文益(885~958)의 법안종을 말한다. 여기에다 임제종의 계열에서 다시 황룡해남黃龍慧南(?~1069)의 황룡파와 양기방회楊岐方會(?~1049)의 양기파가 나왔기 때문에 칠종이라 한다. 오가칠종의 가풍은 송대 사회의 특징을 반영하면서 점점 융합되어 운문종과 법안종이 일시 부각되다가 다시 임제 선풍을 진작시킨 대혜종고大慧宗杲(1089~1163)의 활약을 계기로 간화선看話禪이 주류가 되는 방향으로 흘러간다.

선종의 특색을 불립문자不立文字, 교외별전敎外別傳, 직지인심直指人心, 견성성불見性成佛이라는 말로 나타내기도 한다. 이것은 문자나 경론에 의거하지

---

36) 다마키코 시로 외, 『중국불교의 사상』, 정순일 옮김, 76쪽.

않고 스승이 직접 제자나 구도자의 움직이는 마음을 가리켜 스스로 '자기의 본성'을 보게 하여 해탈을 이루게 한다는 뜻이다.[37] 그래서 선종은 이심전심以心傳心의 방법으로 부처의 마음을 이어가는 사자상승師資相承의 전통을 특별히 중요시한다. 특히 선의 융성기에 나타난 오가칠종은 바로 스승이 제자를 계도하는 독자적인 방편, 즉 가풍家風의 차이에 따른 구분일 뿐이다. 가풍이란 구도자의 성격과 근기根機(자질)와 수행 정도 혹은 때와 장소와 상황에 따라 임기응변의 적절한 방법을 취하는 지도자에 따른 독특한 풍모를 말한다. 그러나 11세기 후반 이후 이러한 가풍도 정형화되어 맹목적으로 따르는 경향이 짙어지면서 종파 의식이 강화되어 갔다.[38] 이와 같은 내적 에너지의 낭비적 소모는 결국 선종을 쇠퇴시킨 중요한 한 원인이 되었다.

선종의 형성은 인도 불교가 원래부터 가진 성격에서 유래한다고 볼 수 있다. 고요히 앉아 마음을 닦는다는 의미의 선은 불도를 닦는 세 가지 길인 삼학三學(戒·定·慧) 중의 하나인 정定에 해당하기 때문이다. 이밖에도 중국선이 태동하게 되는 직접적인 밑거름으로 천태의 실천론인 지관 사상이 큰 역할을 했다고 볼 수 있다. 그러나 중국의 선종은 세속의 오염을 치유하기 위한 정신 단련이나 초월적 실재와 만날 수 있는 신비적 직관을 얻기 위한 것이 아니었다. 오히려 그것은 구체적인 역사의 현장에서 살아가는 개별 주체가 일상적 삶 그 자체에서 완전한 자유를 생생하게 느끼며 살아가도록 하는 근원적 각성을 목표로 하기 때문에 천태의 지관이나 인도의 선과는 다르다. 마음을 닦는다는 수행방법의 유사성을 떠나서 본다면, 오히려 화엄 사상과 정토 신앙이 중국 선불교를 형성하는 데 더 큰 기여를 했을 것이다. 왜냐하면 화엄 사상은 인간을 포함한 사물의 세계가 본래 완전하다고 보는 현실의 '본래성'을 제시했기 때문이며, 정토 신앙은 누구나 믿음만 가지면 부처의 자비와 구제의 힘에 의해 왕생할 수 있다는 가르침에서 '범부'의 구제 가능성과 '간단'하고 '일시적'인 구제 방법을

---

37) 다우에 다이슈 외, 『인도의 선, 중국의 선』, 최현각 옮김, 154~155쪽.
38) 다마키코 시로 외, 『중국불교의 사상』, 정순일 옮김, 114쪽.

제시하고 있기 때문이다.

요컨대 선종이 형성될 수 있는 불교의 내적 배경은 다음과 같이 정리될 수 있다.

첫째, 인도 불교의 자각적 정신주의와 표리 관계에 있는 명상 수행의 전통이 모든 중국의 종파로 이어졌고, 불교의 중국화가 진행될수록 다양한 수행론이 점점 간명하고 실천성이 강한 좌선 수행으로 통합되어 갔다.

둘째, 구마라집 이래 대승 공관에 대한 여러 경로의 이론적 모색의 성과가 종합되어 마침내 천태지의에 의해 중국의 역사 현실에 맞도록 주체적으로 재창조되었다. 그는 현실의 역사를 현실 속에 살아가는 개체의 마음의 문제로 보고, 마음에서 일어나는 선악 대립을 상즉성(지의가 공관에서 재구성)에 기초하여 실천적으로 해소하고자 지관止觀이라는 명상 수행론을 제시하였는데, 바로 이것이 선종에 직접적인 영향을 주었다.39)

셋째, 현실 세계와 현실 인간의 본래적 완전성으로 귀결되는 사사무애의 화엄적 세계관은 그대로 자신 이외에 어떠한 권위도 인정하지 않으며 닦아야 할 것이 원래 없다는 선종의 인간관으로 수용되었다.

넷째, 어느 범부라도 칭명염불로써 일시에 왕생할 수 있다는 정토 사상은, 주체의 대중성과 실천의 간명성 그리고 구제의 일시성이라는 방향을 제시하여 선종의 형성에 큰 영향을 주었다.

이상과 같은 선종의 형성 배경을 가만히 살펴보면, 결국 선종의 발생은 인도 불교와 중국 문화와의 기나긴 상호 작용의 종결이라는 사실을 알 수 있다.

한편 선종이 형성되는 사회·정치적 배경으로 회창會昌 5년(845년)의 대대적인 폐불 사건을 들 수 있다.40) 이 폐불로 인하여 북쪽 지방의 불교와 장안을 비롯한 도시 불교가 큰 타격을 입은 데 비하여, 변방인 강남 지역의 산악에 산재

---

39) 다마키코 시로 외, 같은 책. 73~74쪽. 天台智者의 『禪門修證』은 인도의 선정 사상 전반에 대한 조직적인 연구서라 할 만한 것이고, 『摩訶止觀』은 인도의 선정 사상에 반야 사상을 가미시킨 천태대사의 독특한 이론으로서 선종의 좌선에도 많은 영향력을 주었다고 할 수 있다.
40) 다우에 다이슈 외, 『인도의 선, 중국의 선』, 최현각 옮김, 169쪽.

해 있는 거점을 중심으로 활동하는 선종은 그 영향을 별로 받지 않았다. 또 폐불로 언해 경론과 주해서가 불태워지고 흩어져서 그것에 의존해 있는 교학적 불교는 쇠퇴할 수밖에 없었지만, 불심佛心만을 중요시하며 경론에 대해 자유로운 선종은 이를 계기로 오히려 불교 발전의 유일한 통로가 될 수 있었다.[41] 이 밖에도 마조馬祖의 제자인 백장百丈에 의해 마련된 『백장청규百丈淸規』는 선종이 승단으로 결속되고 건강하게 발전하는 데 큰 기여를 했다. 검소하고 절제된 규범과 노동을 통하여 자급 생활을 하는 승단 생활이 당 말의 난세에도 별 영향을 받지 않고 선종이 융성하게 된 배경이라고 할 수 있다. 원래 노동을 통한 자급자족적 생활 방식은 인도 승가에서는 계율로 금지되어 있지만, 선종의 생활 양식은 그것을 과감하게 버리고 중국적인 새로운 운영 방식을 취하였던 것이다. 이러한 측면에서도 선종은 가장 중국화된 불교라고 할 수 있다.

결론적으로 인도의 불교는 중국의 선종에 와서 비로소 긴 중국화의 길을 끝내고 새 단장을 했다. 선종은 불상이나 불탑 등 사찰을 꾸미던 갖가지 불교 장엄구와 불교 의례를 통하여 마음을 짓누르던 일체의 종교적 위엄을 벗어 버렸다. 선종은 그 복잡하고 어려운 일체의 교학적 치장도 과감하게 걷어치웠다. 선종은 지루하고 험난한 불도 수행의 아득한 길 끝에 성불이 있다는 막연한 희망도 신뢰하지 않았다. 선종은 불교 속에 끼어들어 있는 거짓된 희망과 신비로 위장된 욕망과 추상화된 현실 도피들을 말끔히 씻어 내고, 생생히 살아 있는 현실의 개별 주체가 적나라한 자기 본모습에 직접 대면해서 주눅들어 있던 삶의 역동성을 일깨우고자 했던 것이다.

결국 일깨워진 삶의 역동성을 타고 자기 앞에 전개되는 낱낱의 삶에 대응하며 거리낌없이 마음대로 돌아다니는 창조적 유동성이 심신에 가득 채워질 때 선적禪的인 삶은 완성될 것이다. 선의 마음이 방종에 흐르거나 허망에 빠질 위험성을 염려하는 것은 선禪의 본래성과 현실성을 모르기 때문이다. 선종의 시

---

41) 다우에 다이슈 외, 같은 책. 171쪽.

각에서는 유동하는 마음 씀씀이 하나하나가 한 치의 오차도 없이 그대로 본모습으로서의 마음의 작용인 것이다. 선종에서 말하는 '즉신성불卽身成佛'(지금의 구체적 삶에서 곧바로 부처가 되라)이나 '평상심시도平常心是道'(평상의 마음이 곧 불도의 실천이다)라는 것이 바로 이런 의미이다.

그러나 일상의 삶이 그대로 불도의 실천이라 해서 누구나 쉽게 그 세계에 진입할 수 있는 것은 아니다. 왜냐하면 그것은 근원적 깨침에서 체험되는 것이지, 지식을 쌓거나 마음을 닦아서 되는 것이 아니기 때문이다. 어딘가 숨어 있는 깨달음의 열쇠를 찾아서 그 열쇠로 들어갈 수 있는 일도 아니다. 열쇠를 찾으려는 마음 자체가 전체로 살아 있는 마음의 본모습을 이미 갈래갈래 찢고 있는 것이기 때문이다. 그래서 그 길은 실로 '문 없는 문'(無門之門)인 것이다. 그 세계로 일거에 뛰어들어갈 길은 오직 지금 이 순간 자기의 모든 것을 거는 일뿐일 것이다. 깨달음이란 부분을 끊는 것이 아니라 전체를 끊는 것이기 때문이다. 이렇게 하여 얻은 깨달음이란 것도 우주로부터 온 한 줄기의 신비한 빛이 아니라 원래부터 있던 본모습의 자기가 발현된 것에 지나지 않는다.

4. '중국 불교', 그 이후

동양 문명을 대표하는 인도 문명과 중국 문명의 만남은 불교의 중국 전래로 시작되었다. 이는 두 문명 사이의 갈등과 융합이 시작되었음을 의미한다. 자각적 정신주의의 경향이 두드러진 인도 불교가 경험적 현세주의의 경향을 가진 중국 전통 사상에 의해 재조정된 결실이 바로 중국 불교라고 할 수 있다. 그 결과 중국 불교는 인도 불교와는 다른 모습을 띠게 되었다. 한마디로 경험 세계에 고착되어 협소하던 중국인의 현세관이 인도 불교의 내성적 정신주의의 영향을 받아 훨씬 깊고 넓어지게 되었다. 중국인의 경험주의적 현세관이 불교를 통해 우주론적이고 형이상학적인 현세관으로 확대되었음은 의심할 나위 없는 사실이다. 이것은 중국 불교의 현실적 영향력이 급격히 감소하고 전통 유학이 복권되는 송대에 이르러 사상계의 전반적 동향이 우주론적이고 형이상학적 이론을 구축하는 데로 흐른 사실에서도 여지없이 드러나고 있다. 다른 측면에서 말하면, 중국인의 이러한 현세관은 인도 불교가 추구했던 탈세속적 정신주의를 다시 현세로 되돌려 놓았다고 볼 수 있다. 따라서 중국 불교는 인도 문명과 중국 문명의 상호 작용의 결과이지 인도 문명이 중국 문명에 의해 일방적으로 동화된 결과라고 말할 수는 없다.

인도 문명과 중국 문명의 상호 작용의 결과로 나타난 중국 불교는 가족적 연대감에 뿌리를 둔 사회의 결속 방식에도 일정한 변화를 주었다고 할 수 있다. 중국 문명의 현세주의가 가진 사회적 함의는 농본 사회에서 자연발생적으로 형성된 가족적 유대감을 국가 범위에서 유지시키는 것이었다. 또 이러한 사회에서 주류로 인정받는 사상은 가족적 유대감을 자발적으로 추동시키는 윤리적 동기를 계발하는 데 있었다. 따라서 중국적 현세주의의 바탕에서 형성된 전통 윤리는 사회적 연대감을 통해 그 정당성이 입증되는 것이지 윤리적 행위의 당사자가 도덕적으로 자족한다든지 영혼이 구제된다는 점은 고려하지 않았다.

그러나 불교의 영향으로 이러한 현세주의적 윤리관에도 변화가 일어났다. 개인의 윤리적 행위가 가진 궁극적 의미는 사회의 안정에 있다기보다는 오히려 그 자신의 내적 만족이나 심지어 영혼의 구제에 있다는 점을 받아들이게 되었다. 또한 인간의 생명이란 것도 경험 세계에 제한되지 않고 우주론적으로 확대되어 있다는 불교의 주장에 점점 동조하면서 고통받는 현실적 삶이 훨씬 더 위로 받을 수 있음을 인정했다. 윤리적 행위는 사회적이기보다 우주론적으로 확대된 생명을 근본적으로 구제할 수 있는 자기회귀적인 것이며 보편성이 있다는 사실에 눈뜬 것이다. 송대 성리학이 인간 윤리의 근거를 마련하기 위해 도덕적 자족성과 우주론적 필연성을 끌어들인 것도 윤리 행위의 궁극적 의미에 관해 중국 불교가 중국 사회에 던진 문제 제기에서 비롯되었다고 할 수 있을 것이다.

두 문명이 융합된 결과로 나타난 중국 불교가 수당 시대 이후에는 더 이상 시대의 주류적 사상으로 힘을 발휘하지 못했다 하더라도, 앞에서 살편 것처럼 이제까지 중국의 전통 사상이 너무나 당연한 것으로 여겼던 기본 전제들에 대해 근원에서부터 문제를 제기함으로써 그 이후의 중국사상사 발전에 상당한 영향을 지속적으로 끼쳤다고 할 수 있다.

그러나 중국 불교가 수당 시대 이후에는 뚜렷한 자기 내적 발전도 이루어내지 못했을 뿐만 아니라 이론적 재무장을 통해 사상사의 전면에 다시 나설 수 없었던 것은 결국 불교의 자각적 정신주의 그 자체가 가진 한계에 있었다고 할 수밖에 없다. 그 한계란 한마디로 비역사적인 데 있다. 수당 시대에 불교의 정신주의가 시대의 주류 사상으로 작용하게 된 것은 당시의 독특한 정치 체제에 있다고 할 수 있다. 한나라가 멸망한 다음부터 중국은 주변 민족이 중국의 정치적 주도권을 장악하고 한인 귀족 세력을 끌어들여 지배층을 이룬 이른바 한호연합적漢胡聯合的 정치 체제를 형성하였다. 이러한 문화 연합적 정치 체제는 중국 자신의 전통적 가치와 힘이 무너졌음을 반영하는 것이었다. 중국 민족과 주변 민족 사이에 정치적 힘과 문화적 힘의 상호 우열 관계가 교차되어 만들어낸 수당 시대의 독특한 정치 체제는, 그 내부의 문화적 갈등과 정치적 알력을 아우르기 위한 고도의 관념 체계로서 불교를 필요로 했을지도 모른다.

그러나 엄밀하게 말해서 수당 시대를 지탱한 힘은 문화 충돌과 민족 갈등을 융합시킬 수 있는 고도의 관념 체계인 불교가 아니라, 무력을 바탕으로 한 지배 세력과 그들이 이끌어 낸 지배 체제 자체였다. 그러므로 그러한 지배 체제가 뒷받침되고 있는 한 불교의 정신주의도 설득력이 있었지만 반대로 지배 체제가 붕괴될 때는 정신주의가 가진 비현실성과 비역사성이 여지없이 드러나게 된다. 당나라 중엽부터 시작된 지배 체제의 붕괴는 그 지배 체제의 보호 아래 드러나지 않았던 정신주의의 비역사성이 마침내 노출되는 계기이기도 했다. 한

호연합적 문벌 귀족 체제였던 당의 지배 체제를 무너뜨린 송이, 자신의 지배 체제를 공고히 하기 위해 일차적으로 공격한 대상은 당의 지배 체제를 정당화하고 또 그 체제 안에 잠재된 문화 갈등을 희석시키고 있었던 불교였다.

그러므로 송대의 성리학은 지배 세력의 교체에 뒤따르는 새 왕조를 위한 변명의 이론이라기보다는 이민족 문화의 침투에 응전해 가는 민족 문화 투쟁의 성격을 다분히 가지고 있었다. 그러면서도 불교의 정신주의가 가진 사유 체계를 그대로 이어받고 그들이 관심을 두었던 주제를 많이 답습하고 있음을 발견할 수 있다.

김충열, 『중국철학산고』 I (서울: 온누리, 1988)

류기 레이몬, 『대승불교총설』, 안중철 옮김(서울: 불교시대사, 1992)

모리모토 준이치로, 『동양정치사상사연구』, 김수길 옮김(서울: 동녘, 1985)

시즈타니 마사오 외, 『대승의 세계』, 정호영 옮김(서울: 대원정사, 1994)

아라키 겐코, 『중국사상사』, 조성을 역(서울: 이론과 실천, 1986)

아서 F. 라이트, 『불교와 중국지성사』, 최효선 옮김(서울: 예문지, 1994)

다마키코 시로오 외, 『중국불교의 사상』, 정순일 역(서울: 민족사, 1989)

다무라 쇼루 외, 『천태법화의 사상』, 이영자 옮김(서울: 민족사, 1989)

도도 교순 외, 『중국불교사』, 차차석 옮김(서울: 대원정사, 1992)

다우에 다이슈 외, 『인도의 선, 중국의 선』, 최현각 옮김(서울: 민족사, 1990)

가마다 시게오, 『중국불교의 사상』, 정순일 옮김(서울: 민족사, 1989)

任繼愈 主編, 『中國佛敎史』 第2卷(北京: 中國社會科學出版社, 1985)

이병욱, 「중국불교 양대 산맥의 인간 이해」(이효걸 외, 『논쟁으로 보는 불교철학』, 서울: 예
　　문서원, 1998)

이효걸, 「화엄경의 성립 배경과 구조 체계」(고려대 박사학위논문, 1991)

유학의 부흥과 '이단'의 그림자

김병환

1. 새로운 지식인층과 북송 유학

춘추 시대 공맹孔孟에 의하여 창시된 선진 유학은 한漢 무제武帝 때 동중서董仲舒에 의해서 국가의 지도 이념으로 채택되었고 백가百家의 중심에 자리하였다. 그러나 위진 시대와 수당 시대를 거치면서 도가·도교와 불교의 융성으로 인해 점차적으로 그 사상적 영향력이 감소되었다. 특히 외래 종교인 불교의 융성으로 말미암아 유학자들은 중국 문화 전반에 대한 문화적 위기 의식을 강하게 느꼈고, 그 결과 북송대北宋代에 이르자 그들은 자신들의 고유 전통 사상인 유학의 부흥을 최대의 지상 과제로 생각하였다. 북송 시기의 중국의 지식인들에게 부여된 문화적·사상적 과제는 외래 사상인 불교 및 도가·도교의 영향을 떨쳐 버리고 공맹의 유학을 재부흥시키는 것이었는데, 유학자들은 이를 위하여 자연스럽게 불교와 도가·도교 사상 중 유학이 지니고 있지 않은 사상적 요소들을 섭취할 필요성을 느꼈다. 즉 불교와 도가·도교의 사상에 대항하기 위해서 유학과 비교하여 더 정교한 이론 체계를 구성하고 있던 이들 사상의 형이상학적 이론을 받아들여 유학을 좀더 이론적으로 정교하게 정밀화해야 했다.

사실 위진 시대와 수당 시대를 거치면서 중국의 지식인들은 불·도 양교의 영향으로 현상 배후의 실체를 설명하는 형이상학적 이론 체계에 어느 정도 익숙해 있었고, 이처럼 현상을 있는 그대로 받아들이지 않고 사변적 숙고를 통하여 궁극적 실재를 설명하려는 시도는 불교와 도가·도교 이론의 특징이기도 하였다. 불교의 천태·화엄·선종의 이론과 도가 철학은 당시 지식인들에게 유학이 제공하지 못하였던 심도 있는 형이상학적 사변을 체험할 수 있는 기회를 제공하였다. 그러므로 유학 사상이 사변적 사고의 깊이를 더하여 당시 지식인들의 지적 욕구를 채워 주기 위해서는 유학이 상대적으로 결여하고 있는 이 부분을 받아들여 소화해야만 했다. 그 결과로 나타난 것이 신유학의 사상 체계이다. 즉 기본적으로 신유학은 삼교 융합의 산물이라 할 수 있다.

　송대 신유학은 이런 시대적 요청으로 인하여 선진 유학과는 그 사상적 내함內涵이 상당히 다르다. 선진 유학은 인성론에 그 철학적 내용이 집중되어 있음에 반하여 신유학은 이 인성론에 근거가 되는 형이상학적 근거, 즉 천도론을 통하여 인성의 형이상학적 근거를 확보하고자 하였다. 공자를 이은 맹자는 인성의 선함을 논하였고 순자는 인성의 악함을 논하였지만 이들은 그 인성의 선함과 악함의 형이상학적 근거에 대해서는 충분히 논의하지 않았다. 다만『중용中庸』과「역전易傳」정도에서나 천도론의 단서를 찾아볼 수 있을 뿐이다. 하지만 불·도 양교의 이론을 흡수·소화하여 선진 유학의 이론적 한계를 극복하고자 한 신유학은, 인간(인성론)과 본체(천도론)의 문제를 본격적으로 다루어 천도가 어떻게 인성에 구현되는지를 밝히고자 하였다. 요컨대 신유학자들은 위진·수당 시대를 거치면서 침체일로에 있던 유학의 부흥이라는 시대적 소명의식을 갖고 이를 실현시키기 위하여, 극복의 대상이었던 불교와 도가·도교의 본체론과 수양론을 비판적으로 수용하여 신유학의 철학 사상을 건립하였다.

　이 글에서는 이와 같은 맥락에 초점을 맞추어 신유학 발생의 배경과 북송 유학의 가장 기본적인 특징을 사상사적 관점에서 먼저 살펴보고, 대표적 북송 유학자인 주돈이·장재·정호·정이의 사상에서 확인할 수 있는 불·도 양교의 영향을 중심으로 서술하겠다. 즉 내용 전개에 있어서 각 유학자의 사상 전체가 아니라 당시 시대적 요청이었던 불교와 도교의 이론 흡수라는 사상사적 발전 단계에 주목하여 이들 유학자들의 사상 속에서 발견할 수 있는 불·도 양교의 이론적 영향을 중심으로 논의를 전개하겠다는 말이다.

1. 사대부의 등장

10세기 중엽부터 한대漢代 이래로 중국 사회를 지배해 오던 기존의 귀족 가문이 점차로 그 세력을 잃어 가면서 11세기 초부터는 '사대부士大夫'라 불리는 새로운 지배 계층이 중국 사회의 전면에 등장하여 송 왕조의 중추 세력이 되었다.[1] 이 새로운 사대부 계층은 그들의 사회적 정치적 지위를 세습 귀족으로 부여받은 것이 아니라 후천적 교육을 통하여 획득하였다는 것이 기존의 지배층과 달랐다.[2] 즉 유학 경전에 대한 이해를 기반으로 하여 역사와 철학 그리고 수려한 고문으로 대변되는 문장력은 새로운 시대 새로운 지배층에게 요구되는 조건이었고, 이는 신지배층의 등장을 알리는 역사의 서곡이었다. 이 사대부층의 특징은 고전 특히 유학 경전에 대한 정통한 이해를 기반으로 전통 문화에 대한 주체적 자각심으로 충만하고, 과거 시험을 통하여 정부 안에서 그들의 능력을 인정받은 문인 관료라는 점이었다. 이들의 전통 문화에 대한 충만한 자긍심은 외래 종교인 불교에 대한 적대적 태도와 비전통이라 여겼던 노장 사상에 대한 배격으로 나타났고, 유학 사상의 부흥을 지상 과제로 여기게 되었다.

송 왕조를 세운 조씨 형제 조광윤과 조광의는 전전군殿前軍 출신으로 통치

---

1) 당 말부터 북송 초기까지가 중국 사회에 한 획을 긋는 큰 변화가 있었던 시기라는 주장은, 內藤湖南이 1922년 「槪舌的唐宋時代觀」이라는 글을 『歷史と地理』 9, no. 5에 발표한 이래로 아직까지 대체로 인정되고 있다.

2) Peter Bol, *This Culture of Ours: Intellectual Transitions in T'ang and Sung China*, 32~75쪽. David Johnson의 연구가 보여준 것처럼 漢代부터 唐代에 이르기까지 호족 지배가 지속되었다.(*The Medieval Chinese Oligarchy* 참조)

권 행사에 있어서 군의 효율성과 황권에 대한 군의 잠재적 위험성을 잘 인식하고 있었다. 무인 출신의 이 두 형제는 송 왕조를 세우면서 자신들의 군사력에 의존하였고, 이 과정에서 황권의 통솔 아래에 있지 않은 군사력이 황권에 잠재적 위협이 된다는 것을 누구보다도 잘 알고 있었다. 태조 스스로가 전전군을 지휘했던 무인으로서 다른 군사 지도자가 자신을 흉내내지 못하도록 하는 것이 그의 최대 관심사 중의 하나였다. 태조는 조보趙普(922~992)의 건의로 군사 지도자들의 병권을 회수하고 세수 수입을 통제하는 방법으로 군에 대한 지배력을 강화하였다.[3] 그는 군의 명령 체계를 재편하고 병력을 동원할 수 있는 중요 자리를 공석으로 두거나 이전과 비교하여 상대적으로 낮은 직책으로 임명함으로써 변경의 절도사들을 자신의 통제하에 두고자 하였다. 군사력을 중앙 집권화하고 군의 중앙 정치에 대한 영향력을 줄이는 것이 태조가 정권 초기에 지대한 관심을 갖고 실행에 옮긴 중요한 정책 중의 하나였다.[4]

이런 정책은 오대五代의 혼란기에 권력의 핵심 위치에 있던 무인들을 권력의 중심부에서 몰아 내고 새로운 정치 세력을 부상시켰는데, 그들이 흔히 '사대부'라 불리는 문인 계층이었다. 태조와 태종은 무인들처럼 위험하지도 않고 효율적으로 국정을 장악할 수 있는 문인 관료를 선호하였고, 나아가 이들이 황권을 지켜 줄 정치 세력이 될 수 있다는 것을 잘 알고 있었다. 이들의 문인 우대 정책은 『송사宋史』의 기록이나 사대부를 사형시키지 못하도록 한 태조의 훈령에 잘 나타나 있다.

태조는 문인 관료들을 선발하기 위하여 과거 시험 제도를 창안하였고, 이를 통하여 왕조에 충성하는 사대부 관료들을 선발할 수 있었다. 예를 들면 황제가 직접 참관하는 궁시宮試를 통과한 자들은 황제로부터 직접 그들의 작위를 수여 받았고, 이런 과정을 통하여 젊은 관료들은 자신들의 후원자가 대신大臣이

---

3) 李燾, 『續資治通鑑長編』, 권2, 49쪽.
4) Edmund Worthy, *The Founding of Sung China 950~1000: Integrative Changes in Military and Political Institutions*, 173~195쪽.

아니라 황제임을 직접 체험할 수 있었다. 요컨대 과거 시험 제도를 통하여 권력의 중앙 집권화가 자연스럽게 이루어졌다는 말이다. 북송 초기의 과거 시험 제도는 단순한 시험 제도가 아니라 왕권 강화라는 특정한 정치적 목적을 갖고 도입된 것이었다. 태조와 그의 뒤를 이은 송 왕조의 황제들은 과거 제도의 정치적 중요성을 잘 알고 통치 인력 확보에 이를 이용하였다. 태종은 23년간 재위에 있으면서 1,400명의 진사를 배출시켜 탄탄한 문인 관료층을 형성하였다. 그는 과거 시험을 통하지 않고도 고위 관리가 될 수 있는 길을 사실상 봉쇄하였고, 진사 출신들을 우대함으로써 자연스럽게 잘 교육된 문인 관리들을 확보할 수 있었다. 바꾸어 말하면, 정치적 야망이 있거나 자신의 뜻을 사회에 실현시켜 보고자 하는 젊은이들은 과거 시험을 치르기 위하여 유가의 경전을 공부해야 할 현실적 이유를 발견하게 된 것이다.

이런 태종의 정책은 많은 지식인들에게 점점 과거 시험에 관심을 갖고 응시하도록 하였으니, 예를 들면 977년에 약 5,200명이 성시省試에 응시하였고 982년에는 응시생이 10,000명이 넘었으며 992년에는 17,300명이 성시에 응시한 것으로 연구보고 되었다.[5] 물론 많은 응시생이 낙방하고 소수만이 관리의 길을 걸을 수 있었지만 응시생 모두가 유학의 경전을 공부해야 했기에 이들은 송 초에 새로운 지적 풍토를 일구어 내기에 충분했고, 이는 새로운 문화 발전의 토양이 되었다. 사대부라 불리는 이들은 신왕조의 새로운 권력층일 뿐만 아니라 새로운 지적 풍토, 즉 신유학의 발흥이라는 일종의 문예 부흥 운동의 주체적 담당자였다. 이처럼 과거 시험에 응시하기 위하여 많은 지식인들이 유학 고전을 공부하였고 이에 따라 유학의 이념 혹은 유학이 표방하는 가치는 시간이 지날수록 중요해졌다.

---

5) John W. Chaffee, *The Thorny Gates of Learning in Sung China: A Social History of Examinations*, 192쪽.

2. 사회 경제적 배경

비록 황실이 문인 관료들을 통치의 동반자로 삼아 우대 정책을 편 것이 송초에 사대부 계층이 형성된 결정적 원인 중 하나였지만, 사대부 계층이 발흥한 데에는 이외에도 다른 중요한 사회적 요소들이 있었다. 예를 들면 송 이전 오대의 혼란기는 정치적으로 분열의 시기였고 경제적으로는 공황기였음에 반하여, 송 왕조는 이런 분열과 공황을 종결 짓고 새로운 문화와 학문이 싹틀 수 있는 안정된 사회적 토양을 제공하였다. 실제로 중국의 중세 농업 혁명은 북송 시기부터 시작되었다. 농업 방면에 가장 눈에 띄는 변화는 이 시기에 지금의 월남 지역으로부터 종래의 종자보다 가뭄에 잘 견디고 훨씬 빨리 숙성되는 점성도占城稻라는 새로운 볍씨의 도입이었다. 성숙 기간이 짧은 점성도의 경작으로 이모작만이 아니라 이기작二期作도 가능하게 되어 미곡 생산이 비약적으로 증가하게 되었다. 이와 아울러 경작 기술의 발달은 농업 생산량을 혁신적으로 늘려 주었다.6)

상업 경제도 송대에 이르러 비약적인 발전이 있었다. 화폐를 예로 들면 11세기 말에는 화폐의 총 통화량이 당대唐代보다 약 20배나 많았고, 증가한 화폐의 유통으로 상업 경제가 번창하였다. 화폐 경제와 관련하여 역사적으로 기억해야 할 일은 1024년 사천四川 지역에서 세계 최초의 지폐가 사용되었다는 일이다. 법정 화폐는 동전이었지만 늘어나는 교역량을 감당하지 못하자 사천 지역의 부호들이 '교자交子'라는 현금 보관증을 발행하여 사용하였고, 한도 이상의 교자 발행이 경제 문제가 되자 정부 책임 아래 교자를 발행하기도 하였다.7) 여러 산업 분야에서의 장족의 진전과 정치적 안정으로 송대에는 인구 증가가 눈에 띄게 늘었다. 현존하는 자료의 불충분으로 정확하게 측정할 수는 없지만 송대의 중국 인구는 약 1억에 이르렀던 것으로 추정된다.8) 사회 전반의 안정과 발

---

6) Mark Elvin, *The Pattern of the Chinese Past*, 121~124쪽.
7) 宮崎市定, 『中國史』, 조병한 옮김, 232~234쪽.
8) Charles Hucker, *China's Imperial Past*, 330~331쪽.

달로 인한 적정한 인구 증가는 새로운 문화적 기풍을 진작시키는 데 필요한 활력소가 되었고, 신유학의 발흥이라는 시대적 소명을 실현할 수 있는 사회적 토양이 되었다.

이런 사회 경제적 안정에 더하여 인쇄술의 발달은 서적 유통을 전례 없이 증가시켜 잘 교육된 사대부 계층의 출현을 도왔고, 고유의 전통 문화에 대한 의식을 지니고 있는 사대부 계층의 출현은 이들이 지향하고 있었던 유가적 가치를 더욱더 중요하게 만들었다. 인쇄술은 잘 알려진 대로 당대에 발명되었으나 인쇄 서적이 본격적으로 유통되기 시작한 시기는 북송 때였다. 인쇄 서적의 대량 유통은 이전과는 달리 서적을 통한 간접 교육을 가능하게 하여 지식인 계층을 폭넓게 형성하였다. 유가 경전에 대한 최초의 목판 인쇄는 후당後唐에서 시작되어 송 왕조가 성립하기 직전인 953년에 완료되었다. 988년에는 오경주소五經注疏가 대량 인쇄되었고, 1001년에는 진종眞宗(재위 997~1021)의 칙령으로 구경주소九經注疏가 인쇄되었다.[9] 유가의 경전뿐만 아니라 대장경도 인쇄되었는데, 현존 대장경의 모태라 할 수 있는 송본 대장경이 972년부터 983년 사이에 1,078부 5,480권으로 인쇄되어 배포되었다.

철학과 종교 서적뿐만 아니라 이 시기에는 농업과 일반 의학에 관계된 서적들이 대량으로 인쇄되고 배포되면서 일반인의 생활 수준도 크게 진전되었다. 각종 인쇄술의 대량 유통은 지식의 보편화와 민주화라는 점에서 중요한 의미를 갖는다. 예를 들면, 이전의 방법인 스승의 직접적인 가르침이 아니더라도 서적을 통한 간접적인 방법으로 자신을 교육시킬 수 있었다. 이 점에서 인쇄술의 발달은 식자층의 형성에 절대적 공헌을 하였고, 유통되는 서적의 많은 부분을 차지하고 있었던 유가의 경전에 이들의 관심이 모아지게 된 것은 시대적 대세였다. 이런 정치·경제적, 사회적 환경 아래에서 사대부 계층은 송대 사회의 중심 세력으로 자리잡았다. 이 사대부 계층의 특징은 세습에 의해 지위를 획득

---

9) 麓保孝, 『北宋に於ける儒學の展開』, 2~3쪽, Thomas Carter, *The Invention of Printing and Its Spread Westward*, 70~74쪽.

한 전래의 귀족들과는 달리 자신들의 지적 능력으로 사회 중심부의 진입에 성공한 신흥 지식인층이었다는 것과, 이들의 사상적 관심이 불·도 양교의 영향에서 벗어나 공맹 본연의 가르침으로 복귀하고자 하는 데 있었다는 점이다.

2. 유학에 대한 소명 의식과 타자를 향한 시선

이런 사대부 계층의 등장을 토양으로 하여 많은 유학 사상가들이 북송 초기부터 등장하기 시작하였다. 잘 알려진 대로, 이들의 학문적 입장은 고전 유가의 가르침으로의 복귀 즉 사상적으로 불교와 도가·도교 교리로부터 독립한 공맹 유학의 부흥을 목표로 하고 있었다. 비록 송대에서 불교와 도가·도교가 차지하고 있었던 사상적 중요성과 그 영향력을 과소 평가하는 것은 잘못된 것이지만, 유학의 가르침이 차지하는 위치가 사회적으로 전시대에 비해서 점점 더 중요하게 되었다는 것은 부정할 수 없는 사실이다. 유가 사상의 부흥은 이 시대에 사상사적인 견지에서나 문화사적인 입장에서 볼 때 가장 특징적인 사건이었다.

신유가들은 공자 사후에 전해지지 못한 유학의 도를 부흥시켜야 한다는 강한 역사적 책임감을 느끼고 있었다. 이들은 불교나 도가의 가르침이 아니라 유가의 도가 참된 도라고 주장하고 유가의 도는 유가의 전적典籍에서 발견할 수 있다고 믿었다. 나아가 유가 경전을 연구함으로써 거기에 설명되어 있는 유학의 도를 파악할 수 있다고 생각하고 유학의 중심 교리를 한·당 유학자의 주석서가 아니라 원전 그 자체를 통해서 파악해야 한다고 생각하였다. 이렇게 송초의 사상가들은 유학의 도를 고전에 대한 재해석을 통하여 파악하려고 하였기 때문에 신유학은 서구의 문예부흥과 흡사한 점도 있었다. 즉 송대의 유학자는 기본적으로 고전 학자적 경향보다는 사상가적 기질이 강한 것이 사실이었지만, 이들의 사상적 기반은 고전에 있었고 또 전적에 대한 올바른 이해를 강조하였기에 이들은 사상가이면서도 고전에 정통한 학자였다. 전체 유가 경전에 대한 박학한 이해를 기반으로 하여 초보자가 먼저 공부해야 할 텍스트를 선정하기도 하였는데, 후에 주희에 의해서 잘 알려진 사서四書도 북송 시기에 정이에 의해서 사실상 정립되었다. 초학자는 사서를 먼저 배움으로써 유학의 기본 가르침을 알 수 있을 뿐만 아니라 다른 유학의 경전들도 제대로 이해할 수 있을 것으로 생각되었다. 정이에 의해서 시작된 사서 중심의 전통은 그 이후 오경을 포함한 다른 유학의 경전보다 중요하게 여겨졌다.

1. 우주론적 사변

북송에서 발견할 수 있는 지적 특성은 북송의 유학자들은 세계의 본체를 설명하는 사유 체계에 지대한 관심을 가졌다는 것이다. 도가·도교의 영향과 불교 철학의 가르침을 통해서 북송의 사대부들은 세계의 도상과 인간과의 관계에 대해서 체계적으로 설명하고자 하였고, 이런 시도들은 그들의 저작에 반영되었다. 도·불 양교의 사상적 자극으로 인해 송의 사대부들은 형이상학적 우주론에 관심을 갖게 되었다. 태극을 시점으로 해서 음양오행론으로 전개되는 송대 우주론은, 이후의 유학사상사에서 서양 철학의 존재론에 필적하는 위치를 점하여 심성론과 함께 신유학의 중심에 서게 된다. 도가·도교와 불교의 자극으로 신유학자들이 보다 심층적으로 연구하게 된 철학적 관심 분야는 인간의 본성과 이것이 우주의 궁극 원리와 어떻게 관련되어 있는가 하는 점이었다. 신유학자들은 우리가 일반적으로 지각하는 분별지의 세계는 이 세계의 참된 진상이 아니고 일종의 환영幻影으로서 참선을 통해서 참된 세계의 도상을 파악할 수 있다는 불교의 주장에 경청하였고, 이 현상 세계의 배후에 궁극적인 도의 원리가 작용한다는 도가의 주장에도 귀를 기울였다. 다양한 감각의 현상 세계 배후에 변하지 않은 절대의 실재가 있다는 주장은 유학자들에게 현상의 존재론적 바탕에 대해서 숙고하게 만들었다. 이에 유학자들은 자연스럽게 자신의 유학 이론을 도가·도교 그리고 불교의 이론과 비교하게 되었고 이 과정에서 우주론과 존재론을 포괄하는 도덕 형이상학 이론을 도·불 양교의 형이상학적 이론을 채용하여 완성시켰다. 형이상학적 우주론과, 그것과 현실 윤리 규범과의 관계를 논구하는 것은 송대 유학가의 중심 탐구 주제였다.

초기 북송의 '삼선생三先生'으로 불리는 호원胡瑗(993~1059), 손복孫復(992~1057), 석개石介(1005~1045)의 경우에는 주된 관심사가 우주론이나 도덕 형이상학에 있다기보다는 유학의 도덕 이론에 집중되어 있었다. 하지만 바로 이들 뒤를 이은 소옹邵雍과 주돈이, 장재 등은 우주의 진화와 이 우주의 궁극적 존재 근거에 대한 자신들의 이론을 제출하고 우주 진화와 연변을 인간의 도덕 이론과 연결시키는 사유 체계를 형성시켰다. 후에 정이와 주희에 의해 좀더 정교하게 다듬어지고 약 700년 간 동북아시아의 지배 이론이 되었던 성리학의 이론 체계는 이렇게 그 싹을 틔웠다. 비록 이들은 각각 서로 다른 개념어들을 가지고 자신들의 존재론과 우주론을 이론화하였지만, 이 현상계가 하나의 궁극적 실체로부터 연변되어 나왔다고 주장하는 점에서는 동일한 점도 가지고 있다. 이들은 무극無極, 태극太極, 태허太虛, 기氣 같은 개념어로 우주의 궁극적 본체를 묘사하였는데, 우리의 논의와 관련해서 중요한 것은 불교와 도가·도교의 영향으로 이들의 지적 관심이 공맹의 원시 유학에서는 관심의 주된 대상이 아니었던 형이상학적 우주론으로 기울어져 있었다는 것이다.

소옹과 주돈이, 장재를 포함한 북송 초기 우주론적 사변의 지적 전통을 대변하는 유학자들은, 하나의 근원적 실체로부터 이 우주가 전변하였을 뿐만 아니라 이 실체가 우주 전체를 관통하는 원리라고 생각하였다. 우주를 관통하는 최고의 원리가 모든 개체 존재에 내재한다고 이들은 믿었고, 후에 이는 장재의 '일기분수설一氣分殊說'을 거쳐 정이에 의해서 '리일분수理一分殊'와 '성즉리性卽理'라는 신유학의 중심 개념으로 정리되었다. 이들은 궁극적인 실재를 인간의 본성뿐만 아니라 인간의 사회적 활동 속에서 구현되는 존재로 생각하였다. 세계의 궁극적인 기원으로서의 최고 실재가 있다면 그것은 인간의 본성을 위시해서 사물에 내재하는 내적 원리가 될 것이라고 유학자들은 생각하였고, 이는 인간의 본성이 본체와 직접적으로 연결되어 있다는 의미가 된다. 그리하여 인간이 자신에게 부여된 이 도덕 본성을 수양을 통해서 실현한다는 것은 바로 이 궁극 실재를 현상계에 구현한다는 의미를 갖게 된다.

대부분의 북송 유학자들은 그들의 형이상학적 우주론을 확립하기 위하여 불·도 양교의 교리를 채용한 것 이외도『역경易經』특히「계사전繫辭傳」에서 영향을 받았다. '태극'이라는 개념어를 사용하고 있는 유일한 원시 유학의 전적인「계사전」은 신유학 우주론의 사상적 바탕이 되었다. 소옹과 주돈이는 말할 것도 없고 장재와 이정의 경우에도 많은 부분「계사전」의 사상적 영향하에서 그들의 우주론적 사색을 이론화하였다. 소옹의 경우에는 잘 알려진 대로 『역경』으로부터 많은 문구들을 채용하였고 그의 유명한 도표들도 역경을 매개로 하여 만들어졌다. 주돈이의 두 저작「태극도설太極圖說」과『통서通書』의 내용 중 형이상학적 부분은 적잖이『역경』의 '십익十翼' 즉「역전」에 그 사상적 기반을 두고 있다. 요컨대 북송 유학자들이 형이상학적 우주론을 확립하기 위하여 불교와 도가·도교의 영향을 받았고 일정한 사상적 교리를 이들 두 사상으로부터 채용했지만, 신유학의 형이상학은 그들 고유의 경전인『역경』으로부터 기인하는 바도 있었다는 말이다.

2. 불교의 영향

더 나아가기 전에 신유학에 대한 불교의 영향을 논해야 할 것이다. 유학 사상 속에서 발견하기 어려운 철학적 요소들을 불교가 제공하였다는 것이 원시 유학과는 다른 신유학 사상을 형성시킨 중요한 계기가 되었다. 중국 지식층에게 불교는 인생관과 세계관에 관한 새로운 문제들을 제시하여 주었다. 예를 들면 인생의 의의는 무엇이고 생사고락을 어떻게 이해할 것인가, 또 어떻게 하면 이 생사고락을 초월할 수 있을까, 더 궁극적으로는 이 현실 세계가 진眞인가 망妄인가 하는 문제들이 그런 것들이다. 원시 불교의 개념들인 '공空'(śūnyatā), '무아無我'(anātman), '깨달음'(bodhi) 등은 유학자뿐만 아니라 전체 중국의 지식 인들에게 상당히 새로운 것이었다. 이런 생소한 개념들과 불교의 다른 교리들 은 유학자들에게 유학의 교리와 불교의 교리를 비교해 볼 수 있는 사유의 계기 를 제공하였다. 불교는 유학자들에게 전혀 다른 사상 체계를 경험하게 하였고, 이는 신유학의 형성에 없어서는 안 될 요소였다. 엄격한 의미에서 누구도 신유 학의 기원과 관련된 불교의 영향을 완전히 부정할 수는 없을 것이다. 당·송대 를 통하여 불교의 개념과 용어들은 식자층의 기본적 소양이 되었고 이를 통하 여 사대부들은 유학이 결여하고 있었던 불교의 유식론과 같은 형이상학적 체 계와 수양론에 친근해질 수 있었다. 북송에서 신유학의 발흥은 불교의 유학에 대한 사상적 자극과 불교의 사상을 극복하고자 하는 유학자들의 반동으로 생 겨난 것으로서, 궁극적으로 유학자는 자신들의 도덕 이론과 불교의 교리를 통 합할 수 있는 새로운 이론 체계를 모색하지 않을 수 없었다.

사상사의 측면에서 볼 때 북송의 유학자들은 불교에 대한 그들의 지적 의존 성을 자각하고 있었고 불교의 영향을 떨쳐 버리는 것이 그들의 문화적 의무라 고 생각하고 있었던 것으로 보인다. 한대 이래로 당송의 불교가 인도 불교의 색채를 벗어 버리고 상당한 정도까지 중국 불교화를 성취했음에도 불구하고 적잖은 유학자들에게 불교는 여전히 외래 사상으로 남아 있었고 중국의 고유 문화에 해로운 것이라는 인식이 있었다. 북송 초기의 세 선생 즉 손복, 호원, 석 개는 모두 불교에 대해 외래 사상으로 여기고 적대적인 태도를 취하였다. 이들 모두는 불노佛老의 영향을 물리치는 일을 자신들의 사명으로 여겼다. 예를 들 면 석개는 "나는 성인의 도를 공부한다. 만약 누군가가 우리 성인의 도를 비판 한다면 반드시 반박하겠다"[10]고 천명할 정도였다. 신유학 초기 많은 유학자들은 불교의 영향을 제거하는 것이 유학의 부흥에 없어서는 안 될 요소라고 생각하였고, 문화의 고유성이라는 측면에서도 불교에 적대적 입장을 취하였다.

그러나 이런 적대적 태도에도 불구하고 불교의 이론적 가르침은 여전히 신유학자들에게 매력적인 면이 있었다. 손복도 그의 불교에 대한 비우호적 태도에도 불구하고, "불·노의 무리가 중국 각지에 퍼져 있다"[11]고 하여 당시에 불교의 폭넓은 영향을 솔직히 인정하고 있을 정도였다. 장재나 정호와 같은 유명한 북송 유학자들의 대다수가 젊은 시기에 불교를 배웠고, 구양수歐陽修와 왕안석王安石(1021~1086)은 말년에 불교에 심취하였다. 왕안석의 경우에는 대승불교적 정신을 잘 드러낸 선시도 지었고 이중 일부는 오늘날까지 전해지는데, "모든 중생의 (본성은) 불타佛陀와 같고 불타는 중생과 같다"고까지 했을 정도이다.[12] 신유학의 단서를 열었다고 평가받는 주돈이 역시 선승들인 수애壽涯, 혜남慧南, 요인了印, 상총常總 등과 깊은 교류가 있었고, 이들의 사상적 영향이 주돈이의 철학 체계에 적잖은 흔적을 남겼다. '심시리心是理'라 하여 심학 계열의 선구가 된 정호의 사상은 상당히 선禪적이고 정이의 리학 사상은 화엄종의 사리설事理說과 깊은 연관이 있는 것으로 보인다.

많은 신유학자들은 그들 스스로가 인식한 것보다 더 깊이 불교의 영향을 받았다. 그들은 자신들의 이론 체계가 고유의 원시 유학으로부터 유래한 것이라고 믿었지만 불교의 영향은 부정할 수 없는 사실이었다. 정이는 그의 깨달음에 대한 주장이 불교의 '각覺'에 대한 주장과 비슷하지 않느냐 하는 질문을 받았을 때, 맹자가 이미 깨달음에 대해서 말하였기 때문에 불교의 교리를 연상할 필요가 없다고 하였다. 이는 정이 스스로가 자신의 사상에 미친 불교의 영향에 대해 스스로 자각하고 있지 못하였다는 것을 보여 준다. 좀더 궁극적으로는 신유학 사유 방식의 구조적 틀로 사용된 체용일원體用一源이 전형적인 불교의 논

---

10) 『徂來先生集』 권5, 「怪說」 하.
11) 『宋元學案』 상, 「泰山學案」, 58쪽.
12) James T.C. Liu, *Reform in Sung China: Wang An-Shih and His New Policies*, 36쪽.

리임을 기억해야 한다. 사실 체용일원의 논리는 천태의 '일념삼천一念三千'이나 화엄의 '일즉일체一卽一切, 일체즉일一切卽一'과 표리 관계에 있다. 이러한 체용의 논리를 신유학자가 얼마나 빈번히 사용하였는지는 더 이상 언급할 필요가 없을 것이다. 이처럼 불교는 송대를 통하여 극복되어야 할 대상이었지만 오히려 신유학의 이론 체계 형성에는 매우 큰 영향을 미쳤다. 전통적인 사상사의 설명 방법에 의하면 송대에 불교는 더 이상 지적으로 중요한 사상이 아니었고, 대신 유학의 부흥이 이 시기의 사상적 특징이었다.[13] 하지만 신유학 부흥의 기저에는 이처럼 불교적 토양이 자리잡고 있었고, 불교는 송대의 문화 저변에 깔린 중심적 요소 중의 하나였다.

3. 성리학적 본체론과 인성론의 전개 ─ 주돈이와 장재

1. 주돈이

주돈이周惇頤(1017~1073, 號 濂溪, 字 茂叔)는 북송 유학의 개창자로 후대에 주희에 의해서 지극히 추존된 인물로서, 「태극도설」과 『통서』(『易通』이라고도 함)라는 두 저술을 통하여 자신의 형이상학적 우주론과 도덕 철학을 논하였다. 북송 유학사상사 안에서의 주돈이의 위치에 대해서는 주희가 자신의 철학적 관심 때문에 유학의 중심 사상이 아닌 「태극도설」의 우주론적 사변을 신유학의 중심 이론이라고 과대 평가했다는 주장도 있지만,[14] 위에서 논한 북송 신유학의 이론적 특징 즉 인성론과 천도론의 결합이라는 천인관계론의 입장에서 볼 때 주돈이의 「태극도설」과 『통서』의 사상은 분명히 이런 시대적 요구와 일

---

13) 전통적으로 불교는 당대 이후에 쇠퇴의 길을 걸었다고 주장되었지만 불교 특히 선불교는 송대에도 극히 융성하였고, 중국 예술과 문학에 불교의 가치가 뚜렷하게 각인된 때는 송대라는 주장이 최근에 제기되었다. Robert M. Gimello, "Marga and Culture: Learning, Letters and Liberation in Northern Sung China"(*Paths to Liberation: The Marga and Its Transformations in Buddhist Thought*, 371~409쪽.)
14) 이는 A. C. Graham이 강하게 주장하였다. *Two Chinese Philosophers*, 152~175쪽.

치하고 있다.

　우주론　「태극도설」은 북송이라는 시대의 시대적 요구가 적절히 반영된 것으로, 인간과 만물의 연원을 논하여 공·맹 유학이 충분히 발휘되지 못한 천도론을 해석한 것이다. 주돈이의 「태극도설」은 만물의 생성에 대한 고찰을 통하여 무극無極·태극太極에서 음양陰陽으로, 음양에서 오행五行으로, 오행에서 만물로 이어지는 우주창생론을 논하였다. 유학 사상이 전개되는 측면에서 본다면 이런 우주창생설의 설명은 『주역』 「계사전」의 사상을 더욱 구체화한 것으로, 공맹 원시 유학의 가르침 속에서는 찾아보기 어렵다. 더욱이 주돈이가 「태극도설」에서 무극과 오행 개념을 사용하였다는 것은 도가·도교의 사상을 흡수 채용하였다는 것을 분명히 보여 준다. 「계사전」은 태극·사상·팔괘 개념을 사용하고 있지만, 무극은 노자와 장자 그리고 도교 경전에서 보이고 오행은 수水·화火·목木·금金·토土를 의미하는 것으로 오행설을 받아들인 것이다. 「계사전」과 「태극도설」의 관련 내용을 도표로 정리하면 이를 분명히 알 수 있다.

태 극 도 설		계 사 전
무극·태극 ↓ 음·양 ↓ 오행 ↓ 만물	혹은	무극 ↓ 태극 ↓ 음·양 ↓ 오행 ↓ 만물	태 극 ↓ 음·양 ↓ 사상 ↓ 팔괘 ↓ 만물

　따라서 주돈이의 「태극도설」은 유학 이외의 타요소들을 융합하여 유학의

형이상학적 우주론을 확립한 것으로, 북송 유학의 시대적 문제와 그 문제 해결 방법, 즉 불·도 양교 사상의 극복과 불·도 사상의 비판적 채용이라는 신유학의 특징을 잘 구현하고 있다고 볼 수 있다.

「태극도설」은 현상계 변화의 근본이 무극·태극이라는 입장을 분명히 밝히고, 음·양, 오행이라는 질료적 요소의 조화와 변화에 의해 모든 존재가 생성되고 각 존재는 끊임없는 변화를 하고 있다고 주장한다. 여기서 문제가 되는 부분은 무극과 태극의 관계로, 이미 송대부터 이 두 개념의 관계에 대한 논의가 분분하였다. 육구연陸九淵은 무극이라는 말 자체가 성립하지 않는 것이라고 주장하면서 이는 도가의 개념어임을 지적하여 「태극도설」 자체를 극력 부정하는 입장이었고, 주희는 현상계 변화의 근본으로서 감각 형상적인 것을 초월해 있는 의미로 풀이하여 궁극 실재의 초월성(무극)과 내재성(태극)을 묘사한 것으로 이해하였다. 육구연은 문헌의 어원적 해석에 충실했고 주희는 철학적 해석의 입장이었는데, 주돈이 자신은 당시 이미 도·불 양교의 전적에 사용되고 있었던 무극이라는 개념어를 사용하면서 도·불교의 우주론 혹은 형이상학적 요소를 유학의 입장에서 채용·소화하고자 하였던 것으로 보인다. 무극은 도가·도교의 경전뿐만 아니라 승조僧肇의 『조론肇論』에서도 언급된 것으로, 주돈이는 다른 사상 체계에서 사용되고 있던 중요 개념어를 유학의 형이상학적 우주론을 설명하는 데 끌어들임으로써 유학 사상에 새로운 지적 토대를 제공하였다. 태극의 경우에도 북송 초기 당시에 지식인들에게 보편적으로 유행하였던 종밀宗密의 「원인론原人論」에서도 언급된 것으로 태극 개념이 유학의 전유물이라는 생각은 지나치게 단순한 발상이다. 이런 도·불 사상의 흡수는 도·불 사상의 극복이라는 당시 시대 문제에 대한 현실적 대안이기도 하였다. 즉 다른 사상의 강점 요소를 자기화하는 작업이 필요하였던 것이다.

인간론　「태극도설」은 우주의 창생과 연변을 논한 전반부 외에 유학 본연의 도덕 철학 이론을 논한 부분으로 구성되어 있는데, 이를 신유학의 특징인 천도론과 인성・인도론의 결합이라는 측면에서 볼 때 주돈이 「태극도설」이 신유학사에서 갖는 의의를 찾아볼 수 있다. 도설의 후반부에서 주돈이는 우주의 연변과 인간의 도덕적 수양 문제를 연결시켜 인간을 우주 최고의 중심 자리에 놓았다. 인간은 오행의 수기秀氣를 받은 존재로서(惟人也, 得氣秀而最靈) 단순히 만물의 일부가 아니라 우주 창생의 변화에 참여할 수 있는 존재이다. 이런 인간을 주돈이는 '성인聖人'이라 하였고, 모든 사람은 배움(學)을 통해서 성인이 될 수 있다고 주장하였다. 인간이 성인이 될 수 있는 수양의 방법으로 주돈이는 '무욕無欲'을 제시하여 형기의 육체적 욕망이 완전히 단절된 상태를 이상적인 상태로 생각하였다. 무욕에 이르면 인간의 본래적 상태인 청정淸靜의 본성을 그대로 유지할 수 있다고 주장하였다(無欲故靜). 그래서 주돈이에게 '주정主靜'은 인간의 본성 회복을 위한 최고의 길이 된다.

「태극도설」뿐만 아니라 『통서』에서도 주돈이는 그의 도덕 철학을 설명하고 있는데, 『통서』에 따르면 '성聖'은 '성誠'과 통하는 개념이다. 여기서 '성誠'은 도덕천道德天이 인간에게 부여한 본래의 '성性' 그 자체를 의미하는 것으로, 성인은 바로 성의 이런 본연성을 그대로 실현시킨 사람을 의미한다고 볼 수 있다. 이 '성誠'은 인・의・예・지・신 오상의 근본이 되고 인간의 도덕 행위의 중심이 된다.

이렇게 보면 주돈이의 인간 이해는 유학 본연의 모습 그대로인 것 같지만, 『통서』에서는 성을 또 무위・무사로 설명하고 있다. 「태극도설」의 무욕・정靜 그리고 『통서』의 무위・무사라는 개념어를 놓고 볼 때, 주돈이는 이 경우에도 역시 불・도 양교의 교리를 흡수 소화하고자 하였던 것으로 보인다. '정靜'을 도덕 수양의 근본으로 여기고, '주정'의 상태를 성인의 상태로 묘사하고 나아가 '정'을 '무욕'으로 여기는 것은 선진 유학의 도덕 수양론에서는 찾아볼 수 없는 이론이다. 『통서』에서도 성됨을 무욕으로 풀이하고 있는데(「聖學」 20章), 이는 유학의 도덕적 인간론과는 상당한 거리가 있다. 이런 성인관은 도덕적 선악을 초월해 무위에 처한 도가적 진인의 개념이나 세계에 대한 무집착의 정신으로 열반적정을 지향하는 불교의 수양론을 받아들여 새로운 유학의 성인론을 펼친 것으로 보인다. 즉 주돈이의 인간론으로서의 성인론은 유학 본래의 이론에서 상당히 벗어나 도가적이고 불가적인 요소를 현저하게 내포한 것으로 보인다. 현세의 교화 완성을 목표로 하는 유학의 이상 인격이 무위나 무집착을 기본으로 하는 도·불의 이상 인격과 적절한 합일점을 찾기는 쉽지 않았을 것이고, 주돈이의 이런 새로운 성인관은 적절한 이상적 인격상을 제시하지 못하고 단순한 절충의 수준에 머물고 있다.

유학 본래의 이론에서 인성론과 천도론의 결합을 통하여 좀더 정교한 이론 체계를 구성함으로써 불·도교가 유학에게 던져 준 문제를 해결하려고 하였다는 맥락과, 주돈이의 성인론이 제시하는 새로운 이상 인격의 문제는 격을 달리하는 것으로 보인다. 즉 전자는 현실적으로나 이론적으로 긍정적 면이 있는 데반하여 후자는 아직 삼교 융합에 의한 새로운 인간상을 제시하지 못하고 단순한 절충의 단계에 머물고 있어서, 도·불 양교로부터의 이론 차용과 이를 유학적 입장에서 주체적으로 소화해 낸다는 것이 간단한 문제가 아님을 보여 준다.

2. 장재

장재張載(1020~1077, 號 橫渠, 字 子厚)는 주돈이와 거의 같은 시기에 관중關中 지역에서 활동했고 이정과는 직접적 교류가 있었던 인물로, 주돈이와는 달리 이미 생존시에 세간에 알려져 자신의 학파를 이루었던 인물이다. 신유학에서 그의 위치는 중요한데, 남송의 주희는 장재의 기본체론氣本體論과는 기본적으로 다른 리기이원주의의 입장이었지만, 장재의 심통성정설心統性情說과 천지지성天地之性·기질지성氣質之性의 구분을 자신의 이론으로 받아들이고 이를 극구 칭송하였다. 장재 스스로 북송 신유학의 기품과 한당 유학과의 차이를 인지하고 있었는데, 한유漢儒가 성인이 되기를 희구하지 않고 현인이 되기를 원하였다고 비판한 것은 신유학의 정신을 잘 나타내 주는 예라고 할 것이다. 또 "천지를 위하여 마음을 세우고 백성을 위하여 도를 세우며 옛 성인을 위하여 단절된 성학을 계승하고 만세를 위하여 태평을 연다"[15]라고 한 그의 유명한 말은, 신유학의 중심 사상인 만물일체萬物一体, 위민주의爲民主義, 도통道統 사상을 잘 표현하였다. 이 중에서 특히 도통 사상[16]과 만물일체 사상이 주목되어야 하는데, 장재는 다른 유학자와 마찬가지로 공맹의 학이 불·도 양교의 영향으로 단절되었기에 이를 계승해야 된다는 강한 역사 의식을 갖고 있었고 일기분수一氣分殊의 입장에서 만물일체 사상을 주장했다.

기본체론 알려진 바와 같이, 장재의 철학은 한마디로 기철학이라고 정의할 수 있다. 일반적으로 중국의 대륙 학계는 정이와 주희의 철학 체계를 객관 유심론, 육상산, 왕양명의 이론을 주관 유심론이라 하여 신유학사상사에서 관념론적 성향의 철학으로 파악하고, 장재와 청초의 대유大儒 왕부지王夫之의 기론을 유물론이라 하여 최고의 이론으로 평가한다. 그런데 장재의 철학에서 말하는 기는 단순한 재료적 성질의 것이 아니고 물질적 요소 이상의 것으로 어떤 생기적인 것을 의미하며 궁극적으로는 이 현상계의 본체를 의미한다.

장재는 우주를 기일원론의 입장에서 설명한다. '도즉기道卽氣'의 입장에서 현상계의 모든 존재를 '일기一氣'이면서 실재적으로 항상 둘인 '음양이기陰陽二氣'의 변화 활동으로 해석하였다. 『정몽正蒙』의 첫머리에서 장재는 자신의 기철학의 중심 개념어인 태화太和·태허太虛·기氣를 제출하고 이를 설명하였는데, '태화'는 기가 합하여져서 이 세상의 모든 것이 생성·변화되는 총체를 가리킨다. 그는 우주를 허한 것으로 파악하여 우주의 근본을 '허虛'로 생각한다. 이 '허'의 극치가 '태허太虛'이며 이는 곧 아직 형상이 생겨나지 않은 기

---

15) 『近思錄』 권2, "爲天地立心, 爲生民立道, 爲往聖繼絶學, 爲萬世開太平."
16) 지면상 논하지 않았지만 신유학의 도통 개념은 기본적으로 정통으로 서로 이어지고 마음에서 마음으로 전해지는 祖師禪과 敎主의 교리 계승이라는 전통을 갖고 있던 불·도 양교의 영향이었을 것이다.

의 본체라고 하였다.[17] 즉 태허는 천지의 본래의 모습이 된다. 모든 존재는 기의 취산굴신聚散屈伸 작용에 의해서 생겨나고 소멸되는 것으로 기는 우주 자체를 이루는 것이다. 이 태허와 기의 관계에 대해서 장재는 "태허에는 기가 없을 수 없고, 기는 모여서 만물이 되지 않을 수 없으며, 만물은 흩어져서 태허가 되지 않을 수 없다"[18]라고 하여, 태허에서 기가 나오는 것이 아니라 태허가 곧 기를 의미하는 것으로 아무것도 존재하지 않는 '무無'를 가리키는 것이 아니라고 지적하였다.

기는 무형으로서 태허라고 할 수 있지만, 그 자체가 '무'인 것은 아니다. 기의 취산은 태허에서 일어나는 것으로 태허는 기 운동의 바탕이 된다. 즉 '태허즉기太虛卽氣'이므로 '무'는 아니라는 말이다. 따라서 기는 태허 혹은 무에서 생겨나는 것이 아니므로 결국 '허'는 기의 형체 없는 상태를 나타낼 뿐이다. 이는 '무'와 '공'을 철학의 중심 원리로 내세우는 도·불 양교가 잘못되었다는 것을 의미한다. 장재가 이렇게 태허가 기의 무형일 뿐 무 자체를 의미하는 것은 아니라고 지적한 것은 아무래도 자신의 이론이 도가의 허虛·무無의 이론과 동일하게 취급될지도 모른다는 것을 염두에 두었기 때문인 듯하다. 만약 태허에서 기가 생겨난다고 하면 이는 무에서 유가 생겨났다는[19] 도가의 주장과 다를 것이 없게 된다. 장재에 따르면 기의 흩어짐은 무로 회귀하는 것이 아니라 단지 감각되는 구체적인 객체의 형상이 없어지는 것일 뿐이다.

하지만 이렇게 하여 도가적 무본체론無本體論으로 이해되는 것을 피할 수 있다고 하더라도 장재가 도가의 이론 체계를 강하게 의식하고 있다는 것은 부인할 수 없는 사실이다. 장재 스스로 태허가 무라면 이는 곧 노자의 설이라고 언급하고 있고 곧이어 이 문제를 불교와도 연관지어 언급하고 있기 때문이다. 이런 언급은 장재의 기본체론이 형성되는 과정의 배후에 잠재적으로 도가의

---

17) 『正蒙』, 「太和」, "太虛無形, 氣之本体."
18) 같은 책, 같은 곳, "太虛不能無氣, 氣不能不聚而爲萬物, 萬物不能不散而爲太虛, 循是出入, 是皆不得已而然也."
19) 『道德經』 40장, "天下萬物生於有, 有生於無."

허와 무에 대한 주장이 참고가 되었음을 입증하는 것이기도 하다. 불·도 양교를 극복해야 한다는 강렬한 문제 의식이 무본체론을 배척하고 자신의 독특한 '태허즉기太虛卽氣'의 이론을 확립시켰지만, 이는 오히려 타학파의 이론과 자신이 속한 유학의 이론 체계를 비교 연구하여 그 중 일부를 받아들였음을 의미하는 것이다. 또 기가 단순한 질료적 의미를 넘어서 기본체론의 입장인 것도 유학 이론에 형이상학적 요소가 강화되어야 한다는 신유학 내부의 이론적 요청에 의한 것으로 볼 수 있다.

기에 대한 논의는 고전에서도 볼 수 있지만 유학 사상에서 기를 우주의 본체라는 형이상학적 틀로 파악한 것은 장재 철학의 특징이다. 그런데 여기에는 역시 유학 이론의 변화라는 시대적 요청이 있었음을 부정할 수 없을 것이다. 아울러 주돈이와 비교할 때 장재는 태허즉기의 유적有的 세계관을 견지함으로써 삼교 융합의 지적 풍토 속에서 유학을 자신의 사상적 중심으로 하고 있다는 사실을 분명히 했다는 점은 지적되어야 할 것이다. 즉 주돈이의 무극 개념처럼 후세에 논쟁거리가 될 수 있는 요소를 남겨 두지 않고 자신의 학문적 입장을 분명히 하였던 것이다.

심성론　장재는 마음(心)이 성과 정을 통달한다는 '심통성정心統性情'(「性理拾遺」)을 주장하여 주자의 심성론에 지대한 영향을 미쳤다. 심통성정은 유학사상사에서 심心·성性·정情의 관계를 간략하게 정리한 것으로 인간의 성과 정이 모두 인심에 있고 성의 선악이 모두 인심에 의해서 통솔된다는 뜻이다. 그에 따르면 지각할 수 있는 것은 마음인데 이 심은 성과 정을 겸한다. 즉 성은 정을 상대로 말하는 것이고, 심은 성정을 상대로 말한 것이다. 이 성의 활동이 정으로 나타나고 이는 심에 의해 주재된다.

장재의 기론에 따르면 세계의 모든 존재는 기의 품수에 의해서 생겨나는데, 기의 품수에는 청탁후박淸濁厚薄의 차이가 있으므로 여기서 혼명昏明의 차이가 있게 된다. 즉 인간의 성은 그 자체로서는 악의 요소를 내포하고 있지 않지만 기를 받음에 따라서 혼명의 차이가 생기게 되고, 이 때문에 성도 오염되어 악의 요소가 발생하게 된다는 것이다. 여기서 인성에 선악이 섞이게 되는데 이를 '기질지성'이라 한다. 학문과 도덕적 자기 수양으로 성의 본래 모습인 '천지지성天地之性'으로 돌아갈 수 있으며, 이는 곧 '기질의 변화'(「理窟」, 「氣質」)를 의미한다. 천지성은 실제적으로 천리·천성을 가리키는 것이고 그 자체로서 지고지선至高至善한 것이다. 기질이란 성기性氣를 의미하며 현실적으로는 기의 품수에 의한 기질성만이 가능한 것으로, 인간에게는 이것이 물질이나 이성에 대한 욕구로 나타난다. 기질의 변화는 이런 기질성을 천지성으로 변화시켜야 한다는 것을 의미하는데, 이런 천지성과 기질성의 도식은 어렵지 않게 주자학의 모토인 '존천리멸인욕存天理滅人欲'의 도식을 성립시켜 준다. 이런 장재의 입장은 정이의 의리지성과 기질지성, 주희의 본연지성과 기질지성의 구분으로 이어져 성에 대한 정주학의 이원론적 구도의 모태가 된다.

천지지성과 기질지성의 구분은 유학사상사의 발전 단계에서 맹자의 성선설과 순자의 성악설의 융합으로 볼 수도 있겠으나, 좀더 넓은 시야를 갖고 중국사상사 전반의 측면에서 봤을 때 심성론의 문제는 유학 내부의 문제로 국한시킬 수 없고 유불도의 상호 영향과 교섭이라는 측면에서 고찰해야 할 것이다. 즉 악이 될 수 있는 기질지성을 천지성(선)으로 돌려야 한다는 주장은 아무래도 불성의 회복이라는 불교의 주장을 연상케 한다. 일체 중생은 모두 본연성으로서 불성을 지니고 있으나 집착과 세속의 욕망에 의해서 이 청정한 불성이 오염되므로 참선과 반야의 지혜로 집착의 사슬을 끊고 본래의 불성을 회복해야 한다는 불교의 교리는, 기질 변화의 주장과 상당히 유사한 사유 형태로 볼 수 있다. 『예기禮記』의 「악기樂記」에서도 천리와 인욕을 대비시켜 말하고 있고 공맹이 항상 의義와 이利를 대비시켰지만, 청정심과 인욕의 구분을 이론화하여 이를 타파할 것을 강하게 주장하기로는 아무래도 불교가 으뜸이다. 이런 사유의 유사성으로 말미암아 불교 쪽에서는 천지성과 기질성의 구분을 『능엄경楞

嚴經』의 '본연성本然性'과 '화합성和合性'을 모방한 것에 불과하다고 주장하고 있다. 나아가 두 가지 성(天地/氣質之性)에 대한 주장이 불교뿐만 아니라 도교에서도 주장되고 있음은 주목되어야 한다. 이는 송학의 삼교 융합적 성격이라는 측면에서 시사하는 바가 크다고 할 수 있다. 장재와 거의 동시대에 활동하였던 신도교의 교주 장백단張伯端(984~1082)은 천지성·본원성·기질성이란 용어로 인성의 선·악 양면을 논하고, 형체(形)가 있은 후에 있게 되는 기질성은 구름이 달을 가리듯이 천지성을 덮어 버리기에 이를 잘 돌이켜야 천지성을 보존할 수 있다고 언급하고 있다.[20] 요컨대 장재의 성론은 유학의 이론을 계승함과 동시에 직·간접적으로 불·도 양교의 주장에 영향받은 바가 크다.

4. 성리학적 전통의 갈림길 — 정호와 정이

흔히 '이정二程'이라 불리는 정호程顥(1032~1085, 號 明道, 字 伯淳)와 정이程頤(1033~1107, 號 伊川, 字 正叔)는 북송 유학의 중심 축이라 할 수 있다. 이들 형제는 앞에서 언급한 주돈이, 장재와 학문적 교류가 있었다. 주돈이에게서는 소년 시절 부친의 교시로 직접적인 가르침을 받아 안연이 즐긴 배움을 추구해야 된다고 배웠고,[21] 표숙表叔되는 장재와는 여러 가지 철학적 문제를 토론하였다. 또 북송 유학의 한 축을 점하고 있는 소옹과도 교류가 있었으니 이 다섯 명의 유학 사상가가 서로 교류하였다는 사실은 유학 사상의 발달이라는 측면에서 의미 있는 일이었다. 이정 학파는 낙양에서 강론하고 문하생을 훈육하였기에 낙학洛學이라 부르고 유학의 중심 개념인 심心·성性·명命·리理·천天 등의 개념을 새롭게 해석하여 유학의 철학적·이론적 수준을 높였다. 이정 중 정호는 '심즉리心卽理'의 입장을 취하여 육구연과 왕수인으로 이어지는 심

---

20) 『道藏』, 「洞眞部·玉淸金笥靑華秘文金室內煉丹訣」 상, 제8장.
21) 정이의 「顔子所好何學論」이라는 글에 이 내용이 잘 나타나 있다.

학의 모태가 되었고 정이는 '성즉리性卽理'의 입장에서 주자학적 사유의 모형을 제시, 리학의 모형이 되었다.

1. 정호

주돈이와 장재 철학에 있어서 우주의 생성과 그 연변 문제는 당시의 시대적 상황으로 볼 때 적절한 대답이 필요한 중요한 문제였는데, 이들은 각각 궁극적 실체인 태극이 음양이기로 나누어져서 이기 교감에 의해서 만물이 생성된다거나 이기의 취산에 의해서 만물이 생겨난다고 해석하여 우주의 생성 작용을 궁극적 도라고 풀이하였다. 정호 역시 "천지의 큰 덕을 생生이라 한다"(『遺書』권12)고 하여 '생생生生'이 우주의 도라고 주장하였다. 나아가 그는 음양 중 하나만을 가지고는 만물을 창생할 수 없다고 하여 "만물의 대對가 없을 수 없다. 일음일양一陰一陽이고 일선일악一善一惡이며, 양이 자라면 음이 소멸된다"(『遺書』권1)고 하고, 음양의 소장을 하나로 파악하여 이를 '천리天理'라 불렀다. 이 천리라는 개념은 실로 이정 철학의 근본이 되는 것으로, 정호 스스로 "나의 학문은 전수 받은 바가 있지만 천리 두 글자만은 내 스스로 체득한 것이다"(『外書』권12)라고 언명하였다. 이 천리를 주돈이의 무극·태극이나 장재의 태허와 비교해 보면 북송 유학 사상의 발전을 엿볼 수 있다. 무극이나 태허라는 표현은 태극이나 기보다 형이상학적 요소를 내포한 듯 보이지만 유학 본래의 용어는 아니다. 하지만 천리는 아무래도 무극이나 태허보다는 유학적 세계관에 훨씬 더 가까운 것으로 보인다. 정호는 음양 소장에 의해 천지 만물이 생생되는 것을 천리라 보고, 사심 없이 이 천리에 따르는 것을 인도人道라 하였다.

음양이 생생하는 과정을 천리로 해석한 정호는 윤리 도덕도 이 천리를 벗어나지 않는다고 주장하였다. 그는 인·의·예·지·신 등의 여러 덕목 중 인을 가장 중시하였는데, 만물일체萬物一体 사상을 내포한 「식인설識仁說」에서 정호는 "학자는 반드시 먼저 인을 알아야 한다. 인은 혼연히 만물과 한 몸이 되는 것인데 의·예·지·신이 모두 인이다"22)라고 하였다. 그가 말하는 인은 일종의 공심公心으로써 타인과 자신, 나아가 타존재와 자기 자신을 동등하게 보는 것을 말한다. 그래서 그는 또 "인자仁者는 천지 만물을 한 몸으로 여기니 자기가 아닌 것이 없다"23)고 한 것이다. 생생하는 천지의 인심을 가진 사람은 모든 존재와 자신을 동일하게 여길 수 있다. 정호의 인은 천지생생의 덕 그 자체이고 동일한 우주의 생생의 원리가 나와 만물을 관통하고 있다는 것으로, 곧 만물동체를 말하는 것이다. 이런 천지의 마음을 가진 정호는 자신의 집 앞마당의 잡풀을 보고 "내 자신의 생의 의지와 마찬가지이다"(與自家意思一般)라고 하여 깎지 않았다고 한다.

「식인설」이 만물일체 사상을 담지하고 있음은 잘 알려진 바와 같은데, 이런 것도 유학의 중심 사상이라기보다는 아무래도 현저하게 도가적이고 혹은 불가적이라 해야 할 것이다. 장자莊子는 "천지와 나는 병존하고 만물과 나는 하나가 된다"24)고 하였는데, 다음에서 보듯이 이와 비슷한 주장이 승조의 『조론』에도 보인다.

이와 같다면 현도의 (체득은) 오묘한 깨달음에 있고, 깨달음은 진리 (그 자체와 하나가) 되는 데에 있다. 진리에 들면 유무有無는 같은 것으로 보이게 되고, 유무가 같게 보이면 나와 타인은 둘이 아니다. 이리하여 천지는 나와 같은 뿌리가 되고 만물은 나와 하나가 된다.25)

정호의 사상과 이 예문들의 공통점은 나와 타인을 차별의 세계에서 파악하여 대립적으로 이해하는 것이 아니라 나라는 개체와 천지 만물을 관통한 가장 궁극적이면서 원초적인 우주의 원리가 존재하고 이를 자신의 삶 속에 내재화

---

22) 『遺書』권2 상, "學者須先識仁, 仁者渾然与物同體, 義禮智信皆仁也."
23) 같은 책, 같은 곳, "仁者以天地萬物爲一體, 莫非己也"
24) 『莊子』, 「齊物論」, "天地與我並存, 而萬物與我爲一."
25) 『肇論』, 「涅槃無名論」, "然則玄道在於妙悟, 妙悟在於卽眞, 卽眞卽有無齊觀, 齊觀卽此己莫二, 所以天地與我同根, 萬物與我一體"

하려고 하는 정신적 열정이라고 할 수 있다. 물론『장자』와『조론』에서 정호의 만물일체 사상의 근거를 확인할 수 있다고 해서 그의 사상이 이들로부터 직접적 영향을 받아 형성되었다고 단순화시키는 데에는 무리가 따른다. 신유학에 미친 불·도 양교의 영향을 논할 때 신유학자의 이 구절과 불·도 양교의 저 구절이 비슷하다는 식이나 개개 개념의 기원을 지적하는 것보다는 사유 형태의 유사성을 지적하는 것이 더 중요하다. 즉 주위의 모든 존재 속에서 우주적 원리와 연대하고 공감하려는 도가적 경향과 정호의 사유 형태가 유사하다는 것을 지적하는 것이 더 중요하다는 말이다. 그래야만 맹자에게 "천지와 함께 흐른다"(與天地同流)는 주장이 있다고 하더라도, 도사나 은자들 사이에서 쉽게 발견할 수 있는 궁극적 도의 원리를 삶 속에 내재화하여 하나가 되려는 경향이 신유학의 사상 속에 지울 수 없는 흔적을 남겼다는 주장을 수용할 수 있는 것이다. 도가적인 이런 사유 형태는 심학 계열의 육구연·왕수인뿐만 아니라 주희에게도 영향을 미쳐 "천지는 곧 만물이며 만물은 곧 소천지小天地"이고 "사람도 하나의 작은 천지"라는 명제로 수용되었다.

그의 또 다른 중요 저술인「정성서定性書」에서 그는 '정심定心'[26]의 문제를 다루어 성인의 정신 경계를 설명하였는데, 성인은 사지私智와 사심私心을 버리고 확 트인 대공심大公心으로 사물에 응하지만 사물에 얽매이지 않는다고 하였다.[27]「정성서」의 요점은 "확연대공廓然大公, 물래순응物來順應"의 여덟 자로 정의할 수 있는데, 이는 사정私情을 극복하고 분별지에 서는 일 없이 평정심으로 만사에 임하는 것에 정심定心의 요체가 있다는 것이다. 장재는 동정·내외의 구분에 집착해서 이런 분별들에서 벗어나지 못하였는데, 정호의 경우 정定은 동動과 상대되는 정靜이 아니며 동정을 겸하여 말한 것으로, 대개 심心이 리理와 합일되는 상태를 뜻한다. 이로부터 그는 "이른바 정定이라는 것은 움직일 때도 정定하고 고요할 때도 정定하니 보냄과 맞이함도 없고 안과 밖도

---

26) 「定性書」의 '性'은 '心'으로 풀이해야 명도의 본지를 쉽게 파악할 수 있을 것이다.
27) 『明道文集』권3, "故君子之學, 莫若廓然而大公, 物來而順應"

없습니다"[28]라고 하여, 심은 내외가 없는 것이라고 말하였다.

'동역정動亦定, 정역정靜亦定'은 사실상 동정합일을 의미하는 것이고 심에 내외가 없음은 내외합일을 의미하는 것이다. '정定'에 관한 이런 해석은 과거부터 현저하게 도가적 혹은 선적禪的이라고 주장되었다. 위에서 그가 생각하는 '정定'은 「대학」의 첫머리에서 볼 수 있는 "(지선의 세계에) 머묾을 안 뒤에야 (추구해야 될) 일정한 목표를 갖게 되고 일정한 목표가 있은 뒤에야 마음의 평정이 있을 수 있다"[29]는 '정定'의 의미와는 상당히 다르다는 것을 알 수 있다. 오히려 명도의 정성에 관한 이런 주장은 다음과 같은 선종의 가르침을 생각나게 한다는 것이다.

나의 이 법문은 선정과 지혜를 기본으로 한다.…… 선정과 지혜는 하나요, 둘이 아니다.…… 만약 마음과 말이 같이 선하다면 안과 밖은 하나이고 선정과 지혜는 동일하다.[30]

마음에서 생각이 일어나지 않은 것을 일러 좌坐라 하고 안으로 자성自性을 보고 움직이지 않는 것을 일러 선禪이라 한다.…… 밖으로 상相을 떠나는 것이 선禪이요, 안으로 어지럽지 않은 것이 정定이다. 밖으로 선을 하고 안으로 정을 하는 것 이것이 선정이다.[31]

여기서 선정과 지혜의 일치, 안과 밖의 일치를 주장하는 것은 아무래도 정호의 사상과 유사해 보인다. 물론 '정성定性'의 '정'의 의미와 '선정禪定'의 '정'의 의미가 같다고 단정짓기는 어려울 것이다. 하지만 중요한 것은 그가 사용한 '정'의 의미는 대학의 용법과 상당히 다르며, 그의 사상 속에 선진 유학에서 발

---

28) 같은 책, 같은 곳, "所謂定者, 動亦定, 靜亦定, 無將迎, 無內外."
29) 『大學』 1장, "知止而後有定, 定而後能靜, 靜而後能安."
30) 『六祖壇經』, 「定慧品」 제4, "我此法門, 以定慧爲本.…… 定慧一體, 不是二.…… 若心口俱善, 內外一如, 定慧卽等."
31) 같은 책, 「坐禪品」 제5, "心念不起名曰坐, 內見自性不動名曰禪.…… 外離相卽禪, 內不亂卽定, 外禪內定是爲禪定."

견하기 어려운 동정과 내외의 이분법을 초탈한 초월적 대공심의 경계가 자리 잡고 있다는 점이다. 그런데 『육조단경六祖壇經』의 사상 속에서 유사한 취지의 글을 발견할 수 있다는 것은, 선종이 신유학의 발흥에 관계된 지적 바탕 중의 하나라는 의미에서 주목받아야 함을 말해 주는 것이다.

마지막으로 정호의 수양론과 불교 수양론의 유사성 역시 지적하지 않을 수 없다. 그가 문인 사량좌謝良佐에게 권유한 수양의 방법은 '정좌靜坐'였다. 이런 수양 방법을 공맹 유학에서는 찾아볼 수 없으므로, 이는 주돈이의 '주정'과 유사하며 또 선종의 묵조선默照禪도 연상시킨다. 그러므로 이를 주돈이의 '주정'에서 받은 영향이라 볼 수도 있겠지만 근본적으로는 불교의 수양론에서 영향받은 것으로 보는 것이 더 타당한 듯하다. 정이도 '주일무적主一無適'의 '주경主敬'을 강조하였지만 마음을 안정시키는 요체가 '좌선입정'[32]에 있다고 한 것을 보면 선종적 좌선의 방법이 이들의 수양론에 깊은 영향을 미쳤음을 알 수 있다.

2. 정이

주자학의 선구로서 이정 철학을 사상사의 발전이라는 측면에서 판단할 때 그 중심 개념어로서 아무래도 많이 언급되는 것은 '리기理氣'인데, 리기 개념이 중국 철학의 중심 개념으로 본격적으로 사용되기 시작한 것은 북송의 이정부터라고 할 수 있다. 이정은 리기를 신유학의 중요 철학 범주로 사용하여 후에 주자학의 리기이원론적 세계관의 탄생을 예고하였는데, 이 작업에서는 특히 정이의 역할이 중요하였다. 이정이 이해한 리는 모든 존재를 존재로서 있게 하는 존재 근거와 존재의 이유가 되는 것으로, 곧 개체의 보편적 법칙이자 준칙이다. '리理'자는 북송 이전에도 사용되었지만 이런 철학적 의미로 '리'라는 개념을 중국사상사에서 사용한 것은 이 때부터이다.

---

32) 『語錄』 권15, "學者先務, 固在心志…… 有欲屏去思慮患其紛亂, 則是須坐禪入靜……"

리기론 분아에서 정이는 리와 기를 한 조의 철학 범주로 삼아 정호와 비교해서 좀더 체계적인 논지를 전개하였다. 그는 무형의 리를 우주를 총괄하는 근본으로 보고, 현상계의 모든 존재는 리의 현현이고 리의 주재를 받는다고 보았다. 그는 "천하 만물은 모두 리와 조응하고 있다. 만물이 있으면 반드시 법칙이 있고 하나의 사물에는 반드시 하나의 리가 있다"[33]고 하였다. 이러한 리의 주재성은 자연 세계에만 적용되는 것이 아니라 인간의 세계까지 일관되게 적용되는 것으로 도덕의 세계에도 적용된다.[34] 정이는 형이상학적이고 관념적인 리가 기를 바탕으로 하는 사상事象에 비해서 더 실재성을 가진다고 보았다.[35] 이런 리는 개체 존재의 궁극적 존재 법칙이고 개개 사물을 초월한 최고의 실체가 된다.

정이의 『이천역전伊川易傳』은 자신의 리학 사상을 집대성한 것으로 그것를 완성하는 데에 정이는 평생의 정력을 경주하였다. 그의 『역전』은 기존의 해석을 따르지 않고 리에 의해서 『역』을 해석한 것으로, 『역』을 상象에 의해 리理를 드러낸 고전이라고 여겼다. 『역전』의 자서에서 리와 상의 관계를 "지극히 은밀한 것은 리이고 지극히 현저한 것은 상인데, 체와 용은 한 근원이고 현저한 것과 은밀한 것은 간격이 없다"[36]고 설명하였다. 이는 한마디로 개물을 리의 작용으로 생각하고 리를 개물의 실체로 파악하여 사상事象과 리는 같은 것은 아니지만 현상의 개물을 떠난 리는 없고 본체의 리를 떠난 개물은 없다는 것을 지적한 것이다. 이렇게 본체로서의 리와 현상으로서의 개체가 일치한다는 것이 정이 리학 사상의 요체라 할 수 있다.

그러나 현상 세계 속에서 보면 각 개물은 천차만별하여 사리일치事理一致라

---

33) 『遺書』 권18, "天下萬物皆可以理照, 有物必有則, 一物須有一理."
34) 이 점은 유학적 세계관의 특징이라 볼 수 있는데, 자연 세계는 사실의 문제이고 윤리 세계는 가치의 문제이므로 이 둘은 다른 것이고 '사실'과 '가치' 사이에는 분명한 차이가 있지만 유학적 세계관 속에 빠져 있던 정이는 다른 유학사상가와 마찬가지로 이 문제를 깨닫지 못하였던 것으로 보인다.
35) 『遺書』 권18, "天下無實于理者."
36) 『伊川易傳』, "至微者理也, 至著者象也, 體用一源 顯微無間."

는 논점이 성립되기 어려운 것처럼 보인다. 현상 속에 보이는 개체의 천차만별성을 어떻게 궁극적 일리─理의 작용으로 받아들일 수 있을까? 이에 정이는 "모든 사물의 리는 근원적인 하나의 리로부터 나온다"(萬理出于─理)는, 이른바 '리일분수理─分殊'의 이론을 제시하고 이것으로 만물의 차이를 설명하였다. 즉 궁극적 실재로서의 천리는 하나이지만 그것의 현현은 다양하다는 것이다. 정이의 리학은 먼저 '모든 사물에는 리가 있다'(凡事皆有理)는 것과 '모든 사물의 리는 근원적인 하나의 리로부터 나온다'(萬理出于─理)는 두 가지 원칙에 의존하는 바가 크다. 리일분수설은 그의 리학 전체를 관통하는 것으로 그의 공부론에도 그대로 적용되고 있다. 정이가 진덕수업進德修業의 방법으로 격물을 논할 때 "오늘 일건─件을 격格하고 내일 일건을 격하여 경험이 쌓인 후에 자연히 관통하는 바가 있을 것"(『遺書』 권28)이라고 한 것도 리일분수의 이론 속에서 이해될 수 있는 것이다. 즉 한 개물에 한 이치가 있고 이것을 격함에 경험이 축적된다는 것은 모든 개체 존재를 분수分殊로 이해한 것을 의미하고, 관통할 수 있다는 것은 궁극적 리가 하나라는 것을 뜻한다.

이처럼 그의 리학 사상의 요체는 사리일치·체용일원과 리일분수의 주장 속에 다 집약되었다고 할 수 있다. 즉 그는 『역』을 해석함에 있어 괘卦·효爻·상象을 살펴보면 리를 찾아볼 수 있다는 전제 위에서, 리는 본체가 되며 상은 그 리라는 본체의 드러남(용)이라고 파악하여 체용은 사실상 일원이라고 주장한 것이다. 그런데 이런 체용일원 혹은 사리일치 식의 설명 방식은 당시 화엄가에게는 일종의 상식에 속하는 문제였다. 그러므로 정이의 『역』 해석이 화엄종의 사상적 영향권 내에 있었다는 점은 단순한 억측이 아니라 사고 형태에 유사성으로 볼 때 부인하기 어려운 사실로 보인다. 그가 사용한 "체용일원體用─源, 현미무간顯微無間"이라는 표현은 법장法藏의 "체용무방體用無方, 원융파측圓融叵測"[37]과 징관澄觀의 "왕복무제往復無際, 동정일원動靜─源"[38]이

---

37) 法藏, 『華嚴經探玄記』 권1(『大正新修大藏經』 권35.)
38) 澄觀, 『大方廣佛華嚴經疏』 권1(『大正新修大藏經』 권35.)

276 역사 속의 중국철학

란 말과 내용적 함의에 있어서나 표현의 유사성에 있어서 사실상 같다. 따라서 이들 사이의 사상적 유사성을 단순히 우연이라고 할 수는 없다. 정이 스스로도 그의 일관된 배불 입장에도 불구하고 "그들의 말이 옳지 않다고는 할 수 없다"[39]고 하여 화엄의 교리를 공개적으로 인정한 적도 있다. 문인 유원승劉元承과의 다음 대화에서 화엄종에 대한 정이의 그런 생각을 볼 수 있다.

> 일찍이 화엄경을 읽었는데 제일은 진공절상관眞空絶相觀, 제이는 사리무애관事理無礙觀, 제삼은 사사무애관事事無礙觀이라 했습니다. 이를 비유하면 거울·등불과 같은 것으로 만상을 포괄하며 다함이 없다고 하는데 그 이치는 무엇입니까?…… 한마디로 하면 '만리萬理는 일리一理에 귀결된다'는 말에 불과하다.[40]

그가 화엄종의 사리설事理說의 요체가 "만리는 일리로 귀결된다"는 한마디로 정리될 수 있다고 한 것은 화엄종의 사리설을 제대로 파악하고 있었음을 보여 준다. 앞의 문답을 보면 정이와 그의 문인들 사이에 화엄의 교리가 논의되었다는 것은 확실하다. 그리고 정이가 이처럼 한마디로 화엄의 법계관을 정리할 수 있었다는 것은 그가 화엄의 교리에 상당한 견식을 가지고 있었던 것을 의미한다.

앞에서 언급된 것은 이른바 화엄의 삼법계관三法界觀인데 이는 화엄의 시조 두순杜順이 처음으로 주장하였다. 두순은 「법계관문法界觀門」에서 이것을 '진공관眞空觀', '리사무애관理事無礙觀', '주편함용관周徧含容觀'의 셋으로 나누어 설명하였다. 이는 후에 화엄의 사대조四代祖 징관澄觀에 의해 널리 유포되었는데, 징관은 그의 「법계현경法界玄鏡」에서 '리법계理法界', '리사무애법계理事無礙法界', '사사무애법계事事無礙法界'로 개칭하여 사용하고 있다. 리법계는 차별적인 사상을 부정하는 절대의 궁극적 일리一理를 의미하고 리사무애법

---

39) 다음의 각주에 보이는 『遺書』 권18의 이천의 화엄에 대한 설명과 연결되어 있다.
40) 『遺書』 권18, "嘗讀華嚴經, 第一眞空絶相觀, 第二事理無礙觀, 第三事事無礙觀, 譬如鏡燈之類 包含萬象, 無有窮盡. 此理如何?…… 一言以蔽之, 不過曰, '萬理歸於一理也.'"

계는 궁극적 본체와 사상事象이 일치됨을 말한다. 그런데 이는 곧 정이가 말하는 사리일치·체용일원의 주장과 일치되는 것으로, 이런 사고 유형의 유사성은 단순히 우연이라고는 할 수 없을 것이다. 정이가 현상의 사상 하나하나를 절대적으로 보아 각 사상은 서로 함용한다는 사사무애법계까지 나아가지 않고 리사무애법계에 머문 것은 그가 유가 철학의 입장에서 리를 하나의 장애로 보지 않은 것으로, 이는 화엄의 법계관을 유가 철학의 입장에서 주체적으로 수용하였음을 보여주는 것이다.[41)

사실 체용일원이나 사리일치 같은 주장은 전형적인 불교의 입장이라고 단정적으로 말할 수 있을 것이다. 앞에서도 언급한 것처럼, 유학자가 불·도 양교의 영향을 극복하기 위한 시대적 요청에 부응한 방법은 양교의 심오한 이론 체계를 받아들여 유학화하는 것이었는데, 신유학자가 불교의 사유 체계로부터 받은 영향 중 가장 현저한 것이 바로 체용의 논리일 것이다. 화엄종뿐만 아니라 천태종이나 선종에서도 체용일원은 지나칠 정도로 빈번하게 사용되어 거의 기계적으로 이들 교리의 설명에 적용되고 있다. 당송 이전 유학의 문헌에서 체용을 한 조로 해서 논의를 전개하는 것이 전무하지는 않았지만 극히 드물었다. 그런데 송대에 이르면 온통 체용을 사유 범주로 사용하고 있는 것이다. 최초의 철학사라 할 수 있는 『송원학안宋元學案』의 첫머리부터 호안정胡安定이 '명체달용明體達用'의 학문을 사대부들에게 이상으로 제시했던 것을 기록하고 있고, 장재나 이정의 사유 속에서 이는 사변의 중심틀로 자리잡고 있음을 볼 수 있다. 그리고 그 결과 신유학을 집대성한 남송의 주희에 이르면 완전히 모든 것을 체용의 논리로 풀이하게 된다.[42)

---

41) 위에서 본 화엄 법계관의 논의 뒤에 바로 '理'를 장애로 보는 불교 교리를 비판하는 이천의 입장이 기술되어 있다.
42) 『中庸章句』 1장, "大本者, 天命之性, 天下之理…… 道之体也. 達道者…… 道之用也." 또 『大學章句』의 '全體達用'과 『朱子語類』 첫머리부터 체용 논리를 사용하고 있음을 상기하라.

5. 북송 유학이 잃은 것과 얻은 것

위진 시대와 수당 시대를 거치면서 융성한 도·불 양교의 교리는 선진 유학이 심도 있게 다루지 않았던 세계의 궁극적 본체와 현상과의 관계를 논하고 인생의 참된 의의에 대해서 숙고해 보는 기회를 중국 지식인들에게 제공하였다. 하지만 도·불 양교의 융성은 외래 사상과 고유 사상, 전통과 비전통이라는 문제 의식을 야기시켰고, 이는 문화적·사상적 주체 의식을 자극하여 전통 문화에로의 복귀라는 지적 운동을 일으켰다. 당 말부터 공맹 유학의 복귀라는 확실한 사상적 의식을 지닌 유학자들이 등장하기 시작하여, 오대의 혼란기가 끝나고 북송 초에 이르러 사회 경제적으로 안정되자 송학 발흥의 기운이 점차 싹텄다. 문인 관료 배출을 통하여 왕조의 안정을 꾀하고자 한 송 태조와 태종의 정책과 때마침 발생하였던 중국의 중세 농업과 상업 혁명은 새로운 사회 기풍을 진작시켜 유학의 재부흥을 가능케 하였다. 문인 관료에 대한 송 왕조의 우대 정책이 실시된 북송 초기에는 외래 사상인 불교와 비전통이라 여겨졌던 도가·도교 사상을 극복하고 공맹 선진 유학의 본래 가르침으로 복귀하고자 한 소위 도학사상가의 영향으로 유가적 가치가 점점 더 중요해졌다.

유학 사상가는 유학 사상의 부흥이라는 시대적 요청에 부흥하고자 하였으나 공·맹·순의 인성론 중심의 사상으로는 불·도 양교의 형이상학적 사변 이론을 이미 경험한 당시 지식인들의 지적 욕구를 채워 줄 수 없었고 양교의 심오한 이론에 필적하기도 어려웠다. 이에 유학의 형이상학적 사상을 세우고자 하였으니 초기의 주돈이, 장재, 소옹 등은 모두 자신의 철학 이론의 중심으로 공맹이 중요하게 여기지 않았던 우주론적 형이상학 이론을 중시했다. 나름대로는 유학의 경전 중 형이상학 이론을 내포하고 있는 『중용』과 「역전」을 기본 자료로 사용하였지만 『중용』과 「역전」은 사실 공맹의 사상과는 일정한 거리가 있었고, 보다 근본적으로 이들은 의식적 혹은 무의식적으로 자신들이 극복해야 할 대상으로 삼았던 불·도 양교의 사상을 채용하였다. 주돈이의 우주론과 인간론, 장재의 기론과 성론, 정호의 만물일체설, 정이의 사리설 등 눈에 띄는 것만 골라도 쉽게 이들의 사상에 미친 불·도 사상의 영향을 볼 수 있다. 즉 불·도 양교를 극복해야 된다는 문제 의식은 역으로 불·도 양교의 대표적 이론을 채용·소화함으로써 이루어진 것이다. 물론 불·도 양교를 유학적으로 소화한다는 것은 간단한 문제가 아니어서 단순히 삼교 절충의 수준에 머물러 있는 경우도 없지 않았다. 예를 들면 앞에서도 지적하였듯이 주돈이처럼 무욕과 무위 상태를 지향하는 불·도 양교의 이상 인격상을 유학의 교화적 성인관과 합치시킨다는 것은 애당초 쉽지 않은 일이었을 것이다.

유학 사상 내부에서 평가할 때 신유학은 기본적으로 삼교 융합의 산물이고 공맹의 교리와는 거리가 있는 것으로서, 선진 유학으로의 복귀라는 본래의 목표는 제대로 성취하지 못한 것으로 봐야 한다. 하지만 전체 중국 문화의 시각으로 보면 외래 사상인 불교를 주체적으로 소화해 내고 자신들의 고유 사상 중 가장 사변적인 도가 철학을 유학 중심으로 이해했다는 것은 포섭적 화해라는 특성을 갖춘 중국 문화의 전형적 특징으로서 의미 깊은 일이라 하겠다. 이는 정치적으로 이민족과의 끊임없는 투쟁 속에서 이민족을 중국적으로 동화시켜 나간 중국의 정치 문화와도 상통한다. 북송 이후의 유학사상사에서도 역시 불·도 양교의 극복은 시대의 중심 문제였고 심학 계열에서는 불교 사상과의 유사성이 오히려 심화되었다. 그래서인지 육구연과 왕수인에게서 쉽게 파악할 수 있는 선적 기풍은 말할 것도 없고, 신유학 사상의 중심인 주희 사상 속에서도 도가·도교 사상과 불교의 흔적은 어렵지 않게 발견할 수 있을 것이다. ✿

참고문헌

『周子全書』(臺北: 廣學書局, 1971)

『張子全書』(臺北: 商務, 1965)

『二程全書』(臺北: 中華書局, 1986)

宋元學案(臺北: 世界書局, 1983)

黃宗炎,「太極圖說辯」(『四庫全書』珍本 7集)

李　熹,『續資治通鑑長編』(北京: 中華, 1979)

僧　肇,『肇論』(『大正新修大藏經』卷44)

丁福保,『六祖壇經箋註』(臺北: 天華出版, 1984)

法　藏,『華嚴經探玄記』(『大正新修大藏經』卷35)

澄　觀,『大方廣佛華嚴經疏』(『大正新修大藏經』卷35)

久保田量遠,『중국 유불도 삼교의 만남』, 최준식 역(서울: 민족사, 1990)

宮崎市定,『中國史』, 조병한 역(서울: 역민사, 1986)

勞思光,『中國哲學史』송명편, 정인재 역(서울: 탐구당, 1987)

서울대 동양사학 연구실 편,『강좌 중국사』III(서울: 지식산업사, 1989)

島田虔次,『주자학과 양명학』, 김석근·이근우 옮김(서울: 까치, 1986)

蔣義斌,『宋代儒釋調和論及排佛論之演進』(臺北: 商務, 1988)

蔡仁厚,『新儒家的精神方向』(臺北: 學生書局, 1984)

麓保孝,『北宋に於けろ儒學の展開』(東京: 書籍文物流通會, 1967)

常盤大定, 支那に於けろ佛教と儒敎道敎 (東京: 東洋書林, 1982)

David Johnson, *The Medieval Chinese Oligarchy* (Boulder: Westview, 1977)

Edmund Worthy, *The Founding of Sung China 950~1000: Integrative Changes in Military and Political Institutions* (Ph.D. dissertation, Princeton Univ., 1975)

Heinrich Dumoulin, *Zen Buddhism: A History* (New York: macmillan, 1988)

James T.C. Liu, *Reform in Sung China: Wang An-Shih and His New Policies*(Cambridge, Massachusetts: Harvard University Press, 1959)

John W. Chaffee, *The Thorny Gates of Learning in Sung China: A Social History of Examinations*(Cambridge: Cambridge Univ. Press, 1985)

Kenneth Ch'en, *Buddhism in China* (Princeton: Princeton Univ. Press, 1964)

Mark Elvin, *The Pattern of the Chinese Past* (Stanford: Stanford Univ. Press, 1975)

Peter Bol, *This Culture of Ours: Intellectual Transitions in T'ang and Sung China*(Stanford: Stanford Univ. Press, 1992)

Thomas Carter, *The Invention of Printing and Its Spread Westward* (New York: Ronald Press, 1955)

김병환, 「태극도 연원 연구」(한국동양철학회, 『동양철학』 7집, 1996)

任繼愈, 「佛敎與中國文化」(『世界宗敎硏究』 第1期, 1988)

內藤湖南, 「槪括的唐宋時代觀」(『歷史と地理』 9, no. 5, 1922)

Robert M. Gimello, "Marga and Culture: Learning, Letters and Liberation in Northern Sung China" in *Paths to Liberation: The Marga and Its Transformations in Buddhist Thought* (Honolulu: Univ. of hawaii Press, 1992)

주자학적 도학의 완성과 사상적 도전들

박경환

1. 남송의 역사적 조건과 사상의 갈래

중국철학사에서 남송은 북송 시대에 유학 내부의 혁신 운동으로 나타난 도학의 여러 지류들이 주자학이라는 큰 물길로 합쳐진 시기로 특징 지워진다. 따라서 이 시기 철학사의 개요를 검색할 때의 키워드는 학파 항목에서는 '유학', 유학 내 분류 항목에서는 '도학道學', 인물 항목에서는 '주희朱熹'가 될 것이다.

물론 남송 시대에도 불교나 도교와 관련된 사상적 모색이 없었던 것은 아니다. 그러나 이 시기의 불교나 도교는 북송 시대에 비해 상당히 위축된다. 북송 시대의 불교와 도교는 도학의 형성 과정에서 이른바 '이단 배척'의 대상인 동시에 도학 특유의 사유를 형성하는 데 적지 않은 영향을 미쳤다. 북송 시대의 도학은, 도·불 우위의 사상적 열세 속에서 심성론의 강화를 통한 유학의 부흥을 위해 그 이론적 전제가 되는 도·불의 본체론을 비판적으로 수용하여 새롭게 구성한 유학이었기 때문이다. 비록 '유학에 대한 불교 혹은 도교'라는 단서가 붙기는 하지만 유학과 함께 사상계의 중심에 서 있던 도·불은 유학이 확고하게 자리잡게 되는 남송 시대에 오면 그 자체의 의미에서나 '유학에 대한' 의미에서도 중심으로부터 물러나게 된다. 따라서 이 시기 사상의 지형을 높은 곳에서 조망할 경우 두드러지는 것은 도학으로서의 유학과 그것의 집대성자인 주희이다.

그런데 도학의 완성은 결코 주희에 의해 고립적으로 수행된 사상적 모색의 결과가 아니다. 비록 주희가 완성한 도학의 문제 의식과 이론적 전제는 기본적으로 북송에서 물려받은 사상적 유산이었지만, 그것은 단순한 '조각 맞추기'식의 집대성은 아니었다. 주자학은 남송의 특정한 정치·사회적 상황 아래 대두된 도학 진영 내외의 도전에 대한 대응과 극복의 과정 속에서, 북송 도학의 편린들을 취사하여 손익損益함으로써 완성한 것이기 때문이다.

도학 진영 밖으로부터의 도전이란 남송 초기 정치적 입장 차이 때문에 일어난 집권 관료의 도학 배척과 사공 학파의 비판을 말한다. 이것은 북송 시대의 신·구법당 당쟁의 재연이었다. 북송 시대의 당쟁은 남송에 와서 당시의 정치적 쟁점인 금金나라와의 관계 설정을 둘러싸고 화의파와 주전파의 대립으로 나타났다. 당시 관료의 대부분은 왕안석의 신법 시행기에 성장한 이들로 현실적 정치 감각에 따라 금과의 화의를 주장한 반면 도학의 신봉자들은 대의명분에 의거하여 항전을 주장했는데, 이러한 정치적 입장의 차이는 집권 관료에 의한 도학의 배척으로 나타났다.

화의파에 의한 도학의 배척은 1144년 곡학曲學으로 몰려 천자의 명으로 도학이 금지되는 것으로 시작되었다. 이후 화의파의 대표자인 재상 진회가 죽기까지 12년간 도학은 공적으로는 '시민권을 상실한' 상태에 있게 된다.[1] 이것은 주희의 본격적인 활동 시기 이전의 일로 도학의 1차 수난이었다. 2차 수난은 도학의 대표 인물로 떠오른 주희를 직접 겨냥한 것으로, 1195년 도학파 재상인 조여우의 실권과 더불어 시작되어 주희 사후 20년에 이르기까지 시행된 이른바 '거짓 학문에 대한 금지 조치'(僞學之禁)이다.

이상 2차의 도학에 대한 배척은 주로 대금對金 정책을 둘러싼 당파적 대립

---

1) 미우라 쿠니오, 『인간주자』, 김영식·이승연 옮김, 233쪽.

이나 권력 투쟁의 결과일 뿐 주희의 사상적 입장 자체에 대한 비판은 아니라는 점에서 사상사적 중요성은 그리 크지 않다. 우리가 주목해야 할 것은 주희의 사상적 궤적에 영향을 미친 비판들이다. 바로 육구연의 심학에 의한 비판과 진량과 엽적 등의 사공 학파에 의한 비판이 그것이다. 전자가 주로 같은 도학 진영 내에서 다른 길을 걸은 학파의 주자학적 방법론에 대한 문제 제기였다면,[2] 후자는 도학의 존재 의의 자체를 회의하는 근본적인 도전이었다. 이 중에서 특히 사공 학파의 도학에 대한 비판은 남송이라는 특정한 역사적 조건 아래에서 유학에 내재된 수기 중심적 경향과 경세 중심적 경향 간의 분열의 가능성을 현실화시킨 계기가 되었다는 점에서 중요하다.

남송대의 주된 사상적 흐름이었던 주자학적 도학은 이러한 내외의 비판에 대응하면서 독자적인 사상의 면모를 확정함으로써 남송 말기 이래 동아시아의 주도적인 사상으로 자리잡게 된다.

남송의 역사는 북쪽의 강대한 금金의 위협과 관료 대지주들의 토지 겸병이라는 내외의 모순이 초래한 사회 경제적 불안정으로 특징 지워진다. 1127년에 금에 쫓겨 남하한 후 금과의 주화 노선을 견지하던 진회가 재상이 되어 군권을 전담하면서 굴욕적 주화 정책이 시작된 이래, 정권의 안보를 보장받는 대가로 치러야 했던 막대한 조공은 백성들에게 큰 고통으로 돌아왔다. 따라서 금의 존재를 그들이 진 현실적 고통의 주된 원인으로 생각했던 백성들에게 금의 타도는 강렬한 염원으로 자리잡았다.

한편 밖으로부터의 재난을 증폭시킨 것은 관료 대지주들에 의한 수탈이었다.

---

2) 여기서 육구연을 주희와 같은 '도학 진영'이라고 하는 표현은 논란의 소지가 있다. 도학의 일반적인 용례는 "송대 유가인 周惇頤, 張載, 程顥, 程頤, 朱熹 등의 철학사상으로 理學이라고도 한다"(『漢語大辭典』, 10책, 1085쪽)는 정의에서 보듯이 北宋五子(邵雍은 여기서 제외되기도 한다)와 주희의 사상을 지칭하는 개념이며, 특히 『宋史』에서도 육구연은 이들과 달리 「道學列傳」이 아닌 「儒林列傳」에 실려 있기 때문이다. 그러나 남송 시대의 사상적 흐름에 대한 소묘인 이 글에서 사용한 '도학'은 "북송대에 와서 주소와 문장 중심의 한당 유학에서 벗어나려는 古文運動·正學運動과 더불어 시작된 심성과 의리 중심의 사상 경향"에 대한 통칭이며 특히 송대의 李覯, 王安石, 陳亮, 葉適 등의 경세 중심의 유학에 대비해서 쓴 개념이다.

관료 대지주 계층은 정치적 특권을 가지고 남천南遷에 따른 혼란한 정세를 틈타 토지의 쟁탈과 점유를 통해 사욕을 채우기에 급급했다. 그리고 이는 다시 각종 명목의 세금을 통해 백성에 대한 착취의 가중으로 이어졌다. 이러한 토지의 겸병과 부세의 가중은 남송 사회의 계급적 모순을 심화시켰고, 그에 따라 천도 초기인 1130년경부터 1179년까지 농민들의 기의起義가 끊이지 않았다. 기의에 가담한 농민들은 "귀천을 없애고 빈부를 고르게 하라"는 구호를 외치며 지배 계급에 항거하는 한편, 현실적 억압의 외적 요인인 금에 대한 투쟁을 주장하면서 타협적인 관료 대지주의 주화 정책에 반대함으로써 봉건 통치에 중대한 위협이 되었다.

이러한 내우외환의 상황에 처했던 남송의 사상계에서는 주희(1130~1200)의 생애를 전후해서 장식張栻(1133~1180), 육구연(1139~1192), 여조겸呂祖謙(1137~1181), 진량(1143~1194) 등과, 영가永嘉 지역 사공학의 창시자인 설계선薛季宣 및 그의 제자 진부량陳傅良과 엽적(1150~1223) 등 많은 사상가들이 활약하고 있었다.

후대의 평가에 따르면 이 시기 전반부인 남송대 건도·순희 연간(1165~1189)의 학술계는 '격물치지格物致知'의 주자학과 '명심明心'의 상산학 그리고 이들을 절충한 여조겸의 학문이 각각 두드러졌으며,3) 이들 외에도 장식과 진량 등이 이들과 교류하며 활동하고 있었다. 이들 중 장식·여조겸·육구연·주희는 공통적으로 '천리에 근원을 둔 선한 본성을 지닌 존재'라는 성선론적 인간 이해와, 천리와 인욕·의義와 리利의 엄격한 구분을 전제한 내면적 덕성의 실현을 강조한 점에서 심성과 의리 중시의 도학파로 분류할 수 있다.4) 이들 중

---

3) 『宋元學案』권51, 「東萊學案」.
4) 장식은 의리에 관한 논변을 중시하면서도 空談을 숭상하지 않고 經世를 중시했으며, 그의 사후 많은 제자들이 영가학파의 실질적인 창시자인 진부량에게로 들어갔다. 여조겸 역시 문헌 전통을 중시하고 박학을 추구했으며 空言을 일삼지 않았고 典章制度나 정치적 인물에 대한 높은 관심을 지녔다. 따라서 이들의 학문 경향을 진량과 엽적의 사공학에 가까운 것으로 보는 견해도 있다.(董平 외, 『陳亮評傳』, 15~16쪽) 그러나 장식의 사승 관계는 직접 이정으로 소급될 뿐만 아니라 義와 利의 철저한 구분에 의거한 '存天理, 去人欲'의 수양론은 그가 도학에 충실했음을 보여 준다.

유일하게 학문적 경향이 달랐던 인물이 진량이다.5)

이후 후반부의 사상계의 상황은 1181년을 전후해 장식, 여조겸과 같은 절충적 인물이 죽은 후 "주자학과 상산학의 두 파로 모아졌고, 엽적의 학문이 그 사이에서 고립적으로 자리잡아서 솥의 세 발과 같은 형국을" 이루게 된다.6) 진량에서 엽적에 이르는 사공학 역시 각각 사상적 차별성을 지니고 있기는 하지만, 앞서의 도학 계열 학자들과 달리 '실용과 공리'를 중시한 점에서 사공 학파로 분류된다. 따라서 남송의 사상적 지형은 크게 주희와 육구연을 두 축7)으로 하는 도학과 진량과 엽적으로 대표되는 사공학의 대립으로 파악할 수 있다. 물론 이처럼 남송의 학문을 도학과 사공학으로 대별하는 분류법은 어디까지나 사상적 맥락에 초점을 맞춘 것일 뿐이다. 당시 지식인 사회 전반의 상황을 보면, 글짓기(詞章)와 암기(記誦) 중심의 '과거를 위한 학문'(科擧之學)을 추구하던 절대다수의 지식인들에 비해 도학은 그 숫자나 현실적인 영향력에 있어서 미미한 형편이었기 때문이다. 또한 도학과 사공학의 대립 역시 대등한 세력간의 대립이 아니었다. 적어도 사상계에서는 다수의 추종자를 지닌 주도적 세력이었던 도학에 비하면 사공학은 고립적인 학파였고, 지역적으로도 영강과 영가에 한정된 지역학의 범위를 벗어나지 못하는 형편이었기 때문이다.

남송이 처한 내우외환의 위기 상황에 대한 대처 방안에서 도학 진영의 주희와 육구연은 군주를 포함한 지배 계층의 내면적 수신(修身)과 그에 바탕한 교화(教化)라는 도덕 중시의 길을 택한 반면, 사공학은 구체적이고 실질적인 제도의 보완과 확립이라는 사공 중시의 길을 택했다. 이러한 상이한 대응의 원인은 크게 볼 때 세 가지로 나누어서 말할 수 있다.

첫째, 이들의 상이한 대응은 당시 남송 사회를 존망의 위기에 처하게 한 근

여조겸은 鵝湖의 모임을 주선해서 도학 내부의 이견을 절충하려고 했고, 주희와 함께 『近思錄』의 편찬이라는 도학적 전통의 정리 작업에 참여했다.

5) 『宋元學案』 권56, 「龍川學案」.

6) 같은 책 권54, 「水心學案下」.

7) 앞의 전조망이 이들과 함께 열거한 여조겸의 학문은 주희와 육구연의 경계선상에서 선 절충적 성격을 지닐뿐만 아니라 그의 사후 독자적인 학맥을 형성하지 못했다.

본 원인에 대한 서로 다른 인식의 결과이다. 주희를 비롯한 도학파들은 그것을 지배 계층의 도덕 의식의 상실에서 찾았다.[8] 그는 남송 사회 내부의 도덕적 혼란이 위기의 근본 원인이고, 금에 대한 굴욕도 이러한 내부의 도덕적 혼란으로 인한 것이라는 인식을 지니고 있었던 것이다. 그들이 지배 계층의 내면적 수신을 강조한 것은 바로 그 때문이었다. 반면에 사공학은 당시의 사회적 위기의 근본 원인을 금을 비롯한 이민족의 할거와 금과의 굴욕적 화의의 대가로 치러야 하는 경제적 부담에서 찾고 있었다. 따라서 사공학은 금에 설욕을 하고 위협을 제거하기 위해 필요한 남송 사회 내부 역량의 강화와 그것을 위한 정치·경제 제도 및 정책의 강구와 실천을 중시하였다.[9]

둘째, 이들의 상이한 대응은 북송 시대에 형성된 도학에 대한 계승과 비판이라는 서로 다른 수용에서 기인하는 것이다. 즉 도학 진영은 북송 이래의 도학적 사유를 강화하는 방향으로 현실 문제에 대한 대응을 모색한 반면, 사공 학파는 신법新法의 정신을 계승하여 직접적이고 구체적인 정책을 통한 현실적 효용(功利)의 실현을 중시했던 것이다.

셋째, 남송 시대 도학과 사공학의 대립은 직접적으로는 북송 시대의 학술적 흐름의 연장이지만, 좀더 시야를 넓혀서 살펴보면 유학 자체의 내재적 갈등 요소가 드러난 것이기도 하다. "공자로 대표되는 원시 유학은 한마디로 줄여서 '내성외왕內聖外王' 혹은 '수기치인修己治人'의 학문이라고 말할 수 있다."[10] 내성 혹은 수기는 도덕 인격을 갖추어 나가는 것이고, 외왕 혹은 치인은 그렇게 갖추어진 인격을 현실 정치를 통해 구체화시켜 내는 경세經世를 의미한다. 공자 이래 선진 유학의 본질은 경세의 학문이다. 우리는 그 점을 공자나 맹자

---

8) 주희는 1188년 孝宗에게 올린 「戊申封事」(『朱文公文集』 권11)에서 당시 남송 사회를 '人欲'에 의해 온 몸에 병이 퍼진 상태로 진단하고 있다.

9) 엽적이 "오늘날 존망의 상황에 처하게 한 세력은 밖에 있지 안에 있지 않고, 오늘날 그것을 막을 수 있는 방안은 안에 있지 밖에 있지 않다"(今日存亡之勢, 在外而不在內, 而今日隄防之策, 乃在內而不在外)고 한 것은 사공 학파들의 현실적 위기의 원인과 대응책에 대한 인식을 잘 보여 준다.(『習學記言』 권43)

10) 이승환, 『유가사상의 사회철학적 재조명』, 288쪽.

의 행적에서 분명하게 알 수 있다. 그들은 이론가나 사상가이기 이전에 현실에 참여하여 정치적 실천의 기회를 찾고 있던 정치가였다. 따라서 선진 유학에서 수기와 관련된 논의들은 주로 궁극적인 목적인 치인의 전제로서 제시된 것이다. 예를 들면『맹자』전편에 일관되는 맹자의 유세 내용의 요지는 분열된 중국 여러 제후 중에서 통일된 중국의 왕자王者가 되는 방안으로 귀결되고 있다. 이 점에서는 당시의 다른 제자諸子들과 동일하다. 다만 맹자는 그러한 목적에 이르는 방법과 관련해서 수기, 즉 군주의 도덕적 인격의 중요성을 강조했다는 점에서 그들과 차별적이었다. 그리고 그것은 바로 수기와 경세를 겸섭兼攝하려는 공자의 이념을 계승한 것이었다.

그런데 수기와 경세의 겸섭이라는 것은 현실에서 뿌리 내리기 어려운 하나의 이상과도 같은 것이다. 수기가 바람직한 경세의 실현을 필연적으로 보장해 주지 않고, 경세가 반드시 수기에 기초해야 하는 것도 아니라는 것은 역사에서 흔히 발견되는 사례이기 때문이다. 따라서 공자가 추구한 수기와 경세의 겸섭이라는 이상은 분열과 대립의 계기를 지니고 있는 것이다. 그러한 분열의 계기는 특히 사회의 모순이 심화된 위기 상황에 직면할 때 현실화되게 마련이고, 여기에 이르면 수기와 경세 중 어느 하나로 강조점을 옮기는 선택이 필요하게 된다.

그러한 징후는 이미 맹자에게서 발견된다. 맹자는 역사나 사회의 치란에 관한 한 인간의 노력으로는 어떻게 할 수 없는 상황과 추세가 있음을 인정하고 있다. 맹자는 이러한 상황에서는 현실에 참여해서 경세의 노력을 기울이거나 자신의 도를 굽혀서 현실을 바로잡으려고 하기보다는, 현실과 일정한 거리를 유지한 채 물러나 홀로 자신의 내면적 수기에 힘쓰고(獨善其身) 도를 지키는 것이 최선의 선택일 수 있음을 말한다.[11] 이러한 입장에 설 때, 경세란 반드시 이루어 내야 하는 것이기보다 상황에 따라 참여하고 실현하는 선택 항목이 된다.

---

11)『孟子』,「盡心上」.

여기서 수기와 치인이라는 두 가지 목표를 함께 추구하던 유학은 수기 중심으로 전환하게 된다. 남송은 바로 이러한 수기 중심의 유학을 계승한 도학이 현실적 착근에 이르는 과정에서 거쳐야 할 검증의 시기였다. 검증의 필요성은 당시의 남송이 드러낸 사회 경제적 모순의 해결이라는 시대적 과제에 의해 주어졌고, 그러한 검증을 재촉한 것은 도학의 수기 중심주의가 지닌 현실적 대응 능력과 실용적 가치에 회의를 품었던 사공 학파의 비판이었다.

비록 도학 진영이 사공학을 비판하는 맥락에서 제기한 것이기는 하지만, 『주자연보』의 다음과 같은 언급은 도학과 사공학의 대립적인 구성 요소들에 대한 이해에 유용하다.

> 선생(주희)이 절동에서 돌아와서 학자들이 밖으로 치닫는 것에 물든 것을 보고는 늘 상 학자들에게, 『맹자』에서 성선性善과 구방심求放心을 말한 두 장을 보고 마음을 수렴하여 안정시키는 데 힘써서 자신의 사사로운 욕망을 극복하여 인을 추구하는(克己求仁) 공부를 지극하게 하라고 했다. 그리고 그들 학문의 잘못을 배척하면서, 육경과 『논어』・『맹자』를 버리고서 역사의 변천(史遷)을 중시하고 궁리진성窮理盡性을 버리고 현상의 변화(世變)를 말하며 치심수신治心修身을 버리고 사공事功을 좋아하는 것은 학자들의 마음 공부에 방해가 된다고 여겼다.12)

위의 내용은 '마음의 수렴/밖으로 치달음', '육경과 『논어』・『맹자』/역사서(역사의 변천)', '궁리진성/현상의 변화 추구', '치심수신/사공' 등의 대립항들로 정리할 수 있다.

여기서 '치심수신/사공'은 도학과 사공학이 지향하는 학문의 궁극 목표가 다름을 보여 준다. 다시 말해 도학은 한 개인의 내면적 덕성의 완성을 목표로 설정하고 있는 반면, 사공학은 정치상의 공적을 실현해 내는 것을 목표로 설정하고 있다. 그리고 '궁리진성/현상의 변화 추구'는 그러한 목표를 향한 두 학파의

---

12) 王懋竑, 『朱子年譜』, 「十一年甲辰」.

방법상의 차이를 보여 준다. 도학 진영에서는 '현상의 변화'에 치중하는 사공학의 방법을 '밖으로 치닫는' 것이라고 배척하지만, 사공학에서는 오히려 도학의 방법이 전적으로 마음만을 문제 삼아 실제의 문제를 외면하는 것이라고 비판한다.

한편 주자학은 사공 학파 외에 육구연이라는 도학 진영 내부의 비판에도 대응해야 했다. 주희와 육구연은 여러 측면에서 상이한 면모를 지니고 있지만 당시의 정치적 현실과 그 속에 드러난 문제에 대한 대처 방식에 있어서는 다 같이 사공학에 맞서는 도학적 전제를 공유하고 있었다. 무엇보다 주희와 육구연은 내면의 도덕 심성의 실현, 즉 수기가 학문의 목표이자 현실 문제를 해결하는 근원적 방안임을 인정하는 점에서 일치한다. 그럼에도 육구연이 주희를 비판하는 것은 수기에 이르는 주희식의 방법이 지닌 불철저성 때문이다.

육구연은 도덕적 본성과 그것을 자각하고 실현할 수 있는 능력이 인간의 내면에 구비되어 있다고 본다. 따라서 수기의 노력은 전적으로 자기 자신의 내면으로 들어가서 그것을 실현시켜 내는 것으로 모아져야 한다. 그러나 육구연이 보기에 주희는 내면의 심성을 향하는 길에 충실하지 않고 외부 사물을 대상으로 한 노력, 즉 격물궁리格物窮理 공부의 필요성을 강조하고 있다는 것이다. 그들이 공통적으로 계승하려 했던 '모든 가능성이 나의 내면에 갖추어져 있다'(萬物皆備於我)는 맹자의 사상을 승인한다면, 굳이 밖으로 향하는 노력은 불필요하거나 무익하며 때로는 내면적 성취에 방해가 되는 것이다. 육구연이 주희의 방법론에 대해 '지리支離'라고 비판한 것은, 바로 그들이 공유한 목표를 실현하는 데에 있어서 주희식의 방법론이 지닌 비효율성을 지적한 것이다. 이처럼 주자학이라는 동일한 대상을 두고 사공학은 '안으로만 관심을 둠으로써 밖의 문제에 소홀하다'고 비판하고, 육구연은 '밖으로 관심을 둠으로써 안의 문제를 해결하는 데 소홀하다'고 비판한 것이다. 전자가 치인 중심의 유학에 의한 수기 중심의 주자학에 대한 비판이라면, 후자는 수기 중심의 근본적 입장에 선 상산학에 의한 주자학의 불철저성에 대한 비판이다. 도학의 완성에 이르는 주자학의 모색은 바로 이러한 비판에 대응하여 자신의 정체성을 세워 가는 과정이었다.

2. 수기 중심과 경세 중심 유학의 갈등

남송 시대 사공파는 북송 시대의 왕안석王安石이 정이程頤를 대표로 하는 도학 진영과 극심한 대립을 보인 것과 달리 표면적으로 이들에 대한 존숭의 태도를 지니고 있었으며, 정계에서도 주희를 옹호하는 입장을 지니고 있었다. 그러나 1181년을 전후로 장식과 여조겸 등 절충적 경향을 지녔던 인물들이 잇달아 죽은 이후, 학계의 판도가 사공 학파에 의해 잠식되어 간다는 인식 아래 주희가 사공 학파에 대한 비판을 본격화하고 사공 학파도 주자학에 정면으로 대응함으로써 양자간의 대립이 시작된다. 진량에 의해 시작된 도학에 대한 비판은 이후 엽적이 가담하면서 본격화된다.

우선 사공학의 도학에 대한 비판은 도학이 내세운 역사적 정통성을 부정하는 것으로 시작된다. 즉 사공학은 주희가 도학을 유학 계보에서 정통으로 자리매김한 근거가 된 도통론道統論을 부정함으로써 도학이 지닌 유가 사상 내에서의 정통적 지위를 인정하지 않는다. 주희의 도통론에서 유학의 정통 계보는 요·순·우·탕·문·무·주공·공자의 순으로 이어졌다가 공자 이후 안자와 증자에서 다시 자사를 거쳐 맹자에게 전해지고, 맹자 이후 1,500여 년 동안 전승이 끊어졌다가 송대에 와서 비로소 이정二程이 계승한 것으로 설정되고 있다.[13]

주자학적 도통론에 대한 사공학의 비판은 세 가지로 요약된다. 첫째, 증자가 공자의 가르침을 독점적으로 계승했다는 주장에 대한 반박이다. 증자는 '일일

---

13) 『朱文公文集』 권76, 「中庸章句序」.

'삼성一日三省'의 실천으로 널리 알려졌듯이, 공자의 제자들 중 내성적內省的 경향이 가장 두드러졌던 인물이다. 엽적은 이러한 증자의 학문을 기껏 자신의 몸을 중시하는 학문에 그친 것이라고 평가절하하고, 이어서 그것은 공자로부터 배워서 얻은 증자 나름의 도일 뿐 요순 이래 공자에 이르기까지 일관되게 전해진 도는 아니라고 본다. 둘째, 사맹학思孟學의 노선에 대한 비판이다. 사공 학파는 자사와 맹자에 의해 유학이 심성이라는 내면적 문제로 협애화되었음을 비판하고, 사맹학을 실질의 문제를 경시하는 기이한 이론이라고 치부한다. 이는 곧 심성론 중심의 도학은 유학의 정통이 아니라 '변종'임을 말한 것이다. 셋째, 도학의 사상적 성격에 대한 비판이다. 사공학은 북송 시대 도학 형성의 이론적 근거였던 십익十翼이 공자의 저작이 아님을 들어 도학의 체계를 구성하는 중요 이론들의 정통성을 부정한다. 예를 들면 도학자들이 원래부터 유학에 있었던 것이라고 내세운 태극太極이나 동정動靜 등의 형이상학적 개념과 이론들이 실은 도교와 불교라는 이단으로부터 취한 것이며, 그들이 이러한 개념들을 유학으로 끌어들인 것은 젊은 시절에 도·불에 드나든 흔적이라고 한다.[14]

이상에서 알 수 있듯이 사공 학파의 비판은 한결같이 도학이 심성론 방면에 치우쳤음을 문제삼고 있다. 증자와 사맹학에 대한 비판은 심성으로의 편향을 문제삼은 것이며, 십익을 비판한 것 역시 그것이 도학자들이 심성론의 전제가 되는 개념들을 이끌어 낸 근원이었기 때문이다. 따라서 사공학은 도학이 심성으로의 편향이라는 잘못된 길로 빠져들었을 뿐만 아니라 그것을 정당화하기 위해 공자 사상 밖의 이단적 개념들을 끌어들였고, 그 결과 공자의 가르침과 유학의 근본적인 정신이 왜곡되었다고 본 것이다.

그렇다면 그들이 생각하는 공자 본연의 가르침과 유학의 근본 정신은 무엇인가? 이것은 진량이 당시 지식층의 풍조에 대해 다음과 같이 지적한 데에서 분명하게 드러난다.

---

14) 『宋元學案』권54, 「水心學案下」.

사대부들은 문장과 의義를 실천하는 것에 대해 말하는 것을 부끄럽게 여기면서 심을 온전히 실현하여 본성을 깨닫는다(盡心知性)고 말한다. 관리들은 정사政事와 서판書判에 대해 말하는 것은 부끄럽게 여기면서 도를 배우고 사람을 사랑한다고 말한다. 서로 몽매하고 서로 속인 결과 천하의 실질적인 일을 모두 배제하여 결국은 세상의 일들을 아무것도 처리하지 못하는 데 이르렀다.[15]

여기서 진량은 도덕성명의 문제에만 빠져서 현실의 구체적인 문제와 관련된 실천에는 소홀한 당시의 사대부들을 비판하고 있다. 진량이 보기에 그러한 병폐의 원인은 실질적인 문제를 소홀히 하면서 고원하고 공소한 것을 추구하는 도학의 풍조가 널리 퍼져 있기 때문이다. 도학은 학문의 목적을 도를 체득하여 자아의 도덕적 완성을 실현하는 데 두고 있기 때문이다. 주희의 말을 빌리면, 학문의 목적은 "성냄을 다스리고 욕망을 막으며 선으로 옮겨 가고 도덕적 잘못을 고치는 일에 종사하여 순수한 유학자(醇儒)의 도로써 자신을 규율"[16]하는 것이다.

진량은 이처럼 당시의 학풍과 그 원인인 도학을 비판하면서 진정한 학문은 궁극적인 목표를 성인成人에 두어야 한다고 했다.[17] 성인이라는 말은 『논어』에서 취한 것인데, 덕성(不欲)뿐만 아니라 지식 능력(知)과 용기(勇) 그리고 실용적 재능(藝)을 겸비한 사람을 가리키는 개념이다. 성인은 덕성뿐만 아니라 실용의 능력을 갖추고 사공을 실현해 내는 존재라는 사공학의 이상적 인간상을 제시한 것이라고 할 수 있다. 따라서 진량은 학문이란 반드시 경세의 실천을 통해서 현실에 이로움을 주는 실제적인 효용을 가져와야 한다고 본다. 이 점은 진량이 『맹자』를 인용해 군주의 도덕적인 마음은 어디까지나 현실의 정치에 적용되어서 실제적인 성과를 낳을 때 가치가 있다고 강조하는 것[18]에서도 드

---

15) 『宋元學案』 권56, 「龍川學案」.
16) 『朱文公文集』 권36, 「答陳同甫四書」.
17) 『宋元學案』 권56, 「龍川學案」.
18) 같은 책, 같은 곳.

러난다.

결국 도학과 사공학의 이러한 대립은 '학문은 무엇을 위한 것인가?'라는 물음에 대한 이해의 차이이다. 도학은 이 물음에 대해 학문은 개인의 내면적 덕성의 완성을 위한 것이고, 그런 점에서 진정한 학문은 '위기지학爲己之學'이라고 답한다. 반면에 사공학은 학문이 한 개인 차원의 위기지학에 그칠 뿐 실제적인 사공을 통해 현실의 삶을 조건을 개선시키는 결과를 가져오지 않는다면 참된 학문일 수 없다고 본다. 그들은 학문의 진정한 목적은 경세에 있으며, 그것이야말로 공자가 전한 유학의 근본 정신이라고 생각한 것이다.

도학과 사공학의 이러한 학문관의 차이는 결국 인간의 삶에 가장 중요한 것이 무엇인가에 대한 관점의 차이 때문이라고 할 수 있다. 도학은 내면의 정신세계의 각성과 계발을 인간에게 가장 중요한 조건으로 이해한다. 이러한 입장에 설 때 현실의 물질적 요소는 내면의 정신적 요소에 의해 극복될 수 있으며, 따라서 부차적이고 말단적인 것으로 이해된다. 그것은 곧 유학의 전통적인 사유, 즉 정신적인 가치를 추구하는 데서 느끼는 내면의 즐거움은 빈천과 같은 현실의 조건에 구애되지 않음을 강조하는 '안빈낙도安貧樂道'의 정신을 충실히 계승한 것이다. 반면에 사공학은 인간의 삶에 있어서 물질적 조건이 지닌 중요성을 적극적으로 긍정하고 그것을 개선하기 위한 노력을 강조한다.

도학과 사공학의 이러한 차이는 외부 사물에 대한 상이한 평가로 이어진다. 도덕적 지향과 외부 사물을 대상으로 한 이익의 추구에 대한 상이한 이해를 둘러싼 '의리지변義利之辨'의 문제가 그것이다. 이 문제에 있어서 내면적 덕성의 배양을 중시하는 도학은 대체로 외물과 도덕 수양의 주체인 인간을 구분하여, 외부의 사물을 도덕 수양의 주체인 인간에게 도덕적 갈등 상황을 촉발하고 때로는 악에 이르게 하는 부정적인 것으로 간주한다.[19] 반면에 사공학은 외부의

---

19) 예를 들면 도학은 理氣論的 사유에 의거해 道(혹은 理)와 구체적 사물(器)의 관계에 있어서 궁극적으로 氣에 대한 도의 선재성과 우월성이라는 관점을 지니고 양자에 대해 차별적인 가치를 부여한다. 道心과 人心, 天理와 人欲, 道와 物, 理와 氣, 道와 器 등의 구분이 그것이다.

사물에 대한 도학의 이러한 부정적 입장에 반대한다. 사공학에서는 어떠한 경우에도 사물을 떠난 도를 인정하지 않으므로, 도의 추구 역시 사물을 떠나서는 불가능하다고 본다.[20] 따라서 외부의 사물은 도를 간직하고 있고 인간의 현실적 삶에 기여하는 효용(利)을 가져다 주는 대상이며 긍정적인 것으로 받아들여진다. 진량의 다음과 같은 언급은 치용致用을 중시하는 사공학의 관점에서 본 사물에 대한 이해의 한 예일 것이다.

> 물이 사람을 구하는 것이 아니라 사람이 물을 구하여 그것을 이용하고, 그 애쓰고
> 노력함이 여기에 이르게 된다. 어찌 물에 있어서만 그렇겠는가? 천하의 사물 중에서
> 사람이 그 애씀을 지극하게 하여서 그 쓰임새를 지극하게 하는 것(致用)이 아님이 없
> 다. 눈과 색, 귀와 소리, 입과 맛, 사지와 편안함의 관계에 있어서 한결같이 하루동안
> 의 애씀으로 능할 수 있는 것이 아닌데, 지혜로운 사람은 이것을 안다.[21]

이러한 사물에 대한 긍정은 "심心을 안으로 수렴해 한 사물도 끼여드는 것을 허용하지 않는"(其心收斂不容一物) 도학의 태도와 다르다. 그러므로 이들은 외부 사물에 대한 관심을 도학에서와 같이 '밖으로 치달아' 도덕 실천에 장애가 되는 것으로 보지 않는다. 오히려 의리를 이해하거나 덕성을 기르는 것조차도 오로지 심성으로만 파고드는 내성화의 길을 통해서는 불가능하고, 외물에 대한 이해의 길을 통할 때만이 가능하다는 것이 그들의 입장이다.[22]

이처럼 외부 사물이 인간의 현실적 삶을 있어서 뿐만 아니라 덕성의 배양에 있어서 필수적인 요소로 긍정될 때 그것을 대상으로 한 욕망 작용과 이익 추구 역시 긍정된다. 이것은 도학이 외물을 부정적인 것으로 이해함으로써 그것을 대상으로 하는 이익 추구를 덕성의 배양을 위한 의리의 추구와 대립적 관계로 설정하는 것과 다르다. 물론 도학에서도 인간의 기본적인 욕망 자체를 부정하

---

20) 『水心文集』 권7, 「進卷大學」.
21) 『習學記言』 권3.
22) 『宋元學案』 권54, 「水心學案下」.

는 것이 아니라 어디까지나 절제를 말한다.23) 그럼에도 도학은 욕망에 대해 사사로운 인욕人欲으로 떨어져 덕성의 배양을 위한 의리의 추구에 장애가 될 수 있다는 혐의를 버리지 않음으로써 금욕주의적 경향으로 기울어진다. 따라서 그들은 동중서董仲舒의 "마땅함을 추구하되 이익을 도모하지 말고, 도를 밝히되 공적을 따지지 말라"(正其誼而不謀其利, 明其道而不計其功)는 명제에 나타난 의리와 이익을 엄격히 구분하는 사고를 이어받아, 도덕 실천에 있어서 이익에 대한 기대나 고려가 끼어드는 것을 인욕의 발로와 동일시하여 경계한다.

그러나 사공학에서는 이익의 구현을 통해서 의리가 실현될 수 있다고 본다. 예를 들면 엽적은 도학이 주장한 의리와 이익의 엄격한 구분을 비판하면서 이익이 의리와 조화를 이루도록 해야지 의리로써 이익을 억눌러서는 안 되며, 공리功利를 수반하지 않은 의리는 쓸모가 없다고 한다.24) 사공학의 이러한 입장은 진량의 다음과 같은 언급에서 한층 더 분명하게 드러난다.

군자는 (사냥을 함에 있어서) 짐승을 얻기 위해 집착하지는 않지만 그렇다고 짐승을 얻는 것을 싫어하지도 않는다. 올바른 법도에 따라서 수레를 몰아서 활을 쏘아 반드시 목표물에 적중시키는 것이 군자의 활쏘기이다. 어찌 활과 화살을 거머쥐고 가만히 있다가 빈손으로 돌아오는 것을 달게 여기겠는가?…… 맹자의 논의가 규명되지 않은 지 오래 되어 종종 (그 본의와는) 반대로 일의 실정에 어두운 자들의 핑계로 쓰이곤 한다.25)

여기서 진량이 말하고자 한 것은 '법도'(의리)는 어디까지나 '짐승을 얻기' 위한 방법일 뿐이지 '법도' 자체가 사냥의 목적은 아니라는 것이다. 즉 '법도'의 진정한 가치는 그것을 통해 구체적인 성과물을 획득해 이익을 가져올 때 비로소 실현된다는 것이다.

---

23) 『孟子集注』 권2.
24) 『宋元學案』 권54, 「水心學案下」.
25) 같은 책 권56, 「龍川學案」.

결국 사공학의 도학에 대한 모든 비판의 핵심은 유학의 수기 중심주의를 겨냥한 것이다. 물론 사공학도 수기 자체의 필요성을 부정하지는 않는다. 그들 역시 유학적 전통의 일원으로서 공자가 제시한 수기와 경세를 겸섭해야 한다는 가르침을 부정하지 않는다. 다만 그들은 도학이 수기의 중요성을 극단적으로 강조하고 수기를 통한 경세의 필연적인 성취를 낙관한 결과, 구체적인 삶에 필수적인 이익을 적대시하여 배척하고 경세, 즉 현실의 문제를 해결하는 데 소극적이거나 무력한 것을 비판한 것이다.

이처럼 공리功利를 중시하는 사공학의 학문관은 그들의 사상 전반에 일관되게 나타난다. 예를 들면 사공학이 예학을 중시한 것 역시 예가 지닌 실용적 특성을 주목한 것이다. 그들에게서 예는 곧 객관적 제도와 사회 질서이자 사회적 성원들을 통합시켜 현실의 문제를 해결하는 힘을 부여하는 조직 원리이기도 하기 때문이다. 그들이 특히 『의례儀禮』를 중시한 주희와 달리 『주례周禮』를 중시한 것은 그 때문이다. 『의례』가 민간의 자율적 예속이며 개인적 차원의 실천을 중점으로 한다는 점에서 내면적 수기를 지향하는 것이라면, 『주례』는 정치적 조직 원리와 제도를 주된 내용으로 하고 집단적 실천을 중시한다는 점에서 경세經世를 지향하는 것이라는 차이가 있다.[26]

사공학의 경학관에서도 공리 중시의 특징을 볼 수 있다. 그들은 경전을 성현이 제시한 불변의 진리를 담고 있다고 보는 도학의 경학관과 달리, 경전은 과거의 성인들이 그들이 직면했던 문제에 대한 대처 방안을 담고 있으며, 따라서 지금 현실의 문제를 해결하기 위해 참작하고 참고하는 유용한 대상이라고 본다. 그런 점에서 그들에게서 육경의 연구란 곧 현실의 문제에 대한 해결법의 모색이다.

주희는 사공 학파의 이러한 입장에 대해, 시대적 문제(時務)의 시급함을 내

---

26) 그런 점에서 『의례』가 修己 지향의 예라면 『주례』는 經世 지향의 예라고 할 수 있을 것이다. 이에 관한 구체적인 내용은 『주례』에서 『의례』로 전환한 주희의 예학이 지닌 의미를 사공학적 예학관에 대한 도학적 예학관의 대응이라는 측면에서 분석한 송재윤의 (「朱熹 禮學의 思想的 形成 ― 『小學』·『家禮』·『儀禮經典通解』의 단계적 발전」)을 참고할 것.

세워 지나치게 사공을 강조하는 것은 '형수가 물에 빠진 경우에는 불가피하게 손을 잡아서 구해 낸다'는 특정한 상황을 일반화함으로써 '남녀가 집적 손으로 물건을 주고받아서는 안 된다'는 유학 본연의 도리 자체를 부정하는 격이라고 비판한다.[27] 다시 말해 사공 학파의 공리 중시의 사고는 당시 남송 사회가 처한 위기의 상황을 빌미로 권도權道를 지나치게 내세움으로써 오히려 상도常道 자체를 부정하는 결과에 이를 위험성을 지니고 있다는 것이다. 이러한 주희의 입장은 비록 일시적으로는 기氣가 리理의 주재主宰에서 일탈하는 어쩔 수 없는 '세勢'가 있을 수 있지만, 결국에는 기가 리의 주재에 따르게 되어 있다는 낙관주의에 근거한 것이다.

이러한 입장에 설 때, 인간의 현실적 모습을 천부적인 선한 성과 악의 가능성을 지닌 후천적인 욕망 사이의 갈등으로 파악하는 주희에게서는 현실의 문제에 대한 대응이 인간의 내면에서 시작될 수밖에 없다. 그가 당시 논적이었던 사공 학파에 비해 사회 경제적 모순에 대한 인식이 뒤지지 않았음에도[28] 결국은 대응책을 덕성의 문제에서 찾은 까닭도 바로 이러한 그의 인간관에서 찾을 수 있다. 천자의 수신입정修身立政과 향촌 사회의 인륜적 공동체의 건립을 근간으로 하는 도덕 중심적 대응책이 그것이다. 그의 입장에서 본다면 다양한 치민책治民策이 말末이라면, 본본은 천자를 포함한 통치 계급의 도덕적 각성이다. 주희가 수기 중심의 노선을 견지한 것은 바로 그 때문이다.

3. 수기 중심 유학 내부의 갈등

앞에서 보았듯이 사공학의 비판이 주로 수기 중심주의의 내성적 경향으로 빠져든 도학이 현실 문제의 해결에 무력하다는 것을 지적한 것이라면, 도학 진

---

27) 『朱文公文集』, 권36, 「答陳同甫」.
28) 주희는 社倉을 통한 빈민구제, 토지의 불법적 겸병을 막기 위한 經田의 실시, 빈민에 대한 세금의 경감 등을 골자로 하는 개혁안을 제시하는 등 실제적이고 구체적인 치민책을 제시했다.

영 내부의 육구연의 비판은 주희가 채택한 수기의 방법을 문제삼는다. 그것은 구체적으로 격물치지格物致知를 중시하는 주자학의 공부 방법을 겨냥한 것이다. 북송오자北宋五子의 매개를 거쳐서 맹자의 심성론을 받아들였던 주희와 달리, 북송오자의 심성론상의 정통성을 인정하지 않았던 육구연은 직접 맹자로 소급해 출발함으로써 북송오자에 의해 제기되고 주희에 의해 계승된 격물과 궁리에 대해 비판적인 태도를 견지했던 것이다.[29]

앞서도 언급했지만 유학사에서 맹자의 사상은 수기 중심의 내성적 경향의 강화이다. 맹자는 사람은 선험적으로 도덕적 본성인 사단四端을 부여받은 존재일 뿐만 아니라 그러한 도덕적 본성을 인식할 수 있는 능력인 양지良知와 양능良能을 지닌 존재로 이해한다.[30] 이처럼 도덕적 인식 능력과 인식 대상이 모두 내면에 갖추어져 있음을 강조할 때, 당연히 수기의 공부는 자신의 본성을 찾아가는 내성화의 길로 나아가게 된다. 맹자가 "학문學問의 방법에는 별다른 것이 없다. 풀려 나간 마음을 구하는 것(求放心)일 따름이다"[31]라고 한 것은 그러한 의미이다. 그러므로 맹자는 '밖에서 빌려 와서 구하지 말고' '안으로 돌이켜 자신에게서 구할 것'을 강조했다.

수기에 관한 맹자의 방법론은 직접 맹자 사상의 계승을 자임했던 육구연에서 동일한 패턴으로 재현된다. "사람의 본심을 밝혀 낸다"(發明人之本心)는 수기에 관한 육구연의 핵심적 명제와, 그것을 실현하는 방법으로 제시한 '먼저 대체를 세우는 것'(先立乎其大者)[32]이 그것이다. 여기서 수기의 공부는 전적으

---

29) 육구연은 자신의 학문을 '『맹자』를 읽고 자득한 것'으로 내세우고 있으며(『象山先生全集』 권35, 「語錄」), 주희와 달리 맹자 이후 道가 끊어졌다고 본다. 따라서 그는 주돈이나 정이의 학설에 대해서도 비판적인 언급을 많이 하고 있다.(같은 책, 같은 곳, "某舊日伊洛文字不曾看, 近日方看, 見其間多有不是.") 이러한 육구연과 정주 계열간의 차이에 대해 牟宗三은 전자가 맹자의 사상을 통해서 『周易』·『中庸』과 『大學』으로 들어갔던 반면 후자는 『周易』·『中庸』과 『大學』을 통해서 맹자의 사상을 만났기 때문이라고 분석하고 있다.

30) 이처럼 도덕 본성뿐 아니라 그것을 실현하는 능력의 선험성과 보편성을 강조하는 것은 공자가 예외적인 경우로 말한 '나면서부터 앎을 지닌'(生而知之) 가능성을 보편적인 인간의 범위로 확대 적용한 것이다.

31) 『孟子』, 「告子上」.

32) 『象山先生全集』 권34, 「語錄」.

로 내면의 심의 차원에서 행해지는 것으로 이해되고, 심을 벗어나서 밖으로 나가는 방법은 부정된다.[33] 육구연이 수기 중심주의라는 토대를 공유하면서도 주희를 비판한 것은 그 수기의 방법에서 주희가 '심을 벗어나서 밖에서 찾는다'고 보기 때문이다.

이러한 양자의 대립적인 입장이 구체화된 계기는 여조겸의 주선으로 아호사鵝湖寺에서 열린 학술 토론 모임이었고, 이후 서신을 통한 토론으로 이어지게 된다. 아호사 학술 토론의 주제는 존덕성尊德性과 도문학道問學의 관계를 중심으로 하는 공부의 방법이었다. 존덕성과 도문학은『중용』에서 유래된 말로서 각각 내면적 덕성의 함양과 외물을 대상으로 한 지식의 추구를 가리키는 개념이다.『중용』에서는 양자를 목적과 방법의 관계로 설명하고 있다. 즉 내면의 덕성을 함양하는 것(존덕성)은 묻고 배우는 방법을 거쳐야 한다(道問學)는 것이다.

주희와 육구연은 비록 북송오자의 도통론상의 정통성에 대해서는 입장을 달리했다. 그러나 맹자의 성선론적 인간 이해, 즉 인간을 도덕적 본성을 타고난 존재로 보는 점에서는 일치한다. 따라서 이들 모두는 학문의 목적이 도덕 본성을 실현하는 데 있다고 본다. 그것이 이들이 공유한 수기 중심주의라는 사상적 지반이다. 그들의 분기는 도덕 본성의 존재론적 이해와 도덕적 본성의 실현 방법에서 비롯된 것이다. 그래서『중용』을 중시하는 북송의 도학을 계승한 주희가 이러한『중용』본연의 존덕성과 도문학의 관계에 대한 규정에 충실함으로써 도문학의 필요성을 강조한 반면, 맹자의 내성적 학문을 계승한 육구연은 내면의 덕성 함양에 대한 도문학의 기여를 인정하지 않는다. 이들의 이러한 입장의 차이는 격물궁리에 대한 이해에서 두드러지게 나타난다.

주희의 경우 수기의 공부인 존덕성의 공부는 반드시 도문학의 과정을 필요로 한다. 그것을『대학』의 용어로 말하면 격물과 치지이다. 주희에게서 존덕성

---

33) 같은 책 권5, 「與舒書美」.

이 도문학의 과정을 거쳐야 한다는 것은 곧 치지가 격물의 과정을 거쳐야 한다는 의미이다. 주희는 그의 '성즉리性卽理'라는 명제에서 보듯이 리가 인간의 본성으로 내재화되어 있음을 인정한다. 그러나 그가 말하는 성은 인성만을 의미하는 것이 아니라 인간을 포함한 모든 존재의 본성을 포함하는 개념이다. 즉 리는 인간의 내면에서 본성을 구성할 뿐만 아니라 외부의 모든 사물에도 그 원리로서 실현되어 있는 것이다. 그것이 이른바 '리일분수理一分殊'의 의미이다. 따라서 격물은 이러한 사물을 대상으로 해서 그것에 구현된 리를 궁구해 내는 것이다.34)

육구연 역시 격물 자체의 필요성은 인정한다. 그는 명덕明德을 천하에 밝히는 것이 『대학』의 목표라면, 격물치지는 그 착수처라고 한다.35) 그러나 육구연의 격물에 대한 이해는 다음과 같은 두 가지 점에서 주희의 그것과 다르다.

첫째, 육구연은 사사물물事事物物을 대상으로 해 그 리를 궁구해야 하므로 오랫동안의 점차적인 격물의 누적 과정이 필요하다고 본 주희와 달리 개별 사물을 대상으로 한 격물의 누적을 부정한다. 그에게서 격물이란 외부의 사물에 나아가서 사사물물의 리를 궁구하고 그러한 노력을 누적해 가는 것이 아니라, 이른바 '지극한 하나'(至一處)36)로 곧장 나아가서 리를 궁구하는 것이다. 그의 '심즉리心卽理'의 명제에 입각할 때 '지극한 하나'란 곧 심心을 말한다. 바로 여기에서 격물은 내면의 심을 대상으로 한 공부로 전환하게 된다.

둘째, 이처럼 격물이 내면의 심을 대상으로 한 공부로 전환함으로써 육구연에게서 격물은 심이 지닌 본래적인 능력을 가로막는 욕망을 덜어내는(減擔) 공부라는 의미를 지니게 된다.37) 그는 본래 밖으로 향하는 공부를 의미하는 개념인 『대학』의 격물의 개념을 그의 체계 안에 수용하되 이를 내면화의 길, 곧 내

---

34) 『朱子語類』 권15, 「大學二・經下」.
35) 『象山先生全集』 권21, 「學說」.
36) 같은 책 권35, 「語錄」.
37) 같은 책, 같은 곳. 여기에서 제시된 또 다른 표현인 '剝落'(人心有病, 須是剝落. 剝落一番, 卽一番清明) 역시 '減擔'과 동일한 의미이다.

면적 사유(反思)의 길로 전환시킨 것이다. 육구연은 이것을 다음과 같이 설명하고 있다.

> 의리가 사람의 심心에 있는 것은 타고난 것이어서 없앨 수 없다. 외물에 가리워서 리理와 의義를 거스르는 데에 이르는 것은 대체로 사유하지 않기 때문이다. 진실로 내면으로 돌이켜 사유(反思)한다면 시비是非를 취하고 버리는 작용이 생겨나고 확연히 밝아져서 아무런 의심이 없게 된다.38)

결국 육구연에게서 격물궁리란 내면적 반성의 공부이며 외물에 의한 가리움을 제거해서 타고난 심의 능력을 온전히 실현시키는 것이다. 육구연이 주희에 대해 '심을 벗어나서 밖에서 찾는다'고 비판하는 것은, 주희가 존덕성의 필수적인 조건으로 끌어들인 도문학의 주된 방법인 격물궁리가 '외부 사물을 대상으로 한 리의 궁구'를 의미하기 때문이다.

이러한 존덕성과 도문학의 관계에 관한 주희와 육구연의 대립은 심心·성性·리理의 범주간의 관계에 대한 차별적 이해에서 기인한 것이다. 그들은 존덕성과 도문학에서 존덕성을 궁극적인 목표로 설정하고 있는 점에서는 일치하지만, 그것을 어떻게 실현할 것인가 하는 문제에서는 이들 범주간의 관계에 대한 다른 이해에 근거해 다른 길을 걸었던 것이다.

주희의 경우 '성즉리'를 전제로 성과 리를 동일시하고 이를 심과 구분하였다. 즉 심 속의 성이 리이며 심 외부의 모든 사물에도 그러한 리는 각 사물의 성으로 실현되어 있다고 본다. 따라서 심의 '전체대용全體大用'을 온전히 실현하는' 치지致知가 곧 존덕성이고, 수기 공부의 궁극적인 목표는 바로 여기에 있다. 이러한 치지로서의 존덕성에 이르기 위해서는 독서와 강학을 포함한 외부 사물을 대상으로 격물궁리의 공부인 도문학은 필수적이다. 존덕성과 도문학은 서로 불가결한 지향처와 공부, 목적지와 과정의 관계이다. 주희는 지향처가 설

---

38) 같은 책 권32, 「拾遺」.

정되지 않은 공부가 무의미한 것은 물론이고, 공부가 결여된 지향처의 설정도 무의미하다고 본 것이다.

반면 육구연에게 있어서는 '심즉리'를 전제로 심과 성 그리고 리가 동일한 실질의 다른 이름일 뿐이다. 그런데 세계의 모든 사물들 중에서 심을 지닌 것은 인간뿐이다. 따라서 덕성의 배양을 의미하는 존덕성이 중심적인 관심으로 자리잡을 경우, 심을 떠난 어떤 외부의 사물이나 사물의 리도 관심의 영역 밖으로 물러나고 모든 것은 심을 향한 공부로 귀결된다. 따라서 육구연에게서 도문학으로서의 격물궁리, 즉 독서나 강학 같은 밖으로 나아가는 공부의 필요성은 약화되게 마련이다. 중요한 것은 오직 모든 사물의 리가 갖추어져 있는 '본심을 밝혀 내는' 존덕성으로 귀결된다.

육구연 역시 도학 진영의 일원으로서 『중용』에서 명시적으로 제시하고 있는 도문학을 전적으로 부정하지는 않고 독서나 강학에 대해 긍정하는 언급들을 하고 있기는 하다. 육구연의 사상 체계에서 기본적으로 존덕성과 도문학은 근본과 말단, 주主와 종從의 관계에 있다. 그것은 비록 육구연은 주희만큼 중요한 의미를 부여하고 있지는 않지만 도문학 자체를 부정하지는 않고 있음을 말한다. 그러나 이러한 본·말과 주·종의 구분을 극단적으로 밀고 나갈 때 도문학은 존덕성의 공부로 환원되어 설 자리가 없게 된다. 그의 "육경이 모두 내 마음에 대한 주석이다"라고 하는 파격적인 언명이나 격물궁리를 심 위에서 행하는 욕망을 덜어 내는(減擔) 공부로 이해하는 전환은 모두 여기에서 비롯된 것이다.

결국 존덕성과 도문학의 관계에서 육구연은 도문학을 존덕성의 공부로 통일시킨 반면 주희는 양자의 병행을 강조하였다. 다시 말해, 육구연의 경우 심즉리의 사상을 바탕으로 심과 리 그리고 성의 동일성을 강조함으로써 심에 나아가서 행하는 전체적인 파악 방식인 존덕성의 공부가 중시되고 심 밖으로 나아가 외물과 교섭하는 도문학의 공부는 약화된다. 반면 주희는 성즉리의 사상을 바탕으로 하여, 심에 나아가서 행하는 존덕성이 중요하고 궁극적인 것이기는 하지만 심밖에도 존재하는 사물 속에 체현된 이치의 파악인 도문학 공부가 필수적이며 그 과정은 점차적임을 주장한다.

그런데 주희처럼 리가 나의 내면에도 갖추어져 있고, 사물의 리와 내면의 리가 동일하다는[39] 전제를 충실히 따를 경우 덕성의 함양은 전적으로 나의 내면에 본성으로 갖추어져 있는 리를 궁구하기만 하면 된다. 그럼에도 주희가 굳이 외부 사물을 대상을 한 격물궁리를 강조하는 것은 무엇 때문인가?

첫째, 인간의 마음속에는 리가 완전하게 구비되어 있기는 하지만 그것은 기질氣質과 더불어 있으므로 품수稟受한 기질의 제약을 받지 않을 수 없다. 따라서 그것을 벗어나기 위해서는 외부 사물을 대상으로 한 격물궁리의 공부가 요청된다는 것이다. 격물궁리의 노력이 없으면 기질의 치우침으로 인해서 물욕을 추구하는 데 빠져들 수 있고[40] 또 일정한 격물궁리의 누적이 없으면 주관적 오류의 가능성에서 벗어나지 못하기 때문이다.[41] 주희의 다음과 같은 언급 역시 이러한 입장을 반영한 것이다.

만약 사물을 접하지 않으면 무엇에 의거해서 앎(知)을 얻을 수 있겠는가? 그런데도 요즈음의 사람들 중에는 앎을 지극하게 미루어 나아가려고 하면서도 도리어 생각하기만 하고 전혀 사물 위에서 궁구하지 않는 이가 있다. 이렇게 해서는 끝내 머물(止) 바가 없게 된다.[42]

둘째, 그것은 당시 도학 진영에 속하는 학자들의 편향된 공부 방법이 지닌

---

39) 주희는 心과 사물에 대해 心을 인식의 주체와 대상으로 구분해서 말하기도 하지만(『朱子大全』, 권32, 「問張敬夫」, "感於物者, 心也.") 때로는 心도 하나의 사물로 간주한다. 따라서 후자의 경우 格物의 대상은 내부의 心과 외부의 사물을 포괄한다. 그리고 이러한 내외의 사물에 대한 격물 공부의 배당에 대해서 "內事의 理와 外事의 理를 모두 자신이 이해해야 하지만, 60~70%는 내면에서 이해하고, 30~40%는 외면에서 이해해야 한다"(『朱子語類』 권18, 「大學五」)고 설명하고 있다.

40) 『朱文公文集』 권54, 「答項平父書五」.

41) 『朱子語類』 권117, 「訓門人五」.

42) 같은 책 권15, 「經下」.

폐단에 대한 대안의 제시이다. 주희는, 도학을 추구한다면서 "나면서부터 최고의 지혜를 지녔다고 자처하고, 성현들이 제시한 배우는 이가 덕을 이루기 위해 들어가야 할 절실한 절차들을 머리 나쁜 자나 애들이나 배우는 것이라고 무시한 채 성性과 천도天道의 이치를 알았다고 떠드는"[43] 학자들이 당시 도학 진영 내에 있음을 인정하고 있다. 사공 학파들이 도학을 비판했던 것도 바로 이러한 폐단을 겨냥한 것이다. 그런데 도학 내부의 이러한 경향은 정작 사공 학파로부터 비판받았던 주희 자신도 반대하는 것으로, 특히 강서 지방의 육구연의 심학 계열의 학자들에게서 두드러졌다. 주희가 육구연의 학문에 대해 공리를 중시하는 사공학과는 달리 '사람되기'(做人)를 목표로 설정하고 있는 점에서 긍정하면서도, '선禪'으로 빠졌다거나 '(내면에) 치우쳤다'고 비판하는[44] 것은 바로 곧장 내면의 심으로만 나아가고 외부의 사물을 대상으로 한 단계적인 공부의 필요성을 배제하는 방법을 염두에 둔 것이다. 그것은 곧 육구연의 "마음을 떠나서는 리도 없고 사물도 없다"는 식으로 내성화의 경향을 극단화했을 때 초래될 수 있는 폐단을 막고 객관 세계와의 소통 가능성을 열어놓으려는 것이다. 그리고 여기서 주희가 채택한 방법적 장치가 바로 격물궁리이다.

그렇게 본다면 주희의 육구연에 대한 대응의 핵심은 객관 세계와 그 세계의 사물들 속에 담긴 진리, 즉 리理의 객관적 존재를 긍정해야 한다는 것이다. 그렇지 않고 극단적 내성화의 길로 나아가 일체의 진리를 내면의 심으로 귀속시킬 경우, 필연적으로 사회를 지탱하는 상하와 존비 그리고 귀천의 위계 질서를 포함한 일체의 사회 규범은 물론이고 유학의 경전이나 성인 등 나의 세계 밖에 있는 객관 사물들이 지닌 진리성과 권위조차도 부정하는 데 이르게 되기 때문이다. 결국 주희는 육구연의 비판에 대해 외부 세계의 사물들에는 진리(理)가 관철되어 있으므로 우리는 그것을 인식해 내고 학습하며 그것이 마땅한 진리인 이상 그에 따라야 한다는 것이다. 그것은 수기 중심주의를 견지하되 외부

---

43) 『朱文公文集』 권38, 「答林謙之」.
44) 『朱子語類』 권122와 권123에 이러한 표현이 보인다.

세계와의 소통을 시도하고자 하는 것으로, 이것이 바로 그의 전체 사상에 일관된 합내외合內外의 경향으로 나타나게 된다.

4. 주자학적 도학의 완성이 갖는 의미

남송 시대 주자학적 도학이 유학의 정통적 지위를 획득하여 관학으로 정착되는 과정은 도학 진영 안팎의 비판을 넘어서서 독자적인 정체성을 찾아가는 과정이라고 할 수 있다. 즉 그것은 먼저 극단적인 내성화로 치달음으로써 외부 세계에 등을 돌린 채 고원함을 추구는 육구연의 심학을 지양한다. 그와 동시에 현실의 공리 추구라는 세속화와 외면화라는 또 다른 극단으로 치달은 사공학도 지양한다. 도덕적 자아의 완성을 중시하는 수기 중심적 입장을 고수하면서도 외부 세계를 대상으로 하는 경세의 요구를 포섭하려는 사상적 노선이었다. 주회의 그러한 시도는 주자학의 특징인 내면의 덕성을 궁극적인 목적으로 삼되, 방법에 있어서는 안과 밖 어느 일단에 치우치지 않는, 이른바 '합내외合內外'의 경향으로 구체화된다. 예를 들면 주자학에 일관된 존덕성尊德性과 도문학道問學, 경敬과 의義, 함양涵養과 진학進學 등 내외內外를 겸섭하려는 방법이 그것이다.

여기서 도학 내부의 육구연과의 갈등은 주로 목적지는 공유하면서도 그것에 이르는 길을 둘러싼 방법론상의 갈등이었다. 이에 비해 사공 학파와의 갈등은 학문의 목적과 관련된 도학의 존재 의의 자체를 둘러싼 갈등이라는 점에서 차이가 있다. 이러한 갈등 구조에 참여한 이들 사이의 분기는 동일한 유가 내부의 분기라는 점에서 기본적으로 도덕의 문제를 중시하는 유가 전통으로부터의 일탈은 어디에서도 찾을 수 없다. 다만 북송 시대에 이미 왕안석의 신법 시행의 과정에서 촉발되었던 유가 내부의 내성과 외왕, 의리와 이익, 왕도와 패도, 이상과 현실 사이의 균열 가능성이, 현실의 모순이 심화된 남송의 특수한 조건에 의해 양극의 모습으로 드러난 것이다. 즉 이상의 지배에 의해서만 의미를 지닌 현실, 의리의 지배에 의해서만 가치가 인정되는 이익의 추구라는 기본적인 관점에 따라 이상과 의리를 강조함으로써 현실에 대응하려 했던 사상적 모색과, 이상을 현실에서 찾고 의리를 이익의 실현에서 찾으려고 했던 사상적 모색의 대립이 그것이다.

이들의 이러한 상이한 현실에 대한 대응과 그에 따른 사상적 갈등은 이후 주자학이 관학으로 채택됨으로써 현실의 지배 이념으로 정착하게 된다. 그러면 지배 계층이 시대 문제의 해결을 일관되게 주장한 실용적인 사공학이나 육구연의 심학을 배제하고 주희의 도학을 선택한 이유는 무엇인가?

경세의 구체적 방안들을 세우는 것은 쉬워도 그것이 단순히 실용성에 의거해서는 확고한 존립 근거를 지닐 수 없다. 오로지 실용성에 의거해 세워진 사회적 제도나 규범은 언제나 현실의 상황에 따라서 변화될 수 있음을 전제한다는 점에서 사회의 성원들에게 절대적인 권위를 지니지 못한다. 그것은 도덕적 이상이나 관념에 의해 지지될 때에만 확고한 권위를 지닐 수 있게 된다. 한편 육구연의 심학은 비록 도덕적 이상을 제시하고 있기는 하지만, 극단적 내성화의 결과 사회 제도와 규범을 포함해서 어떠한 것에도 궁극적인 존재 의의나 가치를 부여하기를 거부한다. 일체의 가치와 진리는 밖에 있는 것이 아니라 내마음속에 있고 내 마음이 세우는 것이기 때문이다. 여기에 육구연의 심학은 사회 제도나 규범의 권위를 부정할 수 있는 '불온한' 사상의 싹을 지니고 있다. 반면 주희의 리기론적 존재론은 객관성과 절대성을 합리화시킬 수 있고, 수기 사상은 이치의 체현인 객관 제도에 대한 자율적 복종을 설득하는 유력한 이념적 구속력이 될 수 있다. 또한 격물궁리에 의한 합내외의 방법인 주자학은 현실의 권력이 의거하는 사회 제도나 문화 전통의 진리성과 당위성을 전제로 그것에로의 동화를 추동하는 데 적합한 이념적 장치였다.

그러나 주자학적 도학은 유학 내의 내성과 외왕, 수기와 치인, 주관성과 객관성의 사이에서 각기 하나의 길을 선택해 선명하게 걸어간 육구연의 심학이나 사공학과 달리, 수기 중심주의의 입장에 서서 양자를 겸섭하려는 것이었다는 점에서 여전히 내재적 분열의 계기를 남긴 불완전 미봉이었다. 그런 점에서 이후 명대의 왕수인의 심학과 청대의 실학은 이러한 주자학이 미봉하려 했던 내재적 분열의 계기가 각 시대의 특정한 역사적 조건에 의해 다시 극단의 방향으로 불거져 나온 것이라 볼 수 있다. ☯

『論語』

『孟子』

陸九淵, 『象山先生全集』

朱　熹, 『朱文公文集』

＿＿＿, 『朱子語類』

＿＿＿, 『孟子集注』

＿＿＿, 『大學或問』

＿＿＿, 『朱子大全』

陳　亮, 『陳亮集』

＿＿＿, 『龍川文集』

葉　適, 『水心文集』

＿＿＿, 『習學記言』

黃宗羲, 『宋元學案』

王懋宏, 『朱子年譜』(臺灣商務印書館, 民國 59)

賈順先 主編, 『退溪全書今注今譯』(四川大學出版社, 1993)

미우라 쿠니오, 『인간주자』, 김영식·이승연 옮김(서울: 창작과 비평사, 1996)

이승환, 『유가사상의 사회철학적 재조명』(서울: 고려대출판부, 1998)

서울대학교 동양사학연구실, 『강좌중국사』 Ⅲ(서울: 지식산업사, 1991)

漢語大辭典編輯委員會, 『漢語大詞典』(漢語大詞典出版社, 1993)

董平·劉宏章, 『陳亮評傳』(南京: 南京大學出版社, 1996)

송재윤, 「朱熹 禮學의 思想的 形成 ―『小學』·『家禮』·『儀禮經典通解』의 단계적 발전」(고려대 석사학위논문, 1998)

성리학적 이상과 현실의 틈새 메우기

윤천근

1. 성리학적 모순의 시대

시대는 사상을 요청하고 사상은 시대를 만들어 낸다는 말은 어떤 시대 어떤 역사 속에서나 통용되는 일반성을 갖는다. 명나라 시대를 이해함에 있어서, '심학心學'과 그 시대와의 관계를 조감하여 보지 않을 수 없는 이유가 바로 여기에 있다. 물론 이 말이 심학이 명대의 시대적 의미를 총체적으로 대표할 수 있는 사상 형식이라는 점을 의미하는 것은 아니다. 명대의 사상적 특성은 주자학과 양명학 사이의 경쟁적 관계 속에 놓여진다. 주자학이 양명학에 의하여 도전을 받고 명말 청초의 실학 사상으로 넘어가는 사상적 전이 과정 속에 명대는 놓여 있는 것이다. 그러므로 명대를 일방적으로 심학에만 연결시켜 말할 수 있는 것은 아니다.

그러나 이러한 점을 인정한다고 하더라도 주자학, 좀더 외연을 넓혀서 말해 성리학이 송대를 대표하는 것이라면, 양명학 즉 심학은 명대를 대표하는 사상이라고 단순화시켜 말할 수는 있다. 심학은 남송 시대의 육구연陸九淵에 의해서도 제출되었지만, 송대에서 심학은 사상사적 좌표를 확정하지는 못하였다. 그런데 그런 심학이 명대 중기에 이르러 왕수인王守仁에 의하여 모습이 완성되고 시대 속에서 분명한 사상사적 좌표를 확정하는 데에까지 이르는 것은 송대가 요청하였던 것과는 다른 '명대'라는 고유의 시대적 사회 의식이 전제되어 있었던 것이라고 보아야 한다. 송대가 주자학의 완성으로 이끌어지는 사상사적 문맥 위에 놓여 있는 것이라면, 명대는 심학과의 사상사적 연관 위에 놓여 있는 것이라고 이해한다고 해서 크게 그릇되었다고 할 수는 없다는 말이다.

명대는 300여 년이 채 안 되는 역사를 갖는다. 명 태조 주원장朱元璋이 원나라를 축출하고 명 왕조를 성립시켰던 1368년부터 이자성李自成이 농민군을 이끌고 와서 왕조를 멸망시킨 1644년에 이르기까지, 277년의 세월이 명 왕조의 시대이다. 이 명 왕조는 사상사적 문맥 면에서는 이미 원 왕조에 의하여 관학으로 받아들여졌던 주자학의 시대를 그대로 상속받는다고 할 수 있다. 원으로부터 명으로의 변환 과정은 민족 모순이 주도하여 나간 것이지 계급 모순이나 사상 모순이 이끌어 갔던 것은 아니다. 계급적으로 송대 이후 역사의 전면에 드러난 신진 사대부 계층이 원은 물론이고 명을 이끌어 나가는 주축 세력일 수밖에 없었으며, 따라서 그들이 받아들인 주자학 즉 성리학은 여전히 명을 이끌어 가는 사상일 수밖에 없었던 것이다. 그러나 성리학은 사상적 측면에서는 송대의 전 시기를 거치면서 완성되어 나간 것이고, 사회적 측면에서도 원대 이래 관학으로서의 위상을 확보하여 내려오고 있는 처지였다. 이것은 성리학이 형식적 측면에서는 극성기를 맞고 있으나, 내용적 측면에서는 한계에 부딪힐 수밖에 없는 상황 속에 놓여져 있었음을 의미한다.

사상이 시대의 요청에 부응하여 모습을 갖추어 내는 것이라면, 그것은 어떤 일생을 살아가는 것일까? 세상의 모든 것이 그러하듯이 사상의 역사에도 흥성기가 있는가 하면 쇠퇴기가 있게 마련이다. 어떤 사상이 시대의 변모를 읽어내고 그 변화 양상을 담아 내면서 스스로 완성되어 가는 동안에는 시대와 탄력적으로 교감하게 마련인데, 이 때는 일차적으로 사상이 시대에 의하여 이끌려 나아가는 시기라고 할 수 있다. 그리고 그러한 노력이 성공적으로 결실을 맺어

나가는 경우에 그 사상은 흥성기로 진입하기 시작한다. 그렇게 하여 어떤 사상이 시대와의 호흡 속에서 자신의 사상적 체계를 완성시켜 내게 되면 시대적 권능을 갖게 되고, 그 결과 사상은 시대에 의하여 이끌려 가기보다는 시대를 이끌어 가는 기능을 수행하기 시작한다.

하지만 시대가 사상에 의하여 교화되고 변용된다고 하더라도 그 구속력이 전면적이고 절대적일 수 있는 것만은 아니다. 사상과 시대와의 호응 관계가 어느 정도 지속되다 보면, 결국 시대는 저 혼자의 흐름 속에서 다시 표류해 나가고, 사상은 시대와의 교류가 차단된 채 자신만의 성채 속에 외롭게 놓여져 있게 마련이기 때문이다. 우리는 이런 시기를 어떤 사상의 쇠퇴기라 할 수 있을 것이다. 사상이 시대와 교감하는 능력을 상실하게 되면 쇠퇴기는 빠르게 진행된다는 것을 부인할 수 없다. 사상과 시대의 관계 속에서 시대가 사상을 이끌어 나가는 시기는 오래일 수 있으나 사상이 시대를 선도해 나가는 시대는 짧을 수밖에 없다는 말이다. 사상은 그것이 시대의 반영일 때 그리고 시대의 고민을 안고 씨름할 때 그 생명력을 보장받을 수 있는 것이지, 시대 위에 군림할 때에는 그것은 몸에 맞지 않는 외투일 수밖에 없다.

명대의 성리학은 이렇듯 이미 몸에 맞지 않는 외투로 시대의 한 가운데에 자리잡고 있었다. 당나라 말기에 모습을 드러내고 송대가 열리면서 송 왕조의 주도 세력으로서의 역사적 위상을 차지한 신진 사대부 계층은, 시대적 현실에 대한 도덕적 책임감을 바탕으로 하여 오랜 사상적 암중모색을 통해 성리학적 체계를 완성시켜 냈다. 성리학은 신진 사대부 계층의 시대 의식, 세계관 등 그들의 이상과 욕망을 총체적으로 내포하고 있는 사상 형식인 것이다. 그러나 그들의 시대에 대한 책임감은 성리학이 사상적 형체를 완성시켜 시대를 장악하여 나가기 시작하자, 시대와의 고민스러운 대결을 포기하고 스스로의 권능만을 고집하기 시작하였다. 그리하여 형식화·박제화의 과정을 걸어나가게 된 것이다. 시대와의 고통스러운 전투를 포기하고 사상적 점령지에서 시대가 제공하는 과실을 탐닉하는 동안에 성리학은 스스로의 순결성조차 지켜 내지 못하였다. 성리학이 관학으로서의 화려한 성가를 구가하는 정면의 성공 뒤에서 그 시대에 대한 결연한 책임 의식, 순결한 도덕주의 등은 상처를 입고 신음하는 모습을 보여 주고 있었던 것이다.

원대에 들어 와 성리학의 결연한 책임 의식과 순결한 도덕주의는 북방 민족의 지배를 용인한 나약성으로 인하여 끊임없는 도전을 받았으나 명이라는 새 왕조의 등장으로 그 점은 극복되는 듯하였다. 그러나 새 왕조인 명에서도 성리학의 결연한 책임 의식과 순결한 도덕주의는 심각한 타격을 받지 않을 수 없었다. 그것은 방효유方孝孺의 죽음과 명나라 성조成祖 영락제永樂帝의 출현을 통하여 웅변으로 증명된다. 방효유와 영락제는 명나라 초기의 역사 속에서 미묘한 명암 관계를 이루어 내면서 당시에 성리학이 놓여져 있었던 사상사적 좌표를 우리에게 알려 준다. 이 점을 이해하기 위해서는 명나라 초기 역사를 소략하게라도 더듬어 볼 필요가 있다.

명 태조 주원장이 타계하자 태자가 일찍 죽은 관계로 황태손 주윤문朱允炆이 즉위하는데, 그가 명의 제2대 황제인 혜제惠帝 건문제建文帝이다. 건문제의 당면 문제는 번국들의 권력을 축소하는 것이었다. 태조 주원장은 각지의 장관들을 감시하고 왕조의 군권을 총체적으로 장악하기 위해서 총 3차례에 걸쳐서 자신의 23명의 자식들을 '친왕'으로 봉해서 전국의 전략적 요충지에 주둔하게 하였다. 그들 23개 번국의 친왕들은 절대적 군사권을 갖추고 있었는데, 태조에게는 충성을 다하였지만 건문제에게는 성가신 존재들이 아닐 수 없었다. 따라서 건문제에게는 왕조를 일사불란하게 장악하기 위해서 번국의 권한을 회수하는 것이 현안 문제였다.[1] 그 결과 건문제는 번국의 친왕들의 권력 축소 작업을 개시하였는데, 그것에 가장 강력하게 반발한 이는 뒤에 영락제가 된 연왕燕王 주태朱棣였다.

---

1) 胡漢生, 『明13陵大觀』, 39쪽.

연왕 주태는 태조 주원장의 제4왕자로, 번국의 친왕들 중에서는 가장 강성한 군사력을 구축하고 있었다. 따라서 건문제도 연왕은 건드리지 못하고 힘이 약한 다른 친왕들로부터 정리해 나가기 시작하였다.[2] 그러나 그 예봉이 결국은 연왕을 향하여 돌려지리라는 것은 분명한 일이었다. 연왕도 그 사실을 모를 리 없었다. 그리하여 연왕은 북평北平(후의 北京)에서 군사를 일으켜 수도로 쳐들어가게 된다. 연왕이 수도를 장악하자 혜제는 분신하여 자진하고, 황제의 지위는 연왕에게 돌아갔다.

반란을 통하여 황제를 밀어 내고 스스로 황제가 된 연왕의 '정란政亂'은 성리학이 선언적으로 제출하고 있는 도덕적 순결성을 정면에서 더럽혀 놓은 구체적 사례라 하지 않을 수 없었다. 그러므로 신하로써 임금을 거역한 연왕의 행위를 당시 건문제의 조정에서 중요한 역할을 담당하고 있던 방효유는 아무리 하여도 받아들일 수 없었다. 원래 연왕은 북평을 출발할 때 군신 가운데 한 사람으로부터 방효유를 살려 줄 것을 부탁받고 있었다. 방효유를 죽이면 독서인의 씨가 마른다는 것이었다. 그만큼 방효유는 당시 지식인을 대표하는 인물로 추숭되던 사람이었다. 이런 이유도 있고 해서 연왕은 정난을 성공시킨 후에 방효유를 회유하려고 애를 썼다. 그러나 방효유는 다음과 같은 절명시를 남겨두고 죽음을 선택한다.

하늘이 난리를 내림이여,
그 이유를 누가 알까?
간신히 계책을 이루었도다,
나라를 빼앗기 위해 꾀를 다하는구나!
충신들이 온 힘을 다하도다,
피와 눈물이 섞여 흐르네.
이로써 군왕을 위해 죽으니

---

2) 『明史』 권5, 「成祖紀」.

또 달리 무엇을 구하랴!

아아, 슬프도다!

나를 허물치 말기를 바랄 뿐이다.[3]

연왕이 명나라 초기의 역사 속에서 시대를 이끌어 가는 학문으로서의 성리학의 도덕적 순결주의를 더럽힌 정란의 주역이라면, 방효유는 연왕이 일으킨 정란의 와중에서 성리학의 도덕적 순결주의를 한껏 고양시킨 인물이라고 할 수 있다. 따라서 '정란'은 이중적 상징성을 띤다. 성리학 시대의 부정적 모습과 긍정적 모습을 극단적 양태로 중첩시켜 보여주는 것이 영락제의 '정란'인 것이다.

그런데 문제는 명나라 초기의 역사 속에서 성리학의 부정적 측면을 대표하는 연왕이 역사를 이끌어 가는 주도적 권능을 갖추고 나타났다는 점이다. 연왕은 건문제를 물리치고 성조로 등극한 뒤에 유학의 당당한 후원자로 등장한다. 성조 즉 영락제는 학교 교육을 장려하고 태학을 중시하며, 선현들을 존숭하고 유학자들에게 경전 강의를 하도록 명한 인물로서 다음과 같은 기록이 전해지고 있다.

전례를 바로잡고, 정학을 표장하였으며, 스스로『성학심법聖學心法』과『무본지훈務本之訓』등의 책을 지어서 그것으로 자손들을 훈계하였다. 유학자들에게 5경과 4서,『성리대전性理大全』등을 수집하여 학문을 장려하도록 하였다.…… 또『효순사실孝順事實』,『위선음즐爲善陰騭』등의 책을 지었으니, 인심을 깨끗이 하고 이치로 교화하기를 다하고자 함이 아닐 수 없다.[4]

또한 영락永樂 원년(1403년)과 2년에『영락대전永樂大典』을 편집하게 하는

---

3)『明史』권141,「方孝孺傳」. 방효유의 형 효문은 방효유보다 먼저 죽었고, 동생 효우는 역시 절명시를 남기고 그와 함께 죽었다. 처와 두 아들도 그보다 먼저 죽었고, 두 딸은 진회하에 빠져 죽었다.

4) 胡漢生,『明13陵大觀』, 16쪽.

것도 그이다.5)

영락제는 이렇게 명대 초기의 유학적 문화주의를 대표하는 군주로서의 모습을 보여 준다. 성리학적 도덕주의의 순결성을 가장 많이 더럽힌 것도 영락제이고 명나라 초기의 역사 속에서 성리학적 문화주의를 가장 장려한 것도 영락제라는 사실은, 성리학의 시대인 명나라 초기가 성리학적 이상과 그 현실적 구현력 사이에서 갈등하고 있는 모습을 확인시켜 준다. 성리학적 이상은 선언으로만 제출되고 실제의 정치 현실이나 시대적 삶은 이상이 증발되어 버린 부정성을 드러내 보여 주는 시대, 시대의 사상과 시대의 현실 사이의 간극을 메우지 못하고 있는 시대, 그것이 바로 명대의 모습인 것이다.

2. 성리학적 질서의 수호를 위한 신념

명대 초기의 성리학적 이상과 현실 사이의 간극이 방효유의 죽음과 영락제의 등극 사이에서 극명하게 그 모습을 드러내는 것이 사실이라면, 이러한 문제는 그 이후의 역사 속에 그대로 유전되어 내려갔음이 분명하다. 명대 초기가 갖추고 있는 시대적 양상은 그 시대의 역사적 현실이 만들어 낸 것이기는 하지만, 사실상 그것은 인간적 이상과 그 현실 사이에 놓인 서로 친화하기 어려운 약점이 만들어 내는 것이기도 하므로 명대 중기라 하여서 이 점에서 예외일 수는 없었기 때문이다. 즉 양명학을 완성시킨 왕수인의 시대에도 이러한 문제는 그대로 상속되고 있었던 것이다.

왕수인(字 伯安, 號 陽明)은 절강성 여요余姚 사람으로, 1472년부터 1528년 사이를 살았던 사람이다.6) 그의 생존 연대는 명나라 헌종憲宗(재위 1464~1487) 시대부터 효종孝宗(재위 1487~1505)과 무종武宗(재위 1505~1521) 시대를 거쳐

---

5) 胡漢生, 같은 책, 40쪽.
6) 李錦全 主編, 『中國哲學史』 하, 123쪽.

세종世宗(재위 1521~1566) 시대에 이르는 4대의 통치 기간 속에 놓여 있다. 이 가운데 효종 시대는 명나라 최고의 정치가 이루어졌던 시기에 속한다. 이 시기를 역사는 '홍치중흥기弘治中興期'라고 말한다. 그러나 이 '홍치중흥' 시대도 효종이 어린 나이에 등극해서 근신들에 맡겨 정치하였을 때를 의미하는 것일 뿐, 그가 장성하여서 직접 통치할 때에는 그렇게 바람직한 정치의 모습을 보여주지 못했다. 그리고 명나라 역사상 가장 아름다운 정치가 행하여졌다는 그 효종 시대도 효종이 36세에 타계함으로써 막을 내리고 무종 시대와 세종 시대로 이어지는데, 무종은 명대 황제들 중 가장 황음에 사로잡혔던 임금이라 전해지고, 세종 시대는 명나라 시대 중 가장 부패하였던 때로 지칭된다. 그런 무종과 세종의 시대가 바로 왕수인이 벼슬길로 나아갔던 시대이다.

왕수인은 1492년에 향시 합격을 시작으로 하여 수도 북경에서 치러지는 과거에 세 번 도전한 끝에 1499년 진사가 됨으로써 관직 생활을 시작한다.[7] 무종 시대에 관리로서의 생활을 시작한 셈이다. 그런데 무종 시대는 무종 주후조朱厚照의 동궁 시절 근신들인 '8당'에 의하여 권력 행사가 좌지우지되던 때였다.[8] 그리고 그 '8당' 가운데 우두머리로서 무종 시대에 권력의 실질적 중심에 있던 사람이 유근劉瑾이다. 환관 유근은 조정을 실질적으로 장악하여 나갔으며, 조정 중신들 중의 어느 누구도 그를 거역할 수 없었다.[9] 환관 유근은 왕수인의 아버지 왕화王華와 별로 좋은 관계를 유지하고 있지 못하였는데, 왕화는 유근을 인정하지는 않았지만 그렇다고 하여 내놓고 공격하지도 않았다. 절대 권력을 장악한 유근에 대해 정면으로 도전한 것은 왕화가 아니라 바로 왕수인이었다. 왕수인은 유근을 비난하는 상소를 올리는데, 이 상소 때문에 감옥에 갇히고

---

7) 杜維明, 『한 젊은 유학자의 초상』, 권미숙 옮김, 72~75쪽.
8) '8당'은 마영성, 곡대용, 위빈, 장영, 구취, 고풍, 나상, 유근 등을 가리킨다. 胡漢生, 『明13陵大觀』, 87쪽.
9) 杜維明은 이 시대를 묘사하면서 왕수인의 아버지 王華가 단지 '유근을 방문하지 않고 유근이 보내 온 초청장을 무시하는 태도를 보인 것'을 가지고 대단한 용기를 보여 주었다고 칭송하고 있는데, 이것은 그만큼 유근의 권력 장악이 철저하였음을 보여 주는 좋은 예이다.(杜維明, 『한 젊은 유학자의 초상』, 권미숙 옮김, 159~160쪽.)

30대의 태형에 처하여졌으며, 용장龍場으로 유형되었다.10)

유근과의 대립과 용장으로의 유배는 왕수인으로 하여금 권력의 도덕성을 전제로 하는 성리학적 이상주의에 대한 환상을 깨뜨려 버리는 작용을 하였다. 이 사건은 왕수인이 성리학적 지식을 갖추고 있다고 평가받는 유학적 지식인들의 허약한 체질을 확인하는 계기가 되었을 것이다. 결국 시대가 선전하는 이상에 부합되지 않는 권력의 모습과 성리학적 지식을 행동으로 표출하는 데 약점을 가지고 있는 지식인들의 모습은, 그가 그것을 문제로 인식했든 하지 않았든 왕수인의 학문 역정 속에 새로운 화두로 주어졌으리라는 점을 우리는 쉽게 예상할 수 있다.

물론 왕수인의 시대 속에 놓여 있던 문제는 그것만이 아니었다. 앞의 문제가 권력 내부의 불건강성과 지식과 실천 사이의 간격으로부터 유래하는 것이라면, 그 외에도 계급적 문제와 민족적 문제가 왕수인의 앞에 가로놓여 있었다. 왕수인의 시대에 내재하고 있었던 계급적 문제는 농민 반란으로 대표된다. 농민 반란은 중국 역대의 어떤 왕조라도 직면하지 않을 수 없었던 문제이다. 아마도 한나라 이후 중국의 모든 왕조들은 농민 반란과 무관할 수 없을 것이다. 이 점은 명대와 그 속의 한 부분인 왕수인의 시대에서도 역시 예외는 아니었다. 왕수인의 삶 속에서 가장 커다란 의미를 지녔던 농민 반란은 1516년에서 1518년까지 진행된다. 1516년에 강서, 복건, 광동, 호남 등의 지역에서 산발적으로 농민들이 반란을 일으켰다.11) 왕수인은 이 기간 동안에 진압군의 일원으로 참여하여 상당한 활약을 하며, 농민 반란을 효과적으로 막기 위한 여러 가지 방책을 적극적으로 제출하기도 하였다.

농민 반란에 대한 왕수인의 대처 방식을 살펴보면, 왕수인이 농민 반란에 대해서 그리 동정적인 입장을 갖추고 있지 않았음을 확인할 수 있다. 그는 반란 농민들을 대상으로 하여 '적賊'이라는 용어를 쓰기까지 하였다.12) 이것은 그가

---

10) 杜維明, 같은 책, 167~168쪽.
11) 侯外廬 主編, 『中國思想通史』 4권 하책, 877쪽.

반란 농민들과 적대적 입장에 서 있는 인물이고, 그의 의식이 반란 농민들과는 반대편에 놓여져 있음을 의미한다. 그렇기 때문에 그는 농민 반란을 진압하는 데 최선의 노력을 다했던 것이다.

농민 반란군에 대한 왕수인의 입장은 무엇보다도 그가 군사력을 가지고 반란 농민들을 철저히 진압한 장본인이라는 점을 통하여 드러난다. 왕수인의 진압은 반란 농민들과 반란군에 동조하는 불만 농민들을 무자비하게 살육하는 것으로 진행되었다. 조사된 내용에 따르면, 1517년 1월부터 1518년 3월까지 근 1여 년 동안 왕수인은 1만 728명의 농민 반란군 또는 그들에게 동조적인 농민들을 살육하였다.[13] 이것은 왕수인이 무종에게 보낸 상소문을 바탕으로 계산된 숫자이니, 왕수인이 사실을 과장하지만 않았다면 사실과 크게 어긋나지 않을 것이다. 아무리 인구가 많은 중국이지만 1년 동안에 1만 명 이상을 살육한 것은 결코 적은 숫자라고 할 수 없다. 그러므로 이 수치를 통하여 확인할 수 있듯이, 왕수인은 농민 반란에 대해 군사적 수단으로 대처하는 것을 제일 가는 방책으로 삼았던 것이다.

하지만 직접적인 군사력을 통하여 진압하는 수단은 어디까지나 실제적으로 반란이 일어난 다음에 쓰게 되는 방책이다. 따라서 왕수인은 진압 외에 예방에도 관심을 기울였다. 그리하여 그는 지방 지주 계층의 무장 역량을 강화하는 수단을 확립하고 '10가패법家牌法'을 시행한다. '10가패법'은 열 가구씩 묶어 똑같은 패를 소지하게 하고 그 패 위에는 그 열 가구 사람들 모두의 이름과 인적 사항 등을 기록하게 한 후, 매일 확인 받고 변동 사항이 있을 때에는 반드시 관에 신고하게 하며, 만약 변동 사항에 대한 신고 의무를 소홀히 한다면 열 가구에 똑같이 죄를 묻는 법이다.[14] 그러므로 이것은 농민들의 결사와 연계를 원

---

12) 侯外廬 主編, 같은 책, 876쪽.
13) 구체적으로 1517년 1월부터 3월까지 長富林 등지에서 1,420명, 古村 등지에서 1,258명, 같은 해 10월에서 12월까지 橫水와 桶崗 등지에서 3,168명, 1518년 1월부터 3월까지 浰實 등지에서 2,073명, 樂昌 등지에서 2,809명을 살육하였다.(侯外廬 主編, 같은 책, 878쪽)
14) 王守仁, 『王文成公全書』 권16.

천적으로 차단하고 봉건 질서를 탄탄하게 보호하려는 목적에 봉사하는 방책이
었다.15) 이러한 물리적 수단을 통한 진압과 예방책 외에 왕수인은 또 다른 예
방책도 꾸준히 시행하였다. 그것은 농민들을 대상으로 자기 철학을 학습시키는
것인데, 그는 훈계와 학습을 통하여 농민들이 도덕적 우산 속으로 편입되어 들
어오게 하기 위한 노력을 꾸준히 기울였다.16)

왕수인은 이렇게 채찍과 회유의 수단을 겸용함으로써 당시 농민 반란의 소
용돌이 속을 돌파하였다. 그에게 있어서 봉건 질서란 소중한 것이었다. 그가 볼
때, 봉건 질서에 순응하지 못하는 것은 비도덕적인 것이었다. 따라서 그는 농민
들의 마음속에서 이 문제에 대한 순리적 해결이 이루어지기를 꿈꾸었다. 농민
들이 도덕심으로 되돌아갈 때 문제가 근원적으로 풀릴 수 있다고 생각한 것이
다. 그 외의 다른 물리적인 노력 즉 반란을 예방하고 진압하기 위한 노력은 차
선책에 불과했다.

이상이 왕수인과 그의 시대가 안고 있었던 계급 모순을 우리에게 알려 주는
부분이라면, 또 다른 시대 문제인 민족 모순은 '토목지변土沐之變'으로 대표될
수 있다. '토목지변'은 정통正統 14년(1449년) 몽고족이 대거 남침하여 왔을 때,
영종英宗이 그들의 침략을 분쇄하기 위하여 경병 50만을 거느리고 출정하였다
가 토목에서 포위되어 결국 포로가 되었던 사건이다.17) 이 사건은 왕수인의 출
생 전에 일어난 것이지만 명대가 북방 이민족의 침략 앞에서 얼마나 허약할 수
있는지를 알려 주는 전형적인 사례이다. 그것은 왕수인의 시대 역시 마찬가지
였다. 왕수인은 특히 소수 민족의 반란이 농민 반란과 연계되는 것을 두려워하

---

15) 侯外廬 主編, 『中國思想通史』 4권 하책, 878쪽. 이밖에 왕수인은 성시와 향촌의 요지에 북을 매
달아 놓아서 유사시에 두드려 알리게 하는 방법도 구사하였는데(같은 책, 879쪽), 이것은 반란을
초기 진압하기 위한 방책에 해당한다.
16) 이 부분을 侯外廬는 다음과 같이 말한다. "농민 대중을 대상으로 하여 사상적 측면에서 통제하고
두려움을 심어 주려 하였다……. 그 하나는 '告諭文'을 발표하는 것인데, 그는 새로운 임지에 부
임할 때마다 '告父老子弟書'(어른들과 아이들에게 고하는 글) 같은 것을 많이 발표하였는데…….
그 내용은 봉건 도덕과 봉건 법률의 신성성에 대한 것이었다."(같은 책, 같은 곳)
17) 胡漢生, 『明13陵大觀』, 65쪽.

였다. 안팎에서 반란이 겹쳐 일어나면 명 왕조로서는 속수무책일 수밖에 없기 때문이다. 명대의 봉건 질서를 유지하는 것을 중시하였던 왕수인에게 있어서 이것은 중요한 문제가 아닐 수 없었다. 그러므로 왕수인은 말년에 요猺족과 동僮족의 민족 반란을 진압하면서 '위무할 것은 위무하고, 사로잡을 것은 사로잡는다'는 방책을 써서 민족 반란이 더 이상 일어나지 않도록 싹을 자르는 일에 몰두하기도 하였던 것이다.[18]

3. 삶의 현실과 함께하는 진리

이상에서 살펴본 대로 왕수인의 시대는 환관 정치가 발호하고 사회적 모순과 민족적 모순이 격화되어 가던 때이다. 왕수인은 그런 시대적 문제를 현장에서 누구보다도 절실하게 체험하였다. 따라서 이러한 문제를 바로잡고자 하는 문제 의식도 누구보다 강하였다고 할 수 있다. 그러나 그의 문제 의식은 '송명'이라는 시대적 특성에 의하여 구속될 수밖에 없었다. 유학이 다 그러하지만, 송명 시대의 신유학은 특히 유학적 진리관을 가장 강도 높게 주장하는 특성을 보여 준다. 유학적 진리관이란 무엇인가? 유학자들은 '자신들만이 진리를 알고 있으며, 그 유학적 진리는 세상을 구원할 수 있다'는 생각을 한다. 이 점이 유학적 진리관의 가장 중요한 특성이다.

현실에 대한 책임을 자임하면서 등장한 송학이 결국 진리에 대한 탐구를 가장 강도 높게 추구하여 나간 이유는 바로 이들이 진리에 대한 유학적 입장을 상속받고 있기 때문이다. 그러므로 송학은 진리를 추구해 나가는 방식을 '격물치지格物致知'를 통하여 지식론적인 측면에서 마련하며, 그러한 진리를 통하여 세상을 교도하여 나갈 것을 선언한다. 이것은 송학의 완성자인 주희가 『대학大學』에 지대한 관심을 표명하면서 '격물치지'를 『대학』의 체계를 이해하는 창

---

18) 侯外廬 主編, 『中國思想通史』, 4권 하책, 880~881쪽.

구로 설정하고, 『대학』의 3강령 중의 하나를 '신민新民', 즉 '백성들을 새롭게 바꾸어 나가기'로 설정하는 것을 통하여 충분히 설명될 수 있다. 이러한 문제들은 주희를 대표로 하는 송학이 어떤 사회적 입장을 가지고 있는가를 확인시켜 준다. 그 점을 하나씩 설명해 나가면서, 이를 바탕으로 하여 '명학明學' 즉 왕수인의 학문이 등장하게 되는 필연성을 조감해 보도록 하자.

주희는 『대학』을 중시하였다. 사실 주희는 『대학』을 본격적으로 유학사 속에 편입시킨 사람이라고 할 수 있다.[19] 『대학』은 사회 경영에 대한 논의를 담고 있는 책이다. 유학의 사회 의식, 정치 의식은 대부분 이 『대학』에 근원을 둔다. 따라서 주희가 『대학』에 몰두하였다는 것은 그에게 있어서도 '송'이라는 시대를 안정시키는 것이 중요한 목표로 전제되고 있었음을 의미한다. 그런데 주희는 『대학』을 어떠한 입장에서 바라보는가? 우리는 이 점에 주목할 필요가 있다. 주희는 『대학』의 '격물치지' 부분을 보충하여 완성시킨다. 그것은 『대학』을 이해하는 데 '격물치지' 부분이 필요하다는 의식을 전제로 하고 있음을 의미하고, 『대학』을 '격물치지'라는 개념을 중심으로 바라보고 있음을 뜻한다. 앞에서도 말했듯이, 『대학』은 사회 경영을 목적으로 하는 책이다. 그러므로 이 책을 '격물치지'를 중심으로 바라보는 주희의 입장은 바로 그가 유학의 '현실 경영', '사회 경영'에 있어서 '격물치지'라고 하는 것이 중요한 몫을 차지한다고 생각하고 있었다는 점을 증명하여 준다. 따라서 우리가 주희의 사회·정치 철학을 제대로 조명해 내기 위해서는 '격물치지'가 주희에게서 어떠한 의미를 갖는가를 검토해야만 한다.

주희는 그가 찾아낸 유학적 진리를 '이치'(理)라는 개념으로 지칭하고, '이치'는 '내 마음의 성품 속'에 있으며, 동시에 '세계의 모든 것 속'에 있다고 말한다. 그러므로 진리가 구현됨으로써 세상이 구원되는 주희 철학의 입장에서는, 내 마음속의 이치를 밝히고 세상 모든 것 속에 있는 이치를 자기 속으로 불러들이

---

19) 윤천근, 「지식에 대한 유학적 논의」, 270쪽

는 것이 무엇보다도 필요한 일이 아닐 수 없다. 주희 철학의 특징은 내 마음속의 이치를 밝혀 내는 것보다 세상 모든 것 속에 깃들인 이치를 밝혀서 스스로의 마음속으로 거두어들이는 방식에 있다. 주희는 진리를 내용적 측면에서 이해하였다. 그는 세상 모든 것으로부터 진리의 조각들을 가지고 들어옴으로써 스스로의 내면에 갖추어진 이치가 점차적으로 진리의 모습을 띨 수 있다는 입장을 견지하였다. 주희에 있어서 진리에 접근해 나가는 방식은 마치 아이들의 조각 그림 맞추기와 흡사하다. 이 점은 주희 철학에서 진리가 '지식'의 모습을 띠고 이해될 수 있는 것임을 암시한다. 그렇게 하여 진리를 지식으로 습득한 사람은 '진리는 인간에게 그것을 구현하지 않을 수 없게 한다'는 유학적 도덕주의의 치열성에 입각하여 빈틈없이 구현되게 마련이고, 그리하여 불완전한 역사를 구원하는 위업을 달성하게 마련이라고 주희는 믿었다. 그러므로 주희의 철학에 근거하여 이야기하자면, 사회적 문제가 해결되지 않고 남아있는 것이나 역사가 아직 구제되지 못하고 있는 것은 진리에 대한 인식이 불완전하기 때문이라고 하지 않을 수 없는 것이다. 진리가 지식의 차원에서 완벽하게 알려지면 완벽하게 행사될 수 있을 것이고, 그 결과는 이상적 사회의 구현일 것이기 때문이다. 이런 점에서 주희의 입장은 '지식주의', '앎 중심주의'를 전제하는 것이라고 할 수 있다.

주희는 이렇게 '지식으로서의 진리'를 보고 '진리를 조각으로 나누어 부분적으로 갖추어 낼 수 있다'는 것을 인정함으로써, 진리의 부분적 형식으로서의 도덕이 정치 행위의 도구로서 사용될 수 있는 길을 여전히 강력하게 보장해 준다. 즉 '진리에 대한 앎'을 더욱 풍부하게 갖추어 낸 사람은 그 앎의 내용을 '지식'으로 형식화하여 백성들에게 제공하고, 그들을 진리가 부여하는 우월한 권능을 바탕으로 하여 개량시켜 나갈 수 있는 것이다. 주희가 『대학고본大學古本』의 '친민親民'(백성들을 가까이한다)을 '신민新民'(백성들을 새롭게 한다)으로 바꾸어 놓은 데에는[20] 이러한 입장이 전제되어 있다.

다시 말해서, 주희의 철학 체계는 결국 현실을 책임 맡아 그것을 이상적 상태로 승화시키고자 했던 신진 사대부들의 역사 의식을 바탕으로, 불만족스러운 자기 시대의 현실이 요청하는 이상적 사회에 대한 열망에 부응하기 위한 노력의 산물이라는 말이다. 그러므로 주희의 철학은 유학적 지식인이 불완전하고 문제 투성이인 시대를 '진리성의 결핍'으로 읽어 낸 결과라고 할 수 있다. 진리가 시대를 구원할 것이고, 따라서 시대의 문제를 해결하기 위해서는 진리를 더 완벽하게 파악하고 그 진리를 좀더 확실하게 실천할 수 있는 방법을 찾아내는 것이 첩경이라는 생각은, 송명 시대를 일관하는 지적 흐름이다. 이러한 입장을 우리는 '진리 절대주의'라고 불러도 좋을 것이다. 그리고 이러한 입장은 왕수인에게도 계승된다. 왕수인 역시 주희와 똑같은 시대적 입장과 태도를 상속받고 있는 것이다.

그러나 왕수인의 시대는 주희의 시대와 완전히 동질적이라고 말하기는 어렵다. 주희의 시대는 유학적 도덕주의를 새롭게 '진리 절대주의'로 번역해 냈다고 한다면, 왕수인의 시대는 그러한 '진리 절대주의'에 의하여 이끌려 가는 시대였다. '진리'에 의하여 모든 것이 구원될 수 있다는 주희식의 입장을 받아들인 시대, 그러한 입장에 의하여 훈련하고 수양한 사람들이 이끌어 가던 시대, 그것이 바로 왕수인의 시대였던 것이다. 그러나 왕수인의 시대는 여전히 '구원된 시대'가 아니었다. 그 시대는 여전히 문제 투성이인 시대였다. 왕수인의 시대에도 '주희와 주희의 학문'은 시대를 이끌어 가는 중심성을 확보하고 있었다. 그러나 그것은 엄청난 역사적 성공 속에서 화석으로 놓여져 있었을 뿐, 개인의 심성 속에 진리를 길어 내지도 못하였고 문제 투성이의 시대를 구원해 주지도 못하고 있었다. 왕수인의 앞에는 그런 주희 철학이 놓여져 있었던 것이다. 앞에서도 말하였듯이 정권 차원에서 주희의 철학이 선전되고 장려되는 시대와 여전히 문제 투성이인 현실 사이의, 화해할 수 없는 단층이 왕수인의 시대 속에는 놓

---

20) 蔡仁厚, 「大學分章之硏究」, 111쪽.

여겨 있었던 것이다.

송명 시대의 의식을 상속받은 왕수인, 주희가 발견한 세상의 상속자인 왕수인에게 있어서 아직 구원되지 못하고 있는 명나라 중기의 역사는 여전히 구원을 요청하고 있는 상태였다. 그리고 그것을 구원하는 힘은 여전히 진리가 갖는 것일 수밖에 없었다. 처음에 왕수인은 그러한 시대적 난맥상이 주희의 방식에 따라서 제대로 진리에 다가가지 않은 탓이라고 생각하였다. 즉 사람들이 모두 가식으로 주희를 익힌 탓이라고 보았던 것이다. 그에게 있어서 시대를 구원하는 권능은 여전히 진리의 몫으로 주어져 있었고, 진리에 다가가는 길은 주희의 철학 속에 열려 있었다. 그러므로 그는 송유宋儒의 '격물(사물의 이치를 파악함)하는 것이 성인의 학문'이라는 점을 받아들여 주희의 책을 구하여 열심히 공부하기도 하고, '모든 사물이 다 이치를 갖추고 있다'는 입장을 받아들여 '대나무'를 앞에 놓고 '격물'하기도 한다.21) 그러나 그의 '격물'은 그에게 '이치'를 가져다주기는커녕 질병을 안겨다 주었을 뿐이다. 왕수인의 나이 21세 때의 일이다. 주희의 성실한 제자로서 현실을 구원할 수 있는 진리를 발견해 내고자 했던 왕수인의 노력은 이렇게 좌절되고 만다.

주희적인 방법과 결별하고 왕수인이 진리에 접근해 갈 수 있는 나름대로의 방법을 발견한 것은 그의 나이 40이 가까워 가던 어느 해, 용장의 귀양지에서였다. 거기서 그는 어느 날 밤 신비로운 깨달음에 도달한다.

한밤중에 홀연히 '격물치지'의 의미를 크게 깨달았다. 꿈인지 생시인지 알 수 없는 가운데 그것에 대해 말하는 소리가 들렸던 것이다. 나는 자신도 모르는 사이에 소리 지르며 떨쳐 일어나니, 모시는 사람들이 다 병이 났는 줄 알고 놀라서 슬퍼하였다. 그 때에야 나는 비로소 성인의 도리는 나의 성품 속에 충족되어 있고, 바깥의 사물을 향해서 이치를 구하여 나가는 것은 잘못된 방법이라는 사실을 알게 되었다.22)

---

21) 王守仁, 『王文成公全書』 권32, 「年譜」.
22) 王守仁, 같은 책 권32.

왕수인이 주희의 세계와 결별하는 계기는 이렇게 마련된다. 왕수인은 비로소 사람들의 공부가 잘못되어서 진리가 구현되지 못한 것이 아니라, 주희가 제시한 공부 방법이 그릇되었기 때문에 진리에 다가가기도 어렵고 시대도 구원될 수 없는 것이라는 결론에 도달하였던 것이다. 왕수인의 새로운 발견은 진리가 객관적으로 존재한다는 주희의 입장을 폐기한 것이다. 왕수인은 인간의 마음을 배제한 진리는 존재하지 않는다는 점을 선언한 셈이다.

주희의 진리는 인간으로부터 독립되어 있는 이치이다. 설령 주희가 인간의 마음 바탕 속에 본질적인 이치가 갖추어져 있다는 점을 승인한다고 하더라도 이 점은 부정될 수 없다. 주희의 경우에는 인간의 마음 속 성품을 이루고 있는 이치도 현상적인 인간과는 무관한 것이고, 인간에 의하여 영향받는 것이 아니라 독자적이고 독립적인 내용을 따로 갖는 것이다. 하지만 이러한 종류의 진리의 독자성은 진리의 순결성이 강도 높게 주장되는 순간에도 그것이 인간의 실천력과 동행하는 일체성을 갖추어 내지 못하는 약점을 지닌다. 그런 진리는 종국엔 인간의 현상적 존재성을 반영하지 못하는 부정적인 결과를 야기하며, 결국 인간의 삶과 실천을 떠난 지식주의를 초래하게 되는 것이다. 이것이 주자학의 시대인 명대가 안고 있는 문제였다. 요컨대 현실성을 담아 내지 못하는 주희의 진리관이 그 진리에 의하여 명대의 역사를 구원하는 데 실패했다는 말인데, 이것이 왕수인이 부딪친 문제였다. 그리고, 앞의 '용장에서의 깨달음'을 통하여서 확인할 수 있듯이, 왕수인은 '진리의 객관성', '진리의 독립성'을 폐기하고 진리를 온전히 '마음의 문제'로 환원시켜 냄으로써 '시대를 구원할 수 있는 진리의 체계로서의 철학'의 제시라는, 자신에게 주어진 그런 시대적 과제를 해결하고자 하였다.

왕수인에게 있어서 사물은 더 이상 이치를 내재하고 있는 것이 아니다. 이치는 마음 밖에서는 존재할 수 없기 때문이다. 왕수인에게 있어서 이치는 마음이 바르게 작용함으로써 드러난 결과이다. 그것은 생각의 결과로서의 '밝은 지식'

이기 때문에 진리성을 부여받는 것이 아니라 '바른 생각'이기 때문에 진리성을 부여받는 것이다. 이런 점에서 왕수인은 『대학』을 '격물치지'를 중심으로 이해하는 주희의 진리에 대한 접근 방식을 버리고, 『대학고본』의 원의에 충실하여 '성의誠意'(진실한 생각)를 중심으로 이해한다. 이 점은 주희가 '격물치지' 이후에 '성의'가 가능한 것으로 보는 데 반해서 왕수인은 '격물치지'를 바로 '성의'로 본다는 평가에서도 확인된다.23)

'진실한 생각'과 '격물치지'를 같은 것으로 본다는 것은 무슨 의미를 갖는 것인가? 그것은 왕수인에게 있어서 진리는 내용으로 제시되는 것이 아니라 생각 속에서 드러나는 것이라는 점을 뜻한다. 물론 모든 생각이 다 진리를 '드러내는' 것은 아니다. '진실한 생각'이 진리를 드러내는 것이다. 왕수인은 "그 충실한 자리에서 말하면 몸(身)이라 하고, 그 주재하는 자리에서 말하면 마음(心)이라 하며, 마음이 움직이는 자리에서 말하자면 생각(意)이라 하고, 생각의 영묘하고 밝은 자리에서 말하자면 지성(知)이라 한다"24)고 말한다. 그의 이런 생각을 통해 우리는 왕수인이 현상적 마음이 갖추고 있는 생각하는 능력을 바르게 운용하는 것을 '성의'로 보며, 그것이 '진리를 드러낼 수 있는 지성 능력'이기 때문에 '격물치지'와 같은 것으로 이해한다는 점을 확인할 수 있다.

인간의 현상적 마음이 갖추고 있는 '지성 능력'은 '그저 생각하는 능력'이 아니라 '바르게 생각하는 능력'이다. 이것을 왕수인은 '양지良知'라고 한다.25) '양지'를 통한 '격물'(세계 이해)이라고 하는 것은 대상을 지식으로 파악하는 것을 의미하는 것이 아니다. 왕수인은 '격물'의 '격'은 '바르게 하다'(正)는 의미이고, '물'은 '일'(事)을 뜻하는 것이라고 본다.26) 이와 관련하여 왕수인은 "(선악은)

---

23) 黃宗羲, 『明儒學案』 상, 7쪽, 「王陽明 守仁」.
24) 王守仁, 『傳習錄』 하권, 3쪽.
25) 이런 점에서 필자는 왕수인의 '良知'를 '좋은 지능' 혹은 '좋은 지성 능력'으로 옮겨야 한다고 본다.(윤천근, 「지식에 대한 유학적 논의」, 295쪽.) 시마다 겐지 같은 경우는 이것을 '도덕적 직관력', '직관의 도덕력'으로 이해하기도 한다.(시마다 겐지, 『주자학과 양명학』, 김석근·이근우 옮김, 158쪽.)
26) 王守仁, 『傳習錄』 하권, 74쪽.

너의 마음에 있을 뿐이니, 이치(理)를 따르면 바로 선한 것이고 기운(氣)이 움직이면 바로 악한 것이다"[27]라고 주장하면서, "하늘과 땅이 만물을 생성한 뜻에 있어서는 꽃과 풀이 일반일 것인데, 어찌 그 속에 좋고 나쁜 것의 구분이 있겠는가? 그대가 꽃을 보고자 하면 꽃은 좋은 것이 되고 풀은 나쁜 것이 되며, 풀을 사용하고자 한다면 다시 풀이 좋은 것이 되는 것이다"[28]라고 말한다. 이러한 주장들을 보면, 왕수인이 추구하는 '진리'는 '대상'을 파악하고자 하는 것이 아니라 그 대상을 마음속에 들여놓고자 하는 것이며, 대상과 바람직한 관계를 맺고자 하는 것임을 알 수 있다. 그러므로 그것은 '진리'를 지식으로 형식화한 후에, 그렇게 획득된 진리를 구현하기 위해 노력하는 주희적 입장과는 다를 수밖에 없다. 대상과 바람직한 관계를 유지하는 것 자체가 '격물'이고, 그렇게 해서 '바람직한 관계를 갖추어 냈을 때' '진리'는 그대로 구현되는 것이기 때문이다. 주희식 지식주의가 갖는 '진리'와 '실천력' 사이의 간격을 왕수인은 이렇게 메워 낸다.

'진리'의 의미를 '지식'의 언저리에서 건져내어 '마음의 태도'로 환원시킴으로써 왕수인은 여러 가지 문제를 한꺼번에 해결해 낸다. 무엇보다도 왕수인의 이러한 입장은 '진리'를 현상적인 인간 존재와 무관한 객관적이고 추상적인 것으로 간주하게 만들었던 주희 철학의 약점을 극복하고 그것을 현상적인 인간의 문제로 끌고 들어온다. 즉 '진리'를 인간의 문제로 파악하였던 유학의 현실주의적인 특성을 회복시켰던 것이다. 이것은 왕수인이 주희 철학의 귀족주의적 특성을 약화시키고 대중주의적인 전환을 이루어 냈음을 뜻한다. 주희 철학은 현상적 마음을 가진 인간을 외면하고 마음의 순수성 속으로 숨어 버리는 선택을 한 것이다. 하지만 왕수인은 마음의 순수성 속에 숨었던 인간을 끌어내 현상적 마음을 가진 인간의 모습을 부활시켰다. 그러므로 이것은 유학의 이상주의를 좀더 현실에 가까운 자리로 끌어내렸음을 의미한다.

---

27) 王守仁, 같은 책 상권, 71쪽.
28) 王守仁, 같은 책, 상권, 70쪽.

이와 같은 왕수인의 태도는 그의 후인들에 의해 '어리석은 지아비와 어리석은 지어미를 위한 도리'29)라는 선언으로 나타나기도 하고, '어린아이의 마음이 진실한 마음이다'30)라는 노자식의 발언으로 나타나기도 한다. '마음'의 위상을 부활시켜 인간을 현실적으로 파악하게 한 왕수인의 이런 태도는 후에 태주泰州학파의 이지李贄에 와서는 '양지를 일상적인 것으로 이해'31)하는 데에까지 이른다. 그렇게 하여 왕수인과 그의 후학들은 주회의 순결주의 속에 가두어져 있던 진리와 인간을 구원해 내고 아울러 사상과 현실 사이의 관계를 회복해 낸다. 왕수인은 이렇듯 '진리'의 권능과 위상은 주회가 가설하여 놓은 그대로를 상속받되, 진리의 의미와 색깔, 진리에 다가가는 방식 등을 바꿈으로써 명나라 시대를 구원할 수 있는 무기를 확보할 수 있기를 바랐다.

4. 맹자, 주회 그리고 왕수인

왕수인의 심학은 송명 시대의 사상사적 흐름 속에서 그 정당한 의미가 평가될 수 있다. 분명히 왕수인의 '심학'은 정이와 주회의 '성리학'에 의하여 전제적으로 장악되어 있는 명나라 중기의 사상계를 일신시키는 결과를 가져왔다.32) 그러나 왕수인의 심학이 놓여져 있는 바탕이 신유학의 세계라는 점을 우리는 부인할 수 없다. 신유학의 세계 즉 송명 시대의 사상계는 시대와 관계 맺는 방식의 동질성을 드러낸다. 그들은 똑같이 맹자적인 입장을 전제로 하여 시대 또는 역사와 만난다.

맹자는 '세상이 다스려지고 있느냐, 다스려지지 않고 있느냐'에만 관심을 기울였다. 그리고 세상이 다스려지지 않은 이유는 '유학'이 세상을 이끌어 가는

---

29) 黃宗羲, 『明儒學案』 상권, 237쪽, 「浙中王門學案1・員外 錢緒山 德洪」.
30) 李贄, 『焚書』 권3.
31) 홍원식, 「근대적 개인의 발견」, 363쪽.
32) 趙吉惠 編著, 『中國儒學史』, 641쪽.

권능을 행사하지 못하였기 때문이라고 생각하였다. 유학만이 세상을 구원할 수 있는 힘을 갖고, 유학 외의 모든 것은 세상을 혼란시킬 뿐이라는 입장은 맹자로부터 분명하게 천명된다. 맹자의 이러한 입장으로부터 우리는 맹자 이후 유학적 전통을 관통하는 다음과 같은 중요한 몇 가지를 확인할 수 있다.

첫째, 사상이 세상의 '치治/불치不治'를 결정한다. 맹자의 의식은 분명히 이러한 '사상 절대주의'의 반경 안에 놓여진다. 둘째, 그러므로 사상가는 세상의 '다스려짐'을 목적으로 하여 노력하지 않으면 안 된다. '사상가 책임론'을 역설하는 맹자의 그런 의식은 사상가에게 관념의 영역에 묶이지 말고 끊임없이 현실을 찾아서 나아가기를 요청한다. 그리고 셋째, '유학'만이 현실을 구원할 수 있는 권능을 갖는다. 맹자는 분명히 '유학 독점론'적 의식의 소유자였다. 그는 유학의 진리성을 이념의 높이에까지 끌어올렸던 것이다.

이러한 세 가지 맹자적 의식은 송명 시대 유학자들에게도 고스란히 상속된다. 북송 시대를 거치면서 형성된 송명대의 시대적 의식은 주희에게 넘어와 하나의 일반성을 갖추어 낸다. 맹자적 입장에 송명의 시대적 특징을 부가한 것이다. 북송 시대는 맹자적 입장에 의해 이끌려졌던 역사 시기이다. 북송 시대의 유학자들은 불교와의 결연한 투쟁을 통해 유학의 '시대 중심성'을 회복하였고, 그것을 전제적 양상으로까지 강화시켰다. 앞에서 말한 '맹자적 의식'은 북송 시대 사상가들에게 있어서 절대적이다. 유학 특히 신유학이 시대를 광범하게 장악하고 있었으므로, 그런 맹자적 의식이 북송 시대에는 유학적인 것이라고 하기보다는 시대성을 띠는 것이라고 하는 것이 적절하다고까지 할 수 있다. 북송 유학은 이런 맹자적 명제를 유학 속에서 끌어 내어 '북송'이라는 시대의 시대적 명제로 완성시켜 냈다는 말이다. 그리고 그러한 맹자적 의식에 대한 '확산'과 '강화'의 노력은 주희에 이르러 완결된다.

주희는 이 맹자적 의식에 더 이상 매달리지 않는다. 주희의 시대에서 그것은 이미 사회와 시대가 승인한 명제가 되어 있었기 때문이다. 즉 주희는 더 이상

유학 책임론을 인정받기 위해 노력할 필요가 없었던 것이다. 그러면 주희는 어떻게 자기 시대의 역사 현실에 반응하는가?

우선 주목해야 하는 것은, 주희는 유학의 시대가 실현되었는데도 여전히 다스려지지 못한 사회 현실 속에 놓여 있었다는 점이다. 그러나 이러한 현실이 주희로 하여금 유학에 대한 환상을 폐기하도록 이끌어 가지는 않았다. 유학이 현실에 대해 책임질 수 있는 유일한 것이라는 확신은 그에게 있어서 의심의 여지가 없었다. 따라서 그는 유학 책임론적 반경 안에서 불완전한 현실의 문제에 대응해 갔다. 주희는 유학의 시대의 한 가운데에서도 여전히 다스려지지 않고 있는 송대의 현실을 '진리의 문제'로 파악한다. 유학 책임론적 반경 안에서 진리 책임론을 주장하기에 이른 것이다. 사람들이 유학적 진리를 드러내지 못하고 있기 때문에 현실이 여전히 불완전하고 역사가 구원받지 못하고 있는 것이라고 그는 이해한다.

따라서 주희는 진리의 구조를 밝혀 내는 데 주목한다. 세상이 진리의 참여 하에 이루어지고 진리의 감독 하에 운용된다는 이론틀을 갖추어 낸 것이 그 한 예이다. 주희에게 있어서 진리는 세상의 존재 원리로, 세상 속에 놓여져 있는 모든 것들의 존재 원리로 구체적 모습을 드러낸다. 따라서 존재하는 모든 것들은 진리의 영역에 참여하여 그 진리를 구현해 내는 것을 당연한 존재의 의무로 지니게 된다. 존재의 진리에 대한 책임론은 주희에게서 가장 명확한 모습이 갖추어지는 것이다.

주희는 존재가 진리에 대한 책임을 다하게 하기 위해서, 진리를 향해 나아가는 방법을 탐구하는 데 주목한다. 수양론은 주희 철학의 핵심인데, 그 수양론은 진리에 대한 앎을 일차적 목표로 전제한다. 앎 이후에 행동이 있고 실천이 있다는 생각을 주희가 하였음은 분명하다. 그가 '앎과 실천은 하나이다'라는 명제를 주창하고 있는 것이 사실이라고 하더라도, 그러한 일원론적 사고 방식 속에서도 그가 앎의 선재성을 전제하여 실천을 말한다는 것을 부정할 수는 없다.

이러한 주희식의 접근 방식은 그의 수양론을 지식주의적 특성을 갖는 것으로 결정한다.

주희의 수양론의 출발점은 '현실적 역사의 부정성'과 '그 부정성이 극복된 세계의 이상성' 사이의 간극이다. 주희는 이 간극을 크고 넓은 것으로 보았다. 그것은 그가 전제한 이상성, 그의 진리가 갖추고 있는 이상성이 너무 멀고 높은 곳에 있다라는 이야기도 된다. 주희는 '현실성'과 '이상성'을 대립적 관계 속에서 보았던 것이다. 그리하여 그는 이상을 추구하는 과정에서 현실로부터 너무 멀리 벗어나고, 인간을 이성의 순결성을 창구로 하여 바라보는 결과를 초래하였다.

주희는 이렇게 하여 '송'이라는 시대의 요청에 대응하여 자기 철학을 완성시켰다. 주희의 철학은 원명 시대를 거치면서 시대의 학문이 된다. 정권 담당자들이 이 철학의 후원자가 되었던 것이다. 이 점은 중요한 의미를 갖는다. 그것은 한대漢代 이후로 유학이 관학이 되었다는 것과는 의미를 달리한다. 한대 이후 유학은 관학이 되었으나, 그것은 관리들의 학문에 지나지 않았다. 유학은 교양이거나 지식이었던 것이다. 그러나 송대의 유학은 교양이거나 지식이기를 거부한다. 그것은 진리이기를 선언하고, 시대를 이끌어 가는 이념이기를 주장하는 것이다. 이러한 신유학적 입장이 주자학의 관학화를 통하여 더 이상 주장의 차원에만 머무르지 않는 현실이 되었던 것이다. 따라서 주자학이 시대 장악력을 갖추고 난 후에도 여전히 시대적 삶이 드러내 보여 주고 있는 부정성은 문제가 아닐 수 없었다.

왕수인의 시대는 바로 주자학이 장악하고 있음에도 불구하고 이상적 면모를 보여 주지 못하는 현실 사이의 간극을 해결하여야 할 과제를 갖는다. 이 점은 이미 앞에서 말한 부분이다. 왕수인은 맹자와 주희가 가설해 놓은 울타리를 상속받는다. 주희가 맹자의 자식이라면 왕수인은 주희의 자식인 점 역시 분명하다. 왕수인이 '육구연의 학문을 맹자의 적통으로 간주하고, 자신의 학문은 안연

安淵을 이은 것으로 이해하였다'고33) 하더라도, 맹자에서 주희를 거쳐 왕수인에게까지 이어지는 사상사적 전승 관계가 존재하는 것은 분명하다. 왕수인은 시대를 바라보는 입장과 태도, 시대에 대하여 책임을 다하는 방식의 선택에 있어서 주희의 입각점을 이어받는 동시에 주희를 통하여 맹자가 포설해 놓은 울타리를 상속받는다.

앞에서 말하였듯이, 주희와 마찬가지로 왕수인은 아직 이상을 구현하지 못한 사회를 진리가 구현되지 않은 세상이라는 입장에서 바라본 것만은 사실이다. 하지만 그것을 극복하기 위하여 주희가 '진리의 투명함'을 드러내는 데 주목한 반면, 왕수인은 '인간의 밝음'에 보다 중점을 두는 차이를 보여 준다. 주희의 진리가 인간으로부터 독립하여 있는 것이라면, 왕수인의 진리는 인간에 속해 있는 것으로 바뀌어지는 것이다. 주희가 진리를 통하여 인간을 구원하고자 하였다면, 왕수인은 인간을 통하여 진리를 드러내고자 하였던 것이다. 그것은 앞에서 말한 바와 같이, 주희의 '격물'이 객관적 진리를 지식화하는 데 목적이 있 데 반해, 왕수인의 '양지'는 '인간의 마음의 바름', '인간의 마음의 바른 작용'을 구현하는 데 목적이 있는 것이라는 점에서 확인될 수 있다. 왕수인은 세계 속에 놓여진 주희의 '진리'를 '인간의 마음', '모든 인간의 평범한 마음', '어리석은 지아비와 어리석은 지어미의 마음' 속에 집어넣는다. 이 점에서 왕수인의 학문은 '심학心學'이라는 칭호를 얻을 수 있었다.

우리는 '심학'이라는 개념을 말하면서 주희 당시에 주희와 사상적 경쟁을 치열하게 전개하였던 육구연을 떠올리지 않을 수 없다. 물론 왕수인의 학문을 육구연의 직접적 계승이라 볼 수는 없다. 왕수인의 학문은 주희 사상의 발전적 전개라는 면에서 이해하는 것이 좀더 타당할 것이기 때문이다.34) 왕수인은 육구연으로부터 '마음이 곧 이치이다'라는 선언과, '성현과 어리석은 지아비나 어리석은 지어미는 같은 마음, 같은 이치를 갖는다'는 등의 주장을 이어받는다.35)

---

33) 唐君毅, 「陽明學與朱子學」, 48쪽.
34) 唐君毅, 같은 글, 47쪽.

이런 점에서 왕수인의 '심' 즉 '마음'은 육구연의 '마음'과 같다. 그럼에도 왕수인을 육구연의 계승이라는 차원에서 이해하기보다는 주희의 발전적 전개라고 이해하는 것이 옳다고 말하는 이유는 무엇일가? 그 점은 왕수인이 발견한 '마음'은 주희 철학에 반대하기 위한 것이 아니라 주희 철학이 명대에서 드러내 보여 주었던 문제를 해결하기 위해서 제출된 것이기 때문이다. 결국 왕수인은 그 사상의 기본적 토대를 주희로부터 전해 받으면서 주희 철학의 발전적 전개를 이루어 내는 방식으로 주희 철학에 대한 전면적 반역을 시도한 것이다. 이는 왕수인이 주희에 대한 반역을 하지 않을 수 없도록 그의 시대가 강제하였던 셈인데, 그 반역의 필연성은 다음과 같은 몇 가지로 설명될 수 있다.

첫째, 왕수인은 주희의 '진리 책임론'을 계승하였다. 그는 세상을 구원할 수 있는 진리를 꿈꾸었다. 그러나 주희가 세상을 구원할 수 있는 진리로 제출한 것은 실제적으로 명대를 구원하지 못하였다. 명대는 송대와는 다른 변모가 일어나고 있었던 시기이기도 하다. 우리는 명나라 초기를 거치면서 중국의 경제적 중심지가 소주와 절강 지방으로부터 호남과 호북 지역으로 바뀌는 것에 주목할 필요가 있다.36) 원래 중국의 곡창 지대는 당나라 중기까지는 황하 유역이었다. 그러던 것이 당나라 말기부터 양자강 유역이 개발되어 송나라 시기에 이르면 소호 지역(蘇州와 浙江)이 경제 중심으로 떠오르고, 명나라 초기를 지나면서 호광 지역(湖南과 湖北)으로 다시 그 중심권이 이동한다. 이것은 농업 생산력의 문제이므로, 설령 한곳에서 경제 중심권이 다른 곳으로 옮겨졌다고 해서 기왕의 땅에서 나오던 소출이 완전히 없어졌음을 의미하지는 않는다. 그보다는 그만큼 넓은 지역이 경제적으로 활력을 갖추고 중국의 부가 광역화되어 나갔음을 뜻하고, 그 경제적 재부의 신장과 결부되어 인간 생활도 광범하게 변모되어 갔음을 뜻한다.

경제의 활성화가 결국 개인 생활의 상승을 동반한다는 것은 필연적이다. 그

---

35) 唐君毅, 같은 글, 같은 곳.
36) 서울대 동양사학연구실, 『강좌중국사』 III, 109쪽.

러므로 송대보다는 명대에 들어와서 개발지의 광역화에 따라 보다 많은 사람들이 경제적 혜택을 받고, 보다 많은 사람들이 전보다 조금은 더 자유로운 개인 의식을 갖고 등장하였으리라는 점은 쉽게 예상될 수 있다. 이렇게 조금은 더 자유로워진 개인 의식은 진리에 의한 구속, 권위적이고 전제적인 진리를 당연한 것으로 받아들일 수 없게 한다. 왕수인 역시 그런 명대적인 자유주의를 그 시대로부터 부여받고 있는 사람이었음을 우리는 부인할 수 없다. 이를테면, 왕수인은 "무릇 도리는 천하의 공적인 도리이고 학문은 천하의 공적인 학문이므로, 주희가 사유할 수 있는 것이 아니고 공자가 사유할 수 있는 것이 아니다"[37]라고 말하는데, 이것은 유학적 권위로부터 자유로운 왕수인의 의식의 일단을 보여 준다. 이 속에 깃들인 '도리의 절대성', '진리의 절대성'에 대한 확신은 주희로부터 상속받는 것이지만, 진리를 유학적 성현들의 전제적 권위로부터 독립시켜 낸 것은 왕수인의 공적이다.

둘째, 왕수인은 주희가 그러하였듯이 세상을 구원할 수 있는 진리를 찾아내는 일에 몰두하였는데, 그가 자신의 진리를 발견해 내기 위해서는 주희의 진리를 극복할 필요가 있었다. 세상 사람들이 모두 주희를 이야기하고 주희를 배우는데도 주희의 진리를 통하여 세상이 구원되지 못한다는 것은, 더 이상 주희가 시대적 효용성을 지닐 수 없음을 의미한다. 주희 철학은 교조화되고 지식으로 완성되어 지식인들의 책상 위에 놓여져 있을 뿐, 세상 속에서 세상을 구원하기 위하여 발벗고 뛰는 역동적 활력을 상실하였다. 주희가 표방하였던 '진리를 통하여 세상을 구원하기'를 이루어 내기 위해서도 이미 활력을 상실한 주희 철학은 현장에서 퇴장하지 않으면 안 되었던 것이다. 그러므로 왕수인은 "맹자의 시대에 세상이 다 양주楊朱와 묵적墨翟을 신뢰하였던 것은 세상이 오늘날 주희의 학설을 숭상하는 것과 같다"[38]는 말을 통하여 주희로부터 결별을 선언한다. 주희를 맹자가 이단으로 배척하였던 양주나 묵적과 같은 맥락 위에 놓고 말한

37) 王守仁, 『傳習錄』 중권, 100쪽.
38) 王守仁, 같은 책, 99쪽.

것은 왕수인의 학문적 계보를 생각할 때 '스승의 목에 칼을 들이대는 반역'이라 하지 않을 수 없다.

셋째, 왕수인이 유학의 역사를 죽이고 당대에 군림하던 권능과 스스로의 마음속에 깃들인 스승을 죽여 버린 것은, 박제가 되어 있는 진리의 역사를 만나기 위한 것이 아니라 생생하게 살아 숨쉬는 진리를 시대 속으로 불러들이기 위한 것이었다. 그러나 생생하게 살아 숨쉬는 진리를 시대 속에 부활시키기 위해서는 유학의 역사를 죽이고 주희를 죽이는 것만으로 가능한 것은 아니었다. '진리' 그 자체도 죽여 버리지 않고서는 그러한 목적은 성취될 수 없는 것이었다. 무엇 때문인가? 주희가 꿈꾸었던 것과 마찬가지로, 왕수인도 인간의 현실과 인간의 역사를 구원할 수 있는 진리를 소망하였기 때문이다. 유학에 있어서도 그렇고 주희나 왕수인에게 있어서도 그 자체로서의 '진리'는 아무 의미도 없는 것이다. '인간을 위한 진리'는 주희도 승인하는 유학의 상표이다. 그러나 인간을 위한 진리를 표방하면서도 유학은 줄곧 '내용'으로서의 진리에 몰두하였음이 사실이다. 공자나 맹자는 도덕적 내용을 갖는 진리를 추구하였고, 주희는 '이성의 투명성으로 빛나는 지식의 완성된 체계로서의 진리'를 추구하였다.

그런데 그렇게 '진리'가 내용적 구체성을 얻게 된다면 그 '내용'이 인간을 압도하게 마련이다. 내용적 명료성을 얻은 진리는 인간에 대한 구속일 수밖에 없고, 더 이상 '인간을 위한 진리'라는 위상에만 만족하지 않고 '진리를 위한 인간'을 요청하게 되는 것이다. 주희의 진리는 특히 그러하였다. 주희의 '이성적 투명성으로 빛나는 지식의 완성된 체계로서의 진리'는 인간은 현실 속에 놓아두고 자기 혼자만 너무 높이 날아올라서, 인간을 부재시키고 자신의 고고함만을 뽐내는 양상을 드러냈다. 그것은 결코 소망스러운 것이 아니었다. 따라서 왕수인은 '진리를 내용으로 규정하는 역사', '내용을 갖춘 진리'를 폐기하는 반란, 진리의 날개를 꺾어 그 비상력을 없애 버리는 반역을 꿈꾸는 것이다. "살아 있는 사람들의 고통과 아픔이 어찌 내 자신의 절절한 아픔으로 느껴지지 않겠는가? 내 자신의 아픔을 알지 못한다면 옳고 그름을 따질 수 있는 마음이 없는 것이다"39)라고 왕수인은 말한다. '사람들의 아픔'을 절절하게 느끼는 인간, 사람들의 아픔으로부터 출발하고, 사람들의 아픔을 구원할 수 있는 진리, 사람들의 아픔 주변에 날개를 접고 내려앉는 진리를 왕수인은 생각하였던 것이다. 왕수인이 주희가 '신민'으로 바꾸어 놓은 『대학』의 글귀를 '친민'으로 환원시키는 데서도 그 의식의 일단이 확인될 수 있다.

물론 왕수인의 진리가 날아 앉은 곳은 압제와 곤궁을 견디지 못해 떨치고 일어난 반란 농민들이나 반역을 꿈꾸고 있는 소수 민족들의 삶 주변은 아니었다. 우리는 왕수인에게 너무 큰 것을 기대해서는 안 된다. 왕수인 역시 봉건 시대의 인물이고 봉건 질서에 봉사하였던 사상가임이 사실이기 때문이다. 왕수인의 진리가 날개를 접고 내려앉았던 것은 그저 진리에 대한 소망을 품고 있는 일상적 교양인의 삶 주변이었을 뿐이다.

5. 사상가의 책임과 현실 사이

명나라 시대 중기, 왕수인이 살았던 시대의 사상사적 현안 문제는 무엇이었던가? 그것은 전 시대보다 조금은 더 자유로워진 시대적 삶을 어떻게 사상적 문맥 속에 수렴해 들일 수 있을까 하는 것이고, 어떻게 주희로부터 벗어나느냐, 또는 어떻게 진리를 통하여 세상을 구원하고자 하였던 주희의 꿈을 완성시켜 내느냐 하는 것이었다. 이것에 반응하여 새로운 철학을 완성시켜 낸 사람이 왕수인이다. 왕수인의 '심학'은 주희 철학의 나름대로의 완성이면서 주희 철학의 심장을 찌른 통렬한 반역의 비수라 할 수 있다. 왕수인은 주희의 꿈을 상속받으면서도 주희를 완전히 뒤집어 놓아 버렸기 때문이다.

왕수인이 중국사상사 속에 끼치고 있는 공적은 심대하다. 그러나 그 중에서

---

39) 王守仁, 같은 책, 103쪽.

도 가장 큰 것은 진리의 중심에 인간을 위치시켰다는 점이다. 중국사상사 속에서 주희는 독특한 위상을 갖는다. 주희는 진리의 순결성을 너무 강도 높게 추구해 나가서, 진리에 인간으로부터 독립할 수 있는 권능을 부여하기까지 하였다. 만약에 주희의 이러한 실험이 계속 원형 그대로 이어나갔다면, 중국 철학의 모습은 많이 달라졌을 것이다. 인간 중심주의라는 중국 사상의 특성은 주희의 상속자들에 의하여 무너지고 진리의 고결함에 대한 신앙이 확산되어 나갈 수도 있었을 것이다. 그렇게 인간에게로 되돌아오기 어려울 정도로 높이 날아오른 진리를 다시 인간을 향하도록 하여, 인간 중심주의의 본류 속으로 환원시켜 낸 것은 왕수인의 공적이다. 왕수인은 진리를 천상의 주희로부터 빼앗아 일상인의 마음밭으로 돌려준 것이다.

왕수인으로 대표되는 '심학'은 진리를 일상인의 바른 마음씀의 문제로 번역해 낸다. 물론 왕수인은 진리를 일상인의 마음밭으로 되돌려주면서 유학적 도덕주의, '진리를 통하여 인간의 역사를 구원하기'를 폐기하지 않는다. 일상인의 마음밭에 내려앉은 왕수인의 진리는 늘 비상의 욕구를 꺾지 않고 있는 것이다. 그러나 그의 후인들에게 있어서는 그 비상의 욕구조차 무용한 것으로 간주하는 의식이 나타나기도 하였다. 특히 태주 학파에 있어서는 이 점은 분명하다. 이러한 점은 왕수인의 '심학'이 유학적 수양의 논리, 유학적 도덕주의의 치열함을 파기하는 불온한 토양을 내재하고 있다는 비평을 가능하게 한다.

왕수인이 출발하였던 시대는 주희 철학이 시대를 장악하고 있으면서도 구원력을 행사하지 못하고 있던 때였다. 왕수인의 철학적 화두는 그 간극을 메우는 것이었다. 그리하여 왕수인의 철학이 조형되고, 왕수인의 철학은 명나라 시대 중기 이후를 좌우하는 위세를 갖추게 된다. 그렇다고 해서 왕수인의 철학이 명나라 시대를 구원해 냈던 것은 아니다. 왕수인에게도 이상과 현실의 간극을 메워 낼 수 있는 권능은 없었던 것이다.

사상 또는 사상가는 무엇을 통하여 시대와 역사에 대한 책임을 다하는가?

이 문제는 늘 우리를 괴롭히는 화두이다. 사상 또는 사상가는 시대와 역사를 구원함으로써 책임을 다하는 것인가? 그럴 수 있다면 그보다 더 좋은 것은 없으리라. 그러나 그것이 현실이 될 수 없음을 우리 모두는 안다. 그러므로 우리는 이 화두에 대해 보다 현실적인 답변을 마련함으로써 사상 또는 사상가가 져야 하는 짐을 조금 가볍게 해 주는 아량을 베풀어야 할 것이다. 사상 또는 사상가는 시대와 역사를 구원함으로써 책임을 다하는 것이 아니라, 시대와 역사를 고민함으로써 그 책임과 역할을 다하는 것이라고 말이다.

王守仁, 『王文成公全書』
_____, 『傳習錄』
李 贄, 『焚書』(서울: 법인문화사 영인본)
黃宗羲, 『明儒學案』(北京: 中華書局, 1985)
『明史』(中華書局 標點本)

杜維明, 『한 젊은 유학자의 초상』, 권미숙 옮김(서울: 통나무, 1994)
서울대 동양사학연구실, 『강좌중국사』 III(서울: 지식산업사, 1989)
시마다 겐지, 『주자학과 양명학』, 김석근·이근우 옮김(서울: 까치, 1986)
李錦全 主編, 『中國哲學史』
趙吉惠 編著, 『中國儒學史』(鄭州: 中國古籍出版社, 1991)
胡漢生, 『明13陵大觀』(北京: 中國靑年出版社, 1993)
侯外廬 主編, 『中國思想通史』(北京: 人民出版社, 1980 3刷本)

윤천근, 「지식에 대한 유학적 논의」(중국철학연구회, 『논쟁으로 보는 중국철학』, 서울: 예문
    서원, 1994)
홍원식, 「근대적 개인의 발견」(중국철학연구회, 『중국의 사회사상』, 서울: 형설출판사, 1992)
唐君毅, 「陽明學與朱子學」(張其昀 等, 『陽明學論文集』, 臺北: 華剛書局, 民國 66)
蔡仁厚, 「大學分章之硏究」(吳康 編著, 『學庸硏究論集』, 臺北: 黎明文化事業公司, 民國 70)

탈성리학적 경향과 전통 철학의 황혼

유흔우

1. 명청의 교체와 경세치용학의 등장

중국 역사에서는 16, 7세기를 '하늘이 무너지고 땅이 꺼지는'(天崩地解) 시대라고 표현한다. 이른바 명청 교체기의 격변을 가리키는 것이다. 이처럼 청조의 입국(1644년)을 기준으로 한 전후 근 1세기 동안을 특별히 교체기로 규정하는 데는 그만한 이유가 있다.

명조의 가정嘉靖(1521~1567)·만력萬曆(1572~1620) 연간은 국가의 모든 권력을 장악하고 있었던 환관들이 끝없는 파당 싸움을 야기하여 국가의 도덕성·효율성의 타락이 극에 달하고, 이른바 도학자들은 오히려 이들 환관들을 위해 복무함으로써 리학理學이 사회적 적응력과 탄력성을 상실해 가던 시기였다. 이러한 상황 아래서 많은 지식인들은 마침내 정주程朱의 엄격한 합리주의에 염증을 느끼고, 대신 왕수인王守仁의 반권위주의적이고 개인주의적인 학설에서 새로운 영감을 발견한다. 이러한 영감은 우선 두 가지 운동의 형태로 나타나게 되는데, 하나는 양명학 좌파左派인 이지李贄가 중심이 된 '광선狂禪' 운동이고, 다른 하나는 전통적 사대부의 입장에서 유교적 이상을 추구하며 양명학 좌파의 극단적인 주관주의를 비판한 고헌성顧憲成 등 동림東林 학파의 경세주의經世主義와, 이로부터 자극 받은 유종주劉宗周의 양명학 수정 운동이다.

이들은 사상의 맥락과 내용을 달리하였지만 강렬한 사회 비판 의식을 가졌다는 점에서는 공통적이었다. 이러한 경향은 철학과 예술 및 사회 분야에서 권위 파괴적인 자극을 일반화시키는 데 공헌하였다. 이 가운데 동림학파는 처음에는 강학講學을 중심으로 모였다가 점차 일종의 정치 조직을 결성하여 환관들에 대항하였으나 천계天啓(1620~1627) 연간에 위충현魏忠賢 일파의 대탄압을 받아 좌절하고 만다. 양명학 좌파가 인욕人欲을 긍정하는 반리학反理學적 이론 때문에 탄압받았다면, 동림 학파는 천리天理라는 리학의 이상理想 때문에 탄압받았다.

명조 말기는 장기적인 경제 불황으로 인해 농민 반란이 격화되고, 정부의 타락에 염증을 느낀 많은 중국인들이 만주 사회로 이탈해 갔다. 만주 사회는 그들을 기꺼이 기旗라고 부르는 자신들의 군대 조직내에 편입시켜 책임 있는 직책을 맡기기도 하였다. 천계 때 국내 반란을 진압할 능력이 없었던 명조가 적대적인 만주 사회와 결합하자, 이를 기회로 거기에 참가하였던 많은 중국인들은 명조를 멸망시키는 데 큰 공헌을 하게 된다. 청조는 분명 만주족이라는 이민족에 의해 등장하였지만, 거기에 한인漢人들의 역할도 중요한 비중을 차지하였던 것이다.

따라서 명에서 청으로의 지배권의 교체는 중국인들이 13세기에 경험했던 몽고의 지배에 비해 훨씬 충격이 적은 것이었고, 심지어 중국 역사상 왕조 교체에서 가장 혼란이 적었던 변화라고도 할 수 있다. 그 이유는 두 가지 면으로 말할 수 있다. 하나는 만주족들이 명나라를 쉽게 차지할 수 있었음에도 불구하고 명의 이데올로기, 정부 형태 및 사회 조직 등을 존중하여 지속시켰기 때문이고, 다른 하나는 청조 조정이 초기에 만주족에 협력하였던 한인들에 의해 압도되고 있었기 때문이다. 청조가 여러 방면에서의 통제 정책을 본격화해 나간 것은 강희康熙 때부터이다. 청대적인 특색은 여기로부터 형성되었다고 할 수 있는데, 명 말부터 이 때까지를 흔히 명청 교체기로 부른다.

　이상과 같은 사실을 고려할 때, 청대 철학의 특징을 일률적으로 한족 지식인들의 '반만反滿' 의식과 관련해 설명하는 5 · 4 이래의 일반화된 통설은 재검토될 필요가 있다. 하지만 명의 붕괴가 당시 지식인들 사이에 진지한 반성과 그에 따른 탐구를 불러일으킨 것은 사실이다. 그 반성은 명 말에 태어나 청대 초기에 활동한 유로遺老들에 의해 주도되었다. 그들의 일반적인 학문 경향은 정주 리학이나 육왕 심학으로부터 벗어나는 것이었으며, 유학 본연의 정신을 해치는 것으로 인식했던 불교 · 도교에 반대하는 것이었다. 이로부터 그들은 한결같이 경세치용經世致用 · 경세달용經世達用 · 명체달용明體達用 · 명체적용明體適用을 주장하게 된다. 이러한 학문적 경향을 특별히 '경세치용經世致用의 학'이라고 부르며, 또 실사實事 · 실증實證 · 실행實行 · 실천實踐 · 실사구시實事求是 등의 용어에서 보듯이 '허虛를 배척하고 실實을 숭상하는' 청대 학술 일반의 종지宗旨를 개창한 까닭에 실학實學이라고도 한다.

　그런데 경세치용학이나 실학이라는 말은 넓은 의미에서 보면 모든 유학에 다 적용될 수 있으므로 특별한 의미 부여가 필요하다. 우선 유로들의 공통적 경향이 광선파狂禪派들의 지나친 주관주의에는 반대하고 동림파들의 실용주의에 대해서는 동정적이었다는 점에 비추어 볼 때, 여기서 말하는 경세치용학이나 실학은 좌파 양명학과 대비되는 개념이라 할 수 있다.

　청대 철학의 일반적 성격에 관한 규정에서 가장 큰 영향을 가지고 있는 것은 양계초梁啓超(1873~1929)의 "송명 리학에 대한 일대 반동으로서 복고復古를 사명으로 하였다"[1]는 반동설反動說이다. 양계초는 이 설을 제시한 지 3년이 지나 『중국근삼백년학술사中國近三百年學術史』에서 이를 보완하여, 청대 철학은 팔고선생八股先生들의 도학道學이 심성에 관한 공담空談으로 일관하고 이지 등 광선파의 도덕적 타락이 극에 달한 상황에서, 명조의 멸망이라는 대사변에

---

1) 梁啓超, 『淸代學術槪論』, 6쪽.

직면하자 공소무용空疎無用한 도학에 대한 반동으로서 경세치용의 실무로 전환되었고, 이후 명조 회복의 희망이 완전히 사라지자 다시 학풍을 변경하여 장래의 성과를 기약하기 위해 고증학으로 전화해 갔다고 말하고 있다.[2]

양계초의 후자의 견해는 전자에 비해 훨씬 나은 것으로 생각되지만, 경세치용파가 의도적으로 고증학을 발전시켰다는 것은 무리가 있는 주장이다. 더욱이 그는 반동설에 기초하여 "청대 학파의 운동은 '연구 방법의 운동'이지 '주의主義의 운동'이 아니다"[3]라거나, "이 시대의 주요 학술 조류는 주관적 명상을 싫어하고 객관적인 고찰에 치우친 것이다"[4]고 하였는데, 이러한 주장은 "청 초의 큰 유학자 이후에는 철학이 없었다"거나 "청대에는 철학이 없었다"고 하는 청대 철학에 대한 보편적인 인상을 심어준 계기가 되었다.

반면 전목錢穆은 그의 『근삼백년학술사近三百年學術史』에서 송명 리학의 전통이 청대에도 여전히 그 생명을 유지하고 있었다는 연속설을 주장하였다. 전목은 고증학의 근원에 대해서도 명 중엽, 특히 동림 학파의 고헌성顧憲成·고반룡高攀龍 등의 실용 정신·사회 비판 의식을 주목하였다. 풍우란馮友蘭 또한 "한학가漢學家의 의리학은 비록 표면적으로는 도학에 반대하였지만 실제로는 도학의 계속적인 발전이다"[5]고 하여 송명대 철학과 청대 철학간의 연속성을 강조한다. 청대 철학을 지식주의 전통의 부흥으로 보는 여영시余英時의 견해[6]도 여기에 포함시킬 수 있다.

학문이 경세를 위한 것이어야 한다는 발상은 이미 동림 학파에서 나타나므로 유로들의 경세치용학의 근원을 여기서 찾는 것도 불가능한 것은 아니다. 하지만 유로들의 경세치용학은 공맹의 원시 유학과 기철학을 제외한 모든 학문

---

2) 胡適(1891~1962) 또한 이를 지지하면서, 송명 리학에 대한 반동이 소극적인 측면에서는 反玄談 운동으로 나타났고, 적극적인 측면에서는 고증학으로 나타났다고 본다.

3) 『淸代學術槪論』, 70쪽.

4) 『中國近三百年學術史』 상책, 1쪽.

5) 『中國哲學史』 하책, 974~975쪽.

6) 여영시는 이것과 관련되는 세 편의 논문을 썼는데, 「從宋明儒學的發展論淸代思想史」·「淸代思想史的一個新解釋」·「淸代學術思想史重要觀念通釋」이 그것이다.

을 공소무용空疎無用한 것이라고 비판하는 것과 표리를 이루고, 직접적인 실천에 나서지는 않았다는 점에서 동림 학파의 그것과는 분명 다르다.

반동설이 청대의 사조를 완전히 새로운 경향으로 인정하는 것이라면, 연속설은 새로운 특성은 인정하되 송명 리학의 계속성을 강조한다는 차이가 있으나 모두 송명 철학과의 관련성을 중심으로 하고 있다는 점에서는 공통적이다. 이점에서 양자는 모두 일면적인 타당성을 갖는다고 할 수 있으나 큰 의미는 없는 것이라고 할 수 있다.

성격을 분명하게 하기 위해 유로들의 학문적 경향을 세분화해보는 것이 필요하다. 이와 관련하여 이치무라 산지로市村讚次郎는 『동양사통東洋史統』에서 양명학王學에 대한 반동으로서 양신楊愼·호응린胡應麟·매작梅鷟·하해何楷·진제陳第·황문환黃文煥 등의 고증파와 왕부지王夫之·황종희黃宗羲 등의 실학파가 나타났고, 고증파와 실학파를 겸한 것이 고염무顧炎武라고 하는 주목할 만한 견해를 제시하였다.7) 물론 이러한 분류가 정확하다고는 할 수 없지만 구분해서 볼 필요성을 제기하였다는 점에서 주목할 만한 것이라 할 수 있다.

야마노이 유山井 湧는 유로들의 사상을 실천파·기술파·경학사학파 등의 세 갈래로 구분한다.8) 비록 성리性理에 대한 공담을 부정한다는 점에서는 공통적이지만, 실천파는 일상 생활이나 사회 생활에서의 실천·수양을 강조했고 기술파는 서양의 과학을 응용하여 천문역산天文曆算·농업수리農業水利·병학화기兵學火器 등에서의 실용 탐구에 주력하였으며, 경학사학파經學史學派는 경학사학의 연구를 통해 획득한 지식을 정치나 사회 문제에 도움이 되게 해야

---

7) 山井 湧, 『명청사상사의 연구』, 김기석·배경석 옮김, 288~289쪽 참조(원저는 『明淸思想史の研究』라는 제목으로 1980년 東京大學出版會에서 출간되었다.)

8) 그 구체적인 분류를 보면 다음과 같다. 실천파로는 孫奇逢·朱之瑜·陸世儀·李顒·陸隴其·顔元 등이 있고, 기술파에는 徐光啓·薛鳳祚·王錫闡·梅文鼎 등이 있다. 그리고 경학사학파에는 陳第·黃宗羲·顧炎武·王夫之·毛奇齡·費密·唐甄·萬斯同 등이 있다.(山井 湧, 같은 책, 제2부 참조)

한다는 것을 강조한 차이가 있다고 한다. 야마노이 유의 견해에 따르면, 청대 철학이 송명대 철학의 그늘에서 벗어나게 되는 공로는 경학사학파에서 찾을 수 있고, 고증학의 근원도 여기에 있다고 할 수 있을 것이다.

전체적으로 고려할 때, 이들 유로들 가운데서도 역시 황종희黃宗羲·고염무顧炎武·왕부지王夫之·안원顏元 등의 학문을 경세치용학의 대표로 볼 수 있다. 황종희는 양명학, 왕부지는 주자학 계열의 성리학자이기도 하였지만, 각각 심의 공부라는 실천과는 확실하게 선을 긋고 있는 이론 체계를 지니고 있다. 황종희는 주로 정치적인 면에서 신랄한 비판을 제기하였고, 왕부지는 독자적인 철학 체계를 가지고 있었으며, 안원은 전반적으로 사색적인 주지주의에 반대하는 실용주의·현실주의의 경향을 가지고 있다는 점에서 매우 중요하지만, 동시대인들에게는 물론 이후의 청대 철학에 대해서도 거의 영향을 미치지 못하였다. 그들의 개인적인 성향으로 말미암아 서로 교류가 거의 없었고, 강희제 때부터는 이들의 강한 정치 비판 의식으로 말미암아 그들의 저술 대부분이 청 말까지 금서禁書로 되어 있었기 때문이다.

종합해서 말하자면, 경세치용학이란 명대 중엽의 심학이나 청대 중엽의 고증학과는 구별되는 특별한 의미를 가진 개념이다. 청대 말기에 가면 금문학今文學 운동이라는 새로운 경향이 나타나고, 서양 철학의 수용 등 외적인 요인으로 인하여 전통 철학은 마지막 모습을 드러내게 된다.

이상을 근거로 청대(1644~1911) 철학은 크게 세 단계로 나누어 볼 수 있다. 첫 단계는 명말明末 청초淸初로부터 강희康熙 말년(1720년)까지이고, 둘째 단계는 옹정雍正부터 도광道光 중엽(1721~1840)까지이며, 셋째 단계는 아편전쟁부터 신해혁명(1840~1911)까지이다. 첫째 단계는 경세치용학經世致用學으로 특징 되고, 둘째 단계는 고증학考證學으로 대표된다. 셋째 단계는 금문학今文學 운동이 포함된다. 이러한 시기 구분은 왕국유王國維가 청대 학술사상의 총체적인 특징을 지적하여 "초기의 학술은 박대(大)하고, 건가의 학은 정밀(精)하며, 도

函道咸 이후의 학은 새롭다(新)"9)라고 한 것과 대체로 일치한다.

2. 경세치용학에서 고증학으로

청대는 만주족이 실권을 장악하기 위한 여러 통제 정책을 실시하는 한편, 명조의 제도를 모방하여 관제官制를 설치하고 정주의 리학을 크게 제창하였다. 이로써 리학은 청조 정부의 후원 아래 리학理學 대신大臣들인 웅사리熊賜履·이광지李光地 등과 위예개魏裔介·장백행張伯行 등을 대표로 하는 전당殿堂 리학, 육농기陸隴基·장열張烈 등을 대표로 하는 관각館閣 리학, 그리고 장이 상張履祥을 대표로 하는 초야草野 리학 등으로 발전하였다. 이들 리학가들은 비록 정도의 차이는 있지만 모두 양명학 비판에 치중했다는 공통점이 있다. 이 점에서 더욱 철저하였던 것이 관각 리학파인데, 이들은 정치적·학문적으로 양명학을 유적儒籍에서 제외시키기 위해 "명조는 양명학 때문에 멸망하였다"라거나, "양명학은 불문佛門의 학이다"는 등의 주장을 제시하였다.

그 동안 청대의 리학에 대해서는 거의 연구되지 않았다. 그러나 청대 초기에 있었던 리학과 심학 간의 논쟁은 이후의 청대 철학의 방향과 밀접한 관계가 있으므로 대략이나마 살펴볼 필요가 있다. 순치順治·강희康熙 연간의 사상계 상황을 보면, 정주 리학이 조정의 창도와 법령, 리학 대신들의 지지에 의존하고 있었던 반면, 민간에서는 양명학이 대종을 이루고 있었다. 구체적으로 동남 지역에서는 황종희의 즙산학蕺山學, 북방 지역에서는 손기봉孫奇逢의 수정 양명학, 서북 지역에서는 이옹李顒의 태주학泰州學이 흥성하였다. 그리고 모기령毛奇齡, 탕빈湯斌, 주이존朱彛尊 등도 있었다. 하지만 양명학은 옹정雍正 이후에 급속히 쇠퇴하였는데, 리학가들의 비판과 특히 옹정기에 더욱 빈번해진 문자옥文字獄의 대대적인 실시로 말미암은 것이었다. 이처럼 청대에도 여전히 주자학

---

9) 王國維, 『觀堂集林』 권23, 「沈乙庵先生七十壽序」.

파·양명학파·주왕절충파朱王折衷派 등이 있었다.

청 초의 리학과 심학 간의 대립은 강희 연간에 명사관明史館에서 「도학전道學傳」을 쓰는 문제를 둘러싸고 장열과 모기령 사이의 논쟁으로 나타났다. 논쟁의 요점은 크게 두 가지였는데, 하나는 『명사』에 「도학전」을 넣어야 하는가 하는 문제였고, 다른 하나는 왕수인을 어떤 전에 넣어야 하는가 하는 것이었다. 이것은 양명학의 성격·영향에 관련된 평가 문제를 포함하고 있었던 까닭에 두 학파의 대립은 더욱 첨예할 수밖에 없는 것이었으나, 당시의 현실적인 제약으로 인하여 양명학측은 전면적인 공격을 펼치지 못하였다.

장열은 『명사』에 「도학전」을 두는 것에 반대하였고, 양명학이 도학에 속한다는 것을 인정하지 않았다.[10] 모기령 또한 「도학전」을 두지 않아야 한다는 것에 대해서는 의견을 같이 하였으나 그 이유는 달랐다. 모기령에 따르면, 도학은 리학理學인 동시에 도가의 학설이고 정주의 학설은 공맹의 학설에 근본적으로 부합하지 않으므로 유학이 아니며, 양명학은 도학이 아니지만 오히려 유학에 속하고 도학이 리학인 이상 당연히 전傳을 세울 수 없는 것[11]이라는 요지로 대응하였다. 당시 『명사』의 편찬을 주관한 사람은 서건학徐乾學이었는데, 그는 장열의 건의에 따라 왕수인을 「훈신전勳臣傳」에 넣었다. 이것은 심학 종주宗主로서의 왕수인의 지위를 부정한 것이다.

장열은 양명학에 대해 역사적인 발전 단계를 따라서 하나하나 논박하면서 양명의 본심양지설本心良知說이 결국 명교名敎에 구애되지 않는 불선佛禪으로 흘러갔다고 비판하고 양명학의 완전한 폐지를 주장하였다. 이에 대해 양명학파는 정면적인 대응은 하지 못한 채 주자학의 도가·도교적 성질을 밝히는 데 주력한다. 그 결과 양명학파는 소옹의 선천역수先天易數와 주돈이의 '태극도太極圖'가 도교에서 유래한 것임과 주희가 이들의 설을 자기 철학 체계 내에 받아들이게 된 내력을 고증해 냄으로써 그 돌파구를 마련하였다. 황종희·황종

---

10) 『王學質疑』, 附錄 「讀史質疑」 3.
11) 『辨聖學非道學義』.

염·모기령·주이존 등의 '선천도'와 '태극도'에 대한 고증은 바로 그러한 목적에서 진행된 것이고 상당한 성공을 거두기도 하였다.[12]

결국 청초의 리학과 심학 간의 논쟁은 '무극無極'을 둘러싸고 주희와 육구연 사이에 진행된 변론이 재연된 것이다. 그들은 자신들의 주장을 변론하기 위해 고증에 몰두했는데, 그것이 오히려 심학을 포함한 리학 전체의 해체를 불러오게 되는 결과를 낳았던 것이다.[13]

앞의 주제로 되돌아가서 말하면, 경세치용학은 다시 대신들에 의해 주도된 청대 초기의 리학과 구분되는 개념이고 리학과 심학 간 최후의 논쟁을 통하여 점차 그 싹이 자라난 고증학과 구별된다. 그러므로 고증학의 뿌리는 일단 청초의 심학 계열에 있었다고 볼 수 있다

명대의 심학은 본래 내면의 수양에 충실하려는 것이었다. 따라서 심학에서 말하는 학문은 곧 자기를 수양하여 성인聖人이 되는 것을 목표로 한 것이다. 특히 여기서는 개인의 심心의 수양이 학문의 중심이 되어 심의 본체를 체인體認하고 실천을 통하여 구현하는 것을 공부工夫라고 했고, 그 공부의 주된 방법은 독서讀書와 정좌靜坐 등을 포함하는 사색思索이었다. 심학에서는 독서의 범위를 경서 이외에도 선유先儒의 저서·어록·불전佛典 등 모든 도학적道學的인 것으로 확장해 갔고, 경서에 대해서도 점차 독자적인 해석을 부여하게 된다. 이렇게 되자, 그들의 학설에 있어서는 체인이 얼마나 깊은가, 그리고 자기의 체인과 관련시켜 얼마나 경서에 새로운 해석을 부여할 수 있는가 하는 것이 문제가 되었다.

그런데 이미 정통正統(1436~1449) 무렵부터 쇠락의 조짐을 보이던 명조가

---

12) 이들 논변에 관한 자세한 내용은 王茂·蔣國保·余秉頤·陶淸『청대철학』(김동휘 옮김)을 참조할 것.

13) 유로들 대부분도 이런 비판에 참가하였으나, 그들은 理學이나 心學을 수호하려는 의도를 가지고 있지 않았다. 또한 그들 모두가 고증학에 관심이 있었던 것도 아니었다. 이런 점에서 경세치용학을 별도의 한 단계로 인정해야 한다는 山井湧의 주장(『명청사상사의 연구』, 김기석·배경석 옮김)은 설득력이 있다.

결국 만주족이라고 하는 이민족에 멸망을 당한 상황 아래에서는 개인의 심을 수양하여 성인이 되기를 추구하는 학문은 존립하기 어려웠다. 따라서 자연히 학문은 경세를 위한 것, 실제 사회에 유용한 것이어야 한다는 의식이 생겨나게 되었다.

강희 말기에 이르게 되면 경세치용학은 점차 쇠퇴하게 된다. 경세치용의 학이 쇠퇴하고 고증학으로 전환하게 되었던 배경에 대한 설명은 다양하다. 하지만 그러한 설명들에서 공통적으로 지적되는 것이 금서禁書나 문자옥文字獄, 금서의 유포를 막기 위해 실시된 『고금도서집성古今圖書集成』·『사부전서四部全書』 등의 편찬 사업과 같은 청 조정의 정책이다. 그 외에도 '반만反滿'이라고 하는 민족 의식과 서양의 과학에 대한 대응이라는 주체 의식에 의거하여 해석하는 이론도 있다. 야마노이 유는 고증학으로 전환하게 된 원인을 청조 정권이 정치적·경제적으로 안정을 되찾았으며 유로들이 경험한 그와 같은 대동란을 알지 못하는 연대의 사람들이 활약하게 됨으로써 경세 치용적인 관심이 점차 희박해졌다는 것에서 찾고 있다.[14] 전자의 해석 방식이 고증학 발생에서 외부의 자극을 중시하는 것이라면 후자는 고증학자들의 내적 동기를 중시하는 것이다.

일찍이 고염무는 학술 연구에서 "문장으로 박학하게 되고", "행사로써 수치를 알아야 한다"고 강조하면서 "구경九經을 읽을 때에는 문장의 고증으로부터 시작하고, 문장을 고증할 때에는 음音을 아는 데로부터 시작한다"는 방법을 제시하는 동시에 경서와 역사에 근거하여 입론함으로써 '도를 밝히고 세상을 구하는' 목적을 실현할 것을 주장하여 고증학을 창시하였다. 고염무의 이러한 주장은 강희·옹정·건륭 3대에 걸쳐 대대적으로 실시된 문자옥을 맞아, 당시의 지식인들이 선택할 수 있는 유일한 방식으로 인식되어 크게 성행하였다. 문자옥은 가경嘉慶 이후에 공식적으로 폐지되었으나 탄력이 붙은 고증학은 고문경

---

14) 山井 湧, 같은 책, 296쪽.

학古文經學의 훈고 방법을 계승하여 체계화하는 한편, 새로운 방법을 발명하고 천명하여 고적古籍에 대한 정리 사업과 언어 문자의 연구에 이용함으로써 이른바 박학博學의 학풍을 형성하였다. 뿐만 아니라 그 고증의 대상을 역사·지리·천문역법·음율音律·전장典章 제도 등으로까지 넓혀 나갔다. 흔히 이를 '건가乾嘉(1736~1820)의 학'이라 부르고 또 '한학漢學'이라고도 한다.[15]

건가학에 있어 대진(1723~1777)의 위치는 매우 중요하다. 그는 환파皖派 한학을 개창한 인물인데, 학문 태도와 방법에서 혜동惠棟(1691~1738)의 오파吳派와 대비되는 특징을 가지고 있었다. 혜동은 문자 훈고로써 경서의 본의本義를 연구했기 하였기 때문에 한유漢儒들의 전주箋注에 전적으로 근거하는데, 대진은 이를 비판하고 원시 유학의 입장에서 경서의 고주古注들을 연구할 것을 제창하였으며 방법론에 있어서는 원시 유학은 시간적·공간적으로 거리가 멀기 때문에 반드시 추론에 의거할 것을 주장한다.

대진의 방법은 두 가지 면에서 당시의 고증학자들과 구분된다. 하나는 '문도聞道'의 방법으로서 추론을 활용하되 고증학에 의해 객관성을 보장받는 것이고, 다른 하나는 '십분지견十分之見'으로 연구 대상인 재료 전체를 일관하는 중심 조리條理를 찾아내는 것이다.[16] 왕명성王鳴盛(1722~1797)은 '옛것을 구하는 것'(求其古)인 혜동 한학의 특징과 대비시켜 대진의 한학을 '진리를 구하는 것'(求其是)이라 평가한다.[17] 여기서 '고古'는 재료의 원초성을 가리키는 것으로 주로 경험적인 것에 해당하고, '시是'는 진리의 객관성을 가리키는 것으로 이성적인 것이라 할 수 있다. 대진은 여기서 '심사深思'와 '자득自得'을 강조하는 이

---

15) 벤자민 엘만은 고증학 발생기와 전성기의 출판 사업과 학자들의 교류를 중시하여 江南 지역, 특히 江蘇·安徽·楊洲를 주목해야 한다는 견해를 제시한 적이 있다. 고증학의 대표적인 학자는 아무래도 전체적인 규모를 갖추어 자신의 철학을 발휘할 수 있었던 戴震·阮元·焦循이고, 이들이 이 지역에 속하였다는 점을 고려할 때 일리가 있는 견해라 하겠다. 하지만 강남 지역이 상업이 발달하여 일찍부터 '자유'를 토대로 하는 '市民 의식'이 형성되어 그들의 사회 비판 의식이 문자 훈고 중심의 고증학으로부터 철학 중심의 고증학에로 회귀하게 되었다는 분석은 더 많은 논의를 필요로 하는 것이라 하겠다.

16) 戴震, 「與某書」·「與姚孝廉姬傳書」(『東原集』 권9) 참조.

17) 洪榜의 「戴東原行狀」에서 재인용.

성 원칙을 가지고 있었다고 할 수 있다. 따라서 환파·오파의 대립은 이성주의와 경험주의의 대립으로도 볼 수 있을 것이다.

대진은 송유宋儒의 전주傳注를 전부 폐기할 것을 주장하였으나, 다른 관점에서 보면 건가 시기에 주희의 경학, 특히 『사서장구집주四書章句集注』를 중시하게 되는 학풍을 열었다고 할 수 있다. 그 진짜 목적은 송유 전주의 한계를 극복하고 원시 유학으로 돌아가는 것이었는데, 그러기 위해서는 송유의 전주를 연구할 필요가 있었다. 이것은 오파의 한학가들이 송유의 전주를 무시한 결과 『사서四書』까지 폐기하고 오로지 한유漢儒들의 전주箋注에만 매달렸던 것과 비교할 때 새로운 경향이었다. 대진은 이로부터 고증을 넘어 철학(義理)으로 나가게 되었으며, 그 결과가 『맹자자의소증孟子字義疏證』·『원선原善』 등이다. 이에 영향을 받은 초순焦循(1763~1820)은 『논어통석論語通釋』·『맹자정의孟子正義』를 남겼고, 완원阮元(1764~1849)은 『논어』·『맹자』의 인仁을 철학적으로 논하였다. 이들은 고증에 의거하여 송유宋儒들을 비판하는 데 머물지 않고, 완전히 새로운 의리義理(즉 철학)를 추구하였다. 이로써 고증학은 훈고를 넘어 철학으로 전환하는 계기를 마련하였다고 할 것이다.

고증학과 관련, 철학적 관점에서는 부차적인 문제라 할 수 있으나 당시로서는 최대의 문제였다고 할 수 있는 것이 하나 있다. 이른바 '한漢·송宋 논쟁'이 그것이다. 특히 혜동 오파의 한학은 "공자는 성性과 천도天道에 관하여 거의 말하지 않았다"는 『논어』의 내용에 근거하여 성과 천도를 말하는 모든 의리학을 배척하였다. 그들이 택한 것은 한대漢代 경사經師들의 가법家法을 묵수墨守하는 길이었다. 리학파에 속하는 방동수方東樹(1772~1851)는 이에 대응해 여러 가지 폐단을 들어 한학을 비판했는데 그 요지는 다음과 같다.

첫째, 리학을 힘써 타파하고 리理를 궁구하는 것을 엄금할 것을 주장했는데, 이는 도에 가장 어긋나는 해로운 가르침이다. 둘째, 고증함에 실속이 없이 정주가 빈말로 리를 궁구한다고 설교하여 후학의 공소한 기풍을 계발하였다. 셋째,

정주 리학이라는 이름과 『송사宋史』「도학전」을 꺼린다. 넷째, 정주의 수신과 리법理法에 의한 행위 준칙이 사실에 맞지 않는다고 생각하고는 '송유는 리理로써 살인한다'고 부당한 비난을 한다. 다섯째, 뱃속에 있는 몇 권의 책과 그 자그마한 새로운 지혜를 참아내지 못해서 거리낌없이 책을 짓는다.[18]

방동수의 비판은 혜동·대진을 동시에 겨냥한 것이라고 할 수 있으나, 대진의 철학을 비판하는 데까지는 이르지 못한 것이었다. 그러나 방동수의 비판이 끼친 영향은 실로 커서, 이후 한학을 전공하는 학자는 항상 한학과 송학을 조화시키려고 하였다. 강번江藩(1761~1831)의 『국조한학사승기國祖漢學師承記』는 방동수의 비판에 대응하고자 하였으나, 한학이라는 명칭을 송학과의 경계境界로 설정함으로써 학술계에 한·송의 구별이라는 이념성이 강한 논쟁을 촉발하는 계기가 되었다.

3. 고증학의 토대 ― 기철학과 욕망 긍정

고증학의 철학은 이른바 '기철학氣哲學'과 '욕망情欲의 긍정'으로 요약할 수 있다. 이 점과 관련해서는 특히 왕부지와 대진을 주목할 필요가 있다. 왕부지는 고증학가는 아니었고, 그의 기철학이 대진에게 직접 영향을 주었다는 증거도 없다. 하지만 일련의 기철학 흐름에서 왕부지의 철학이 차지하는 비중은 매우 크다고 할 수 있기 때문에 간략하게나마 살펴보고, 이것과 비교되는 대진 기철학의 특성을 소개하고자 한다.

기철학氣哲學이란 송대 이후의 리기 철학에서, 기氣보다는 리理를 중시하는 주자학의 리철학理哲學에 상대하여 쓰는 말이다. 리철학은 리선기후理先氣後·리본기말理本氣末의 입장에서 리와 기에 대해 차별적인 가치를 부여하는데, 이러한 특징은 심성론에서 확실하게 나타난다. 주희에 따르면, 인간도 마찬

---

18) 方東樹, 『漢學商兌』 하권.

가지로 리와 기에 의해서 설명할 수 있다. 즉 기에 의해서 인간의 기질이 생겨나면 그것에 리가 부착된다. 그런데 리는 기를 떠나서는 존재할 수 없으므로 '성즉리性卽理'의 성, 곧 '본연의 성'(本然之性)도 기질을 떠나서 독립적으로 존재할 수 없다. 이로부터 '기질의 성'(氣質之性)이 있게 되며, 실제적인 인간의 성은 이 기질의 성이다. 본연의 성은 만인에게 동일하고 순수하게 선善한 것이지만, 기질의 성은 기질의 영향을 받는다. 그러므로 기질의 청탁淸濁·후박厚薄 등에 따라서 다양한 차별적인 인간이 있게 되고 악惡은 여기서 발생하게 된다. 따라서 본래 기질 자체를 악이라 할 수는 없지만 기질은 악의 기원임에 틀림없으므로 "악은 기이다"[19]라고까지 하게 된다.

주희는 본연의 성을 기질의 성의 이면裏面으로 보지 않았고, 여기서 한 걸음 더 나아가, 기질의 성은 본래의 의미에 있어서의 성이 아니고 본래의 성의 장애물로서 반드시 부정되고 극복되어야만 하는 것이라고 말한다. 따라서 그의 '성즉리'라는 명제는 처음부터 기질의 성을 부정하는 성격의 것이었다.

악의 기원을 기질로 귀결시키는 것은 곧 기질에 근거하고 있는 정情이나 욕망(欲)으로 귀결시키는 것이다. 기질과 마찬가지로 정과 욕망도 반드시 악한 것이라고는 할 수 없으나 주자학에서는 그것들이 지닌 악의 경향을 강조한다. 때문에 주희의 수양론修養論은 본연의 성을 해치는 욕망을 배제하고, 이를 통하여 기질을 변화시켜 본래의 지선한 성을 회복한다는 형태를 취하게 된다. 그 방법으로 제시된 것이 거경궁리居敬窮理였는데, 특히 거경은 "천리를 보존하고 인욕을 막는" 유력한 수단이 되었다. 그는 또 욕망을 동적動的인 것으로 보고 성과 리는 동정動靜을 초월한 경계에 있는 것으로 생각하였는데, 이로써 그의 거경의 방법인 주정主靜에서의 정靜은 동動에 상대하는 정靜이 아님을 알 수 있다. 이것은 주자학이 '무욕無欲'설로 나아가게 되는 원인이 되었으며, 대진으로부터 주자학은 리로써 살인하는 것이라는 평가를 받게 되는 단서가 되었다

---

19) 『朱子語類』 권4 제40조

고 할 수 있다.

기철학은 이상과 같은 주자학적 리철학에 반대하면서 일어난 것이다. 기철학의 발단은 물론 북송의 장재張載이다. 그러나 청대 기철학의 근원과 관련해서는 명대 중기의 기철학부터 언급해야 한다. 즉 명대의 나흠순羅欽順(1465~1547)을 필두로 왕정상王廷相(1474~1544)·왕기王畿(1498~1583)·유종주劉宗周(1578~1645) 등을 대표로 하는 기철학의 흐름은 청대에 와서 황종희(1610~1695)·왕부지(1619~1692)·안원(1635~1704)·이공李塨(1659~1733)·정정조程廷祚(1691~1767)로 이어져 대진에 와서 그 완성을 보게 된다. 그 이후로도 정요전程瑤田(1725~1814)·장학성章學誠(1738~1801)·능정감凌廷堪(1755~1809)·초순·완원 등을 거론할 수 있다. 학술 사조와 철학을 구분해서 말한다면, 기철학은 청대의 가장 큰 특징적인 철학이었다고 할 수 있을 것이다.

왕부지는 기氣를 우주 만물의 근원이자 본체로 보아 "하늘과 인간의 인온絪蘊은 하나의 기에 불과하다"[20]고 한다. 이것은 자연계와 인류 사회를 포함한 모든 것은 기라는 하나의 개념으로 모두 설명할 수 있다는 것으로, 왕부지 철학에서 '기'가 최고의 범주임을 잘 보여 주는 대목이다.

왕부지는 또 "음양 두 기가 태허에 충만되어 있어, 이것 외에는 다시 다른 것이 없다. 또 거기에는 아무런 간극이 없어 천지의 형상이 모두 그 범위 안에 있다. 흩어져 무형無形에 들어가게 되면 곧 기의 본체가 되고 모여서 유형有形이 되어도 기의 정상(常)을 잃지 않음을 안다면, 죽고 사는 것이 낮과 밤의 변화와 같음을 알 수 있다"[21]고 하는데, 이것은 기의 근본 속성이 운동임을 말하는 것이다. 그는 더욱 분명하게 "태허는 본래 운동하는 것이다"[22]라고 한다. 왕부지는 그러한 운동을 '인온絪縕'으로 표시하는데, "두 기가 상호 작용하는 데서 운동이 잉태된다"[23]고 한 말에서 볼 수 있듯이 인온은 음양 두 기의 운동 변화

---

20) 『讀四書大全說』 권10, "天人之蘊, 一氣而已."
21) 『張子正蒙注』, 「太和」, "陰陽二氣充滿太虛, 此外更無他物, 亦無間隙, 天之象, 地之形, 皆其所範圍也. 散入無形而適得氣之體. 聚爲有形而不失氣之常, 通乎死生猶晝夜也."
22) 『周易外傳』 권6, "太虛者, 本動者也."

를 가리키는 것이다.

그렇다면 운동과 정지의 관계는 어떻게 설명할 수 있는가? 『사문록思問錄』에서는 다음과 같이 말한다.

> 태극이 움직여 양을 낳으니 움직임의 움직임이다. 고요하여 음을 낳았으니 움직임의 고요함이다. 아무것도 움직임이 없이 고요하면 음은 어디에서 생겨나겠는가? 한 번 움직이고 한 번 고요한 것은 닫히고 열림을 말한다.…… 아무것도 없는 고요함은 쉬는 것이다. 지성至誠은 쉬지 않는다. 하물며 하늘과 땅은 더 말할 것이 있겠는가? 하늘의 명은 계속되어 그치지 않는데 어디에 고요함이 있겠는가?[24]

이것은 그의 "고요함은 고요함의 움직임이지 완전히 움직이지 않는 것은 아니다"[25]라는 명제와 함께 유명한 동정상함動靜相涵설을 이루는 것이다. 그는 "움직임과 고요함은 서로 포함(涵)하는데, 이것이 모든 변화의 우두머리가 된다"[26]고 한다. 동정상함설은 왕부지 철학 전체를 관통하고 있는 논리로서 음양·태극·건곤 등을 논할 때 매우 중요한 관념이다. 이것은 곧 '체용상함'의 논리라고도 할 수 있다.

> 이 때문에 성性과 정情은 서로 필요로 하는 것이다. 처음과 끝은 서로를 이루어 주는 것이고, 체와 용은 서로 포함하는 것이다.[27]

결국 왕부지는 운동의 절대성과 정지의 상대성을 통하여 이 양자의 관계를 고찰하고 있는 것이라 하겠다. 이러한 논리는 리기理氣·도기道器·형이상하

---

23) 『周易內傳』 권6, "二氣交相入, 而包孕以運動之貌."
24) 『思問錄』, 內篇, "太極動而生陽, 動之動也. 靜而生陰, 動之靜也. 廢然無動而靜, 陰惡從生哉? 一動一靜, 闔闢之謂也…… 廢然之靜, 則是息矣. 至誠無息, 況天地乎? 維天之命, 於穆不已, 何靜之有?"
25) 같은 책, 같은 곳, "靜者靜動, 非不動也."
26) 『周易外傳』 권4, "動靜互涵, 以爲萬變之宗."
27) 같은 책 권5, "是故性情相需者也, 始終相成者也, 體用相函者也."

形而上下의 관계에 그대로 적용된다. 예를 들면, "리와 기는 서로 체가 된다. 기 밖에 리가 없고, 리 밖에서 또 기가 이루어질 수 없다. 리와 기를 제대로 말하기 위해서는 반드시 확연하게 분리해서 단절시켜서는 안 된다"[28]라는 말이 그것이다.

중국철학사상 도기道器의 관계는 흔히 보편과 특수의 관계로 이해되었다. 왕부지는 이에 대해, "도란 사물이 다양하게 드러난 것이면서 보편 법칙(共由)이다. 사물이 드러난 것, 오직 거기서 실체를 볼 수 있다. 사물이 법칙으로 삼는 것, 오직 그것만이 항상 따를 수 있다"[29]고 했다. 이것은 '도'는 존재의 물질적 실체(物之所著)인 동시에 '사물들이 공유하는 보편 법칙'(物之所由)임을 긍정한 것이다. 따라서 왕부지에게서 '도'는 형체가 없는 것이라는 것과 같은 설명은 있을 수 없다. 그래서 "형이상이란 무형無形을 가리키는 말이 아니다. 이미 형체가 있고, 형체가 있은 다음에 형이상이 있다"[30]고 한다. 정리해서 말하면, 보편은 특수 가운데 깃들여 있어서 확연하게 잘라서 볼 수 없다는 것인데, 이것을 "이 한 물건을 거느리는데 형이상을 도라고 말하고, 형이하를 기器라고 말한다. 한 번 음하고 한 번 양하는 것의 화합으로 이루어진 것이 아님이 없다. 기器를 다하게 되면 도는 그 가운데 있다"[31]고 하였다. 이로부터 왕부지는 "천하에 있는 것은 오직 기器 뿐이다"(天下唯器而已矣, 盈天地間皆器矣)[32]는 결론을 내리게 된다.

한편 대진 기철학의 본체론적 특징은 형이상과 형이하 모두를 기로 파악하는 데 있다. 이것은 이미 왕부지에게서 나타났던 것인데, 대진은 보다 분명하게

---

28) 『讀四書大全說』 권10, "理之氣互相爲體, 而氣外無理, 理外亦不能成氣. 善言理氣者, 必不判然離析之."
29) 『周易外傳』 권5, "道者, 物所衆著而共由者也. 物之所著, 惟其有可見之實也. 物之所由, 惟其有可循之恒也."
30) 『讀四書大全說』 권10, "形而上者, 非無形之謂. 旣有形矣, 有形而后有形而上."
31) 『思問錄』, 內篇, "統此一物, 形而上卽謂之道, 形而下者謂之器, 無非一陰一陽之和而成. 盡器則道在其中."
32) 『周易內傳』 권5~6.

형이상과 형이하는 기의 서로 다른 존재 형식임을 말한다.

형形은 이미 형질을 이루고 있음을 말한다. 형이상은 형질 이전이라는 말과 같고, 형이하는 형질 이후라는 말과 같다. 음양이 아직 형질로 이루어지지 않음을 가리켜 형이상이라고 하는 것이므로 (음양 자체는) 형이하가 아님이 분명하다. 기器는 이미 형성되어 불변함을 가리키고 도는 물체를 이루어 소실되지 않음을 가리킨다. 다만 음양만이 형이하가 아닐 뿐 아니라, 오행인 수·화·목·금·토와 같은 것은 그 형질을 볼 수가 있으므로 본래 형이하에 속하는데, 이것이 바로 기器이다. 인간과 만물은 모두 그 오행의 기를 품수하였으므로 형이상에 속한다.[33]

그는 더 나아가 음양오행을 도의 실체로 보고 있다.

도는 행行함을 가리킨다. 기화氣化의 유행은 화생(生生)의 작용을 멈추지 않는다. 그래서 도라고 하는 것이다.…… 행은 또한 도의 통칭通稱이다.…… 음양오행은 도의 실체이다.[34]

여기서 '행'은 운동을 가리키는 것으로 볼 수 있다. 음양오행은 자연계의 실체이고 이 실체의 운동은 곧 부단히 화생하는 기화의 유행이다. 대진은 이와 같이 부단히 화생의 작용을 멈추지 않는 기화의 과정에는 조리條理가 있다고 여겼다.

일음일양은 화생化生을 가리키고, 그 화생에는 조리가 있다.[35]

---

33) 『孟子字義疏證』 중, "形謂已成形質, 形而上猶曰形以前, 形而下猶曰形以後. 陰陽之未成形質, 是謂形而上者也. 非形而下明矣. 器言乎一成而不變, 道言乎體物而不可遺. 不徒陰陽非形而下, 如五行水火木金土, 有質可見. 固形而下也, 器也. 其五行之氣. 人物咸稟受於此, 則形而上者也."
34) 같은 책, 같은 곳, "道, 猶行也. 氣化流行, 生生不息, 是故謂之道…… 行亦道之通稱……陰陽五行, 道之實體也."
35) 『原善』 상, "一陰一陽, 其生生乎. 其生生而條理乎."

오직 조리가 있음으로 해서 화생할 수 있다. 조리를 잃게 되면 화생의 도리도 끊어진다.[36]

기화가 연속할 수 있는 것은 조리가 있기 때문이라는 것이다. 이것은 운동과 법칙을 내재적으로 연결시키는 것으로서 왕부지와 또한 비교될 수 있는 관점이다.

기화 유행의 과정에서 서로 다른 다양한 사물들이 생겨나는 것은 "음양오행이 복잡하게 섞이어서 온갖 변화가 있기 때문이고, 비단 종류(品物)의 유형이 서로 다를 뿐만 아니라 한 종류 가운데도 서도 다름이 있게 된다."[37] 따라서 구체 존재 각각에도 서로 차이가 있어 천차만별의 사물을 형성하게 된다. 그런데 이러한 구체 사물 모두는 자체의 특수한 본질을 가지고 있기 때문에 반드시 그 구체 법칙을 관찰해야 한다. 대진은 각 사물이 가지고 있는 특수 법칙을 '분리分理'라고 부른다.

리란 그것을 살피고 거의 눈에 보이지 않는 작은 것도 반드시 갈라서 구별해 놓은 이름이다. 이런 까닭에 그것을 분리分理라고 한다.[38]

구분하면 각각 바꿀 수 없는 법칙이 있게 되는데 이것을 리라고 한다.[39]

말하자면 리란 어떤 사물을 다른 사물과 구별되게 하는 특수한 본질 또는 특수한 법칙이라는 것이다. 대진은 이 '분리'라는 개념으로 정주학파의 '만물일리萬物一理' 관점을 비판하고, 고대의 일상 언어 가운데 쓰였던 '리'의 용법을 근거로 "옛 사람들이 말한 리에는 후대 유학자들이 말하는 리와 같은 것은 없

---

36) 같은 책, 같은 곳, "惟條理是以生生, 條理苟失, 則生生之道絶."
37) 『孟子字義疏證』 권하, "雜糅萬變, 是以及其流形, 不特品物不同, 雖一類之中又復不同."
38) 같은 책, 같은 곳, "理者, 察之而幾微必區以別之名也. 是故謂之分理. 在物之質, 曰肌理, 曰腠理, 曰文理. 得其分則有條而不紊, 謂之條理."
39) 같은 책, 같은 곳, "分之各有其不易之則, 名曰理."

었다"40)고 한다.

대진은 일체를 기에 근거하여 설명하였기 때문에 인간의 성도 기만으로 설명하였다. 그는 『예기』에 근거하여 '혈기심지血氣心知'를 성性으로 보고 이를 기초로 인간은 천부적으로 선을 택할(擇善) 수 있는 능력을 구비하고 있다는 것을 다음과 같이 말한다.

혈기가 있은 다음에 심지가 있다. 심지가 있으므로 삶을 생각하고 죽음을 두려워하는 정이 생기고 이로 인하여 이익을 따르고 손해를 피한다. 그 정상精爽의 한계가 비록 밝고 어두움이 서로 차이가 많지만 삶을 생각하고 죽음을 두려워하는 것을 벗어나지 않으며, 혈기의 무리가 모두 그러하다. 그러므로 사람은 지혜가 선을 택하기에 족함보다 더 큰 것이 없다. 선을 택하면 마음의 정상이 신명神明에까지 나아가는 것이 여기에 있다.41)

여기서 '혈기심지'가 비록 인간과 동물의 공통성을 배제하지 않는 개념이기는 하지만 오히려 개별성이 강조되고 있음을 볼 수 있다. 혈기심지란 곧 기질의 성이다. 대진은 주희가 악의 근원으로서 부정한, '성색취미聲色臭味'나 '음식남녀飮食男女'의 욕망, 삶을 소원하고 죽음을 두려워하는 정을 혈기에 고유한 것으로 보고 긍정하고 있는 것이다.

대진이 말하는 성性은 본능의 전부를 가리킨다. "혈기심지가 성의 실체이다"라거나 "사람의 혈기심지는 음양오행을 근본으로 하는 것으로 바로 성이다"42)고 하는 언급이 그것이다. 그런데 그는 "지극히 서로 다른 것은 각기 재才에서 드러난다"43)고 하므로, 그의 성은 재성才性의 의미임을 알 수 있다. 사람이 선

---

40) 같은 책, 같은 곳, "古人所謂理, 未有如後儒之所謂理者矣."
41) 『原善』 중, "有血氣, 夫然後有心知. 有心知, 於是有懷生畏死之情, 因而趨利避害. 其精爽之限之雖明昧相遠, 不出乎懷生畏死者, 血氣之倫盡然. 故人莫大乎智足以擇善也. 擇善則心之精爽進於神明, 於是乎在."
42) 같은 책, 같은 곳, "血氣心知, 性之實體也." "人之血氣心知本乎陰陽五行者, 性也."
43) 같은 책, 같은 곳, "惟至不同, 各呈乎才."

을 택할 수 있는 것은 다른 동물에 비해 이 재성이 훌륭하기(才之美) 때문이다.

대진은 또 "리理는 욕欲에 있다"[44]는 주장을 한다. "천하의 정情에 통하면 천하의 욕欲을 완수할 수 있다. 그것을 헤아려 밝지 못함을 세세하게 다스리는 것을 리라고 한다"[45]고 하여, 천리天理가 인욕人欲에 있음과 인욕이 자연自然이라는 점, 자연의 결함을 고치는 것이 필연必然이라는 점을 동시에 말하고 있다.

자연을 말하여 순順이라 하고, 필연을 말하여 상常이라 하며, 본연을 말하여 덕德이라 말한다. 천하의 도는 순에서 다 발휘되고, 천하의 교敎는 상에서 통일되며, 천하의 성性은 덕에서 같아지게 된다.[46]

'자연'과 '필연' 그리고 '본연'은 대진의 가치론에서 매우 중요한 개념이다. 특히 '필연'은 그 중심 관념이다. '혈기' 즉 '자연'에는 결함(失)이 있으므로 그대로 완전하지는 않다. 따라서 '필연'이라는 '결함이 없는 상태'(常)에 도달해야만 비로소 '자연'이 완전해 질 수 있다. 대진에게 있어서는 주희의 경우와 달리, 성 그 자체는 완전한 상태가 아니고, 완전한 상태는 노력을 통해 도달해야 할 목표로 되어 있다. "성은 덕에서 같아진다"고 한 그의 말에서 보면 그것을 분명하게 알 수 있다. 이것은 완전한 상태를 미리 전제하고 거기로 돌아가야 한다고 주장한 주희와 크게 다른 점이다.[47]

이에 따라 대진은 성性과 선善을 두 가지로 나누어 보게 된다. 재질의 자연

---

44) 『孟子字義疏證』 권상, "理者, 存乎欲者也."
45) 같은 책 권하, "通天下之情, 遂天下之欲, 權之而分釐不爽謂之理."
46) 『原善』 권상, "言乎自然之謂順, 言乎必然之謂常, 言乎本然之謂德. 天下之道盡於順, 天下之教一於常, 天下之性同之於順."
47) 安田二郎은 대진의 '필연'이 '자연 필연'의 필연이 아니라 '당위적 필연', 즉 도덕적 필연이라고 한다.(安田二郎 譯, 『孟子字義疏證』, 제13장 주) 하지만 대진이 『맹자자의소증』에서 필연을 가리켜서 '자연의 極則' 등으로 표현하고 있는 것을 볼 때, 반드시 당위적 필연만은 아니라고 볼 수도 있다.

에 보존되어 있는 것은 성性이고, 그것이 필연必然으로 돌아가게 되면 선善이다. 만물은 다만 그 자연을 완수할 수 있을 뿐이지만 인간은 그 필연을 밝힐 수 있다. 이 필연이 바로 리理의 의미이다. "사람이 이러한 리의理義를 알 수 있는 것은 심지心知가 밝기(明) 때문이고",48) "따라서 사람의 성性의 완성 여부는 그 지우智愚가 고르지 않음에 달려 있으며, 어리석으면서도 배우지 않고 생각하지도 않으면 악惡으로 흘러가게 되는 것이다. 어리석음이 악은 아니므로 성에 불선不善이 있는 것은 아니다."49)

사람이 완전한 상태에 도달할 수 있는 것은 '지智' 때문인데, 그는 '지智'에 대해 "화생을 살펴보면 인仁을 알 수 있다. 그 조리를 살펴보면 예禮를 알 수 있다. 조리를 잃어 버리고 화생할 수 있는 것은 있지 않다. 이런 까닭에 의義를 알 수 있다. 예나 의나 다 인이 드러난 것인가? 만약 조리가 마음에서 얻어지면 그 마음이 깊고 조용히 조리가 되는데 이것이 지智이다. 지라는 것은 그 인의 감추어진 것인가?"50)라고 한다. 대진에게 있어서 인仁·의義·예禮는 모두 앎(知)이나 관찰(觀)의 대상이다. 그리고 그것을 알 수 있고 관찰할 수 있는 것이 '지혜'(智)인데, 지혜는 본래 성에 갖추어져 있다. 곧 '성의 덕德'이다. 결국 대진은 성性을 욕欲과 지智(覺)의 두 가지 능력으로 보는 것이다.

대진의 이상과 같은 철학을 계승한 것은 그를 사숙私塾하였던 초순焦循이다. 초순은 대진의 '인욕'설과 '지智'설을 성선론性善論 논증에 적용하였다. 그는 "성선설은 유자들이 매번 정밀하고 깊이 있게 말하지만 잘못이 있다. 성이란 다른 것이 아니라 식색食色일 뿐이다. 음식남녀는 인간과 만물이 같이하는 것이다"51)라 한다. 성을 인욕으로 규정하는 것은 대진과 마찬가지로 『예기』에 근원하는 것이지만, 그것을 모든 생물의 생生의 의지로 확대해 보는 것은 초순

---

48) 『緒言』 권상.
49) 같은 책 권중.
50) 『原善』 권상, "觀於生生, 可以知仁. 觀於其條理, 可以知禮. 失條理而能生生者, 未之有也, 是故可以知義. 禮也, 義也, 胥仁之顯乎? 若夫條理得於心, 其心淵然而條理, 是爲智. 智也者, 其仁之藏乎?"
51) 「性善解一」, "性善之說, 儒者每以精深言之非也. 性無他食色而已. 飲食男女, 人與物同之."

의 독창이라 할 수 있다.

성이 모든 생물의 생의 의지인 까닭에, 따라서 성性 자체로 선善을 논할 수 없다. 그래서 초순은 허령불매虛靈不昧한 것이 인간의 성이고 인성은 곧 지혜(智)라고 한다.[52] 성의 인욕적 요소 외에 지혜를 부가하는 것도 대진과 마찬가지라 하겠다.

그러나 초순은 한 걸음 더 나아가, 지혜를 이욕利欲을 옳음과 마땅함으로 전환시킬 수 있는 능력으로 본다.

'이익과 불이익'(利不利)은 바로 '옳음과 그름'(義不義)이다. 옳음과 그름은 바로 '마땅함과 마땅하지 못함'(宜不宜)이다. 마땅함과 마땅하지 못함을 구별할 줄 아는 것이 지혜(智)이다. 그 구분을 모르는 것이 부지不智이다. 지智는 인간이고 부지不智는 금수인데, 그 얼마 되지 않는 차이는 하나의 '이익'에 있을 뿐이고, 또 하나의 '옳음'에 있을 뿐이며, 하나의 '지혜'에 있을 뿐이다.[53]

이것은 대진의 "욕망이 잘못되어 사私로 되지 않으면 인仁이다. 지각이 잘못되어 가리우지 않으면 지혜智이다. 인과 지혜는 사능事能에 보태진 것이 아니라 성의 덕이다"[54]라는 설보다는 훨씬 정교한 이론이라 할 수 있다. 왜냐하면 대진에게서 '지혜'는 인욕이 사私로 흘러가는 것을 막을 수 있는 아무런 능력이 없고 다만 그 한계를 자각할 수 있는 것에 불과한 것인 반면에, 초순의 지혜는 이욕利欲을 옳음과 마땅함으로 전환시킬 수 있는 근본적인 능력을 가지고 있기 때문이다. 초순은 이러한 관점에서 지혜를 인욕 자체에 내재시킴으로써, 욕선欲善을 주장할 수 있게 되었다. 그것은 곧 당위적 필연을 더욱 선명하게 주장하는 것이다.

그렇다면 악惡의 기원은 어디에 있는가? 대진의 경우 '악'이 '재才'나 '성性'

---

52) 『易話』 상, 「道德義理釋」.
53) 『孟子正義』, 「天下之言性也章」.
54) 『原善』 상, "欲不失之私, 則仁. 覺不失之蔽, 則智. 仁且智, 非有所加於事能也, 性之德也."

의 죄는 아니라고 보고, 악의 기원을 오로지 '습習'으로 귀착시킨다. 확충하지 않음으로써 악이 생겨나게 된다는 것이다. 대진은 '습'의 중요성에 대해, "군자는 습을 신중히 하고 배움을 귀하게 여긴다"[55]고 하였다. 초순은 이욕利欲을 옳음(義)이나 마땅함(宜)으로 전환시키지 못해서 악惡이 생겨난다고 본다. 이에 관해서 초순은 다음과 같이 설명하고 있다.

> 보고 듣지 않으면 알지 못하지만, 보고 듣더라도 아는 것과 알지 못하는 것이 있다.…… 이단異端은 하나를 고집하는 데서 생긴다. 하나를 고집하는 것은, 이것을 아는 데 그쳐 저것을 모르고 저것을 아는 데 그쳐 이것을 모르는 데서 생긴다. 아는 것을 안다고 하고 모르는 것을 모른다고 하는 것이 하나를 고집하는 것이 아니다. 자기가 아는 바가 무엇인지 아는 것이 아는 것이다. 자기가 알지 못하는 것이 무엇인지 아는 것이 또한 아는 것이다. 하나를 고집하는 자는 그 일단만 알고서 다시 그 모르는 것을 알고자 하지 않는다. 알지 못하는 것을 알려고 하지 않는 것은 힘이 그것을 알기에 부족해서가 아니다.[56]

결국 초순 역시 '습'에서 악의 기원을 찾아서, 잘못된 습관에 의하여 하나만을 고집하고, 이것을 다른 것에로 확충시키지 못하는 현실적인 인간의 경향성에서 악이 생겨난다고 본 것이다.

이상과 같은 욕망 긍정론이 완전한 것이라 말하기는 어렵다. 인욕에서 선의 가능성이나 단서를 찾고 있기는 하지만, 인욕 자체를 완전한 것으로 보는 것은 아니기 때문이다. 하지만 대진과 초순의 욕망 긍정론은 수양을 통해 기질을 변화시켜 본연의 성을 회복한다고 하는 주희의 '복기초설復其初說'을 부정하고 기질을 확충하여 '이른다'(至)고 하는 관점으로 바꾸어 놓음으로써, 주희가 악

---

55) 같은 책 권하, "君子愼習而貴學."
56) 『論語通釋』, 「釋知」, "聞見之外有不知, 聞見之內亦有知有不知……異端者, 生於執一. 執一者, 生於止知此而不知彼. 止知此而不知彼, 知之爲知之, 不知爲不知, 則不執矣. 知其所知, 知也. 知其所不知, 亦知也. 執一者, 知其一端, 不復求知於所不知. 不求知於所不知, 非力不足以知之也."

의 근원으로 보아 부정한 기질이나 욕망을 거꾸로 선의 근원으로서 적극적으로 긍정하게 된 것이라 할 수 있다. 따라서 이들에게 있어 '성선'이란 본래 선하다는 의미가 아니라 기질을 확충한 결과가 그렇다는 것이다.

중국철학사에 있어서 욕망의 긍정을 최초로 체계화한 사람은 이지李贄이다. 그러나 그가 말하는 욕망이란 개체의 욕망을 말하는 것이 아니라 사회적인 생존욕을 말하는 것이었다. 하지만 그것이 바로 개체의 욕망을 긍정하는 출발점이 되었다고 할 수 있다. 대략 만력 무렵에 출현한 것으로 보이는『금병매』같은 인정人情 소설이 크게 유행한 것도 그 증거 가운데 하나이다. 황종희는 구체적으로 토지의 사적 소유욕 같은 것이라고 해석하기도 하였지만, 왕부지나 대진 등에 와서는 개체의 욕망을 보다 적극적으로 긍정하여 당위적 필연으로까지 보게 되었다고 하겠다.

4. 전통 철학의 마지막 모습

심학에서 고증학으로 왜, 어떻게 전환하게 되었는가 하는 것은 청대 철학에서 항상 따라다니는 문제라고 할 수 있다. 다양한 이론들이 제기되었으나 아직 정론이라 할만한 것은 없다. 그런 점에서 청대 철학은 여전히 미지의 것으로 남아 있는 것이다.

고증학자들의 세계관에 일관된 사상은 기철학이었다. 따라서 고증학이 송명 철학에 대한 반동이었다거나 그들의 세계관이 원시 유학이었다는 주장이 잘못된 것은 아니지만 별 의미가 없는 것일 수도 있다. 더욱이 청대의 기철학이 좌파 양명학의 그것에 맞닿아 있다는 점을 고려하면, 명대 중기 광선파의 심학에 대한 반동으로서 고증학이 발생했다는 통설은 반드시 재고되어야 한다.

청대 철학에서 기철학이나 욕망 긍정론은 매우 중요한 위치를 차지하고 있다. 그런 점에서 대진의 철학은 특히 중요한 의미를 갖는다. 그런데 대진 자신은 고증학보다는 철학을 추구한 인물이었지만, 그를 계승한 사람들은 오히려 고증학만을 중시하였다. 그리고 자연스러운 결과로서 고증의 대상은 점차 모든 영역에로 확대되고 고증을 위한 고증까지 생겨났으며, 나아가 실증된 것이 아니면 인정하지 않는 데까지 이르게 된다. 이런 점에서 건가 시기에 최고조로 발전한 고증학은 전통 철학이 드러내는 마지막 모습이라고 할 수 있다.

기철학과 관련해서는 장학성章學誠・공자진龔自珍 등의 철학도 주목할 필요가 있다. 특히 욕망 긍정론은 이들에게 와서 훨씬 근대적 모습을 갖추고 있다. 청말에 전통 철학의 부흥 운동이라고 할 수 있는 금문학 운동이 발생하지만, 그것은 서양의 충격에 대한 대응의 성격이 더 강한 것이었고, 그 내재적 논리를 마련한 것은 장학성・공자진 등의 기철학이었다. 건가 시기 고증학 단계에서 마지막 모습을 보였던 전통 유학은 이들로부터 다시 부흥의 계기를 마련하게 되었다고도 할 수 있을 것이다.

이처럼 전통 철학의 황혼의 모습을 드러내었던 실용과 실증 중시의 청대 철학은 '중화 세계'의 일몰과 함께 일단 사상사의 저편으로 사라지게 된다. 이후 중국의 사상사는 일몰 후에 찾아온 어둠 속에서 중국의 나아가야 할 길을 찾는 암중 모색의 시기였다. 그것은 크게 보면 두 갈래의 길이었다. 청 말의 변법 운동과 이후 신유가들이 택한 것이 서양이라는 실체를 문제 의식 속에 받아들이되 전통이 비추는 빛을 따르려는 길이었다면, 모택동주의는 중국의 문제를 중심에 두되 서양이 비추는 빛을 따르려는 길이었다.

참고문헌

朱　熹,『朱子語類』

王夫之,『讀四書大全說』

_____,『思問錄』

_____,『尙書引義』

_____,『張子正蒙注』

_____,『周易內傳』

_____,『周易外傳』

毛奇齡,『辨聖學非道學義』

張　烈,『王學質疑』

戴　震,『東原集』

_____,『孟子字義疏證』

_____,『緖言』

_____,『原善』

焦　循,『論語通釋』

_____,『孟子正義』

_____,『易話』

_____,『雕菰集』

方東樹,『漢學商兌』

梁啓超,『淸代學術槪論』(臺北: 臺灣商務印書館, 民國 10)

_____,『中國近三百年學術史』上冊((臺北: 臺灣商務印書館, 民國 14)

王國維,『觀堂集林』

洪　榜,「戴東原行狀」

山井湧,『명청사상사의 연구』, 김기석·배경석 옮김(서울: 학고방, 1994)

王茂 외,『청대철학』, 김동휘 옮김(서울: 신원문화사, 1995)

馮友蘭, 『中國哲學史』(上海: 商務印書館, 再版 民國 24)

安田二郎 譯, 『孟子字義疏證』(東京: 養德社, 1948)

候外廬, 『中國思想通史』第五卷(中國早期啓蒙思想史), 1955.

余英時, 『歷史與思想』(臺北: 聯經出版社, 民國 65)

陸寶千, 『淸代思想史』(臺北: 廣文書局, 民國 67)

Benjamin A. Elman, *From Philosophy to Philology*(Harvard Univ. Press, 1984)

서양 배우기와 공자 되세우기

홍원식

1. 역사상 최대의 위기

눈앞의 현실을 걱정스런 눈으로 바라보는 것은 동서고금을 막론하고 철학자들에게 하나의 습관처럼 되어 있다. 현대의 중국 철학 연구자들 가운데에서도 중국 철학이 바로 이른바 '우환의식憂患意識'에서 비롯되었으며, 그 전통은 지금까지 이어지고 있다고 자랑처럼 말하는 이들이 있다. 그러나 19세기에서 20세기를 걸쳐 살아간 중국의 지식인들은 더 이상 습관적인 우려로 현실을 바라보기 어려운 너무나 위태로운 현실과 만나게 된다. 바로 서양의 침입이라는 급박하고도 혹독한 현실이 그들을 '우려'하게 만든 것이다. 그들 가운데 한 사람인 담사동譚嗣同(1865~1898)의 눈에 비친 1895년 청일전쟁 패배 후의 현실이 바로 그러하였다.

밖으로부터의 재난이 심하고 해군은 궤멸되었으며, 중요한 요새가 장악되고 나라 깊숙한 데까지 침탈 당하였다. 이권을 빼앗기고 재원은 고갈되었으며, 나라가 분할될 조짐마저 보이고 백성들은 극심한 고통을 당하고 있다. 그러니 우리 중국과 중화 문명과 중국 민족이 한꺼번에 다 망하게 생겼다. 이러니 오직 변법變法만이 이런 위기

를 구할 수 있다.[1]

무술변법이 일어났을 때 변법파들의 비판자였던[2] 장지동張之洞(1837~1909)도 당시의 변화가 "춘추 시대에만 없었던 정도가 아니라, 진秦·한漢 이래 원元·명明대까지 통틀어서도 있어 본 적이 없는 큰 변화"[3]라고 말하였다. 그렇지만 그가 내놓은 '중체서용中體西用'이라는 현실적 방안은 너무나 미온적인 것이었다.[4]

그러나 담사동의 위기 의식은 이와 달랐다. 위의 예문에 잘 나타나 있듯이 그가 보기에 당시의 위기는 단순히 나라의 멸망에 그치는 것이 아니라, 중화 문명과 중국 민족까지 멸망으로 치달을 수 있는 것이었다. 현실에 대한 이러한 총체적인 위기 의식은 이러한 위기로부터 벗어나야겠다는 강렬한 '구망救亡 의식意識'을 낳았다. 더구나 이러한 '구망'은 보다 철저한 변화를 통해서만이 가능하다는 것이 담사동의 생각이었다.

흔히 1840년에 일어난 아편전쟁을, 중국이라는 거대한 침묵의 제국을 흔들어 깨운 세계사적 만남이라고 말한다. 이것은 분명히 본격적인 동서의 만남이었으며 또 다른 세계로 가는 길을 열었다는 점에서 중국 근현대사에서 가장 중요한 사건이다. 그러므로 아편전쟁을 기준으로 전근대와 근대를 나누는 데에는 어느 누구도 반대하지 않는다.

그러나 이 공전의 큰 충격인 아편전쟁의 치욕스런 패배를 당하고도 중국이 발빠르게 대응한 것은 아니다. 자만과 자존으로 가득 찬 중국은 굼뜬 걸음걸이를 보였을 뿐이었다. 그러다가 1856년의 애로우호 사건을 빌미로 1860년 영국

---

1) 蔡尚思·方行 編, 『譚嗣同全集』, 「仁學」.
2) 張之洞은 變法派들이 "평등을 외쳐서 三綱五常을 파괴하고, 民權을 주장해서 임금을 없애려고 한다"(『勸學編』, 「序」)면서, "민권의 설은 백해무익한 것"(『勸學編』, 「正權」)이라고 비판한다.
3) 張之洞, 『勸學編』, 「序」.
4) 張之洞은 "舊學을 體로 삼고 新學을 用으로 삼는"(『勸學編』, 「設學」) 中體西用論을 제기하고 있다. 여기에서 구학은 삼강오륜이나 성인의 가르침, 유학 등과 같은 바뀔 수 없는 것이요, 신학은 서양의 기계나 공업 등과 같은 바뀔 수 있는 것이라고 말한다. 따라서 그의 중체서용론은 제한적·절충적 서구 문물 수용론이라 할 수 있다.

과 프랑스 연합군에 의해 북경이 함락되면서 중국은 비로소 바쁜 모습을 보인다. 1860년대에 이르면 약간의 저항은 있었지만[5] 서양을 배우려는 작업은 순조롭게 진행된다.

그 결과 이른바 지리하고 고통스러운 '서양 배우기'(向西方學習)가 시작되었으며 국가 정책도 이에 발맞춰 나간다. 위원魏源(1794~1857) 등이 제기한 오랑캐를 배워 오랑캐를 이기자는 '이이제이以夷制夷'와 '사이제이師夷制夷'의 구호 아래 증국번曾國蕃·좌종당左宗棠·이홍장李鴻章 등이 중심이 된 양무洋務 운동이 전개되었다. 이를 통해 중국은 나름의 성취를 얻으며 근대화의 길을 개척해 나간다. 이때까지 중국은 그렇게 당황하거나 상심하지도 않는다. 오히려 미래에 대한 자신과 확신에 찬 모습이 엿보이기조차 한다.

그러나 1895년 예상치 못했던 일본과의 전쟁에서의 패배는 중국을 온통 들쑤셔 놓았다. 당혹스러움과 상심의 정도는 이전에 비할 바가 아니다. 확신에 찬 20여 년간의 양무 운동이 비참한 최후를 맞이하게 된 것이다. 그것도 서양이 아닌 동양의 일본에 의해, 더구나 더 늦게 근대화를 시작한 일본에 의한 패배는 견딜 수 없는 좌절감을 중국인들에게 안겨 주었다. 그래도 전통적으로 동양의 맹주요, 그나마 가장 앞서 서양을 배운다는 자부심마저 산산조각이 난 것이다. 이제 일부 지식인들은 아편전쟁 이후 지금껏 걸어온 길에 대해 근본적으로 회의하기 시작한다. 그들은 변법變法만이 유일한 대안임을 내세우면서 양무 운동을 정면으로 공격하고 나선다.[6] 그들 가운데 대표적인 인물이 바로 변법파로

---

5) 대표적인 인물로 倭仁을 들 수 있다. 그는 다음과 같이 말한다. "내가 듣건대 나라를 잘 다스리는 도는 예의를 숭상하는 데 있지 권모술수를 숭상하는 데 있지 않다. 근본을 도모하는 것은 사람의 마음에 달려 있는 것이지 기술에 달려 있지 않다. 지금 말단의 기술을 배우려고 오랑캐를 스승으로 삼는데, 오랑캐는 그 기술의 핵심은 속여서 안 가르쳐 줄 것이 뻔하다. 그러므로 설령 가르치는 사람이 성실하게 가르치고, 배우는 사람이 성실하게 배운다고 해도 기껏해야 시원찮은 기술자밖에 더 되겠는가! 예나 지금이나 기술적인 것에 의존해서 발전했다는 얘기는 들어보지 못했다." (「大學士倭仁折」, 『논쟁으로 보는 중국철학』의 315쪽 주27에서 재인용.) 洋務運動이 '中體西用'과 '東道西器'의 기반 위에 서 있는 것이라면, 倭仁의 주장은 '中體中用'·'東道東器'론이라 할 수 있다. 중국에서는 倭仁과 같은 몇몇 사람의 저항에만 부딪힌 채 별 어려움 없이 洋務運動이 전개되어 갔다. 이것은 개항에서부터 국권 상실에 이르기까지 강력한 저항에 부딪힌 한국의 경우와 좋은 대조가 된다.

서 엄복嚴復(1854~1921)을 비롯해서 강유위康有爲(1858~1927), 담사동, 양계초 梁啓超(1873~1929) 등이다. 이들의 활동은 청일전쟁 뒤에 시작되어 1898년 무 술정변戊戌政變 때 절정에 이른다.

양무파들은 그 동안 서양을 배우는 과정에서 서양의 과학 기술, 그 가운데서 도 특히 선박과 함포 등과 같은 군사 기술에 주목하였는데, 여기에는 서양에 의한 패배가 다름 아닌 군사 과학의 열세에서 기인했다는 인식이 반영되어 있 다. 이러한 그들의 인식은 제한적이고 절충적인 서양 문물 수용론으로 나타나 며 뒷날 장지동에 의해 중체서용론으로 정리되는데,7) 이 중체서용론은 무술정 변 시기 변법 운동에 반대한 양무파의 입장을 대표하는 이론으로 자리잡는다. 따라서 변법파들의 현실 인식과 대처 방안은 중체서용론을 비판하는 과정에서 집약적이고 체계적으로 나타난다.

사실 변법파나 그들의 반대편에 서 있는 양무파나 서양의 과학 기술을 시급 히 배워야 한다는 데에는 똑같은 인식을 하고 있다. 양무파들이 지니고 있는 문제점은 그러한 서양의 과학 기술과 경제 발전을 그것을 가능하게 했던 정치 제도 등과 분리해서 생각하고 도외시한 데 있다. 그들은 열매만 보고 그 열매

---

6) 1895년 淸日戰爭 패배 이후 李鴻章이 일본과 매국적이고 투항적인 시모노세키 조약을 맺자, 會 試를 치르러 上京한 1,300여 명의 擧人이 康有爲를 우두머리로 조약에 반대하는 상소를 올린다. 이것이 이른바 '公車上書'인데, 變法運動의 효시로 볼 수 있겠다.

7) 1861년 馮桂芬의 "중국의 倫常名教로 근본을 삼고, 서양 여러 나라의 부강을 이룬 방법으로 보충 한다"(『校邠盧抗議』, 「采西學議」)는 말을 흔히 中體西用論의 효시로 본다. 이후 양무 운동의 시 작을 전후하여 王韜·薛福成·鄭觀應 등에 의한 中體西用論의 주장이 다음과 같이 줄을 잇는 다. "形而上의 분야는 중국 쪽인데 그것은 道의 측면이 뛰어나기 때문이며, 形而下의 분야는 서 양 쪽인데 그것은 器의 측면이 뛰어나기 때문이다."(王韜, 『弢園尺牘』, 卷4) "器는 서양 여러 나 라에서 구해서 얻고, 道는 마땅히 스스로 준비해야 한다. 공자의 도는 영원토록 변치 않는 것이 다."(王韜, 『弢園文錄』, 外編, 卷11) "지금 서양 사람들로부터 과학 기술을 배우고자 하는 목적은 그것으로 우리 나라의 堯임금·舜임금·禹임금·湯王·武王·周公·孔子로부터 내려오는 道 를 지키려는 것이다."(薛福成, 『籌洋芻議』, 「變法」) "中學은 본질적인 것이고 西學은 말단적인 것이다. 중학을 중심으로 하고 서학으로 보충해야 한다."(鄭觀應, 『盛世危言』, 「西學」) 그러나 張 之洞의 中體西用論은 이론적으로 이들의 주장을 이어받고 있지만, 역사적 의미는 많이 다르다. 이들의 中體西用論은 '西用' 수용에 적극적 기능을 하지만, 張之洞의 中體西用論은 '中體' 보존 에 무게 중심이 실려 있다. 그만큼 張之洞의 中體西用論은 보수적이고 수세적인 성격을 띠고 있 다.

를 맺게 한 잎이나 줄기 그리고 뿌리를 보지 않았던 것이다. 바로 이 점을 변법 파들은 주목한다. 그들은 청일전쟁에서의 패배도 바로 여기에서 기인한 것이라 생각하였다.

중국이 최근 수십 년 동안 서양을 제대로 배우는 일이 있기나 했는가? 아니면 사대 부 중에 제대로 서양을 익히는 사람이 한 명이라도 있었는가? 만약 서양을 제대로 익혔다면 오늘날과 같은 일은 없었을 것이다. 당신이 서양을 배운다고 말한 것은 단 지 눈에 보이는 화륜선이나 전기와 기차뿐이며, 총포·어뢰·방직·제철 등 기계 류뿐이다. 법률·제도·정치의 면에서 잘 갖추는 일은 꿈에서도 알지 못했으니, 정 말로 당신이 말한 대로이다. 이런 식으로 서양을 배우는 일은 지엽적인 것에 불과할 뿐 근본적인 것이 되지 못한다.[8]

이와 같은 문제 인식에 입각하여 마침내 변법파들은 '제대로 된' 서양 배우 기를 시작하면서 서양에 대한 깊이 있는 이해의 길을 열어간다. '서용西用'과 닿아 있고 그것을 가능케 한 '서체西體'에 관심을 기울이게 되며, 이를 바탕으 로 중국의 정치 체제에 대해 문제 삼기 시작한 것이다. 바로 총체적인 제도로 서의 '법法의 변화'(變法)를 주장한 것이다. 이것은 중국 역사상 처음 있는 일이 며, 따라서 그만큼 정치적 파장이 크리라는 것은 충분히 예견할 수 있었다. 그 들은 정변을 통한 '위로부터의 개혁'의 길을 택하였으나, 그것은 103일만에 쓰 라린 좌절을 맛보게 된다. 그러나 이 운동의 역사적 의미는 결코 간과할 수 없 을 것이다.

2. 변법의 길 ― 입헌군주제와 공자의 복원

앞에서 살펴본 바와 같이 변법파들의 현실 인식은 양무파들처럼 미온적이거

---

8) 蔡尙思·方行 編, 『譚嗣同全集』, 「報貝元微」.

나 낙관적이지 않았다. 그들은 나라의 멸망뿐만 아니라 중화 문명과 중국 민족의 멸망에 대해서 심각한 위기 의식을 느끼고 있었다. 그러므로 그만큼 철저한 변화가 필요하다고 그들은 생각하였다. 그 결과 근본적인 변화, 즉 '법'의 변화를 통해서만이 이러한 심각하고도 총체적인 위기를 벗어날 수 있다고 변법파들은 결론을 내린다. 그들은 변법과 같은 철저한 변화는 제대로 된 서양 배우기를 통해야만 가능하다고 생각하며, 이 점에서 모범적인 서양 배우기에 성공한 일본을 중요한 모델로 받아들인다. 이미 그것은 청일전쟁이라는 현실적인 사건을 통해서 성공적인 모델임이 판명되었다고 생각하였기 때문이다.

이때 변법파들이 말하는 변법의 중심 내용은 무술정변 때 구체적으로 모습을 드러낸 입헌군주제立憲君主制이다. 수천 년 동안 굳건히 유지되었던 전제군주제專制君主制를 청산하고 입헌군주제를 세우자는 것이 바로 변법유신變法維新의 뼈대인 것이다. 이렇게 입헌군주제를 주장하는 바탕에는 무엇보다도 시급히 받아들여야 할 과학 기술과 같은 '서용西用'이 전제군주의 정치 체제 아래에서는 성공적으로 수용될 수 없다는 인식이 깔려 있다. 정치 체제의 변혁 없이는 성공적인 '서용'의 수용이 불가능하다는 생각이다. 이것은 바로 성공적인 '서용'의 수용은 '서체西體'를 함께 받아들임으로써만 비로소 가능하다는 주장이다. 이에 대해서는 소와 말의 비유를 통한 엄복의 주장이 특히 눈에 띤다.

금궤 땅에 살면서 과거를 보러 가는 구가부란 사람이 "체와 용이라는 것은 하나의 사물을 대상으로 해서 말하는 것이다. 소의 체인 튼튼한 몸이 있어서 무거운 짐을 지는 용이 있는 것이며, 말의 체인 튼튼한 다리가 있어서 멀리까지 잘 달려가는 용이 있는 것이다. 소의 튼튼한 몸을 체로 삼으면서 말의 멀리까지 달려가는 다리를 용으로 삼는다는 말은 들어본 적이 없다"고 말하였다. 중학中學과 서학西學이 서로 다른 것이 마치 중국인과 서양인의 생김새가 다른 것과 같아 억지로 함께 한데 묶을 수는 없다. 중학에는 중학 나름의 체와 용이 있고, 서학에는 서학 나름의 체와 용이 있기 때문에, 양자를 나누면 잘 실행될 수 있지만 양자를 어정쩡하게 합하면 둘 다

망치게 된다. 어떤 이는 양자를 합해 하나의 사물로 간주하여 하나를 체로 삼고 다른 하나를 용으로 삼으려 하는데, 이것은 말뜻조차 제대로 이해하지 못한 것이어서 이런 주장을 내놓는다는 것은 말도 안 되는 소리다. 어찌 말도 안 되는 주장이 실행되기를 바랄 수 있겠는가?[9]

이에 변법파들은 제대로 된 서양 배우기에 나선다. 그들이 주장하는 입헌 군주제의 바탕에는 서양의 계몽주의 이래 형성된 자유 민권 사상이 깔려 있다. 따라서 이제 서양 배우기의 학습 목록에 '과학'과 더불어 '민주'가 추가된다. 아울러 이제까지 배운 서양의 '과학'이란 것도 과학 기술과 같은 표피적인 것에 그칠 뿐 그 이론이나 방법[10]과 같은 심층 부분에까지는 이르지 못했다고 생각한다. 그리하여 이에 대한 학습도 게을리 하지 않았다.

제대로 된 서양 배우기에 나선 변법파들은 마침내 '중체中體'에 대한 비판에 나선다. 서양에서 유학한 뒤 계몽 사상과 사회진화설 등 사회 사상과 관련된 일련의 책[11]들을 번역 소개하여 변법 운동의 이론적 기반을 마련해 주었던 엄복은, 서양 국가들의 부강이 "자유를 체로 삼고 민주를 용으로 삼는"[12] 데 있다면서 천부인권론과 같은 것은 "진실로 중국의 역대 성현들이 매우 두려워하여 교육 내용으로 삼아 본 적이 없는 것"[13]이라고 말한다. 이에 따라 중국과 서양은 다음과 같은 일련의 차별성을 띠게 되었다고 말한다.

예를 들면 중국은 삼강을 가장 중시하지만, 서양인은 평등을 먼저 밝힌다. 중국은 혈

---

9) 嚴復, 『嚴復集』, 「與外交報主人書」.
10) 변법파들 가운데에서도 엄복은 특히 서양의 과학방법론에 주목하고 있다. 그는 서양의 자본주의가 부강해진 결정적인 원인을 과학의 발달에서 찾으면서, 서양의 과학 발달은 그 방법론이 중요한 역할을 했다고 생각한다. 여기에서 과학 방법론이란 바로 歸納法과 演繹法을 가리킨다.(『天演論』, 「譯序」 참조)
11) 嚴復의 주요 번역 목록은 다음과 같다. 『天演論』(헉슬리의 『진화와 윤리』), 『原富』(아담 스미스의 『國富論』), 『群己權界論』(존 스튜어트 밀의 『自由論』), 『群學肆言』(허버트 스펜서의 『社會學』), 『法意』(몽테스키외의 『法의 정신』).
12) 嚴復, 『嚴復集』, 「原强」.
13) 嚴復, 같은 책, 「論世變之亟」.

육을 가깝게 여기지만, 서양인은 현명한 사람을 숭상한다. 중국은 효로써 세상을 다스리지만, 서양인은 공평함으로써 세상을 다스린다. 중국인은 임금을 존중하지만, 서양인은 백성을 높인다.[14)

엄복이 중국과 서양의 이러한 차별성을 단순한 차이로 이해한 것은 물론 아니다. 그는 중국의 전제군주제가 백 가지 중 하나도 옳은 것이 없다고 보았으며, 전제군주제를 떠받치는 천도天道와 천명天命 이론을 사회계약설의 입장에서 비판한다. 곧 하늘의 도는 모든 사람을 평등하게 대하여 호오귀천好惡貴賤이 없다는 입장에서 한유韓愈가「원도原道」에서 제기한 천명과 성인聖人에 관한 관점을 비판하고 있다.[15)

무술정변이 103일 만에 실패로 끝나자 혁명은 피를 필요로 한다고 외치며 스스로 죽음의 길을 택했던 담사동은 더욱 거친 목소리로 전제군주제를 비판하였다. 그는 천자가 스스로 하늘의 아들이라고 이름하며, 하늘의 권위와 하늘의 명령을 옆에 끼고서 인민을 억압하고 우롱했다고 비판하였다. 그는 원래 인민이 있은 후에 군주가 있는 만큼 인민이 군주를 뽑는 것이 마땅하다는 주장을 내놓는다. 따라서 군주가 선하지 않으면 그를 잡아죽이는 것이 마땅한데도 도리어 이를 반역이라 말한 것은 하늘의 명령을 거짓으로 꾸며 백성들을 협박한 것에 지나지 않는다고 본다. 그럼에도 역사적으로 무조건 군주에 복종하는 것을 '충忠'과 '의義'라고 미화해 왔다고 비판한다.[16)

이제 담사동의 비판은 정치 체제를 넘어 삼강오륜三綱五倫[17)으로 대표되는 강상명교綱常名教로 내닫고 있다. 이것은 봉건적 강상명교가 전제군주제를 굳건히 떠받치는 버팀목이란 인식 때문이다. 그는 강상명교가 천명도 천리天理도

---

14) 嚴復, 같은 책, 같은 곳.
15) 嚴復, 같은 책,「闢韓」참조.
16) 蔡尚思·方行 編『譚嗣同全集』,「仁學」참조.
17) 譚嗣同은 五倫 가운데 단지 '朋友有信'의 윤리만이 폐단이 없고, 평등·자유와 자주·독립의 원칙을 구현하고 있다고 생각하였다. 그리고 다른 네 가지는 모두 붕우의 관계처럼 바뀌어야 한다고 생각한다.

아닌 한낱 인간에 의해 만들어진 것으로, 결국 윗사람이 아랫사람을 억압하기 위한 도구에 지나지 않는다고 말한다. 시쳇말로 국가 지배 이데올로기에 지나지 않는다는 것이다.

> 군주는 명분을 가지고 신하를 구속하고, 관리는 명분을 가지고 백성에게 멍에를 씌우고, 아버지는 명분을 가지고 아들을 억누르며, 남편은 명분을 가지고 아내를 괴롭히고, 형제와 친구들은 각기 명분을 가지고 서로 대항하니, 인이 아직도 조금이라도 남아 있는 자가 있을 수 있겠는가?[18]

여기에 이르면 변법파의 주장은 정치 체제와 같은 단순한 '법'의 변화에만 그치지 않고 있음을 볼 수 있다. 그들은 강상명교와 같은 근본적인 윤리 관념의 변화를 주장하고 있다. 이러한 강상명교는 '도道'라고 이름 붙여진 근본 관념이다. 그렇다면 이제 변법론자들은 변법론자이자 변도론자變道論者이기도 한 것이다. 담사동에게서 법과 도의 관계에 대해 언급하는 대목이 발견된다. 그는 도가 묽어진 것이 바로 법이라고 말한다.[19] 결국 도와 법은 불가분의 관계이며, 따라서 법의 변화는 도의 변화를 수반할 수밖에 없다는 생각이다.

변법파들이 이렇게 변법과 변도를 주장하는 출발점이자 근거는 서양의 민주 정치와 자유 민권 사상이다. 이것이 바로 '서체西體'이다. 그렇다면 그들은 '서체'의 수용을 마지막이자 유일한 방안으로 삼고 있는가? 그렇지 않다. 그들은 '서체'를 끌어와서 '중체'를 비판하는 데만 힘을 쏟은 것이 아니라, 오히려 '서체'를 대신해서 사용할 수 있는 그 무엇을 찾아 나선다.

그 작업은 '중체'와 공자를 분리해 내는 것에서 시작한다. 공자는 전제군주제나 삼강오륜과도 아무런 상관이 없다는 것이다. 공자의 부담을 덜어 주는 작업이다. 강유위는『신학위경고新學僞經考』에서 청산해야 할 '중체'가 신新나라 유향劉向 이래의 고문경학古文經學에서 비롯된 것인데, 이 고문 경전은 거짓으

---

18) 蔡尙思·方行 編,『譚嗣同全集』,「仁學」.
19) 蔡尙思·方行 編, 같은 책,「報貝元徵」참조

로 지어진 것이라고 밝히고 있다. 담사동도 이 '중체'가 전국 시대 순자荀子 이래의 폐단이라고 본다. 이처럼 그들은 원래의 공자와 이후 역사 속의 공자를 구분해 내고 있다.

그러면 본래 공자의 모습은 어떠한 것인가? 민주주의자의 모습이다. 그는 만민의 평등을 바탕으로 민주주의를 꿈꾼 자이다. 그것은 그가 그린 '대동大同'의 이상 세계 속에 잘 나타나 있다고 주장한다. 강유위는 『공자개제고孔子改制考』에서 이러한 공자의 '원래' 모습을 그리고 있으며, 이러한 공자의 '참' 정신을 발전시켜 『대동서大同書』를 써 나간다. 이렇듯 그들은 '공자 다시 세우기'에 혼신의 힘을 쏟는다. 이를 위해서 공자에게 부담이 되는 강상명교를 비판하고 서양의 '민주'를 끌어다 꾸미며 서양의 '과학'을 가져다 굳건한 토대를 마련해 준다. 이것은 공자를 재해석하고 재발견하는 과정이 아니다. 그들의 말에 따르면 이것은 공자의 원래 모습, 참 모습을 찾는 작업이다. 이렇게 지난한 작업을 하게 된 것은 '아직은' 공자가 그들에게 '짐'이 아니라 '힘'이 되는 것으로 인식되었기 때문이다.

이제 변법파들은 원래의 공자를 들고 나와 변법 운동의 든든한 후견자요 기수로 삼는다. 이제 그들은 공자로 '서체'를 대신함으로써 공자를 '체'로 삼아 '서용'을 성공적으로 받아들여서 나라와 민족을 총체적 위기로부터 벗어나고자 시도하였다.

3. 공자 되세우기 — 변화와 인仁의 철학

변법파들은 구망을 위해 힘차게 운동을 전개하는 한편, 그 운동을 굳건히 지탱해 줄 수 있는 철학 이론을 세우는 데에도 소홀히 하지 않는다. 그것은 변법 사상으로 구체화된다. 변법 사상은 크게 두 부분으로 나눠 볼 수 있다. 하나는 '변變'의 부분으로 변화의 당위성을 확보하는 문제였다. 다른 하나는 '법法'의 부분으로 변화시켜 지향할 그들의 목표와 내용을 담고 있다.

1. 변화의 철학

변법파들은 변법 운동을 전개하면서 무엇보다도 먼저 변화의 당위성을 확보하는 것이 필요하였다. 그리하여 이를 위해서 변화의 보편성과 '법'의 변화 가능성 및 지금이 바로 변화가 필요한 때라는 것 등을 설명해야만 했다. 그들은 변화의 철학을 전개하면서 『주역周易』과 음양陰陽 이론 등이 포함된 기철학氣哲學을 끌어오기도 하고, 한편으로는 서양의 사회진화론을 받아들여 사회와 역사의 문제를 설명하였다. 변법파들은 변화가 자연의 보편적 현상이자 법칙임을 밝히는 것으로 말문을 트고 있다.

> 변화란 자연의 법칙이다. '천체의 운행 변화'(天)에 낮은 있으나 밤이 없다거나 추위는 있으나 더위가 없는 일은 있을 수 없다.…… 사람(人)도 어려서부터 늙을 때까지 형체·안색·기운·모습 중에 변하지 않는 것이 하나도 없으며 한 순간도 변하지 않을 때가 없다.[20]

> 무릇 하늘과 땅 사이에 존재하는 것 중에는 변하지 않는 것은 없다.…… 그러므로 변화란 예부터 지금까지 공통된 이치이다.[21]

이렇듯 변화란 천지와 고금의 공리인 까닭에 불변을 주장하는 것은 자연의 보편 법칙을 거스르는 것이 되고 만다. 변법파는 변화가 자연의 보편 법칙일 뿐만 아니라 인간 사회에서도 그대로 적용될 수 있는 법칙이라고 여긴다. 여기에서는 엄복이 번역 소개한 서양의 사회진화론이 큰 배경으로 작용하였다. 사회진화론은 자연계에서 보이는 생존 경쟁의 원리, 가령 약육강식과 적자생존

---

20) 康有爲, 『康有爲全集』, 「進呈俄羅斯大彼得變政記序」.
21) 梁啓超, 『飮氷室合集』, 「變法通議」.

그리고 자연도태와 같은 원리를 그대로 인간 사회에 옮겨 놓고 있다.[22]

그러면 삼라만상의 보편적 현상이자 법칙인 이러한 변화가 무엇에 의해 어떻게 추동되는가? 강유위는 전통의 음양설을 끌어다 설명하고 있다. 곧 그는 모든 사물은 서로 대립되는 성질로서 음과 양을 가지고 있으며, 이 대립면의 투쟁을 통해 변화가 일어난다고 말한다.[23] 강유위와 마찬가지로 음양을 통해 변화를 설명하면서도 서양의 '에테르설'(以太説)[24]을 끌어와 이와 연결시킨 담사동의 설명이 특히 눈에 띈다.

나날이 새로워지는 것은 근원이 어디에 있는가? 에테르의 생동하는 작용일 뿐이다. 천둥치는 것을 보지 못했는가? 적막한 허공에 아무것도 없다가 홀연히 비구름이 서로 만나면 두 극의 전기를 함유하게 된다. 두 극에는 양극陽極과 음극陰極이 있다. 양극과 음극은 서로 다른 극을 만날 때도 있고, 서로 같은 극을 만날 때도 있다. 다르면 서로 배척하고, 같으면 서로 끌어당기면서 산이 무너질 듯이 우르릉 쾅쾅하는 큰 소리를 낸다.[25]

변법파들이 변법 운동의 이론적 근거를 마련하기 위해 변화의 보편성과 그 메커니즘을 설명하는 가운데 그들만의 특징이 가장 잘 드러나는 곳은 점진적 변화를 말하는 대목이다. 이러한 점진적 변화관은 그들의 '개량주의'적 정치 노선과 짝을 맞추듯 일치하였다. 강유위는 "낡은 것을 지키는 우매함이나 해악도 경계해야 하지만 옛 것을 없애 버리는 경솔함도 있어서는 안 된다"면서, "진화의 이치에는 일정한 궤도가 있으므로 단계를 뛰어 넘을 수 없다. 그 때에 이르

---

22) 조경란, 「진화론의 중국적 수용과 역사 인식의 전환」, 38~95쪽 참조.
23) 康有爲는 다음과 같이 말하고 있다. "만약 하나의 사물로 말한다면, 하나에는 반드시 양면이 있다. 『周易』에서는 '태극이 음양을 낳는다'라고 하였다. 孔子는 天道를 근본으로 삼았다. 사물에는 반드시 兩面이 있음을 알았기 때문에 陰陽으로써 만물의 이치를 총괄하였는데, 그것에서 벗어날 수 있는 것은 없다"(『春秋董氏學』). "太極·陰陽의 이치란, 사물은 하나로 정해지지 않을 수 없으니 통일이 있은 뒤에야 이루어질 수 있고, 사물은 둘인 상태로 대립하지 않을 수 없으니 대립면의 투쟁이 있은 뒤에야 進化할 수 있음을 말한다"(『論語注』).
24) 서양 과학에서의 에테르설에 대한 설명은 이명수의 「譚嗣同의 儒教 變通論」, 26쪽 참조.
25) 蔡尙思·方行 編, 『譚嗣同全集』, 「仁學」.

게 되면 당연히 변하여 통하게 되며", 그렇지 않으면 "큰 해가 생긴다"[26]고 말한다. 따라서 공자가 '거란세據亂世'에 태어났기 때문에 비록 '대동大同'의 '태평세太平世'를 꿈꾸었을지라도 순서에 따라 '소강小康'의 '승평세升平世'를 말하였다고 설명한다.[27] 엄복에게서도 흔하게 이러한 생각을 읽을 수 있다. 하지만 그에게서는 중국 전통의 순환적 변화관을 비판하는 대목도 눈여겨 볼 만하다.

중국과 서양의 사리를 말해 보면, 완전히 달라서 결코 합쳐질 수 없는 것 가운데 다음과 같은 것보다 큰 것은 없다. 중국인은 과거를 좋아하고 현재를 소홀히 하며, 서양인은 현재에 힘써 과거를 넘어선다. 중국인은 한 번 잘 다스려졌다가 한 번 어지러워지고 한 번 번성했다가 한 번 쇠망하는 것을 자연의 운행과 인간사의 자연스러움이라고 여긴다. 반면 서양인은 끊임없이 나날이 발전하고 이미 번성했다면 다시는 쇠락할 수 없고, 이미 잘 다스려졌다면 다시는 쇠락할 수 없는 것을 학술과 정치 교화의 최고 준칙으로 삼는다.[28]

위에서 말한 것처럼 변법파는 변화의 보편성을 밝혀서 변화의 당위성을 확보하려 하였다. 그러나 세상에는 변화할 수 있는 것과 변화할 수 없는 것이 있는데 그 가운데 '법'은 변화할 수 없는 것이라는 중체서용론의 저항에 부딪히게 된다. 중체서용론자들은 바뀔 수 없는 '중체'의 목록에 삼강오륜과 성인의 도, 그리고 유학 등을 올려놓고 있기 때문이다. 이는 곧 삼강오륜과 그 위에 구축된 전제군주제는 바뀔 수 없는 것이라고 못박은 것이다. 이에 반해 변법파들은 변화의 대상에 어느 것도 예외일 수 없음을 말한다. 전제군주제뿐만 아니라 그것을 떠받치는 삼강오륜의 강상명교도 모두 비판과 변화의 대상으로 삼고 있음을 이미 앞에서 보았던 터이다. 강유위는 "성인이 다스리는 법을 만들 때,

---

26) 康有爲, 『康有爲全集』, 「中庸注」.
27) 康有爲, 같은 책, 「禮運注序」 참조
28) 嚴復, 『嚴復集』, 「論世變之亟」.

때에 따라서 지켜야 할 준칙을 세웠다. 그러므로 때가 바뀌면 법도 역시 바뀌어야 한다"29)고 생각하여, 황제에게 올리는 상소에서 "법이 이미 오래 되면 폐해가 반드시 많이 생기게 됩니다. 그러므로 백 년 동안 변하지 않는 법은 없습니다"30)라고 말한다.

아울러 지금이 바로 바뀌어야 할 때라고 변법파들은 주장한다. 청일전쟁의 패배 뒤에 그들이 가진 총체적 위기 의식은 변화를 다그치게 된다. 담사동은 정이程頤의 체용일원론體用一源論과 왕부지王夫之에게서 물려받은 기체도용론器體道用論31)에 따라 오늘날이야말로 '기器'가 하루가 다르게 바뀌는 시대인 만큼 '도道'도 그에 맞춰 바뀌지 않을 수 없음을 역설한다.32) 엄복은 짧게는 20년, 길어도 50년이면 얼마든지 서양을 따라 잡을 수 있다고 변화를 부추긴다. 지금이야말로 변화해야 할 때이며, 지금도 결코 늦지 않았다는 안달과 달램의 모습이 역력하다. 이렇듯 그들은 변화의 철학을 통한 변법의 당위성을 마련하기 위해 동분서주하고 있었다.

2. 인仁의 철학

변법파들은 앞에서 살펴본 바와 같이 구망을 위한 현실적 대안으로 전제군주제와 그것을 떠받치는 강상명교를 비판한 뒤, 서양의 자유 민권 사상을 바탕으로 한 입헌군주제를 내놓고 있다. 따라서 그들은 서양의 계몽 사상을 학습한다. 그렇지만 정작 그들은 공자를 재발견하는 데 심혈을 기울인다. 공자의 원래 모습과 참 모습을 찾는 데 온 힘을 쏟아 붓는다. 마침내 그들이 찾아낸 공자는 인의 철학을 통해 민주주의를 창도한 민주주의자의 모습을 하고 있다. 따라서 그들은 이러한 공자의 인의 철학과 민주주의의 창도 아래 '서기西器'와 '서용西

---

29) 康有爲, 『康有爲全集』, 「日本書目志序」.
30) 康有爲, 같은 책, 「上淸帝第六書」.
31) 중국철학연구회, 『논쟁으로 보는 중국철학』, 331~332쪽 참조.
32) 蔡尙思・方行 編, 『譚嗣同全集』, 「報貝元徵」 참조.

用'을 받아들임으로써 무엇보다도 시급한 구망을 할 수 있다고 확신한다. 이렇듯 그들은 여전히 공자가 그들의 힘이 된다고 생각한 것이다.

따라서 그들은 공자 민주주의 사상의 정수인 인의 철학을 이어받아 더욱 발전시키는 것이 자신들의 가장 중요한 임무라고 생각한다. 공자에서 맹자로 이어지는 인의 사상은 원래 모든 인간의 도덕적 가능성과 평등성을 마련해 주는 개념이다. 이때 인은 인간과 그들이 모여 살아가는 사회를 그 존재 기반으로 삼고 있다. 인 속에는 어떠한 형이상학적 의미도 들어 있지 않다. 주지하다시피 이러한 인이 형이상학의 옷을 입게 되는 것은 성리학에 와서이다. 성리학자들은 인간의 성이나 심과 같은 개념을 '성즉리性卽理'나 '심즉리心卽理'와 같은 명제로 보편 존재인 천과 매개시켰다. 그리고 이를 통해서 도덕 형이상학의 집을 건설하였다. 여기서 그들은 인을 인간의 성이나 심 가운데서도 가장 핵심적인 것으로 설정하여 인간이 하늘과 교통할 수 있는 가장 중요한 통로로 만들었다. 정호程顥 같은 이는 아예 성이나 심과 같은 겉옷을 걷어 버리고서 '인'만으로 인간과 하늘을 매개시키기도 한다. 그는 인을 인간과 하늘의 보편적 본질이자 보편적 존재 기반으로 생각하기 때문이다. 이처럼 인은 성리학자의 손으로 인간과 사회의 울타리를 넘어서 형이상학의 길로 접어든 것이다.

마찬가지로 공자와 맹자의 인 사상에 주목했던 변법파는 이 점에 있어서 만은 그들이 줄곧 비판해 마지않던 성리학자들의 모습을 닮아 간다. 먼저 강유위의 말을 한 번 들어보자.

공자는 천을 근본으로 삼았는데, 천을 인하다고 여겼다. 그러므로 사람이 천으로부터 명을 받을 때 천으로부터 인을 얻는다고 보았다.[33]

인이란 천에 있어서는 끊임없이 생성되는 이치이고, 사람에 있어서는 박애의 덕이 된다.[34]

---

33) 康有爲, 『康有爲全集』, 「春秋董氏學」.

모든 변화의 근원이요, 모든 것의 뿌리이자 모든 것의 원칙이며…… 인간 세계의 인의仁義, 인간 세계의 문명, 인간 세계의 진화, 태평과 대동에 이르기까지 모두 여기에서 나온다.35)

말리지 않으면 인에 대한 찬미는 끝없이 이어질 것 같다. 오히려 그의 제자인 양계초의 말을 한 번 들어보는 것이 나을 듯하다.

우리 선생님의 논리는 인을 유일한 종지로 삼았다. 세계가 존재하는 까닭, 중생이 생겨나는 까닭, 국가가 존립하는 까닭, 예의가 일어나는 까닭 중에 인에 근본을 두지 않은 것은 하나도 없으므로, 만약 사랑의 힘이 없다면 천하가 시세에 부응하더라도 멸망하고 말 것이라고 생각했다.36)

강유위는 이처럼 인을 하늘과 인간을 하나로 맺어 주는 매개요, 모든 만물의 존재 근거이자 본질이라고 말한다. 이러한 인을 그는 자신의 역작인 『대동서』의 핵심에 두고서 그가 만년에 전심전력했던 공자교孔子敎의 중심 교리로 존숭한다. 또한 그는 인을 전기電氣요 에테르라고 말한다.37) 이는 어떻게든 인을 만물의 보편적 존재 근거이자 본질로 삼으려는 노력의 한 모습으로 보인다. 담사동도 똑같은 말을 하고 있다. 곧 그는 "에테르란 엄밀하게 말하면 사실상 인일 뿐이며",38) "인은 천지만물의 근원"39)이라고 말한다.

인에 대한 철학적 작업은 담사동에게서 더욱 열정적으로 보인다. 그는 아예 『인학仁學』이라는 풍부한 내용의 저술을 남기고 있다. 그는 인에 대한 형이상학화의 작업을 통해 보편적 존재로서 인을 자리매김한 뒤 인의 내용과 현실적

---

34) 康有爲, 같은 책, 「中庸注」.
35) 康有爲, 같은 책, 「孟子微」.
36) 梁啓超『飮氷室合集』, 「南海康先生傳」.
37) "不忍人之心은 仁이요, 電氣요, 에테르이다. 사람마다 그것을 가지고 있기 때문에 인성은 모두 선하다고 말하는 것이다."(『康有爲全集』, 「孟子微」)
38) 蔡尙思・方行 編, 『譚嗣同全集』, 「以太說」.
39) 蔡尙思・方行 編, 같은 책, 「仁學」.

작용을 밝히는 데 특히 노력을 기울인다. 그는 인의 중심적인 내용이 '사랑'(仁愛)이기는 하지만, 그것을 좀 달리 발전시켜 '통함'(通)이라고 말한다. 여기에서 그는 다시 '통함'을 크게 넷으로 나누고 있다. 곧 '윗사람과 아랫사람의 통함'(上下通), '중국 사람과 외국 사람의 통함'(中外通), '남자와 여자의 통함'(男女通), '다른 사람과 나의 통함'(人我通)이 바로 그것이다.[40] 그는, 인의 가장 근본적인 내용은 '통함'이요 "통함의 현상은 평등"[41]이므로, 인에 따라 세워지는 사회는 "군주가 없어져서 귀천이 평등해지고, 공공의 도리가 밝혀져서 균등해지는" 민주 사회요 "천리 만리나 떨어져 있어도 마치 한 가족 한 사람과 같은" 이상 사회라고 보았다. 이러한 민주적이고 이상적인 사회가 바로 공자가 원래 꿈꾸고, 진정으로 꿈꾼 사회라고 그는 말한다. 나아가 그는 자신의 이러한 인학仁學에 정통하기 위해 동서고금의 여러 사상을 두루 섭렵할 것을 권한다.

> 무릇 인학을 배우는 자는 불교에서는 마땅히 화엄종華嚴宗과 선종禪宗 그리고 법상종法相宗의 책에 정통해야 하고, 서양 학문에서는 마땅히 『신약성서新約聖書』와 수학, 자연과학, 사회학의 서적에 정통해야 하며, 중국 전통 학문에서는 마땅히 『주역』·『춘추공양전春秋公羊傳』·『논어論語』·『예기禮記』·『맹자孟子』·『장자莊子』·『묵자墨子』·『사기史記』 및 도연명陶淵明·주렴계周濂溪·장횡거張橫渠·육상산陸象山·왕양명王陽明·왕부지王夫之·황종희黃宗羲의 서적에 정통해야 한다.[42]

결국 이 말은 담사동 자신의 '인학'이 공자와 맹자의 인 사상을 정통으로 계승한 것일 뿐만 아니라 동서고금의 중요 사상을 꿰뚫고 있는 것임을 강조하는 것이다. 아울러 공자의 인 사상이 이러한 사상들과 동일한 지평 위에 있는 것임을 밝히는 것으로 읽을 수도 있으므로, 공자 인 사상의 보편성을 확보하는

---

40) 蔡尙思·方行 編, 같은 책, 같은 곳.
41) 蔡尙思·方行 編, 같은 책, 같은 곳.
42) 蔡尙思·方行 編, 같은 책, 같은 곳.

장면으로 이해해 볼 수도 있겠다. 이렇게 해서 공자와 공자의 인 사상은 구망을 위한 현실적 대안으로 등장하는 것이다.

그런데 위 예문에서 눈 여겨 볼만한 것이 몇 있다. 불교에서 '공종空宗' 계열과 도가 철학에서 노자老子를 뺀 점, 제자백가 철학에서 순자荀子와 법가法家 계열을 뺀 점, 그리고 성리학에서 정이와 주희朱熹를 뺀 점 등이다. 이것은 담사동 자신의 철학과 충돌되는 부분을 제외시킨 것이라고 볼 수 있다. 먼저 불교의 '공空' 사상과 노자의 '무無' 사상은 기와 에테르설을 바탕으로 하는 자신의 자연 철학과 충돌하고, 순자와 법가 계열은 강상명교를 세우고 전제군주제를 옹호한 비민주적 사상이며, 정이와 주희의 주자학은 비민주적 전제군주제의 통치 이념으로 봉건 시대에 군림했기 때문일 것이다.

이렇게 유학만이 아니라 전통 철학 전체로 관심을 넓히고, 다시 그 중에서 특정 철학이나 인물을 선택적으로 취사선택하는 사조는 한 시대를 풍미하게 된다. 이 과정에서 '국수國粹'의 문제가 제기되고, 활발한 철학적 이론의 융합을 통해 새로운 이론을 만들어 내며, 어느 철학 또는 어느 인물을 중심에 앉힐 것인가에 따른 정통의 시비도 일어난다. 사실상 변법파에게 오면 '서기西器'와 '서용西用'은 더 이상 문제가 되지 않는다. 그들에게 오면서 '동도東道'와 '서도西道', '중체中體'와 '서체西體'의 문제가 비로소 중심 과제로 떠오른다. 이것은 어찌 보면 오늘날까지 동양인에게 미완의 과제로 남아 있다.

4. 공자와 서양의 만남, 그 이후

우리는 변법 운동과 사상에 대한 부정적인 평가를 많이 볼 수 있다. 여기에서도 그들의 사상을 부정적으로 본다면 그 자체로 문제될 것이야 없겠지만, 혹시 그러한 평가에 우리 자신도 미처 모르는 사이에 어떤 편견이 개입되었다면 그것은 문제가 된다. 이러한 편견이란 크게 셋으로 나눠 볼 수 있겠다.

먼저 변법유신은 실패한 운동이라는 전제를 깔고서 그들의 개혁과 사상을 바라보는 관점이다. 따라서 그것은 왜 실패하게 되었는가를 묻는 데에 자연스레 초점이 맞추어지고, 많은 부분 실패의 책임이 변법 운동과 사상에 지워지게 된다. 또 실패의 책임을 말하면서 판에 박힌 듯 인식의 한계와 계급의 한계 등의 지적하고 있다. 변법유신이 실패한 것은 역사적 사실이다. 일정 부분 실패의 책임을 떠맡아야 하고, 인식과 계급의 한계가 있었음도 사실이다. 그렇지만 무엇보다 그들이 넘어서기 힘든 역사의 객관적 상황이 있었다는 점도 우선적으로 보아야 할 것이다. 역사상 성공한 운동이라 해서 그 운동의 내용과 노선이 모두 옳았으며, 그 운동이 갖고 있던 사상마저 반드시 옳았다고 볼 수는 없을 것이다. 그렇다면 그 반대의 경우도 마찬가지일 것이다.

다음은 변법 운동과 사상을 단순히 과도기적 관점에서 바라보는 경우이다. 다시 말해 청나라 말기에 20여 년 동안 양무 운동이 추진되다가, 길어야 10년도 채 안 되는 짧은 기간 사이에 성공하지 못한 변법 운동이 있은 뒤, 곧바로 혁명기로 접어들어 마침내 신해혁명辛亥革命(1911년)의 성공으로 이어졌다는 관점이다. 따라서 그 운동은 불완전하고 그 사상은 미성숙하였다는 결론이 내려진다. 여기에서 변법 운동을 불완전한 것으로 바라보는 관점은 그것을 혁명의 길로 완성해 가는 한 과정으로 보는 태도이다. 곧이어 다시 말하겠지만 변법파들은 혁명기와 공화정이 들어선 이후에도 계속 입헌군주제를 주장한다. 적어도 그들에게 있어서 입헌군주제는 과도적으로 설정된 것이 아니라 역사 현실을 객관적으로 반영한 그 자체로 완전한 하나의 입장인 것이다. 그들이 주장한 입헌군주제의 길은 공화제로 가는 전 단계가 아니라 두 길 중 보다 바람직한 길이었던 것이다.

변법 사상을 과도기적인 것으로 보는 데에는 더 많은 위험이 있다. 그들이 제기한 많은 문제가 아직까지 여전히 풀리지 않은 채로 남아 있으며, 그들이 문제를 풀어 나간 방법을 지금까지도 많은 사람들이 답습하고 있기 때문이다.

동양이 아직까지 '근대'라는 화두를 풀지 못한 채 얽매여 있는 현재, 그들의 운동과 사상에서도 특히 후자의 사상에 대해서는 과도기적이라는 편견의 덫을 거둬들여야 할 것이다.

마지막으로 변법파들이 혁명기와 공화정 이후에 보인 '보수·반동적' 행보 때문에 변법 시기의 행적과 생각마저 부정적으로 보는 자세 또한 문제가 된다. 그런 부정적인 편견은 무술정변의 소용돌이 속에서 자결한 담사동에 대해서도 예외를 인정하지 않는다. 우리는 변법파를 평가할 때 먼저 변법 운동기와 그 이후를 나눠 볼 필요가 있으며, 아무래도 평가의 초점을 전반부에 두어야 할 것이다. 다시 말해 변법 운동은 양무 운동과의 대립면에서 이해하고 평가해야 한다는 것이다. 우리는 역사를 바라보면서, 누가 더 '진보적'이냐와 누가 더 현실을 객관적으로 바라 보는가라는 상이한 기준에 따라 읽어 나갈 때 그 역사 내용이 다를 수 있다는 것은 너무나 흔히 만날 수 있다.

그러면 변법 운동과 사상이 지닌 역사적 의미와 그 영향은 어떤 것이었을까? 우선 변법파들은 자유 민권 사상을 바탕으로 중국 역사에서 처음으로 정치 체제의 변화 문제를 들고 나왔으며 직접 실현에 옮기려고 시도하였다. 또한 여기에서 한 걸음 더 나아가 봉건 전제군주제를 떠받치고 있던 강상명교에 대해서마저 "봉건의 그물을 찢어라"(衝決網羅)라고 외친 것은 실로 혁명적인 것이다. 이는 이후 계속 이어지는 혁명의 물꼬를 튼 것이다. 또한 이 과정에서 그들은 근대 중국의 과제라 할 수 있는 '과학'과 '민주'의 문제를 정식으로 상정한다.

다음으로 변법파는 제대로 된 서양 배우기에 나서면서 전면적인 서양 이해의 길을 열어 나간다. 그들은 서양의 정치 제도나 사회 사상만이 아니라 종교나 철학 등의 분야에도 관심을 가진다. 이 모두를 이해해야만 서양이 부강한 이유를 알 수 있고, 이 모두를 배워야만 중국이 서양처럼 부강해질 수 있다고 생각했기 때문이다.

마지막으로, 변법파는 새롭게 '공자'를 다시 살려 내고 있다. 변법파는 앞의 결론에서 다시 '서체'를 대신할 그 '무엇'을 중국에서 찾기 시작하였다. 그 결과 공자의 '힘'을 빌리기로 계획한다. 이를 위해서 원래의 공자와 역사상의 공자를 구분하고, 원래의 공자에게서 전제군주제와 강상명교의 '짐'을 덜어내어 역사 속의 공자에게로 떠넘긴다. 그 결과 원래의 공자는 인과 평등을 설파하면서 민주 정치를 외치는 민주주의자의 모습으로 등장함으로써 존망의 기로에 선 중국과 중화 문명, 중국 민족의 구세주가 되어 근대 중국이 직면한 총체적 위기의 극복을 모색한다.

이렇게 공자는 변법파에 의해 나라와 민족과 문명을 한꺼번에 건져 줄 구세주로 등장하여 마침내 '공자교'의 교주로 등극하지만, 이내 '깨부수자, 공자의 가게'(打倒孔家店)라는 구호 아래 배척되는 수모를 겪었다. 그리고 이후 공자는 다시 '공자를 존숭하고 사서오경을 읽자'(尊孔讀經)는 구호 속에서 추앙되다가 문화대혁명 시기에는 또다시 '임표와 공자를 비판하자'(批林批孔)는 구호에서 비판의 표적이 된다. 개혁 개방 이후의 현대 중국은 다시 '공자 읽기'를 시작하고 있다. 그렇다면 지금의 중국에서 공자란 과연 무엇인가? 결코 쉽사리 답하기 어려운 물음이며, 이후에도 이어질 물음이다. 여기에서 우선 변법파의 공자 읽기가 옳았는가를 떠나 그들이 근대 중국에서 풀기 어려운 '공자'라는 또 하나의 화두를 던져 놓았다는 점에서 주목해야 할 것이다.

이밖에도 주목할 만한 점이 몇 가지 있다. 변법파는 공자를 그들 나름대로 읽어 내면서 원래의 공자와 역사상의 공자를 구분해 내고 있다. 그런데 이런 구분은 과연 가능한 일이며 그래도 되는가에 대해서 입장이 나뉜다. 5.4운동 시기의 전반서화론자全般西化論者들은 변법파의 이러한 작업을 일소에 부치고 말았지만, 그들의 비판자로서 '과학과 인생관 논쟁'(科玄論戰)을 거치면서 등장하는 이른바 현대 신유가들은 이를 보배처럼 이어받는다. 이 두 계열은 단순히 두 학파와 이론에 지나지 않는 것이 아니다. 단순히 학문 이론상의 차이뿐만 아니라 중국 문화와 전도를 대하는 정서와 태도에까지 연관되어 가장 커다란 분기점을 이루는 만큼, 그들의 이 작업은 그 만큼 큰 의미를 가지면서 아직까지도 그림자를 드리우고 있다.

아무튼 변법파가 공자를 민주주의자로 읽어 낸 것은 많은 비판에 직면한다. 앞에서 말한 전반서화론자와 이후 등장한 마르크스주의자들이 이 비판에 참여한다. 그러나 현대 신유가들은 물론이고 그밖에도 적지 않은 이들이 정도의 차이는 있지만 이 입장에 찬성하는 것을 볼 수 있다. 그리고 변법파들은 공자 사상의 핵심을 인으로 보고 있는데, 이 점은 고금의 학자들이 대체로 동의하고 있다. 문제는 인의 내용을 무엇으로 보느냐에 있다. 변법파들은 인을 우주 만물의 보편적 본질이자 존재 근거이며, 만민 평등을 보장하여 민주로 나아갈 수 있게 해 주는 요소로 보았다.

그러나 전반서화론자들은 이 인을 봉건 윤리의 핵심으로 수많은 사람을 잡아먹은 귀신과도 같은 것이라 보며, 마르크스주의자는 계급 화해를 노린 봉건 악덕 중의 악덕이라고 본다. 여전히 현대 신유가들은 변법파의 편을 든다. 그들은 인과 함께 심心과 성性을 전면에 내세워 도덕 형이상학을 구축하는 데로 나선다.

변법파들은 또 인을 말하면서 에테르 등 서양의 과학 지식을 끌어들이는데, 이 점 역시 주목해 볼 만하다. 이것은 인을 통해 '과학'과 '민주'의 문제를 한꺼번에 풀어 보려는 노력의 한 과정으로 이해할 수 있다. 그런데 현대 신유가들은 과학과 인생관 논쟁에서는 '전술적'으로 '과학'을 그들의 관심에서 분리시키지만 다시 모종삼牟宗三에 오면 어떻게든 과학을 끌어안으려는 노력을 보인다. 따라서 우리는 비록 변법파가 이러한 과제를 성공적으로 풀지는 못했지만, 적어도 그들은 무엇이 문제인지는 알고 있었다는 평가를 할 수 있다.

변법파들은 또 원래의 공자를 찾고 그의 인 사상을 굳게 다지면서 동서고금의 여러 철학들을 끌어들인다. 그만큼 공자와 공자의 인 사상이 보편적 기반을 갖는다는 말이 된다. 그런데 이 과정에서 여러 요소들을 취사선택하는 모습을 보여 그 기준이 문제가 된다. 그리하여 중국 전통 사상 가운데 어느 것이 정수인가 하는 '국수國粹'의 문제가 제기되고, 유학을 중심으로 볼 것인가 말 것인가, 나아가 유학 중에서도 공자의 정통 계승자가 누구인가 하는 문제가 제기된다. 결국 윤리 정신의 계통인 '도통道統'과 학술 이론의 계통인 '학통學統'의 문제들이 불거져 나온 것이다. 이 문제에는 근대 사상계의 모두가 뛰어들었다고 해도 지나친 말이 아닐 것이다.

변법파들은 이러한 작업을 시작했을 뿐만 아니라 그 결과도 내놓고 있다. 그 속을 보면 순자와 법가 계열 그리고 정주학를 빼고, 대신 불교나 도가의 일부를 끌어들이고 있다. 이 점에서도 현대 신유가들은 변법파를 너무 많이 닮았다. 이렇듯 현대 신유학은 변법파와 같은 '가슴', 같은 '눈'을 가지고서 그 '방법'과 '내용'을 이어받고 있다.[43] 이런 점에서 변법 운동이 지녔던 문제 의식은 여전히 살아서 근대 중국에 수많은 과제를 던지면서 역사 속에 굳건히 자기 자리를 차지하고 있다.

---

43) 이렇게 볼 때, 현대 신유학의 시작을 '科玄論戰'에서 잡고 있는 鄭家棟의 『현대신유학』과 『현대신유학 연구』 등의 관점은 재고의 여지가 있으며, 비록 그렇게 한다하더라도 변법 사상과 현대신유학의 관계에 대한 좀더 세심한 고찰이 필요하다.

張之洞, 『勸學編』(漸西村舍叢刊本)

蔡尙思・方行 編, 『譚嗣同全集』(北京: 中華書局, 1981)

嚴 復, 『嚴復集』(北京: 中華書局, 1986)

梁啓超, 『飮氷室合集』

康有爲, 『康有爲全集』(上海: 上海古籍出版社, 1987)

北京大學 哲學科硏究室, 『중국철학사』4, 오상무 옮김(서울: 자작아카데미, 1997)

鄭家棟, 『현대신유학』, 한국철학사상연구회 논전사 분과 옮김(서울: 예문서원, 1993)

중국철학연구회, 『논쟁으로 보는 중국철학』(서울: 예문서원, 1994)

한국철학사상연구회 논전사 분과, 『현대신유학 연구』(서울: 동녘, 1994)

이명수, 「譚嗣同의 儒敎 變通論」(韓國孔子學會, 『孔子學』 제3호, 1998)

조경란, 「진화론의 중국적 수용과 역사 인식의 전환」(성균관대 박사학위논문, 1994)

서양의 도전에 대한 동양의 응답

김제란

1. 동서 문화의 충돌과 근대화의 두 갈래 길

중국 근현대사상사는 어떤 의미에서는 서양 문명의 공세에 중국 독자의 입장에서 계속 대응해 온 역사라고 할 수 있다. 중국이 서양 사상과 접촉하고 동서 문화가 교류되기 시작한 것은 17세기 이래 예수회 선교사들이 전도를 시작한 데서 비롯되었다. 서양 문물이 본격적으로 들어오기 시작한 것은 아편전쟁 전후이며, 이것은 동양을 식민지화하려는 제국주의적 침탈의 형태를 띠게 된다. 중국 근대는 이처럼 제국주의의 침략과 지배, 반半식민지·반半봉건성의 심화와 그로 인해 야기되는 민족주의의 위기를 그 본질로 한다. 따라서 '중국을 어떤 방향으로, 어떤 방법으로 개혁해야 할 것인가?' 하는 것이 당시 지식인층의 공통된 문제 의식이었다.

이 가운데에는 서양의 세력과 문화를 무조건 배척하는 완고한 보수파도 있었지만, 이들은 아무런 힘을 쓰지 못하는 상황이었다. 이런 상황 속에서 서양의 문화를 받아들여 중국을 근대화시키려는 청 말의 근대화 운동은 피할 수 없는 조치였다. 이처럼 서학 동점에 대항하여 '(힘있는) 서양의 학문을 배우자'는 중국의 독자적인 노력은 '과학 기술 → 정치 → 문화'라는 세 단계를 거쳐 이루어졌고, 그것은 역사적으로 '양무 운동 → 무술변법 · 신해 혁명 → 5.4운동'의 형태로 나타났다.

양무파인 장지동張之洞과 이홍장李鴻章은 '중국의 전통 사상인 유교 봉건 윤리를 핵심으로 하는 정신 문명을 근본으로 삼고, 과학 기술을 중심으로 한 물질 문명을 보조로 하자'는, 이른바 중체서용中體西用의 입장을 취하였다. 이 중체서용론은 근대 중국이 서양의 제국주의적 침략에 대항하면서 서양 문물을 받아들이는 최초의 형식이라는 면에서는 의미가 있지만, 내용면에서는 유교의 봉건 강상을 옹호하고 봉건 전제주의를 전제하는 개혁에 국한됨으로써 실패로 돌아가고 만다. 무술변법파인 강유위康有爲, 담사동譚嗣同, 엄복嚴復, 양계초梁啓超 등은 서양 사상, 그 중에서도 특히 진화론을 받아들여 동양 사상과 융합시켜, 이를 기반으로 개혁을 통해 정치 체제를 변혁하려고 시도하였다. 이 또한 외적인 면에서 서양의 정치 · 경제 제도를 기본적으로 받아들이고 응용하는 것일 뿐, 내적인 면에서는 민족 정신을 지탱하는 전통 사상을 그대로 고수하려는 입장이었다.

그러나 5.4운동 시기에 이르러서는 많은 분야에서 근본적인 변화가 발생하여 서양과 동양 문화는 물과 불처럼 서로 융합할 수 없는 근본적으로 대립되는 것으로 여겨졌다. '공자가 제창한 유교를 타도하자'(打倒孔家店)는 구호가 중요한 의의를 갖게 되었고, 진독수陳獨秀, 호적胡適 등은 전통 즉 낡은 유가 도덕에 대한 철저한 타도와 사회의 전반적인 서구화를 주장하였다. 이것을 계기로 사상계는 전통 문화의 근본적인 단절을 주장하는 진보파(서화파)와 전통 문화의 옹호를 주장하는 보수파(국수파)로 첨예하게 나누어지게 되었다.[1] 그 과정에서 그들은 '동서 문화 논쟁'과 '과학과 인생관 논쟁'(科玄論戰)을 벌이게 되었다. 그러면서 전자의 진보적 인물들은 주로 마르크스주의자로 변모해 갔고, 후자는

---

1) 진보파는 초기 마르크스주의자인 진독수, 이대조, 전반 서화파인 호적, 과학파인 정문강, 그 외 자유주의, 무정부주의에 속하는 인물들이 해당되고, 보수파는 강유위, 엄복 등의 복고주의파와 두아천, 양계초, 양수명, 장군매 등의 동방문화파 등이 해당된다.

동방 문화 본위파 및 현대 신유가로 변화해 갔다.

'동서 문화 논쟁'[2])이란 중국 전통 문화가 나아가는 근대화의 길에 대한 반성으로서 일어난 5.4운동에 그 기반을 둔 논쟁이다. 5.4운동의 의식 개혁에 돌파구 역할을 한 잡지『신청년新靑年』은, 개인의 독립과 개성의 해방을 바탕으로 공자와 유가를 중심으로 하는 전통 문화에 대한 비판과 신문화의 창조를 주장하였다. 공자 타도가 그들의 표어이자 목표였는데, 이는 당시 청년층과 지식인층에게 큰 반향을 일으켰다. 이에 대해『동방잡지東方雜誌』등은 전통 문화를 되살리거나 어떤 방식으로든 신문화와 조화시켜야 한다고 주장하면서 강하게 반발하였다. 그리하여 두 진영 사이에는 동서 문화의 본질과 차이 문제를 두고 1915년『청년잡지』의 창간 이후부터 1927년까지 근 10여 년 동안 강렬한 논쟁이 계속되었다.[3])

동방문화파의 기본 입장은 동양 문화를 우월한 정신 문화로 보고 서양 문화를 저급한 물질 문화로 파악함으로써 동양 문화의 우월성을 강조하는 것이었다. 예컨대 동방문화파의 대표적 인물인 두아천杜亞泉은, 서양 문화는 활동적인 문명으로 경쟁적인 문명이지만 동양 문화는 고요한 문명으로 자연스러운 문명이라고 강조하였다. 그러면서 서양 문명과 동양 문명은 전혀 다른 성질의 것이지 고금古今의 차이나 정도의 차이가 있는 것이 아니라는 것을 집중적으로 논증하였다.[4]) 동방문화파는 서양을 자본주의, 그 중에서도 제국주의적 성격만을 강하게 부각시켜 정신성이 없는 물질 문명으로 파악했으며, 동양은 사회적·경제적 측면에 대한 언급은 거의 없이 물질적으로 뒤떨어진 이유가 마치

---

2) 동서 문화 논쟁에 대한 자세한 논의는 김제란, 「동서 문화 논쟁과 현대 신유가」를 참조할 것.
3) 이 논쟁은 크게 세 시기로 변화하며 발전하였는데, 5.4 시기에는 동서 문명의 우열을 비교하는 문제로부터 시작하여 5.4 이후에는 동서 문화가 조화될 수 있는가 하는 문제를 거쳐서 마지막으로는 봉건 문화와 자본주의 문화 사회주의 문화의 관계에 초점이 맞추어 진행되었다. 동서 문화 논쟁의 이러한 시기 구분은 陳崧이『五四前後東西問題論戰文選』에서 제안하였다. 彭明 등은 전기와 후기의 두 시기로 구분한다.(彭明, 「五四新文化運動的反省」,『傳統文化與現代化』, 341쪽.)
4) 杜亞泉, 「靜的文明與動的文明」,(『東方雜誌』제13권 109호.) 이 글은 陳崧의 같은 책에 재수록되어 있음.

정신성에만 치중했기 때문인 것으로 합리화하였다. 이것은 어떻게든 동양의 우월성을 살려서 민족의 자존심을 높이고자 하는 것이 이들의 지배적인 관심이었기 때문이다.

반면에 서방문화파의 기본 입장은, 동양 문화는 아직 고대 문화에서 벗어나지 못한 고대의 유물이며 서양 문화만이 진정한 근대 문화라는 것이다. 따라서 동서 문화의 차이는 결국 고금의 차이에 불과한 것이 된다. 사회 발전은 고대 문화에서 근대 문화로, 즉 동양 문화에서 서양 문화로의 이행으로만 가능하므로, 동양은 전적으로 서양 문화를 받아들일 필요가 있다는 입장이다.[5]

현대 신유가는 기본적으로 서양 사상과의 융합을 통해 전통 유학을 현대화시키려는 하나의 시도라는 점에서 분명히 동방문화파의 맥을 그대로 잇고 있다고 할 수 있다. 이러한 점은 양계초나 장군매張君勱와 같은 초기 인물들뿐만 아니라 웅십력熊十力, 당군의唐君毅, 모종삼牟宗三, 서복관徐復觀 등과 같은 후기의 인물들에게서도 동일한 구도로 나타난다.

'과학과 인생관 논쟁'(科玄論爭) 역시 5.4운동에 그 발단을 두고 있다.[6] 전통 문화에 대한 깊은 회의를 나타낸 진보파의 견해는 곧 과학주의에 대한 추구로 표현되었다. 이는 당시 중국 지식인층의 지배적 견해로서, 과학적인 정신이나 태도, 방법만이 모든 문제를 해결할 수 있다는 과학 만능주의로 표현되었다. 그러나 제1차 세계대전과 더불어 이러한 과학 만능주의에 심각한 의문이 제기되었다. 첫 문제 제기는 1923년 청화대학에서 장군매가 인생관은 객관적인 규칙에 지배되는 것이 아니라 순수하고 주관적인 것이어서 '과학으로는 결코 인생관의 문제를 해결할 수 없다'는 요지의 강연을 하면서 시작되었다. 이에 대하여 호적과 정문강丁文江 등은 격렬히 반대하며 과학과 인생관을 따로 구분해

---

5) 이 때 초기 마르크스주의자들은 전통 사상을 부정하였다는 점에서는 서방문화파와 입장을 같이 하지만, 서양 문화를 그대로 인정하지 않고 사회주의라는 새 길을 선택하고 있는 면에서는 크게 다르다.
6) 과학과 인생관 논쟁에 대한 내용은 주로 유혼우, 「현대 신유학과 과학파의 논쟁」을 참고하였다. 비슷한 내용이 「현대신유학 비판(1)」이라는 제목으로 『시대와 철학』 제7호에 실려 있다.

서 생각할 수 없다는 입장을 표명하였다. 양계초, 호적, 장동손張東蓀 등 당시 대부분의 지식인들이 현학파와 과학파로 나뉘어 이 논쟁에 참여하였는데, 이는 당시 세계 철학에서 보이던 과학주의와 인본주의의 대립이 그대로 반영되어 있는 것이기도 하다.

과학과 인생관 논쟁에서 기본적으로 현학파는 자유의지적 인생관에 근거해 있고, 과학파는 과학적 인생관에 근거해 있다고 볼 수 있다. 현학파인 장군매의 주장에 따르면, 인생관은 절대 통일될 수 없고 변화하는 것이며 '살아 있는 것' (活) 그 자체이다. 이것은 세계를 '체용불이體用不二'의 방식으로 이해하고 있는 송명 성리학의 전통에 서 있는 것이며, 자연과 사회, 인생을 상호 관계 속에서 전체로 사고할 것을 요구하는 것이다. 거기다 철학과 과학의 영역을 구분함으로써 가치 세계는 다만 철학의 영역일 뿐 과학은 아무런 도움이 되지 못한다고 주장한다. 이러한 입장에 따르면, 사실의 세계는 외적인 필연의 세계이고, 가치의 세계는 내적인 자유의 세계가 된다. 이러한 이원론은 철학과 과학의 영역을 구분하여 과학파의 과학 만능주의에 대항하는 논리적 기초를 구성한다. 인생관은 주관적, 직관적, 종합적, 자유의지적, 단일적인 데 반하여, 과학은 외적 현상들의 통일성에 기초한 객관적, 논리적, 분석적, 인과적, 보편적인 것이다.[7] 인생관은 이렇게 과학과 그 영역을 완전히 달리하므로 과학이 아무리 발달하더라도 결코 인생관의 문제를 해결할 수 없다고 한다.

이에 대하여 과학파는 인생관은 경험으로 환원될 수 있으며, 따라서 어디까지나 현상적인 차이만 있을 뿐 인과율에 지배받는다는 것은 같다고 강조한다. 따라서 과학적 방법, 과학적 태도, 과학 정신에 기초한 과학적 인생관을 성립시켜야 함을 주장한다. 과학파는 인생관 현상의 다양성의 근거를 주체의 단일성에서 찾는 현학파의 입장이 '본체론'이라는 검증 불가능한 영역으로 도망치는 것이라고 규정하고, 감각주의적 입장에서 형이상학적 본체론을 부정하였다. 이

---

7) 張君勱, 「人生觀」, 4~9쪽.

들은 우리의 감각 범위 밖에 있는 어떠한 정신 실체나 물질 실체에 대해서 우리는 알 수 없으며, 증거를 제시할 수 없는 본체론은 모두 현학이고, 이것은 논리적 훈련이 등한시된 일종의 신앙이나 교조에 불과한 것이라고 정면으로 비판하였다.[8]

현대 신유가는 기본적으로 현학파에 속하며, 현학파의 발전이라고 할 수 있다. 이들은 직관주의로써 과학파의 입장을 비판하였다. 더욱이 결정론적이고 명료한 것을 추구하는 과학의 특성 때문에 서양 문화가 파산했다고 여기던 현대 신유가는 오히려 추상적이고 애매한 송명 성리학의 자유주의 전통인 수양론이 더 생명이 길다고 주장하는 동방문화파의 입장을 견지하였다. 동방문화파는 정신과 물질의 영역을 구분한 다음 먼저 정신 본체를 건립할 것을 주장하였다. 이러한 과학과 인생관 논쟁을 통하여 과학과 철학을 분리하는 현대 신유가의 이원론적인 입장은 더 분명하게 나타나게 되었고, 이것은 모종삼·여영시余英時·두유명杜維明 등 후기 현대 신유가들에게서도 계속되는 전통으로 이어지게 된다.[9]

현대 신유가는 이와 같이 5.4운동 이후 동서 문화 논쟁과 과학과 인생관 논쟁을 거치면서 형성된 신유가 학파를 지칭하는 말로서, 웅십력·양수명梁漱溟, 풍우란馬友蘭·모종삼 등을 그 대표자로 들 수 있다. 근래 현대 신유가의 범위를 4세대로 구분하는 논의가 나오고 있는데, 각 세대는 공통된 특징과 함께 개별적인 시기의 특징도 함께 공유하고 있다.[10] 제1세대에는 양수명, 장군매, 웅

---

8) 과학과 인생관 논쟁은 '본체 건립 우선주의'에 대한 '방법 우선주의'의 비판이라고 요약해 볼 수도 있다. 과학주의의 현대 신유가에 대한 비판은 전호근, 「과학주의의 현대 신유가 비판」을 참고할 것.

9) 유흔우, 「현대 신유학과 과학파의 논쟁」, 152쪽.

10) 현대 신유가의 범위를 구분할 때 주로 쓰이는 방법은 3세대설이다. 吳光은 제1대를 웅십력, 양수명, 장군매, 풍우란, 하린으로, 제2대를 전목, 당군의, 모종삼, 서복관, 방동미로, 제3대를 두유명, 유술선으로 보고 있다. 方克立은 장군매, 전목을 1대와 2대에 걸쳐 활동한 인물로 구분하였고, 李澤厚는 웅십력, 양수명, 풍우란, 모종삼 4명으로 현대 신유가의 범위를 상당히 제한하고 있다. 제4세대로 구분하는 것은 정가동의 분류이다.(鄭家棟, 『현대 신유학』, 한국철학사상연구회 논전사분과 옮김, 26~29쪽.)

십력, 제2세대에는 풍우란, 하린賀麟, 전목錢穆, 제3세대에는 모종삼, 당군의, 서복관, 제4세대에는 두유명, 유술선劉述先, 채인후蔡仁厚 등을 들 수 있다. 이들은 유가의 전통에 근원을 두고, 그것과 서양 근대 문화를 결합시키려 했던 사상가들이다.[11] 이택후李澤厚는 다음과 같이 현대 신유가를 정의하고 있다.

> 신해혁명과 5.4운동 이래의 20세기 중국 현실과 학술적 토양에서 공자, 맹자, 정자, 주자, 육상산, 왕양명을 계승·발전시켜 중국 철학 또는 중국 사상의 근본 정신으로 삼는 동시에, 그것을 주체로 하여 서양 근대 사상(민주와 과학 등)과 서양 철학(베르그송, 루소, 칸트, 피히테 등)을 흡수하고 받아들이어 개조하여, 당시의 중국 사회, 정치, 문화 등의 현실적인 갈 길을 찾아내려 하였다. 이것이 현대 신유가의 기본적인 특징이다.[12]

지금까지의 내용을 염두에 두면서 이 정의를 시간적으로 더 확대시켜 적용한다면, 현대 신유가의 사상은 양무 운동 이래의 '중체서용론中體西用論'의 재현이라고도 결론 내릴 수 있다.

2. 도덕적 형이상학의 확립

현대 신유가는 기본적으로 전통 사상을 부흥·발전시켜 중국 민족의 문화와 정신을 일으켜 세우고, 그것을 기반으로 현실적인 문제들을 해결해 나갈 수 있는 힘을 키우고자 하였다. 이것은 일련의 역사적 변혁이 실패로 돌아가면서, 그러한 시도가 성공하려면 민족적 자존심을 지키는 일이 중요하다고 생각하였기 때문이다. 현대 신유가가 현대 중국에서 본 것은 가치 체계의 붕괴와 의미 구조의 해체이며, 자아의 상실, 응십력의 표현으로 하자면 인간 존재의 진정한

---

11) 吾妻重二, 「中國における非マルクス主義哲學」, 83쪽.
12) 李澤厚, 「略論現代新儒家」(『中國現代思想史論』, 265~266쪽.)

기초인 '본체' · '본심'의 상실이다. 서양의 정치 경제적, 문화적 침탈로 전통적인 가치 체계가 해체되어 가는 상황에서 아무리 정치 · 경제 등 제도 면에서의 변혁을 시도한다 하더라도, 그것은 이미 '못난' 동양이 '잘난' 서양을 뒤따라가는 일에 불과하다고 생각하였다. 현대 신유가는 이런 열등감 속에서는 현실적인 변혁이 성공하기 어렵다고 여겼다. 따라서 민족적 자존심을 살리기 위해서 서양은 물질, 동양은 정신이라는 도식으로 이분화하고, 정신 문화의 측면에서만은 동양이 우월하다는 입장을 고수할 필요가 있었다. 이것이 양무 운동 이래의 중체서용론자나 동방문화파가 견지하였던 입장인데, 이것을 현대 신유가가 그대로 수용한 것이다.

현대 신유가가 유가의 테두리 안에 들어올 수 있는 것은 '내성[內聖]'으로 '외왕[外王]'을 제어하고, 내성으로 전체를 관통하려는 입장을 견지하기 때문이다. 유가에서는 정치적 실천이란 도덕적 실천의 확충에 지나지 않으며, 이것이 바로 본체로부터 응용에 도달하는 공부라고 하였다. 따라서 현대 신유가는 유가 내성학의 가장 핵심적인 부분인 심성론 부분, 그 중에서도 송명 유가의 심성론을 계승하여 발전시키고, 도덕 실천과 도덕 의식의 고양을 현대적인 용어로 해석하려고 노력한다. 그것이 바로 서양에 대한 동양의 우월을 증명하는 길이고, 이렇게 민족적 자존심을 지켜 내면 지엽적인 것에 불과한 제도적 변혁은 쉽게 따라올 것이라고 믿었기 때문이다.

현대 신유가는 서양 사상 중 특히 과학주의 · 실증주의 철학과 대립한다. 현대 신유가가 문화적 측면에서 정치(외왕)와 문화(내성)를 양분하는 사고 방식을 대표한다면, 철학적 측면에서는 과학과 철학을 양분하는 사고 방식을 택하고 있다. 5.4운동 시기의 과학주의는 구국과 부강의 열렬한 기대 속에 일어났다. 현대 신유가는 지식 체계를 구축하여 자연을 인식하고 인류가 생존하는 객관적 환경을 개선하는 데에 과학이 유용하다는 점은 긍정한다. 그러나 과학주의처럼 어떤 자연 법칙에서 인류 생활의 보편 원리를 이끌어 내려고 시도한다면 정신 생활이 고갈되고 인문 세계가 상실되며, 그 결과 가치 관념이 결여됨으로써 현실적인 변혁 운동조차 좌절될 것이라고 본다. 현대 신유가가 보기에 과학과 철학은 완전히 다른 성질과 대상과 방법을 가지고 있다. 철학이 탐구하는 것은 과학의 사실 세계가 아니라 사실 밖의 가치 세계, 의미 세계이다. 따라서 현대 신유가 사상은 과학 세계 및 사실 세계를 넘어선 형이상학 체계, 그리고 도덕 의식의 근거를 제시하는 도덕적 형이상학의 확립을 시대 문제에 대한 근본적 해결 방안으로 제시한다.

형이상학을 강조하는 데에는 이처럼 기본적으로 과학과 철학의 구분이 전제가 되는데, 거기에는 서양의 실증주의적이며 실용주의적인 사조에 대한 비판이 내포되어 있다. 도덕적 형이상학이라고 하는 것은 서양의 전통적 형이상학에 대한 비판을 전제로 한다. 이러한 면에서 그들은 서양의 현대적 비이성주의나 인본주의 사조와 통하는 점이 있다. 양수명은 동양 문화를 관통하고 있는 것은 심오한 깨달음의 형이상학(玄學) 방법이며, 서양의 실증 방법과는 아주 다르다고 생각하였다. 그는 동양 문화는 '형이상학을 중심으로 하는 것'이라고 강조하였다. 웅십력은 특히 철학을 실증화하려는 경향에 격렬하게 반대하였다. 그는 철학의 실증화를 철학이 자신의 역할을 버리고 구체적인 과학 부문과 혼동하는 것이라고 생각하였다. 하린이나 풍우란도 마찬가지로 5.4운동 시기를 전후해 등장한 실용주의 등의 경험론 철학을 천박하다고 비판하였다. 특히 풍우란은 서양의 분석 방법을 수용하면서도 철학의 임무가 단지 명제나 개념을 분석하는 데 있다는 관점에는 찬성하지 않았다. 그는 철학은 경험에 대한 분석에서 시작하지만, 분석의 결과는 '초월의 관념을 얻어야 하는 것'이라고 보았다. "형이상학은 철학 중에서 가장 중요한 부분이다. 왜냐하면 그것은 인간의 인생에 대한 최후의 깨달음을 대표하기 때문이다"[13]라는 풍우란의 입장은 대다수 현대 신유가의 견해를 잘 나타내 준다고 할 수 있다.

---

13) 馮友蘭, 『新知言』, 3쪽.

서양의 전통적 형이상학에 대한 현대 신유가의 비판은 서양의 형이상학이 가지고 있는 본체론의 성격에 대한 비판으로 귀결될 수 있다. 사실 세계와 의미 세계, 자연 세계와 당위 세계를 구분하는 현대 신유가의 사고 방식에 비추어 보면, 형이상학이 연구해야 하는 분야는 당위적이고 가치적이며 초월적인 세계이다. 신유가의 눈으로 볼 때, 서양 철학은 자연과 인간을 완전히 대립시켜 보며, 자연과 우주를 완전히 인간의 밖에 존재하며 조금도 생명의 의미가 없고 단지 필연적 인과율에만 따르는 객관적 실체로 파악한다. 그리고 형이상학의 기능은 단지 이러한 객관적 실체를 구성하는 기본 요소를 탐구하는 데 있다고 본다. 이 같은 형이상학은 기껏해야 자연 세계에 대한 해석을 제공할 뿐 자연과 내가 일치하는 경지의 도덕적 의미는 전혀 포함하고 있지 않다. 따라서 이러한 형이상학은 우주와 인생의 참된 의미를 알려 주지 못하고, 도덕 이상의 확립과 의미 추구에도 전혀 도움을 주지 못하게 된다.

서양의 현대 철학은 형이상학 연구에 대한 의미를 부정함으로써 반反형이상학적인 특징을 띤다. 5.4운동 시기의 과학과 인생관 논쟁에서 과학파의 입장에 선 사람들 역시 이러한 시각에 영향을 받아 형이상학을 추구하는 현학파를 '형이상학 귀신'(玄學鬼)이라는 모멸적인 단어를 써가며 격렬하게 비판하였다. 이러한 시대적 분위기에서 자신의 형이상학을 세우기 위해 현대 신유가는, 중국의 과학주의, 실증주의자들과 서양의 형이상학 비판에 대해 동시에 대응해야만 했다. 양수명은 형이상학 문제를 두 가지로 나누어 언급하였다. 하나는 근대 이래 서양의 전통적 형이상학에 대한 비판이 정확한 것임을 강조하는 것이고, 다른 하나는 중국의 형이상학은 서양의 반형이상학론자들의 비판 대상이 되지 않는다는 점을 논증하는 것이다. 즉 서양의 형이상학이 우주의 최종적인 실체에 집착하는 데 반하여, 동양의 형이상학은 변화 면에서의 추상적인 이치에 불과하기 때문에 그 성격이 아주 다르다는 것이다.[14]

---

14) 梁漱溟, 『東西文化及其哲學』, 115~116쪽.

웅십력도 중국 사상계 내의 과학주의뿐만 아니라 서양의 전통 형이상학에 대해 매섭게 비판하였다. 그는 과학주의나 실증주의 철학, 서양의 전통 형이상학이 서로 관련을 가지고 있다고 생각하였다. 그는 서양의 전통적 형이상학이 사람들의 실제 생활이나 도덕 실천에서 벗어났다고 판단하고, '이지 작용에 의거해서 외부 세계를 향해 탐구하고', '마음대로 억측하여 세계를 구분하고 본체를 세우므로, 그 학설은 종잡을 데가 없다'라고 비판하였다. 이 같은 철학 이론이 과학과 인식론은 발전시키지만, 인간에게 안주할 곳을 제공해 주지 못해 결국 '본체를 부인하는' 회의론으로 귀착되고 만다는 것이다. 이것은 서양 철학자들이 본체를 현상 세계 너머에 주관적인 마음과는 아무런 관련이 없이 독립해 있는 실체로 보고 순수한 객관적 대상으로 탐구하기 때문이라고 진단하였다.[15] 이것은 철학과 과학의 한계를 모호하게 한 데 그 원인이 있다고 본다. 웅십력은 다음과 같이 말한다.

> 과학은 외부 세계가 독립적으로 존재한다고 가정하므로 궁극적 이치가 외부의 사물에 있다. 이치를 궁구하는 것은 반드시 순수한 객관적 방법을 사용해야 하므로, 과학은 지식의 학문이다. 그러나 철학은 우주, 생명, 진리, 지능을 통하여 하나가 되고 본래 안밖이 없으므로, 이치가 자신을 되돌이켜 보는 데 있다. 실천을 하지 않으면 깨달을 수 없으므로, 철학은 수양의 학문이다.[16]

웅십력에게서 우주의 본체를 탐구하는 것은 현실의 생활이나 우리 자신의 생명 체험과 떨어질 수 없는 일이다. 웅십력의 본체는 따라서 단순한 우주 만물의 존재 근거로서의 본체일 뿐만 아니라 도덕적 성격을 띤 인간화된 본체이기도 하다. 이 때 우주 질서는 윤리 질서이며, 인성 법칙인 동시에 도덕 법칙이게 된다. 이러한 도덕적 성격의 형이상학은 당연히 서양 정통 형이상학과는 다른 성격을 띠게 되며, 따라서 일반적인 형이상학에 대한 반대 논의는 현대 신

---

15) 熊十力, 『新唯識論』, 「唯識上·下」를 참조할 것.
16) 熊十力, 『十力語要』 권1, 54쪽.

유가의 도덕적 형이상학에 그대로 적용될 수 없다는 결론이 나오게 된다.

3. 전통 철학의 현대화

현대 신유가의 철학 이론은 각 철학자들마다 독특한 특색을 나타내기도 하지만, 몇 가지 공통된 특징이 있다. 앞에서도 언급하였듯이, 그 첫 번째 특징은 과학의 세계와 철학의 세계를 분명하게 구분하고, 과학의 진리와 철학의 진리를 별개의 것으로 나눈다는 것이다. 이것은 자연 과학의 영역과 인간학의 영역을 구별한다는 의미이다. 이는 또 1920년대 과학과 인생관 논쟁 중 현학파의 입장을 수용한 것이기도 하다.

현대 신유가도 과학이 지식 체계로 자연을 인식하거나 개조하여 인류의 생존 환경을 개선하는 데에 도움이 된다는 점은 기본적으로 인정한다. 그러나 과학이 단순히 자연에 관한 지식을 제공할 뿐만 아니라 사회와 인생에 보편적인 방법론적 원칙을 제공할 수 있다는 입장은 과학 만능주의이다. 이러한 의식은 기계론적이고 결정론적인 우주관을 가져와 사람들이 삶의 의미와 도덕 가치를 추구하지 않도록 만든다. 웅십력은 이를 대상화된 사고 방식인 '물화物化'라고 하였고, 모종삼은 '양화量化'라고 하였다. '물화'란 인류가 자주성을 상실하고 외부 환경에 완전히 종속되거나 감성적 욕구만을 따르는 것을 말하며, '양화'란 인류의 정신 세계가 본래 갖고 있던 내재성을 상실하고 모두 외재화되거나 표면화되어 버리는 것을 의미한다. 따라서 이러한 위험에서 벗어나기 위해서는 과학과 철학의 영역을 분명히 나눌 필요가 있다고 여겼던 것이다.

예컨대 웅십력은 새로운 형이상학 체계를 수립하여 과학주의, 실증주의를 중심으로 한 서양 사상에 대항하고자 하면서 그 기본 전제를 과학과 철학의 분리에 두었다. 웅십력은 이렇게 말하고 있다.

철학과 과학은 출발점과 대상, 영역, 방법 등이 근본적으로 다르다. 철학은 이해의 계산을 초월하는 것이므로 그 출발점이 과학과 다르다. 그것이 궁구하는 것은 부분에 대한 연구가 아니라 우주의 진리이므로 그 대상이 과학과 다르다. 그것의 영역은 근본적으로 본체론에서 출발하여 모든 것에 통하므로 그 영역이 과학과 다르다. 그것의 도구는 전부 밝은 지혜, 신묘한 깨달음, 함양 등의 공부에 의지하는 것이므로 그 방법이 과학과 다르다.[17]

즉 철학과 과학으로 이 세계를 완전히 이분화함으로써 과학은 경험 세계에서, 철학은 본체 세계에서 그 의미를 지닌다고 보았다. 그리고 경험 세계의 도구인 이성적 · 분석적 인식을 '양지量智', 천인합일에 도달하는 본체 세계의 도구인 직관적 인식을 '성지性智'라고 구별하여 성지가 양지의 근본이 됨을 강조하고 있다. 웅십력은 이처럼 과학 세계와 철학 세계를 구분하고, 철학 즉 형이상학 세계가 경험 세계인 과학 세계를 뛰어넘어 더욱 근본적인 가치를 가지고 있음을 강조한다. 이것은 바로 동양의 정신이 서양의 물질주의와 과학을 뛰어넘어 있는 별개의 세계로서, 좀더 가치 있는 것임을 은연중에 시사하는 것이다.

둘째, 현대 신유가가 계승한 유학은 정주학과 육왕학으로 대표되는 송명 성리학이라는 사실이다. 이것은 유가 철학, 특히 송명 성리학에서 본체를 우주 만물의 존재 근거일 뿐만 아니라 도덕 창조의 원천으로 보고 있다는 점과도 연관이 있다. 현대 신유가는 우주 질서가 윤리 질서이자 인성 법칙이며 도덕 법칙이라는 입장에서 송대 성리학의 본체론을 긍정하고 일종의 도덕적 형이상학[18]을 성립하고자 하였다.

---

17) 熊十力, 같은 책, 43쪽.
18) '道德的 形而上學'이란 개념은 모종삼이 명확하게 규정하였다. 그는 '도덕의 형이상학'(Philosophy of morals)과 '도덕적 형이상학'(Moral metaphysics)이라는 두 개념을 명확하게 구분해야 한다고 지적하였다. '도덕의 형이상학'은 도덕의 기본 원리를 형상적으로 토론하는 것으로, 연구의 소재가 도덕일 뿐 형이상학 자체는 아니다. 반면에 '도덕적 형이상학'은 본체론과 우주론을 포함한 형이상학 자체를 주로 하는데, 우주의 본체 자체가 도덕적 성격을 띠고 있음을 의미한다. 즉 도덕 실천을 통하여 형이상의 본체에 도달할 것을 주장하는 것이다.(牟宗三, 『心體與性體』 제1책, 8쪽.)

예컨대 웅십력이 "자신의 본성을 다하고, 그로써 만물의 본성을 다한다. 이것이 성학聖學 혈맥의 본론을 계승한 것이다"[19]라고 한 것은 송명 성리학의 심성론에서 영향을 받아 계승한 것이고, "나와 우주는 본래 한 몸이다. 나는 마음을 버리고 밖에서 본체를 구하고자 한 적이 없다"[20]라고 한 것은 육왕학의 영향을 강하게 받은 것이다. 풍우란은 정주학의 리기理氣 관계에 대한 사상을 바탕으로 그것을 신실재론 철학의 공상共相(보편)과 수상殊相(개별)에 관한 이론으로 보완하여 설명하려고 시도하였다. 그러면서 "나의 작업은 새로운 형이상학을 세우는 것이다"[21]라고 하였는데, 이 때 새로운 형이상학을 세운다는 것은 정확히 말해서 유가의 형이상학을 재건하는 일이라고 밝히고 있다. 현대 신유가 사상을 어느 정도 완성시켰다는 평을 받는 모종삼의 '도덕적 형이상학'의 건립 역시 심체와 성체의 일치를 말하고 있다는 점에서, 기본적으로 송명 성리학 특히 육왕학에 기본을 두고 있다고 할 수 있다. 그는 유학이 발전하는 데에 송명 성리학이 지닌 의미를 유가의 도덕적 형이상학을 완성한 것이라고 단언하였다.[22]

송명 성리학의 심성론은 심성心性이 내재적인 도덕 주체일 뿐만 아니라 초월적인 형이상의 실체임을 긍정하고 있다. 따라서 현대 신유학은 기본적으로 유가의 형이상학 재건을 목표로 삼고 있는 만큼, 송명 성리학의 심성론을 기본으로 하고 있다. 이처럼 유가의 형이상학을 재건하는 것을 바로 유가의 심성 본체를 재건하는 것이라 해도 과언이 아니다.

그 중에서도 현대 신유가는 대부분 맹자에서 육왕학으로 이어지는 계열을 유학 발전의 정통이라고 파악하고 있으며, 육왕학을 자신과 가장 밀접한 원천으로 본다. 풍우란이 정주학을 자신의 철학에서 기본 자료로 삼고 있지만 이것은 아주 예외적인 경우이고, 대부분의 경우는 육왕학을 가장 기본적인 자료로

---

19) 熊十力, 『新唯識論』, 「癸巳贅語」.
20) 熊十力, 같은 책, 같은 곳.
21) 馮友蘭, 『新知言』, 58쪽.
22) 牟宗三, 『心體與性體』, 20쪽.

활용하고 있다. 하린은 현대 중국 철학의 특징 중 하나를 육왕학의 발전이라고 보고 있다.[23] 그는 육왕 심학의 부흥과 고양이 중국 현대 철학 발전에서 주된 흐름을 이루고 있으며, 강유위, 담사동, 양계초, 장태염章太炎, 양수명, 웅십력, 마일부馬一浮 등 동방문화파에서 현대 신유학의 흐름으로 이어지는 철학자들의 사상이 모두 육왕학의 연속과 발전을 구현한 것이라고 파악하고 있다.[24]

하린은 중국 현대 철학 발전에서 왜 육왕학파가 가장 근간이 되어 발전해 갔는가 하는 문제에 대해, 육왕학이 자아의 의식을 중시하므로 개인 자각과 민족 자각의 새 시대에 잘 들어맞기 때문이라고 판단하고 있다. 중국의 현대는 전통 권위에 반대하는 시대이므로, 자아 의식과 내심의 직관을 말하는 육왕학의 성격이 권위에 저항하고 속박을 벗어나는 데 도움이 되기 때문이라는 것이다. 그리고 따라야 할 믿음직한 전통도 없고 빌려서 쓸 수 있는 딱 맞는 외래 표준도 없는 과도기에, 모든 것을 양지良知에 맡기는 것이 변화에 대처하는 가장 좋은 방법이 된다는 것이다. 그리하여 새로운 인생관과 우주관이 모두 심성의 기초 또는 정신의 기초 위에 세워지기를 희망하게 된다.[25]

일반적으로 근대의 가장 큰 특징을 '개인의 발견'이라고 볼 때, 그 '개인'이라는 자각을 줄 수 있는 철학이 바로 개인의 내면의 도덕적 결단을 가장 중시하는 육왕학이라고 할 수 있다. 도덕적 결단과 함께 외부의 규범을 중요시하는 정주학은 일단 서양 과학의 도전으로 외부 규범의 근거 자체가 흔들리는 상황에서는 오히려 걸림돌이 될 가능성이 있기 때문이다. 현대 신유가가 과학과 철학의 영역을 분리하고 철학의 영역을 형이상학에 한정시킨 것도 바로 정주학의 자연 이해로는 서양 과학의 도전에 대항할 수 없음을 깨달았기 때문이었을 것이다. 따라서 어디까지나 자연 과학의 영역과 도덕 윤리의 영역을 구분하여 도덕 윤리의 부분만은 동양이 우월하다는 식의 입장을 고수할 필요가 있었다.

---

23) 賀麟, 『五十年來的中國哲學』, 3쪽.
24) 賀麟, 같은 책, 3~17쪽.
25) 賀麟, 같은 책, 17쪽.

이 때 도덕 윤리의 근간을 객관 사물에 내재하는 우주적인 리理에 두고 있는 정주학의 입장을 택한다면, 서양 과학의 도전으로 리의 객관성을 의심받는 상황에서 도덕 윤리의 영역도 흔들릴 염려가 있다. 그리하여 내면의 도덕적 결단만을 중시하고 어떤 의미에서는 우주론 자체가 없는 육왕학이 현대 신유가의 목적에는 더 적합했을 것이다. 실제로 육왕학에 근거를 두고 여러 방면에서 현대적으로 발전시킨 '신육왕학新陸王學'을 현대 신유가라고 정의 내릴 수도 있겠다.[26]

셋째, 장군매, 웅십력, 모종삼은 이러한 철학적 방법론으로 직관적 방법을 중시하였고, 풍우란은 이지적 방법을 중시하였다. 그리하여 웅십력, 양수명, 모종삼이 육왕학의 입장을 계승하여 현대 신유가의 주류를 형성한 데 반해, 풍우란은 신실재론과 형식논리학의 영향을 강하게 받은 주자학의 입장을 지녀 다른 흐름을 형성하였다. 앞서 논의하였듯이 풍우란을 제외한 현대 신유가 사상가들은 대부분 육왕 심학을 유학 발전의 정통과 주류로 보며, 따라서 그 철학적 방법론도 대개 직관적 방법을 쓰고 있다.

근대 이래로 전통적인 사유 방식은 큰 충격을 받았고, 특히 5.4운동 시기에 이르러서는 과학주의가 득세하였다. 과학주의, 실증주의는 과학의 방법과 철학의 방법 사이에는 실질적인 차이가 없으며, 철학도 이지적이고 논리적이며 실증적인 방법을 취할 수 있다고 보았다. 그 결과 전통적인 사유 방식인 직관은 완전히 신비주의로서 일종의 환상에 불과하다고 비판하였다. 그들의 '증거를 가져 오라'는 슬로건은 바로 형이상학과 철학이 택한 직관의 방법이 아무런 근거가 없는 것이며, 따라서 논리적이거나 실증적인 방법으로 얻지 못하는 진리란 아무 가치도 없는 것이라고 강조하였다. 과학과 인생관 논쟁에서 과학파의 입장은, 기본적으로 직관은 반이지적이고 반이성적인 '주관적 상상' 또는 '신비

---

26) 예를 들어 정가동은 현대 신유학 사조 발전의 전 과정에서 볼 때, 그 주류는 新陸王學이 된다고 본다. 鄭家棟 『현대 신유가』, 한국철학사상연구회 논전사분과 옮김, 112쪽. 鄭家棟 「現代新儒學的思想特質」 참조.

한 경험'에 불과하다는 것이다. 현학파에 속하는 양수명은 이에 대해 최초로 반박하며, 직관은 단지 철학 방법의 하나일 뿐만 아니라 직관 방법만이 진정한 철학의 방법이라고 주장하였다. 그리고 동서 철학의 총체적 차이를 '직관적'이라는 말과 '이지적'이라는 말로 개괄하였다.[27]

양수명은, 이지 분석에 맡겨진 서양 철학은 과학의 길로 잘못 들어갔다고 보는데, 이러한 입장은 그 이후 현대 신유가의 기본적인 이해 방식을 대표한다. 과학과 인생관 논쟁에서, 현학파들이 과학과 달리 인생관은 주관적이고 종합적이며 자유의지적이고 인격의 단일성을 지닌다고 했을 때, 이는 모두 직관 방법의 특징을 말한 것이라고도 할 수 있다. 현학파는 실제로 양수명의 입장에 따라 과학 방법과 철학 방법을 구분할 것을 주장하면서, 과학 방법은 인생관의 문제를 해결할 수 없으며 철학 방법은 직관의 방법에 의거해야 가능하다고 보았다.

웅십력 역시 철학과 과학의 영역을 구분해야 하는 만큼 그 방법도 달리 해야 한다고 주장하였다. 그는 성지性智와 양지量智를 엄격히 구분하고, 각각을 철학과 과학의 도구라고 파악하였다. 양지란 사람들이 보통 말하는 이지로서 과학의 도구이고, 외부의 객관 사물을 대상으로 실증적·분석적·논리적으로 사용된다. 반면 성지는 기본적으로 직관을 의미하는데, 일종의 자아 인식과 자아 초월의 능력이라고 할 수 있다. 따라서 내면의 본체를 구하는 데 적절한 철학의 도구가 된다. 성지는 이지적인 분석과 논리적 추리를 뛰어넘어 '돌이켜 구하여 스스로 알고'(反求自識), '몸소 인식하고'(體認), '은밀히 깨닫는 것'(冥悟證會)을 의미한다. 웅십력은 이 성지를 '본심의 자각자증自覺自證', '자신이 자신을 인식하는 것'이라고 불렀다. 그리고 웅십력 철학에서 이 성지가 바로 본심本心이고, 성지의 작용이 바로 양지이다. 그런데 양지는 대상화된 사고 방식으로 인해 물화된 마음인 '습심習心'으로 나타난다. 따라서 성지로 양지를 통제

---

27) 梁漱溟, 『東西文化及其哲學』, 128쪽.

하여 도덕 자아를 강화하고, 몸과 마음으로 체험하는 직관으로 이지를 대체하거나 지배할 것을 주장하게 된다. 이것은 동양의 직관으로 서양의 물질을 대체하거나 지배해야 한다는 주장을 암시하는 것이기도 하다.

1940년대의 풍우란과 하린에 오면 상황이 달라져서 서양의 이지 분석의 방법과 동양의 직관 방법은 서로 모순되는 것이 아니며, 따라서 이 둘을 종합해야 한다고 강조하고 있다. 풍우란은 직관은 분석 뒤의 일이며, 직관을 주장하는 것은 분석으로 결론을 삼는 것에 반대하는 것이지 분석 자체를 반대하는 것은 아니라고 본다. 만약 직관을 주장하면서 분석하지 않는다면 바로 큰 착오에 빠지게 된다고 하였다.[28] 하린도 직관을 강조하면서, 직관과 이지적 방법은 모순되는 것이 아니며 서로 보충되는 것이라는 입장을 견지하였다. 하린은 다음과 같이 직관에 대해 정의하고 있다.

직관은 일종의 경험이고 방법이다. 직관은 일종의 경험으로서, 넓은 의미에서는 생활 태도, 정신 경지, 신비한 경험, 영감의 계시이고 지식 면에서 갑자기 들어맞는 깨달음 또는 촉발하는 느낌을 그 안에 두루 포괄하고 있다. 직관은 일종의 방법으로서, 그 의의는 우리가 진리를 인식하는 데 도움을 준다. 그것은 실재를 파악하는 능력 또는 기술이다.[29]

이 때 하린의 입장은 직관의 방법과 이지적 방법이 서로 다르기는 하지만, 직관 방법을 바로 반이성적이라고 할 수는 없다는 것이다. 그리고 중국 근현대 철학의 추세는 바로 직관과 이지 방법의 종합에 달려 있다고 지적한다. 이후 모종삼도 서양 칸트 철학의 검토를 통하여 '지의 직관은 어떻게 가능한가'하는 문제에 대해 대답을 시도하였다.

이처럼 현대 신유가는 직관의 방법을 중시하고 자신들의 철학 방법으로 직

---

28) 馮友蘭, 『三松堂學術文集』, 10쪽.
29) 賀麟, 『哲學與哲學史論文集』, 「宋儒的思想方法」.

관을 선택하고 있으며, 논리나 이지적 분석을 활용하더라도 어디까지나 보조적인 데 그치고 있다. 그것은 아마도 '실재를 파악하는 능력'이 직관이라면, 이러한 직관이 현대 신유가의 활동 영역인 형이상학에 가장 적합하고 유용한 방법이었기 때문이었을 것이다.

4. 열려 있는 물음 — 동서 철학의 융합

현대 신유가 사상은 동양과 서양 문화의 충돌을 배경으로 성립된 것이다. 따라서 동양과 서양 철학의 융합을 통하여 전통 철학의 현대화를 시도하였다는 긍정적인 의미를 지닌다. 예를 들어 웅십력은 우리가 서양 문화를 받아들일 때에는 반드시 동양 가치 관념의 재건과 연관되어야 한다고 보았다. 이것은 서양 제국주의 세력에 대항하여 우리의 정신 문화에 뿌리를 두고 그 위기를 타개하려는 시도라고 볼 수 있다. 뿌리가 있어야 식물의 생명이 유지되듯, 아무리 험한 태풍이 몰아쳐도 거기에 휩싸이지 않고 뿌리를 지켜 내려는 노력은 바른 것이다. 이러한 자세는 현대 신유가의 의도대로 동양 전통 철학의 가치를 높임으로써 동양 문화의 자존심을 지키는 데 일조하였다.[30] 그리고 전통 철학, 특히 송명 성리학을 서양 철학의 관념을 빌려 그 의미를 보다 분명하게 해석해 내었다는 학문적 성과도 거두었다.

또 현대 신유가의 민족주의적 성격은 그 사상의 가장 기본적인 특징의 하나로 여겨진다.[31] 현대 신유가가 무리를 하면서까지 형이상학의 영역을 고수하

---

30) 이러한 의식은 21세기를 바라보는 현재, 제4세대 현대 신유가들에게도 여전히 철학적 동기로 작용한다고 보여진다. 이 글에서는 제4세대 현대 신유가에 대해서는 거의 언급하지 않았다. 그러나 余英時, 劉述先, 成中英, 杜維明 등 제4세대 현대 신유가의 철학도 기본적으로는 이 글에서 논의한 현대 신유가의 특성에서 벗어나지 않는다. 사실 현대 신유가의 사상은 아직 탐색과 전진의 과정 중에 있다고 보아야 할 것이다. 그러나 이들 철학은 세계 문화 다원론의 입장에 근거하여 5.4 운동 이래의 서화파와 신전통주의 사이의 첨예한 갈등을 넘어서려고 하는 특성을 지니고 있다. (韓强, 『現代新儒學心性理論評述』, 227~228쪽.)

31) B. Schwartz는 보수주의의 특성 중 하나가 민족주의 발전을 수반하는 점이라고 지적한다.[史華慈

려고 하고 또 도덕 윤리 부문에서의 동양 우위를 강조한 것이 바로 민족주의적 정서 때문이라는 데에는 의심의 여지가 없다. 세계화 시대라고 하는 20세기 말에 이러한 민족주의 정서가 어떤 의미를 가지고 있는가라는 의문이 생길 수도 있다. 그러나 세계화 시대란 각 민족의 다양성의 가치를 그대로 인정하는 기반 위에서 가능하다고 볼 때, 현대 신유가의 민족주의 특성은 가치 있는 것이 될 것이다.

그러나 도덕 의식의 고양이라는 '내성內聖'의 방법을 통하여 민주와 과학이라는 '외왕外王'의 결실을 성공적으로 맺을 수 있을지는 의심스럽다. 그것이 정치·경제적인 보수주의와 손잡을 때 보수주의의 도구로 떨어져 버릴 위험이 다분하기 때문이다. 그렇다고 하여 현대 신유가를 그대로 보수주의라고 비판하는 것은 적당치 않아 보인다. 두유명은 현대 신유가를 문화적 보수주의라고 부르는 것이 타당하다고 제안한다.32) 현대 신유학이 전통주의의 입장을 견지한다는 면에서는 신전통주의의 영역에 들지만, 일반적으로 정치·경제적인 보수주의의 도구로 전락할 수도 있다는 면을 강조하면 보수주의 또는 더 폄하된 단어로서 반동이라고 정의될 만한 면도 분명히 있다. 그러나 현대 신유가 사상은 윤리와 종교의 측면에서 연구되어야 하고, 그 때문에 문화적 보수주의라는 제한된 의미로 파악하는 것이 타당할 것이다.

일반적으로 인간의 내면 세계 속으로 극단적으로 몰입하게 되면 사회에 대한 비판적 의식을 가지기 어렵고, 따라서 자연스럽게 정치적인 보수주의 경향을 가질 수밖에 없게 된다. 이것은 현대 신유가 사상이 왜곡된 형태로 장개석 등에 의해 이용되었던 데서도 알 수 있다. 이 점이 현대 신유학의 가장 치명적인 약점이 될 것이다.

'내성'에서 과학과 민주라는 '신외왕'을 끌어낸 것도 기본적으로 큰 문제를

(B.Schwartz),「論保守主義」(傅樂時 外,『近代中國思想人物論 ─ 保守主義』, 25쪽)]
32) 杜維明,『人性與自我修養』, 297쪽. 杜維明의 이 제안은 슈월츠의 견해에 따른 것이다. 주 32) 참조

제기한다. 그것은 현대 신유가가 유가 사상을 지나치게 긍정적으로 이해하였다는 점이다. 현대 신유가는 유가가 실제 역사 과정에서 단순히 도덕적 의식을 고양하는 역할만 한 것이 아니라, 봉건 전제 정치나 가부장제의 이데올로기로 작용하고 또 이익을 위한 수단의 역할로 타락한 점에 대한 반성이 부족하다는 비판을 벗어나기 어렵다. 그러다 보니 전통 봉건 제도에 대한 철저한 비판이 결여되어 새로운 역사를 형성하는 데 필요한 '신외왕', 가령 민주 제도는 근거 없는 구호에 그치고 만다. 또 하나의 문제는 유가의 운동이 내면의 도덕적인 면에 초점을 맞추다 보니 개인을 중심으로 세우는 데에 그치고, 객관적으로 제도화된 학술 운동으로는 발전하지 못하였다는 것이다. 이러한 점 역시 현대 신유가에게 결여된 부분이라고 볼 수 있다.[33]

그러나 도덕적 결단을 가장 근원에 둔 인간의 자기 변혁만이 진정한 역사의 발전을 가져온다고 볼 때, 내성에서 시작하여 외왕을 지향하는 현대 신유가의 방향성만은 올바르다고 여겨진다. 인간의 내적인 자기 변혁 없이는 외적인 사회·제도적 변혁의 생명력이 없기 때문이다. 따라서 이 때 이 내적인 자기 변혁인 내성의 방법과 외적인 사회·제도적 변혁인 외왕의 방법을 어떻게 적절히 조화시킬 수 있는가가 가장 중요한 관건이 될 것이다. 두유명의 표현으로 하자면, 인仁과 예禮의 창조적 긴장이 현대 신유학의 핵심적인 과제라는 것이다.[34] 이러한 과제는 아직 열린 물음으로 우리에게 남겨져 있다. 하지만 이러한 물음을 제기한 현대 신유가의 공로는 인정되어야 할 것이다. 🐸

---

33) 杜維明, 「現段階儒學發展與現代化問題」.
34) 杜維明, 『人性與自我修養』, 3~20쪽 참조

張君勱, 『신유학사상의 전개』 (1) · (2), 이진표 역(서울: 형설출판사, 1997)

鄭家棟, 『현대 신유학』, 한국철학사상연구회 논전사분과 옮김(서울: 예문서원, 1993)

蔡仁厚, 『왕양명철학』, 황갑연 옮김(서울: 서광사, 1996)

한국철학사상연구회 논전사분과 엮음, 『현대중국의 모색』(서울: 동녘, 1992)

杜維明, 『人性與自我修養』(臺北: 聯經出版事業公司, 民國 81)

牟宗三, 『心體與性體(1)』(臺北: 正中書局, 民國 57)

梁漱溟, 『東西文化及其哲學』(上海: 商務印書館, 1922)

王鑒平 · 胡偉希, 『傳播與超越』(臺北: 學林出版社, 1989)

熊十力, 『新唯識論』(北京: 中華書局, 1992)

_____, 『體用論』(北京: 中華書局, 1994)

_____, 『十力語要』(臺北: 明文書局, 民國 78)

李澤厚, 『中國現代思想史論』(北京: 東方出版社, 1988)

趙德志, 『現代新儒家與西方哲學』(瀋陽: 遼寧大學出版社, 1994)

陳　崧, 『五四前後東西文化問題論戰文選』(北京: 中國社會科學出版社, 1989)

彭　明, 『傳統文化與現代化』(北京: 中國人民大學出版社, 1987)

馮友蘭, 『新知言』(『三松堂學術文集』卷五, 鄭州: 河南人民出版社, 1986)

_____, 『三松堂學術文集』(北京: 北京大學出版社, 1984)

賀　麟, 『五十年來的中國哲學』(瀋陽: 遼寧教育出版社, 1989)

_____, 『哲學與哲學史論文集』(上海: 商務印書館, 1990)

韓　强, 『現代新儒學心性理論評述』(瀋陽: 遼寧大學出版社, 1992)

汪孟鄒 編, 『科學與人生觀之論戰』(香港: 中文大學近代史料出版組, 1973)

김제란, 「동서문화 논쟁과 현대 신유가」(한국철학사상연구회 논전사분과, 『현대 신유학 연구』, 서울: 동녘, 1994))

유흔우, 「현대 신유학과 과학파의 논쟁」(한국철학사상연구회 논전사분과, 『현대 신유학 연구』, 서울: 동녘, 1994)

전호근, 「과학주의의 현대 신유가 비판」(한국철학사상연구회 논전사분과, 『현대 신유학연구』, 서울: 동녘, 1994)

杜亞泉, 「靜的文明與動的文明」(『東方雜誌』第13卷 第109号, 1916. 10. 陳崧의 『五四前後東西

文化問題論戰文選』에 재수록)

杜維明, 「現段階儒學發展與現代化問題」(臺北: 『中國論壇』 第19卷, 第6・7期, 1984. 12. 25/ 1985. 1. 10)

史華慈(B. Schwartz), 「論保守主義」(傅樂時 外, 『近代中國思想人物論─保守主義』, 臺北: 時報 出版公司, 民國 74)

張君勱, 「人生觀」(汪孟鄒 編, 『科學與人生觀之論戰』, 香港: 中文大學近代史料出版組, 1973)

鄭家棟, 「現代新儒學的思想特質」(『哲學動態』, 1988年 第4期)

吾妻重二, 「中國における非マルクス主義哲學」(『思想』, 1989. 10.)

중국적 사회주의로 가는 혁명과 모색의 길

유동환

1. 중국 현대철학사의 세 원천

중국의 근현대철학사는 마치 거대한 황하의 흐름과 같아서 도무지 그 흐름을 한 손에 움켜쥐고 들여다보기는 어렵다. 그러나 이 노도와 같은 흐름을 거슬러 올라가 보면 세 가지 원천으로 요약될 수 있다.

첫째 원천은 새롭게 세계사의 주인이며 '보편'으로 우뚝 선 서구의 자본주의를 '모방'하는 길만이 중국이 살 길이라고 주장하는 '전반서화론全盤西化論'이다. 호적胡適으로 대표되는 이 유파는 모든 것을 '문제' 삼으면서 등장하였고, 지금의 '철저재건론徹底再建論'에까지 이어지고 있다.

둘째 원천은 정반대의 자리에 서서 '전통'의 생명이 담겨져 있는 '유학'으로 돌아가는 길만이 민족을 구하는 길이라고 주장하는 '전통문화본위론傳統文化本位論' 또는 '동방문화본위론東方文化本位論'이다. 양수명梁漱溟과 웅십력熊十力에서 시작하여 당군의唐君毅와 모종삼牟宗三으로 대표되는 이 유파는 '민족'을 모든 문제의 출발점으로 삼았고, 현재의 '현대 신유학新儒學'과 '유교자본주의儒敎資本主義'에까지 이어지고 있다. 이렇게 첫째와 둘째 원천은 서양과 동양, 현대와 전통, 혁신과 보수의 대립면을 이루면서 갈라지고 합쳐져 나갔다.[1]

그렇다면 세 번째 원천은 무엇인가? 위에서 말한 두 유파의 대립을 조정하고 지양하는 위치에서 선 마르크스주의, 즉 모택동 사상 진영이다. 이 유파는 진독수陳獨秀와 이대조李大釗라는 걸출한 창도자들과 모택동毛澤東이라는 거인을 대표로 한다. 중국의 현대사에 어느 유파보다도 강력한 영향을 끼쳤으며, 지난 80여 년 동안 지배 이데올로기로 수십 억 인구와 몇 세대에 이르는 사람들의 운명에 근본적인 영향을 주었다.

또 중국에서의 마르크스주의는 현실 정치 투쟁의 실천과 뗄 수 없는 관계로 얽혀 있어서, 그 사상 이론의 발전이 독립된 형태를 취할 수 없었다. 따라서 그 이론이나 사상이 어떤 단계를 이루는지 이론 나름대로의 잣대를 갖지 못하고, 기본적으로 사회·정치 투쟁의 몇 가지 중요한 매듭에 의해 저마다 다른 단계로 나누게 된다.

대체적으로 1단계는 1918년 5.4운동 전후로부터 1927년 대혁명2)까지의 시기인데, 이 때는 마르크스주의 수입기로 이대조(1889~1927)와 진독수(1879~1942)가 중심 인물이다. 2단계는 1927년부터 1949년의 중공 성립기까지의 시기로서 구추백瞿秋白(1899~1935)을 매개로 모택동(1893~1976)과 유소기劉少奇(1898~1969)가 중심 인물로 활약한 모택동 사상의 성숙기이다. 3단계는 1949년에서 1976년 모택동의 서거 시기까지로 반우파 투쟁과 문화대혁명으로 얼룩진 모택동 사상의 절대적 지배기이다. 4단계는 1976년부터 현재까지의 시기로 새로운 모색과 혼돈의 시기이다.3)

---

1) 1920년대의 출발점에서 1990년대의 현재에 이르기까지의 세 유파의 탄생과 변모 과정에 관해서는 한국철학사상연구회 논전사분과의 『현대중국의 모색』과 鄭家棟의 『현대 신유학』을 참조할 것

2) 1927년의 대혁명이란 국민당과 공산당의 합작을 깨고 蔣介石이 上海에서 반공 쿠데타를 일으킨 다음 南京에 국민 정부를 세우면서 촉발된 중국 공산당의 일련의 대항적 움직임을 가리킨다. 국민 정부에 대항해서 공산당의 紅軍은 南昌에서 무장 봉기를 일으키지만 패배하고 만다. 결국 중국 공산당은 이 성급한 봉기 실패의 책임을 물어 陳獨秀를 비판하고, 총서기장에 瞿秋白을 임명한다. 그리고 추수기에 농민들의 무장 봉기를 결정한다. 이에 따라 그해 10월 모택동은 井崗山에 혁명 근거지를 건설하고 점차 당내의 실력자로 떠오르기 시작한다. 이 일련의 과정을 '대혁명'이라 부르는데, 무엇보다 그 동안의 도시 중심의 무산 계급 혁명 노선이 농촌 중심의 농민 혁명 노선으로 바뀌었음을 뜻한다.

이 글에서는 1단계에서 2단계까지에 이르는 최초 수용기와 모택동 사상의 성숙기까지의 시기를 범위로 다루었다. 그리고 이들 시기의 마르크스주의가 어떤 역사 인식을 가지고 있었으며, 이에 따라 어떤 대안을 제시하였는지 보고자 한다. 그리고 그 속에서 근대와 현대, 계몽과 혁명이라는 새로운 시대의 과제가 어떻게 제기되고 왜곡되었는지를 중심으로 살펴보도록 하겠다.

2. 위기의 시대 — 반식민지 반봉건 사회인 근대

수천 년 동안 불변의 신화를 간직하고 '중화 세계'를 뒤흔든 균열의 조짐은 18세기 말부터 서서히 나타나기 시작하였다. 크고 작은 농민 반란은 봉건 전제 군주 체제라는 옛 질서로는 더 이상 새로운 질서에 부응할 수 없는 전환기가 다가오고 있음을 알려 주었다. 그런 가운데 일어난 아편전쟁(1840~1842)은 중국 근대의 개막을 알리는 포성이자, 수천 년간 유지되어 온 중국적 세계가 단번에 붕괴함을 안팎에 떨쳐 알리게 되었다. 이 치욕스런 전쟁의 패배로 중국은 영토, 주권, 자연 경제에 심각한 타격을 입으면서, 이른바 마르크스주의자들이 말하는 반식민지半植民地 반봉건半封建 사회로 추락하기 시작하였다.

이러한 총체적인 위기는 오히려 중국인들에게 더 이상 오래되고 낡은 관념에 얽매일 필요가 없게 만들었다. 그리고 이러한 인식을 배경으로 중국에 마르크스주의가 들어오기 시작한다. 결국 이 모든 과정의 끝에 선 마르크스주의는 한 단계 높은 역사 인식이 요구되었다.

당시 모든 선진적 지식인들에게 아편전쟁 이후 근대의 시간과 공간은 한마디로 주관적인 측면에서 '위기의 시대'이며, 객관적인 측면에서 말한다면 봉건 사회가 근대 사회로 나가는 '이행기'였다. 이 위기 의식은 제국주의에 의해 침탈되는 중국을 보고 이대로는 안 되겠다는 각성 아래, "중국은 변해야 하는가?

---

3) 李澤厚, 「試談馬克思主義在中國」(『中國現代思想史論』, 160~161쪽) 참조

어떤 방법으로 변할 것인가"[4]라는 문제 의식을 가지게 했다.

그렇다면 이런 위기 의식을 일으킨 객관적인 변화의 실상은 무엇인가? 그것은 바로 '봉건' 사회가 '근대' 사회로 옮겨가는 변화이다. 사실상 중국 근대를 가장 근본적으로 규정 짓는 요소는 이 사회 구성체의 변화이다. 이러한 사회 구성체의 변화 과정을 추적해서 중국이 어디로, 어떻게 가야 하는가에 대해서 답을 제시한 유파가 바로 마르크스주의였다.

이 유파는 러시아 볼셰비키 혁명의 성공과 함께 소개되면서 단번에 청년들의 가슴을 뒤흔들었다. 마르크스주의자들은 다른 유파들처럼 강단과 서재에서 자신들의 생각을 키우는 자들이 아니었다. 그들은 자신들 앞에서 벌어지는 중국의 참담한 현실의 원인이 무엇인지 생각하기 전에 먼저 몸으로 부딪치며 해결하려고 하였다. 그러나 이러한 시도는 1927년에 일어난 '대혁명'의 실패로 무너졌고, 이들에게 뜨거운 가슴이 아닌 명확한 현실 인식이 필요함을 깨닫게 하였다.

이제 마르크스주의자들은 구체적이고 정확하게 당대 역사의 실상을 탐구하기 시작하였다. 바로 이러한 요구에 따라 일어난 대논쟁이 바로 1930년대 '중국 사회사 논전' 또는 '중국 사회 성질 논쟁'이다.[5] 이 논쟁은 분명히 충실한 학술 및 역사 문헌과 구체적인 통계 자료가 동원되었지만, 사상과 학술의 범위를 훨씬 뛰어넘어 생사를 건 계급 투쟁 즉 정치 투쟁의 양상을 띠고 있었다.

결국 논의의 초점은 '중국은 도대체 어떤 성격의 사회인가'였고, 이에 대한 여러 진단을 통해서 '어떻게 바뀌어야 하는가'라는 중국의 진로에 관한 선택으로 이어졌다. 이를 통해서 좌파와 우파가 나뉘었고, 좌파 내부에서도 공산당의 기본 방침과 노선 그리고 혁명의 성질에 대한 입장이 나뉘어 중국 공산당과 트

---

4) 任繼愈 편저, 『中國哲學史』, 전택원 옮김, 31쪽.
5) 이 논쟁은 1929년에서 1934년 정도까지 진행되었고, 발표된 글이 140여 편에 출판된 책만 30여 종에 이른다. 전체 자료를 볼 수 있는 책으로는 高軍이 엮은 『中國社會性質問題論戰資料選集』(이 장의 주석에서 『選集』으로 표시한다)이 있다. 그리고 그 논쟁의 주제와 논쟁점에 대하여 살펴보는 데 좋은 참고서로는 김대환과 백영서가 엮은 『중국사회성격논쟁』이 있다.

로츠키파로 갈라지게 되었다.

논쟁에 참가한 사람과 유파는 다음과 같다. 먼저 우파에는 도희성陶希聖을 대표로 하고 『신생명新生命』이라는 잡지를 통해서 의견을 발표한 '신생명파' 가 있다. 그리고 좌파는 다시 중국 공산당 측의 '신사조파'와 트로츠키파의 '동 력파'로 나뉜다. 신사조파는 왕학문王學文과 오여평吳黎平 등 『신사조新思潮』 라는 잡지를 기반으로 하는 계파이고 동력파는 엄영봉嚴靈峰과 임서任署 등 『동력動力』 잡지를 기반으로 하는 계파이다.

논쟁의 중심 주제는 중국의 당대가 도대체 '자본주의' 사회인가 아니면 '봉 건주의' 사회인가 하는 데에 있었다. 트로츠키파와 도희성파는 중국 사회의 자 본주의적 성격과 요소가 발전하고 있는 추세라는 점을 강조하였다. 반면에 중 국 공산당의 견해는 중국 사회는 '소농 생산'이 중심이 되는 봉건 사회라는 점 을 강조한다.

먼저 도희성은 중국에서는 봉건 제도가 일찍이 무너졌다고 하여, 지주 계급 인 사대부가 여전히 지배 계급이지만 상업자본주의가 발달한 사회이지 봉건 사회는 아니라고 보았다. 이러한 입장에 서면 중국의 전근대 사회와 근대 사회 는 중대한 변화가 없이 이어진 사회이다.[6] 그리고 트로츠키파의 엄영봉과 임서 등은 중국의 근대 사회가 제국주의 침략 아래 이미 자본주의적 생산 관계가 지 배적인 위치를 차지하고 있는 사회[7]라고 보았다. 이에 반해서 중국 공산당은 중국은 전자본주의적 생산 양식인 봉건적 또는 반半봉건적 생산 양식이 지배 적인 사회이며, 이른바 경제 외적인 착취를 옹호하는 봉건 사회라고 보았다.[8]

그러므로 중국이 자본주의 성격이 강한 사회라고 주장하는 사람들은 중국 혁명이 부르주아지 내지는 자본주의에 대한 혁명이어야 한다고 주장하였다. 그 에 반해 봉건적 성격이 강한 사회라고 주장하는 사람들은 이렇게 주장하였다.

---

6) 陶希聖, 『中國社會之史的分析』, 32~115쪽 참조.
7) 嚴靈峰, 『中國經濟問題研究』 「序言」(『選集』, 8쪽) 참조.
8) 王學文, 「中國資本主義在中國經濟中的地位其發展其前途」(『選集』, 455쪽.)

토지 혁명은 수억 농민의 절실하고 급박한 요구이며, 중국 혁명의 현단계에서 중심 문제이고, 중국 부르주아 민주주의 혁명의 관건이다.[9]

또한 그들은 제국주의와 봉건주의에 관해서도 다른 견해를 보인다. 트로츠키파는 "제국주의 자체는 고도의 자본주의 세력을 대표하며 그것은 봉건 경제 제도와는 완전히 부조화한 모순적 위치에 있다"[10]고 보았다. 그러나 중국 공산당은 이렇게 주장하였다.

제국주의는 중국에서 매판을 통해서(또는 통하지 않고) 지주, 상인, 고리대금업자를 이용하여 중국 농민에게 봉건적 착취를 행하며, 이들 향촌의 봉건 세력(군벌로 대표되는)과 동맹을 맺어 그들의 통치를 옹호하고 그들과 공동으로 중국의 민중을 다스리고 있다.[11]

따라서 전자는 반제反帝 반자본주의反資本主義가 정확한 혁명의 길이라고 보았고, 후자는 반제反帝 반봉건주의反封建主義가 올바른 노선이라고 보았다.

이 첨예한 논쟁에서 최후의 승자는 신사조파인 중국 공산당이었다. 중국 사회는 여전히 봉건적 토지 제도, 즉 지주의 농민에 대한 경제외적 강제에 의한 착취를 중심으로 하고 있었다. 그리고 제국주의는 침입을 시작하였지만 결코 드넓은 중국 농촌의 자연 경제를 무너뜨리거나 소멸시키지는 못하였다. 따라서 반봉건 반식민지적 사회 성격은 과학적으로 긍정되었으며,[12] 이에 따라 반제 반봉건 혁명이라는 임무는 의심할 나위 없이 명확해졌다.

결론적으로 중국 근대를 규정 짓는 날줄은 봉건과 근대를 잇는 선이고, 씨줄은 중국 문명과 서구 문명(제국주의)을 잇는 선이다. 즉 봉건에서 근대로 옮겨가

---

9) 王學文, 같은 글.
10) 嚴靈峰, 「再論中國經濟問題」(『選集』, 403쪽.)
11) 劉夢雲, 「中國經濟之性質問題的研究」(『選集』, 559쪽.)
12) 1927년 이후 모택동이 주도하는 중국 공산당에서 이를 주요한 역사 인식과 노선 방침으로 확정하고 있다.

는 시대의 전환이라는 측면과 이질적인 문명 사이의 교섭이라는 측면이 엇갈리고 있는 것이다.

이렇게 사회사 논전에서 얻어진 역사 인식은 그들의 표현대로라면 마르크스주의 원리와 중국의 실제 상황이 결합한 창조적인 이론의 산물이었다. 그리고 이러한 역사 인식과 혁명 노선은 바로 중국적 사회주의, 즉 모택동 사상이 탄생하게 된 사회 조건을 명확하게 인식시켜 주었다는 데 의의가 있다.

3. 계몽의 시대 — 반봉건에서 사회주의로의 전환

1. 5.4 시기 반봉건의 조류와 마르크스주의의 수용

현대 철학자 이택후李澤厚는 『현대사상사론』에서 "모든 것은 5.4로부터 시작된다. 중국 현대사의 기본 문제는 모두 5.4까지 거슬러 올라간다"고 하였다. 특히 중국에서 마르크스주의의 도래는 5.4운동과 매우 깊은 관련이 있다. 러시아에서 일어난 10월혁명 이후에 발생한 5.4운동은 마르크스주의 중국 전파의 이정표였다.

앞에서 말한 대로 1911년에 일어난 신해혁명은 처음으로 봉건 왕조를 뒤집고 공화정을 수립하였으나, 얼마 지나지 않아 원세개의 전제 제도 부활로 실패하고 말았다. 그 뒤 나라 밖에서는 유럽에서 제1차 세계대전(1914년)이 일어나고, 러시아의 10월혁명(1917년)이 뒤이어 일어났다. 또한 나라 안에서는 군벌의 독재와 일본의 침략 위협이 한층 노골화되고 있었다. 이런 위기 상황에서 사람들은 멀리는 봉건 시대의 낙후와 가깝게는 신해혁명의 실패 원인을 분석하여 중국의 진로를 찾으려는 절실한 목소리들이 터져 나오기 시작하였다.

그 첫 번째 외침은 1915년 9월 『신청년新青年』(1권은 『청년』이라 부름)의 창간과 함께 시작되었다. 『신청년』은 무엇보다 서양의 갖가지 사회과학과 자연

과학 이론의 수입을 촉진하여 폭발적인 서양 문화의 수입이 시작되었다. 그리고 이러한 '서양 배우기'(向西方學習)를 이론 무기로 하는 『신청년』은 사상 해방 운동의 가장 유력한 계몽자가 되었다. 이러한 계몽을 바탕으로 밑으로부터의 총체적인 반성이 일어났는데 이것이 바로 5.4 신문화운동(1919년)이었다.

신문화운동의 지도자 가운데 한 사람이며 뒤에 마르크스주의자가 된 진독수는 『신청년』 창간호에 「삼가 청년에게 고함」(敬告青年)이라는 글을 통해 중국 전통 문화를 비판하고 새로운 방향을 제시하였다. 그는 이 글에서 "과학과 인권은 아울러 중시되어야 한다"고 주장하여 5.4 시기의 구호인 '과학'과 '민주'의 전주곡을 울렸다. 이후 『신청년』에는 신문화운동의 영도자들이 논설을 발표하여 '문학 혁명'을 추구하고, 공자로 상징되는 전통 도덕을 비판하는 '도덕 혁명'을 함께 진행하였다. '덕선생德先生'(Democracy)과 '새선생賽先生'(Science)으로 불린 과학 사조와 민주 사조는 이 시기에 광범위하고 심각한 사상 해방 운동을 일으켰다.

무엇보다 5.4 시기 신사조의 가장 큰 특징은 '때려부수자, 공자네 가게!'(打倒孔家店)라는 과격한 구호를 제출하여 공자를 대표로 하는 봉건 사상 문화에 대해 전례 없이 맹렬한 비판을 전개한 것이다. 이와 같은 반봉건 투쟁은 이미 중국 근대 사상과 문화 전선에서의 서학西學의 중학中學 반대, 신학新學의 구학舊學 반대라는 거대한 흐름의 연속선 위에 있으며, 반봉건적 현실 정치 투쟁의 또 다른 표현이었다.

진독수는 「우리들의 최후 각오」라는 글에서 이렇게 말하고 있다.

유가의 삼강오륜 학설은 우리의 윤리 정치의 큰 바탕이었다.…… 근세 서양의 도덕 정치는 자유, 평등, 독립의 학설을 큰 바탕으로 삼고 있다.…… 이것이 동서 문화 큰 갈림길이다.…… 이것은 각오라고 할 수 없고, 예전에 각오라고 하였던 것은 철저한 각오가 아니었으며, 마치 미로 속을 거니는 것과 마찬가지였다. 나는 윤리적 각오가 최후의 각오라고 감히 단언하는 바이다.[13]

결국 공자네 가게에서 팔고 있는 상품인 '삼강오륜'이란 전통 봉건 관념을 벗어 던지고 '서양의 자유, 평등, 독립'이라는 '최후의 각오'를 받아들여야 한다는 주장이다. 그리고 이 점에서 '다수 국민의 운동'이라는 문제를 제기한다. 이는 양무운동, 변법운동, 신해혁명의 일련의 과정을 통해 반제국주의, 반청왕조라는 목적은 실현하였지만 '다수 국민'은 민주 권리를 얻지 못하였으며, 새로운 중화민국이 '공화共和'와 '입헌立憲'을 주장하였지만 보수 세력에 의해 실질적 결실을 얻지 못하였다는 문제 의식에 근거하고 있다.

그런데 이렇게 5.4 시기 전후의 공자와 봉건 관념에 비판이 집중된 주요 원인의 하나는 원세개에서 장훈張勳에 이르기까지 군벌과 보수 세력이 공자를 정치적 수단으로 이용하였기 때문이다. 그럼에도 불구하고 공자와 유학에 대한 비난이 유가 전통에 대한 완전한 청산을 의미하는 것은 아니었다. 신문화운동의 영도자들은 여전히 민족을 걱정하고 대동적 이상을 꿈꾸며 도덕적으로 헌신하는 '유가적'인 지식인들이었다.

결국 5.4운동은 개인주의적 '계몽' 운동으로 발전하여 갔으며, 계몽 운동의 발전은 보다 심각한 정치 투쟁을 불러 일으켰다. 이러한 반봉건이라는 계몽의 정신을 바탕으로 마르크스주의가 유입되었다. 서서히 논의의 중심이 바뀌어 이대조의 경우 당시의 해결 과제(정치, 법률, 가족 제도, 여성 해방 등)는 경제 문제의 해결을 전제로 하여야 한다고 말하였고, 진독수도 공상적 사회주의와 과학적 사회주의를 구분할 것을 강조할 정도였다.

2. 진화론을 대체한 역사유물론

레닌Lenin(1870~1924)이 이끈 러시아 10월혁명(1917년)은 수많은 5.4 시기의 진보적 지식인들을 자극하였다. 1918년 이대조는 「서민의 승리」와 「볼셰비키

---

13) 陳獨秀, 「吾人最後之覺悟」(『靑年』 제1권 6호, 1916). 『陳獨秀選集』에 다시 실려 있음.

주의의 승리」[14]라는 두 편의 유명한 글을 발표하여 러시아 혁명이 20세기 세계 혁명의 선구라고 확신 있게 말하였다.

> 러시아 혁명은 쓸쓸한 가을을 알리며 떨어지는 오동나무 한 잎에 지나지 않는다.……
> 볼셰비즘이란 말은 러시아 사람들에 의해 창조되었지만, 그 정신은 20세기 인류가 공동으로 깨달은 정신이라 할 수 있다. 그러므로 볼셰비즘의 승리는 20세기 세계 인류가 함께 깨달은 새 정신의 승리이다.[15]

게다가 이대조는 1919년 5월 『신청년』을 편집할 때 「마르크스연구(馬克思研究)」라는 특집호를 출판하여 마르크스Marx(1818~1883)의 생애와 학설을 소개하여 마르크스주의를 보급하였다. 이후 엥겔스Engels(1820~1895)와 레닌의 저작을 소개하는 글도 출판하기 시작하였다.

그런데 중국의 경우 마르크스주의는 러시아와 같이 마르크스 원전을 번역 선전한 플레하노프Plekhanov(1856~1917)와 같은 인물들의 준비 단계 없이, 처음부터 당면한 행동을 지도하는 직접적인 지침으로서 받아들여지고 활용되었다. 초기 중국의 마르크스주의는 『자본론』과 같은 원전의 번역을 통해 보급된 것이 아니었다. 따라서 상당히 복잡하고 방대한 마르크스주의 가운데 대단히 큰 충격과 영향을 준 것은 사적 유물론, 그 가운데에서 특히 계급투쟁설에 집중되었다.

이와 같은 전파와 학습 과정을 통해 일부 사람들은 마르크스주의를 받아들여 초보적인 공산주의 세계관을 갖춘 지식인으로 변모하였다. 초기의 공산주의자로는 창도자인 이대조와 진독수를 비롯하여 이달李達(1890~1966), 모택동, 채화삼蔡和森(1899~1935), 구추백 등이다. 이들로부터 1921년 중국 공산당을 세우기 위한 사상적인 조건과 현실적인 조건이 준비되었다.

---

14) 李大釗, 「庶民的勝利」・「Bolshevism的勝利」(『新青年』 제5권, 5호, 1918). 『李大釗文集』 上卷에서 재인용.
15) 李大釗, 「Bolshevism的勝利」(『新青年』 제5권, 5호). 『李大釗文集』 上卷, 447쪽에서 재인용.

그 가운데 먼저 가장 걸출한 창도자인 이대조의 사상을 알아보자. 1913년 일본으로 유학하여 처음으로 사회주의 사상을 접촉하기 시작한 이대조는 1916년 귀국하여 신문화운동에 적극 참가한다. 5.4의 지식인인 이대조는 처음으로 과학과 민주를 사회주의적으로 재해석하였다. 그가 말한 '민주'는 서민의 민주이고 노동자의 민주였다. 그는 사회 역사를 해석하면서 마르크스주의의 계급 투쟁 이론으로 진화론을 대체하였고, 유물사관으로 관념사관을 대체함으로써 진정한 사회과학이 출현한다고 보았다. 결국 그가 말하는 과학은 바로 사적 유물론이었다.

1919년 이대조는 「나의 마르크스주의관」16)을 발표해 마르크스주의 학설을 최초로 체계적으로 소개하였다. 이 짧은 글을 통해 보면 초기 중국 마르크스주의는 가와카미 하지메(河上肇)17)와 같은 일본 연구자들의 2차적인 해설서나 「공산당 선언」 등의 짧은 선언적 원전의 번역문을 통해 이루어졌음을 알 수 있다. 그리고 엥겔스가 지적한 마르크스주의의 두 가지 중대한 발견인 사적 유물론과 잉여가치 이론 가운데 이대조와 진독수는 '잉여가치' 학설을 소개하려고 하였음을 알 수 있다.

그러나 중국의 자본주의 발전 현실에 비추어 볼 때, 이 기본적 학설의 실용성과 실용 범위는 매우 제한되었다. 따라서 그들이 선전의 중심으로 삼고, 실제 행동의 지침으로 삼은 것은 사적 유물론이었다. 이대조는 마르크스주의의 '과거인 사적 유물론'과 '현재인 정치 경제학' 그리고 '미래인 과학적 사회주의'를 소개하고, 그 중에서 특히 계급투쟁설이 "마치 한 가닥의 금실로 이 3대 원리를 근본적으로 결합하고 있는 것과 같다"18)고 지적하였다.

이 때의 사적 유물론은 앞 시대를 풍미한 사회 역사 이론인 진화론을 대체

---

16) 李大釗, 「我的馬克思主義觀」(『新靑年』, 제6권 제5호, 1919). 『李大釗選集』에서 재인용.

17) 1879년에 태어나 1946까지 살았던 일본의 유명한 마르크스주의 경제학자이다. 『經濟思想史論』, 『資本主義經濟學의 史的展開』, 『貧乏物語』(正・續) 등 많은 저서가 있다. 일본뿐만 아니라 아시아의 사회주의 수용사에 중대한 영향을 끼친 인물이다.

18) 李大釗, 「我的馬克思主義觀」(『李大釗選集』, 176~177쪽) 참조.

할 수 있었다. 그런데 사적 유물론이 진화론보다 뛰어났던 점은 두 가지이다. 첫째, 이 이론은 진화론처럼 간단한 생존 경쟁의 원칙이나 공허한 사회 유기체론이 아니라 좀더 구체적이고도 실제적이었다는 점이다. 이 이론으로 인류 역사를 해석하고, 경제 발전을 기초로 하여 사회 존재나 갖가지 상부 구조, 이데올로기, 관념 체계, 풍습을 설명하였으므로 이성적 설득력을 지니고 있었다. 둘째, 중국의 사회 사상에는 줄곧 유토피아의 전통이 있어 왔다는 점이다. 유가, 도가, 불교의 이상향이 그렇고 근대에 이르러서는 홍수전, 강유위, 손문도 나름대로 대동大同 세계에 대한 전망을 갖고 있었다. 따라서 공상적 사회주의에서 사적 유물론의 '과학적 사회주의'로 나아가는 것은 사상의 발전에서도 역시 순조로운 일이었으며 쉽게 받아들여질 수 있었다.

이렇게 중국 마르크스주의의 1단계의 대표적 이론가는 이대조이다. 이대조의 마르크스주의는 중국화된 특성을 지니고 있었다. 이 점이 중국적이고 민족적인 것에 대해서 부정적이었던 진독수와 다른 점이며, 모택동의 중국적 마르크스주의와 서로 일맥상통한다. 그의 사상의 특징은 다음의 두 가지로 나눠 볼 수 있다.

첫째, 인민주의 즉 나로드니키즘적 색채이다.[19] 이대조는 청년들에게 "농촌으로 돌아가라"[20]고 호소한 최초의 마르크스주의자였다. 이 인민주의는 일반적으로 두 가지 특성을 지니고 있다. 하나는 자본주의를 피하거나 뛰어넘어서 사회주의나 이상 사회를 건설하기를 희망하는 것이다. 다른 하나는 이러한 희망을 농촌이나 농민에게 의지한다는 점이다. 중국의 인민주의는 러시아에서처럼 이론적·실천적으로 독립된 성격을 가지거나 플레하노프에서 레닌에 이르는 첨예한 비판도 받지 않았으므로 처음부터 마르크스주의 내부에 깊이 침투

---

19) Narodnickism은 人民主義 또는 民粹主義라고 번역한다. 인민이나 민중, 특히 농민을 사회 역사의 가장 중요한 요소로 파악하는 이론이다. Maurice Meisner의 『李大釗—중국사회주의의 기원』(Li Ta-Chao and the origins of Chinese Marxism)에서 이대조에 의해서 시작된 이러한 경향이 중국 마르크스주의에서 지속적으로 발견된다는 점을 강조하였다.
20) 李大釗, 「靑年與農村」(『晨報』, 1919. 2. 20.~23.) 참조

하여 영향을 주었다. 다시 말해 농촌과 농민을 중시하는 정서는 여러 측면에서 중국의 현실과 들어맞았고, 중국에서의 마르크스주의의 승리에도 기여하였다.

둘째, 도덕주의를 들 수 있다. 이대조는 계급 투쟁 학설을 소개함과 동시에, 특히 러시아의 무정부주의자인 크로포트킨(P.A. Kropotkin 1842~1921)의 호조론 互助論(또는 상호 부조론)을 중점적으로 선전하였다. 그는 호조 즉 '서로 돕기'에 의해 계급 투쟁을 '보충'하고자 하였다.

마르크스의 계급투쟁설은 그의 경제사관을 인류 전사 시기에 적용시킨 것이지, 인류 역사 전체에 통용시킨 것은 아니었다. 인류의 진정한 역사의 첫 페이지는 호조적인 경제 조직이 동시에 시작되는 것이어야 한다고 그는 확신하였다.[21]

또 그는 인도주의에 의해 인간의 정신을 개조하는 동시에 사회주의에 의해 경제 조직을 개조해야 한다고 주장하였다. 사회주의 혁명과 계급 투쟁에 일종의 도덕적 성질과 내용을 부여하는 이러한 특징은 앞에서 말한 인민주의의 특징과 서로 긴밀하게 융합되어 있으며, 그것들은 똑같은 농업 소생산을 기반으로 하는 전통 사회라는 기초 위에서 태어난 것이다.

인민주의적이고 도덕주의적 요소의 침투는 마르크스주의가 초기에 중국에 전파되고 발전되는 과정에서 농민 국가의 전통적 문화 구조와 결합되어 나온 것이다. 그리고 이러한 요소들은 역사유물론을 통한 공산당의 건설과 혁명가의 의식에도 결정적인 영향을 주었다. 이렇게 마르크스주의 수용의 첫 단계에서 가장 중점적으로 수입된 사적 유물론은 중국 공산당을 탄생시켰으며, 역사 현실에 대한 체계적인 이해를 가능하게 하였다.

결국 진독수와 이대조의 지적 편력과 실천 과정을 되돌아보면 그들 두 사람은 모두 의식적으로 반전통 또는 반봉건주의적인 '계몽' 운동의 전제에서 출발하여 서양에서 '빛'을 발견하고자 하였음을 볼 수 있다. 그들을 강단과 서재에

---

21) 李大釗, 「階級鬪爭與互助」(『每周評論』, 1919. 7. 6).『李大釗選集』의 222쪽에서 재인용.

안주할 수 없게 만든 급박한 현실은 문제의 근원적 해결을 추구하는 세계관을 선호하게 하여 결국 마르크스주의에 끌려 들어가게 하였다. 이대조는 낙관적이고 형이상학적인 입장에서 러시아 혁명의 구세적 메시지를 이해하였고 이를 신념으로 견고하게 투쟁하였다. 그리고 진독수는 자유주의적 민주주의와 유물주의적 과학의 결합에 모든 희망을 걸었다가, 레닌주의적 세계관으로 치달려 갔다. 그들은 중국의 마르크스 - 레닌주의의 정신적 아버지이며 공산당의 창설자들임에 틀림없다.

그러나 한편으로 5.4 이래 이어져 온 반봉건의 '계몽'의 요구는 급변하는 현실 속에서 '혁명'의 구호 속으로 사라지고 만다. 이제 중국의 구체적 토양 속에서 마르크스주의를 중국화하고 혁명을 완성시킨 2세대들이 역사에 등장하기 시작하였다.

4. 혁명의 시대 — 신민주주의 사회로의 길

1. 역사유물론에서 변증유물론으로의 이론 중심의 변화

두 번째 시기는 1927년 대혁명의 실패로부터 시작한다. 앞에서 말한 대로 초기의 마르크스주의자들은 당면한 현실 문제를 해결하기 위해 역사유물론에 대한 깊이 있는 이해보다는 공산당 건설을 위한 강령과 구호에 응용하였다. 그러나 성급한 혁명의 실패와 노선 투쟁은 좀더 본질적인 이론적 탐색을 요구받게 되었다. 바로 이 시기에 등장하는 인물이 소련 유학파이며 혁명 문학 운동에도 뛰어난 구추백이다.[22]

학자적 풍모의 그가 마르크스주의 수용사에서 차지하는 위치는 1단계와 2단

---

22) 구추백의 삶과 사상에 대한 최근의 연구 성과를 살펴 볼 수 있는 좋은 작품으로 그의 60주기 기념 작품인 陳鐵健의 『從書生到領袖─瞿秋白』이 있다.

계를 매개하는 가교 역할을 한다는 점이다. 그리고 이론적인 면에서 '변증유물론'을 도입하여 처음으로 역사유물론과 함께 마르크스주의 이론의 전체 그림을 그렸다는 데에 있다. 앞 세대인 이대조나 진독수 등이 역사유물론을 사회관과 인생관의 지침으로 삼아 실천에 임했던 반면, 구추백은 변증유물론을 우주관과 방법론으로 삼아 역사, 인생, 사회, 혁명을 일관되게 해석하였다.

이러한 역사유물론에서 변증법적 유물론으로의 중점 이동은 어떤 의미에서는 마르크스, 엥겔스, 카우츠키의 마르크스주의로부터 플레하노프, 레닌, 스탈린Stalin(1879~1953)의 마르크스주의로의 변화와 발전을 의미하는 것이기도 하다. 다시 말해 이제는 인류 본체의 역사 과정이란 측면에서가 아니라 우주 본체의 존재라는 측면에서 자연, 역사, 사회와 모든 사물을 인식 해석하고 논증하게 되었던 것이다. 이는 또한 진화론에서 사적 유물론으로 나아간 1세대의 방식에서 벗어나, 직접 보편적으로 활용될 뿐만 아니라 대단히 '과학'적인 우주와 자연 그리고 사회의 갖가지 현상에 대한 해석틀인 변증유물론을 받아들이게 하였다.

우주의 모든 현상은 영원히 움직이는 것이고, 서로 연관되어 있으며, 사회 현상 역시 마찬가지이다. 따라서 사회과학에서 근본적인 방법은 변증유물론이다.[23]

그는 이렇게 인식론과 존재론의 측면에서 유물론을 해석하였다. 특히 방법론의 차원에서 유물론의 실천적 의미를 지적함으로써 그 동안의 '주관주의'를 반대하는 단초를 열었다. 그리고 이러한 비판을 통해 좀더 냉철한 역사 인식과 상황 판단이 가능해지고 혁명적 실천으로 완성될 수 있다고 보았다.

그런데 중국에서의 마르크스주의는 혁명적 실천과 긴밀하게 연결되어 있다. 그래서 그 이론 탐색 과정에는 중국 사회의 성격, 혁명의 성격 및 노선과 전망

---

23) 瞿秋白, 「現代社會學」(『上海大學講義』.) 이 글은 丁守和의 『瞿秋白思想研究』, 131쪽에서 재인용.

등 일종의 혁명 전략에 관한 연구가 들어 있게 된다. 특히 모택동이 완성한 중국 자산 계급 민주주의 혁명에서의 무산 계급 영도권의 강조, 농민 운동에 대한 지지, 무장 투쟁 및 군사 역량의 중시 등 중국 혁명의 전략에 관한 핵심 문제에서도 구추백은 징검다리 역할을 하였다. 그는 1927년 12월에 「무장폭동문제武裝暴動問題」라는 글에서 "중국 혁명의 현단계는 명백히 노동자 농민 무장 폭동의 시기에 이르렀다.…… 각 성의 농민이 잇달아 무장 폭동을 일으켜야 하며…… 유격 전쟁은 반드시 혁명 지역의 건설로 나아가야 하며…… (점차 그것을) 확대시켜야 한다"고 주장하였다.

다시 말해 그는 진독수와 이대조의 공산당 창립과 "민중 속으로 들어가자"는 사상을 계승하면서, 아래로는 모택동의 노동자·농민 무장 투쟁이라는 새로운 국면과 새로운 주장을 앞장서서 제기하는 역할을 수행하였다. 구추백은 1927년 8·7회의에서 '민중의 무장 폭동'과 소비에트 정부를 수립해야만 노동자·농민을 해방시킬 수 있고, 군벌과 제국주의를 타도할 수 있다고 지적하였다.

이는 모택동의 군사 투쟁 전략을 가장 먼저 개괄해 낸 셈이다. 그러나 구추백이 농촌 중시의 노동자 농민 무장, 군사 투쟁, 유격 할거를 긍정한 것은 순전히 이론적 인식에 의한 결론이었다. 결국 코민테른의 '도시의 영도 역할의 중요성'을 되풀이할 뿐이었다. 구추백이 이론적으로 이러한 이론적 탐색을 수행하였다고 한다면, 모택동은 가장 먼저 실천 속에서 이것을 수행하였다고 할 수 있다.

이대조나 진독수와 달리 전반적으로 마르크스주의 철학의 기본 내용을 선전한 구추백의 사상은 이후 발표되는 이달의 『현대사회학』(1926년), 『사회학 대강』(1935년)과 애사기艾思奇(1910~1966)의 『철학강화』(1934년) 같은 교과서적 저작의 기초를 닦은 것이라고 할 수 있다. 또 이는 이들 교과서 속에 담겨져 있는 모택동 사상의 모태가 바로 구추백이라는 것도 함께 지적되어야 할 것이다.

구추백은 이처럼 마르크스주의 철학을 전파하는 과정에서 줄곧 마르크스 - 레닌주의의 보편적 진리와 중국 혁명의 구체적 실천이 서로 결합되는 방향을 제시하려고 힘썼다. 그리하여 이론과 실천이 통일되어야 한다고 보았다. 아울러 중국의 당시 역사적 상황에 대해서 과학적인(변증유물론적) 해석을 하여 무산 계급이 세계를 인식하고 개조하는 무기를 제공하여야 한다고 주장하였다.[24] 그는 짧은 삶 동안 마르크스주의 1세대와 2세대를 연결하면서 중국의 실제 상황에 맞는 중국적 사회주의 이론을 모색하는 사상적 기초를 마련하였다.

2. 모택동 사상의 성숙과 신민주주의 혁명의 완성

이제 문제는 이론이 아니었다. 모택동에게 있어서 가장 중요한 주제는 구체적으로 어떻게 중국의 대다수 농민을 무장시켜 안팎의 적들과 싸우며 혁명을 완성해 나갈 것인가 하는 점이었다.

이런 문제를 안고 반란적이며 우상파괴적인 성격을 지닌 모택동은 1893년에 태어났다. 모택동이 태어난 지 두 해도 채 지나지 않아 갑오 청일전쟁이 일어났으니, 그의 청소년기는 소용돌이치는 혼란기와 모순의 시대였다. 국내적으로는 반식민지화가 가속화되었고, 국제적으로는 러시아 혁명의 성공으로 무산 계급이 역사의 무대 위에 올라서게 되어 마르크스주의가 서서히 유입되었던 때이다.[25]

---

24) 王育民・呂希晨,『중국현대철학사』, 이승민 옮김, 206~207쪽.
25) 모택동은 초기에 정치적으로는 애국주의・자유주의・공상적 사회주의・무정부주의의 영향을 받았다. 그러나 철학적으로 孔子와 孟子 그리고 孫子 등 선진 제자 철학과 명청 교체기의 王夫之나 顏元 그리고 칸트 등의 독일 고전 철학에 많은 관심을 보였다. 이 밖에도 헉슬리・스펜서의 진화론, 호적의 실용주의, 크로포트킨의 무정부주의, 康有爲・梁啓超・譚嗣同・孫中山의 철학 사상 등 당시에 유행한 거의 대부분의 시대사조를 학습하거나 그 영향 아래 있었다. 그러므로 그의 초기 사상은 유물론적 요소와 관념론적 요소가 뒤섞여 있었다. 그러나 러시아 혁명의 영향을 받게 되면서 이러한 사상을 청산한다. 1918년에서 1919년에 걸쳐 북경을 드나들며 진독수와 이대조 등의 선전물과『공산당선언』을 보게 된다. 이 때의 주요 이론은 바로 역사유물론이었다. 이러한 청년 모택동의 사상은 李澤厚의『現代思想史論』의「靑年毛澤東」에서 잘 다루어져 있다. 특히 모택동의 전통 학문과 서양 학문에 대한 독특한 탐구 과정이 잘 정리되어 있다.

중국 농촌의 향토적 특색과 민족적 성향에 깊이 뿌리 내리고 있었던 모택동은 이를 가장 먼저 실천 속에서 반영한 인물이다. 그리하여 그의 실천과 직접적으로 결부된 이론 저작은 당연히 농촌 중심의 군사 투쟁에 관한 것들이 많았다. 그리하여 '농촌에 의한 도시의 포위', '농촌 근거지의 건설', '16자 전법' 등의 전략 전술을 내어놓았다. 그는 무엇보다 농촌과 농민을 중시하였다.

농촌 인구의 70% 가량을 이루고 있는 이 엄청난 빈농 대중이 봉건 세력을 타도하는 선봉인 농민 협회의 근간이고 수 년 동안 이루지 못하였던 위대한 혁명 사업을 쟁취한 으뜸가는 영웅들인 것이다.…… 그들을 거부하는 것은 혁명을 거부하는 것이다. 그들을 공격하는 것은 혁명을 공격하는 것이다.[26]

이렇게 농촌과 농민이라는 구체적인 현실을 중시하는 사상은 일찍이 레닌에게서 나온 것이고, 중국에서는 모택동 이전에 이대조나 구추백에게서도 이러한 요소를 중시하는 관점이 보이고 있다. 그러나 그가 중국 혁명에 있어 농민의 중요한 역할을 인식한 최초의 사람은 아니라 하더라도, 그것을 대표하고 끝내는 그들을 중심으로 혁명을 성공시킨 사람이라는 점은 분명하다.[27]

초기 공산당의 일원이 된 모택동은 1925년 이후에 발표한 「중국 사회 각 계급의 분석」, 「호남 농민운동 고찰보고」(『향도』 191기), 「작은 불씨가 요원의 불길이 되어」, 「정강산의 전투」에서 역사유물론을 실제 현실에 적용하기 시작하였다. 그리고 이를 통하여 혁명 과정 속에서 나타나는 대단히 복잡한 모순에 대한 분석을 진행하였다. 그는 이러한 작업을 통해 레닌이 '마르크스주의의 영혼'이라고 부른 '구체적인 문제의 구체적인 분석'을 '실사구시實事求是'[28]라는

---

26) 毛澤東, 「湖南農民運動觀察報告──革命的先鋒」(『毛澤東選集』 제1권, 22∼23쪽.)
27) 체스터 탄, 「모택동사상의 전개」(『중국현대사의 구조』, 259쪽) 참조.
28) 班固의 『漢書』, 「河間獻王傳」에 "학문을 닦는데 옛것을 좋아하고, 실제 사실에 힘써 참됨을 구한다"(修學好古, 實事求是)라는 말에서 나왔다. 당나라 때 『한서』 연구의 대가인 顏師古는 "일의 실제에서 힘쓰면서 매번 참 진리를 탐구한다"(務得事實, 每求眞是也)고 풀었다. 모택동은 「改造我們的學習」에서 이 전통적인 용어를 다음과 같이 새롭게 해석하였다. "'實事'란 객관적으로 존재하는 모든 사물이다. '是'는 객관 사물 내부의 관계로서 바로 법칙성이며, '求'는 우리들의 연구

436 역사 속의 중국철학

전통 용어로 총괄해 내어 중시하였다. 그리고 이를 「당팔고를 반대함」 등의 저작을 통해 널리 조사 통계와 답사 등의 실사구시적 정풍整風 운동으로 전개하였다.

무엇보다 두 번째 시기에서 모택동의 현실 문제에 대한 생각을 총결집한 작품은 바로 『신민주주의론』(1940년)이다. 이 글은 당시의 혁명 대오와 미래의 국가 형태에 관한 체계적인 접근을 보여 주고 있다. 이 글이 중요한 것은 1949년 중공 성립 후의 정치 구조의 기초 모델이 들어 있기 때문이 아니라 거기에서 제안된 국가 형태가 소련 등 앞선 사회주의 모델과 다르다는 데에 있다. 모택동이 제시한 국가 형태는 노동자 중심의 무산 계급 독재도 아니고, 1930년에서 1934년 사이에 중국 공산당이 채택한 노동자와 농민의 민주적 독재 형태도 아니다. 그는 이렇게 말하였다.

> 무산 계급이 영도하는 모든 반제국주의적이고 반봉건적인 인민의 연합 독재 아래의 민주공화제이다.[29]

그가 말하는 연합이란 모든 '혁명적' 계급인 노동자, 농민, 지식인, 소시민층 등의 공동 독재 체제이며, 1949년에는 민족자산 계급까지 포함시켰다. 이는 정통적인 공산주의와는 분명히 다른 점이다. 그는 식민지 또는 반식민지 상태인 중국에서 소련과 같은 사회주의 혁명보다는 '신민주주의'라고 부르는 과도적인 단계가 필요하다고 보았던 것이다. 그리고 이는 세 가지 단계[30]로 나뉠 수 있

이다. 우리들은 나라 안팎의…… 실제 상황에서 출발하여 그 안에서 그 고유한 것을 이끌어 내야지, 허구적으로 만들어 낸 법칙성이 아니다. 다시 말해 이는 일의 변화를 둘러싸고 있는 내부의 관계를 이끌어 내어 우리들의 행동의 향도로 삼아야 할 것이다."(『毛澤東選集』 제3권, 801쪽.) 이를 통해서 모택동은 유물론과 변증법을 실천의 기초 위에서 유기적인 통일을 이루는 이론으로 만들었다. 마르크스주의의 영혼을 모택동 사상의 살아 있는 영혼으로 만든 예이며, 전통을 이용하여 새로운 문화를 재해석하는 중국의 또 다른 전통을 보여 주는 부분이다.

29) 毛澤東, 「新民主主義論」(『毛澤東選集』 제3권, 118쪽.)
30) 첫째 단계는 반식민지 반봉건 사회를 독립된 민주 사회로 변화시키는 것이다. 둘째 단계는 사회주의 사회를 건설하여 혁명을 더욱 발전시키는 것이다. 셋째 단계는 최후로 공산주의 단계로 뛰어 올라 혁명을 완성시킨다는 것이다.

다고 주장하였다. 이러한 단계적 혁명의 진전은 사회주의로 직접 이행한다는 이입삼李立三 등의 극좌 모험주의자들의 이론과는 상반되는 것이었다.

　이러한 방침은 1935년 이후 공산당이 주장한 '통일전선統一戰線' 전술의 자연적인 결과로도 볼 수 있다. 또한 이는 중국적, 더 구체적으로는 민족적인 사회주의의 강조로 나타난다.

> 마르크스주의를 중국에 적용하는 데 있어서 중국의 공산주의자는 마르크스주의의 보편적인 진리를 중국 혁명의 특정한 실제 상황과 충분히 그리고 적절하게 결합하여야 한다. 말하자면 마르크스주의의 진리는 민족의 특질과 통합되어야 하며, 그것이 적용되기에 앞서 확고한 민족적 성격을 가져야 한다.[31]

　이러한 '신민주주론'의 철학적 기초를 놓은 것이 바로 「실천론」과 「모순론」과 같은 작품들이다. 먼저 그가 「실천론」에서 제시한 심리와 논리의 상호 통일이란 관점은 감각·지각에서 개념·판단·추리로 나가고, 실천을 위해 봉사하는 데로 나아가는 것이다. 그리하여 실천을 진리의 표준으로 삼는 '변증법적 유물론의 인식론'을 제기한 것이었다. 이 철학적 인식론에서 그가 두드러지게 강조한 것은 '직접 경험'(親知)과 '지행합일知行合一'이었다. 이 글에서 모택동은 먼저 개인 심리의 과정에 대한 묘사에서 출발하여 비약적으로 사회, 역사 등의 현상으로 추론하였다. 그리하여 '감성적 인식'과 '이성적 인식'의 두 단계와 실천 속에서 검증되는 '두 개의 비약'이라는 인식론의 과정을 수립하였던 것이다. 이것은 변증유물론에서 인식론을 이야기한 것이지 역사유물론의 관점은 아니다.

　모택동은 이렇게 철학 전체를 인식론으로 간주했고, 이러한 철학적 인식론은 주로 방법론으로서 현실 투쟁의 실천 활동을 지도하는 것이었으므로, 인간이 다른 모든 사물과 구분되는 유적類的 본성으로서의 '자각적 능동성'과 '이

---

31) 毛澤東, 『毛澤東選集』 제3권, 154쪽.

론과 실천의 결합'에 대한 강조는 그의 인식론의 주요 특성이 되었다. 모택동에 따르면, 사상 등은 주관적인 것이며 실행 또는 행동은 주관이 객관에 나타난 것인데, 이러한 것이 모든 인류의 특수한 능동성인 '자각적 능동성'이다. 또한 모택동은 '자각적 능동성'을 강조함과 동시에 경험 법칙에 관한 객관적인 인식인 '조사 연구' 즉 실사구시를 강조하였다.

모택동은 「실천론」에 이어서 당 내부의 교조주의와 경험주의를 반대하기 위한 이론적 대응으로 「모순론」을 지었다. 사실상 그의 철학 이론 가운데 가장 자주 그리고 높이 평가되는 것이지만, 사실 기본 관점이나 개념을 볼 때 독창적인 것이라고 할 수는 없다. 그는 여전히 마르크스, 엥겔스, 레닌이 주장한 변증유물론을 그대로 따랐을 뿐이다. 다만 그는 그 이론적 탐색을 현실 상황과 연결시켜 중요한 부분을 명백하게 강조하고 확장시키고 있다. 우선 그는 유물변증법의 핵심을 '모순' 학설로 파악하였다. 그리고 이를 몇 가지 부분으로 나누어 발휘하였다.

첫째, 모순의 보편성과 특수성의 원리를 논술하여 모순의 보편성에 두 가지 의미가 포함되어 있다고 설명했다. 하나는 모순이 모든 사물의 발전 과정 속에 존재한다는 뜻이고, 다른 하나는 사물 각각의 발전 과정 속에 처음부터 끝까지 모순 운동이 존재한다는 뜻이다. 또 모순의 보편성과 특수성의 관계는 모순의 공통성과 개별성의 관계와 같다고 보았다. 두 가지는 서로 구별되면서 동시에 연결되고 서로 전환한다고 설명하였다. 그러므로 어떤 진리나 법칙을 알려면 반드시 실제 사실에서 출발하여야 한다.

> 중국 혁명에 종사하는 우리는 개개 모순의 특수성을 그 전체라는 측면에서, 즉 그 모순들의 상호 연결의 입장에서 이해해야 할뿐만 아니라 개개의 모순의 양상을 전체를 이해하는 유일한 방법으로 연구해야 한다.[32]

둘째, 모순의 발전 과정에서 주요 모순과 부차 모순을 구분하였다. 그리하여

---

32) 毛澤東, 「矛盾論」(『毛澤東選集』 제2권, 778쪽.)

모순의 주된 양상이 되는 것이 주요 모순이며, 이 모순의 존재와 발전이 다른 부차 모순의 존재와 발전을 결정하거나 영향을 미치는 본질적인 부분으로 보았다. 그러므로 어떤 과정이나 사태를 파악하려면 무엇보다 먼저 주요 모순을 파악하는 것이 중요하다. 그러나 두 모순된 측면의 상대적 위치는 확정된 것이 아니라 매우 복잡한 투쟁으로 서로 변화한다.

모택동은 이 이론을 생산력과 생산 관계의 모순, 이론과 실천의 모순, 경제적 토대와 상부 구조의 모순을 설명하는 데 이용하였다. 즉 생산력, 실천, 경제적 토대가 주요하고 결정적인 역할을 담당한다는 점을 인정하면서도 어떤 일정한 조건 아래에서는 생산 관계, 이론, 상부 구조가 그들 대신 주요하고 결정적인 역할을 할 수 있다고 보았다. 이는 주요 모순의 방법론적 의의와 모순 대립하는 쌍방의 상호 전화의 근거와 조건을 논증한 것이다.

셋째, 모택동은 '대립'의 역할에 대해서 논증하면서, 구체적으로 모순의 여러 측면에서 동일성과 투쟁성 그리고 상호 관계에 대해서 설명하였다. 그가 보기에 대립은 모순의 한 형식이지만 보편적인 형식은 아니라고 주장하였다.

어떤 모순의 특징은 공연한 대립이지만 그렇지 않은 것도 있다. 사물의 구체적 발전에 바탕을 둔 본래 비대립적인 어떤 모순은 발전하고 대립적이 되는데, 본래 대립적인 것은 발전하여 비대립적인 것이 된다.[33]

그리하여 대립적인 통일은 조건적·일시적·상대적인 것이 되고, 대립적인 상호 배제의 투쟁은 절대적인 것이 된다. 조건의 상대적 동일성과 무조건의 절대적 투쟁성이 서로 결합하여 모든 사물의 모순 운동을 이룬다. 모택동은 이러한 관점을 공산당 내부의 지도 이념과 사회 안팎의 모순을 처리하는 데 지침으로 사용하였다.

위에서 말한 대로 상황에 따라 '주요 모순'을 구분해야 할 필요성에 대해 모

---

33) 같은 책, 801쪽.

택동이 강조한 의미와는 별도로, 그의 변증법의 가장 중요한 측면은 헤겔과 마르크스의 변증법에서 세 가지 법칙을 하나로 환원시켰다는 점에서 특징적이다. 다시 말해 '대립물의 통일과 투쟁'의 법칙을 상위 개념으로 '부정의 부정' 법칙과 '양질전화'의 법칙을 통일시켰다는 말이다.

이렇게 「모순론」과 「실천론」을 이론 잣대로 하고 「신민주주의론」을 구체적 정치 방침으로 하는 '모택동 사상'은, 현실 운동에서 주도적 지위를 점하면서 혁명과 건국의 기초 이론이 되었다. 모택동 사상에서 유물론 철학은 곧바로 현실 투쟁에 봉사하는 '실천론'이라고 보았다. 그리고 이는 변증유물론에 의해서 증명되며, 헤겔 이래의 '부정의 부정'을 핵심으로 하는 과정이나 체계와는 다른 중국의 『노자』나 『손자』를 계승한 '모순론'이라고 보았다.

사상적 차원에서 모택동 사상의 가장 주목할 점은 이론과 실천 두 측면에서 모두 '자각적 능동성'에 중점을 두는 가운데 도덕주의적 정신과 체계가 두드러진 위치를 차지한다는 것이다. 이것은 바로 '사상 개조'를 공산당 건설의 가장 중요한 관건으로 삼는 사고 방식이다. 이 이른바 윤리도덕주의는 모택동 사상의 충실한 보조자인 유소기의 「공산당원의 수양을 논함」(1939년), 「당내 투쟁을 논함」(1941년), 「인간은 왜 잘못을 저지르는가」(1941년)에 그대로 반영되어 있다.

결국 모택동은 마르크스주의와 중국적 현실의 결합을 이루었고, 이를 통해 현실 혁명에서 승리하였다. 1949년 10월 비록 잿더미의 북경 천안문 광장이었지만 중화인민공화국은 탄생을 선언하였다.

5. 혼돈을 넘어 새로운 모색으로

1949년 사회주의 정권의 수립은 '마르크스 - 레닌주의 이론과 중국 혁명 실천의 통일'인 모택동 사상의 승리라고 평가할 수 있다. 이제 통일된 중국은 혁명의 단계에서 건설의 단계로 나아가려 하였다. 그러나 건설은 혁명보다도 더 많은 인내와 실험을 요구하였다. 새로운 시대는 과학 이성으로 무장한 전문가(專)를 원했지만 여전히 전쟁 경험과 혁명 이념에서 벗어나지 못한 공산당원(紅)들의 사고 방식이 지배하고 있었다.

모택동이 항일 기간 중에 제기한 '신민주주의'는 결코 사회주의나 공산주의가 아니었다. 경제적으로는 자본주의의 존재와 그 적당한 발전을 인정하는 것이었다. 그리고 이는 구체적으로 농촌에서는 '밭가는 농민이 토지를 갖는'(耕者有田) 토지 개혁을 실행하고, 정치적으로 보통선거제를 실시하며, 문화적으로는 '민족적 과학적 대중적' 문화를 발전시킨다는 것이다.

그러나 1949년 이후 그는 그 동안 조절의 감각을 잃고 곧바로 신민주주의의 우경적 착오를 비판하면서 사회주의 개조 단계로 넘어갈 것을 주장하는 극좌의 견해를 지지하였다. 건설을 혁명의 방식으로 이어나갔다. 반우파 투쟁으로 비롯된 일련의 실험은 중대한 문제와 부딪치게 하였다. 이것은 마르크스주의의 역사유물론의 기본 원리에 연결해 보면 "생산 관계가 생산력을 앞서 넘어설 수 있는가?" 하는 문제와 만난 것이다.

모택동의 주요 관심사가 이렇게 생산 관계에서의 끊임없는 혁명, 즉 사유제에서 계속하여 낮은 단계에서 높은 단계로의 공유제로 옮겨가는 것이었다. 이러한 이행의 동력은 풍부한 생산력이 아니라 혹독한 사상과 정치의 투쟁이었다. 이러한 계급 투쟁은 서로의 생사가 걸린 아군과 적군 사이의 싸움과 같은 '양군대전兩軍大戰'이었다.

이러한 계급 투쟁의 강조와 사회주의로 즉각 이행해야 하는 철학적 근거는 어디에 있는가? 이는 전체 우주, 세계, 사회는 모순과 투쟁에 의해 추진되고 발전되는 것이라는 「모순론」과 「실천론」의 지나친 신학적 해석에 따른 것이다. 모택동은 오랜 동안의 전쟁과 혁명의 경험에 깊이 빠져 있었으므로 새로운 건설의 단계에 적응하지 못하였다. 오히려 자신이 비판하던 교조주의와 경험주의의 오류에 빠지게 된 것이다.

이런 방향은 마르크스주의적 사적 유물론과는 상당히 거리가 먼 것이었다. '정치의 통솔'과 '도덕지상주의'는 소생산에 뿌리를 내리고 있고, 소생산을 보호하는 봉건 정치와 봉건 도덕이 새 옷을 입고 다시 등장한 것이었다. 바로 이러한 사상적 기초와 현실적 기초 위에서 문화대혁명文化大革命(1966~1976)이라는 역사상 유래가 없는 '대동란'이 발생하였다. 이 기간 동안 모택동은 신이 되었고 모택동 사상은 성경이 되었다. 사회주의로의 대실험은 그 이상과 현실의 뒤틀림 속에서 아이러니하게도 진시황의 곤룡포를 모택동의 인민복으로 바꿔 놓은 것처럼 봉건을 부활시키고 말았다.

10여 년 동안의 실험은 1976년 사인방의 몰락과 함께 문화대혁명은 끝을 맺게 되었다. 이후 등소평이 주도하는 중국 공산당은 공식적으로 모택동의 전체 혁명 활동과 혁명 사상에 총체적인 평가를 내렸다. 이 평가에서는 모택동 사상의 과학적 가치를 충분히 긍정하고 그 안에 포괄된 모택동 사상의 독특한 공헌을 긍정하였다. 이와 동시에 만년에 범한 심각한 착오에 대해 비판을 가하여 모택동 사상을 모택동 개인과 구별하였다.[34]

1976년 9월 9일 모택동의 서거는 확실하게 한 시대가 끝났음을 알리는 소리였다. 이제 신은 죽고 인간들만이 남았다. 모택동이 죽은 뒤 새로운 시기의 마르크스주의는 '인간의 얼굴'을 강조하고 '인도주의人道主義'를 외치는 것에서 알 수 있듯이 그 이전의 계급 투쟁적 사고와는 완전히 다른 것이었다.

이렇게 인간의 가치와 존엄, 인간성의 회복, 인도주의에 대한 관심이 폭발적으로 일어났다. 다시 계몽의 제기, 독단과 교조 반대, 우매 반대, '소외' 반대 등 절대적 개성 존중의 풍조가 나타났다. 서구 마르크스주의, 니체의 생 철학, 사르트르의 실존 철학, 시스템 이론, 포스트모더니즘 같은 사조들이 개방구와 대학가를 중심으로 널리 유행하였다. 이러한 사상 해방의 격류는 바로 1989년 6

---

34) 1981년 중국공산당 제11차 중앙위원회 제6차 전체 회의 「중국공산당 중앙위원회의 건국이래 당의 역사 문제에 관한 몇 가지 결의」 참조 이른바 「역사 결의」이다.

월 4일 천안문 사태의 사상적 배경을 이룬다.

얼마 전에 열렸던 전인 대회에서 중국은 '사회주의 시장 경제'와 '사유제의 인정'을 헌법에 명시하는 결정을 내렸다. 두말할 나위 없이 이제까지 그토록 부정했던 체제인 세계자본주의화의 길에 들어선 중국으로서는 밖으로부터 자본주의 충격에 벌거벗은 채 맞서야 할 것이다.

70여 년에 걸친 마르크스주의 수용 과정과 혁명 과정은 우리에게 어떤 의미로 남는가? 되돌아 볼 때 중국 혁명은 마르크스 - 레닌주의 혁명이라고만 볼 수 없다. 민족주의, 도덕주의, 계몽주의, 실용주의의 혼합물이었다. '전통을 이용하는 전통' 위에 서 있는 그들에게 새로운 21세기가 다가오고 있다. 이제 우리들 젊음의 광장에 중국 근현대 지식인들의 문제를 '가져오자.' '우리는 어디로, 어떻게 갈 것인가?' ☯

瞿秋白,『瞿秋白選集』(北京: 人民出版社, 1985)

毛澤東,『毛澤東選集』(北京: 人民出版社, 1951)

_____,『실천론 · 모순론』, 이등연 옮김(서울: 두레, 1989)

_____,『지구전론 · 신민주주의론』, 이등연 옮김(서울: 두레, 1989)

_____,『연안문예강화 · 당팔고에 반대한다』, 이등연 옮김(서울: 두레, 1989)

李大釗,『李大釗文集』(北京: 人民出版社, 1984)

_____,『李大釗選集』(北京: 人民出版社, 1979)

陳獨秀,『陳獨秀選集』(天津: 天津人民出版社, 1990)

_____,『獨秀文存』(上海: 亞東圖書館, 1922)

김대환 · 백영서 엮음,『중국사회성격논쟁』(서울: 창작과 비평, 1988)

김충열 · 공기두,『모택동사상론』(서울: 일월서각, 1985)

모리스 마이스너,『李大釗—중국사회주의의 기원』, 권영빈 옮김(서울: 지식산업사, 1992)

_____,『모택동사상과 마르크스주의』, 김광린 · 이원웅 옮김(서울: 소나무, 1987)

민두기 외,『중국현대사의 구조』(서울: 청람, 1985)

王育民 · 呂希晨 지음,『중국현대철학사』, 이승민 옮김(서울: 청년사, 1989)

스튜어트 슈람,『모택동』, 김동식 옮김(서울: 두레, 1979)

李世平,『중국현대정치사상사』, 최윤수 · 조현숙 옮김(서울: 한길사, 1988)

李澤厚,『중국현대사상사의 굴절』, 김형종 옮김(서울: 지식산업사, 1992)

任繼愈 편저,『中國哲學史』, 전택원 옮김(서울: 까치, 1990)

鄭家棟,『현대 신유학』, 한국철학사상연구회 논전사분과 옮김(서울: 예문서원, 1993)

토마스 쿠오,『진독수 평전』, 권영빈 옮김(서울: 민음사, 1985)

한국철학사상연구회 논전사분과 엮음,『현대중국의 모색』(서울: 동녘, 1992)

高軍 主編,『中國社會性質問題論戰資料選集』(北京: 北京人民出版社, 1984)

陶希聖,『中國社會之史的分析』(上海: 新生命書局, 1929)

李澤厚『中國現代思想史論』(北京: 東方出版社, 1987)

丁守和,『瞿秋白思想研究』(成都: 四川人民出版社, 1986)

陳鐵健,『從書生到領袖—瞿秋白』(上海: 上海人民出版社, 1995)

지은이 소개 (게재순)

이승환李承煥

1956년생. 고려대학교 철학과를 졸업한 뒤 대만대학교 철학과에서 석사학위를 마치고 미국 하와이주 립대에서 철학박사학위를 취득. 현재 고려대학교 철학과 교수로 있다. 저서로『유가 사상의 사회철학적 재조명』이 있고, 주요논문으로 "Virtues and Rights: Reconstruction of Confucianism as A Rational Communitarianism"(박사학위논문), 「心性과 天理」, 「유가는 법치에 반대했는가」 등이 있다.

정재현鄭在鉉

1962년생. 서강대학교 철학과를 졸업한 뒤 같은 학교 대학원 철학과에서 석사를 마치고 미국 하와이 주립대에서 철학박사학위 취득. 현재 서강대, 연세대, 동덕여대 등에 출강하고 있다. 주요 논문으로 "Abstraction and Theories of Lei: A Response to Chad Hansen's Mereological Interpretation of Ancient Chinese Philosophy"(박사학위논문)와 「중국 고대의 세계관과 언어관」, 「'중국적 세계'(天下) 질서의 성격」 등이 있다.

박원재朴元在

1958년생. 고려대학교 철학과를 거쳐 같은 학교 대학원에서 석・박사학위를 취득. 현재 고려대학교와 한국외국어대학교 등에 출강하고 있다. 주요 논문으로 「도가의 이상적 인간상에 대한 연구」(박사학위 논문)를 비롯하여, 「名辯 논쟁을 통해 본 諸子의 사상적 갈래」, 「노자철학의 양면성에 관하여」 등이 있으며,『중국철학사』(선진편) 등의 번역서가 있다.

이재룡李在龍

1956년생. 고려대학교 사회학과를 거쳐 같은 학교 대학원 법학과에서 석・박사학위를 취득. 현재 고려대학교에 출강하고 있다. 저서로『조선, 예의 사상에서 법의 통치까지』가 있고, 주요 논문으로 「조선조의 성리학적 규범관」(박사학위논문)과 「三峯 鄭道傳의 법사상」 등이 있다.

이석명李錫明

1962년생. 경희대학교를 거쳐 고려대학교 대학원 철학과에서 석・박사 학위를 취득. 현재 고려대, 경희대 등에 출강하고 있다. 주요 논문으로 「『淮南子』의 無爲論 연구」(박사학위논문)와 「『淮南子』

의 양생론」, 「秦漢時代의 道家와 黃老學」 등이 있고, 『도가를 찾아가는 과학자들』 외에 다수의 번역서가 있다.

문재곤文載坤
1957년생. 고려대학교 사회학과를 졸업하고 같은 학교 대학원 철학과에서 석·박사 학위를 취득하였고, 현재는 고려대학교와 경희대학교에 출강하고 있다. 주요 논문으로는 「漢代易學硏究」(박사학위논문)와 「한대의 經今古文學 논쟁」, 「許衡의 철학사상」 등이 있고, 역서로는 『時의 철학』과 『유가문화와 한의학의 만남』 등이 있다.

원정근元正根
1957년생. 계명대학교 철학과를 졸업하고 고려대학교 대학원에서 철학박사학위를 취득하였고, 현재 고려대학교에 출강하고 있다. 주요 논문으로 「郭象 天人調和觀의 연구」(박사학위논문)를 비롯하여 「위진현학에서 '자연'과 '명교'의 논쟁」, 「한대 유가사상의 새로운 전환: 양웅을 중심으로」, 「張湛의 우주론」 등이 있다.

박태원朴太源
1956년생. 한양대학교 법학과를 졸업하고 고려대학교 대학원에서 철학박사학위를 취득. 현재 울산대학교 철학과 교수로 있다. 주요 논문으로 「『大乘起信論』 사상평가에 관한 연구」(박사학위논문)를 비롯하여 「元曉의 起信論觀 이해를 둘러싼 문제점 소고」, 「義相의 性起思想」, 「義相의 一乘三乘論」 등이 있다.

이효걸李孝杰
1952년생. 고려대학교 철학과를 거쳐 같은 학교 대학원 철학과에서 석·박사 학위를 취득하였고, 현재 안동대학교 국학부(동양철학과) 교수로 있다. 저서로는 『노장 철학의 현대적 조명』(공저)과 『논쟁으로 보는 한국철학』(공저) 등이 있고, 논문으로는 「華嚴經의 성립배경과 구조체계」(박사학위논문)와 「한국 화엄종의 정토론적 전개」 등이 있다.

김병환金秉桓
1964년생. 고려대학교 철학과를 거쳐 대만대학교 철학과에서 석사를 마쳤고, 아리조나 대학에서 철학박사 학위 취득. 현재 강남대학교 종교철학과 교수로 있다. 주요 논문으로 "A Study of Chou Tun-I's Thought"(박사학위논문)를 비롯하여 「太極圖 연원 연구」와 「『論語』之君子觀硏究」 등이 있다.

박경환朴環煥
1963년생. 고려대학교 철학과를 졸업하고 같은 학교 대학원 철학과에서 석·박사 학위 취득. 현재 고려대학교에 출강하고 있다. 주요 논문으로 「장재의 기론적 천인합일사상 연구」(박사학위논문)와 「太極圖說 연구」 등이 있고, 『강좌 한국철학』(공저)과 『중국철학과 인성의 문제』, 『현대신유학』(공역), 『양명학』(공역), 『강좌중국철학』(공역) 등의 번역서가 있다.

윤천근尹天根

1955년생. 고려대학교 철학과를 거쳐 같은 학교 대학원 철학과에서 석·박사 학위를 취득하였으며, 현재 안동대학교 국학부(동양철학과) 교수로 있다. 저서로는 『퇴계철학을 어떻게 볼 것인가』, 『楊朱의 생명철학』 등이 있고, 주요 논문으로는 「中庸研究」(박사학위논문)를 비롯하여 「장자철학에 있어서 인식의 문제」, 「이황철학에 있어서 도덕과 수양의 문제」 등이 있다.

유흔우劉欣雨

1958년생. 동국대학교 철학과를 졸업하고 같은 학교 대학원에서 철학박사 학위를 취득하였으며, 현재 동국대학교 철학과 교수로 있다. 주요 논문으로는 「焦循의 易哲學 연구」(박사학위논문)를 비롯하여 「嚴復의 西學救亡論과 尊孔讀經論」, 「현대 신유학 비판: 과학주의 입장에서」 등이 있으며, 『강좌한국철학』(공저) 등의 저서가 있다.

홍원식洪元植

1958년생. 고려대학교 철학과를 졸업하고, 같은 학교 대학원 철학과에서 박사학위를 취득하였으며, 현재 계명대학교 철학과 교수로 있다. 주요 논문으로는 「정주학의 거경궁리설연구」(박사학위논문), 「한계 이승희의 공자교운동」 등이 있고, 『원대성리학』(공저), 『현대신유학연구』(공저), 『실학사상과 근대성』(공저)과 『중국철학사 3』 등의 번역서가 있다.

김제란金帝蘭

1962년생. 이화여자대학교를 거쳐 고려대학교 철학과를 졸업하였으며, 같은 학교 대학원 철학과에서 박사과정을 수료하였다. 태동고전연구소 한문연수과정을 수료하였고, 현재 고려대 등에 출강하고 있다. 주요 논문으로 「한대 기일원론의 전개와 그 갈등」, 「동서문화논쟁과 현대신유가」, 「熊十力의 불교에 대한 이해와 비판」 등이 있고, 『현대신유학』(공역), 『중국의 과학과 문명: 사상적 배경』(공역) 등의 번역서가 있다.

유동환劉東桓

1965년생. 고려대학교 철학과를 거쳐 같은 학교 대학원 철학과에서 박사과정 수료. 현재 (사)한국철학사상연구회 연구원으로 있으며 고려대와 강남대 등에 출강하고 있다. 주요 논문으로 「王弼의 '崇本息末論' 연구」(석사학위논문)와 「중국 문화열 논쟁: 비판계승론의 문화전략」, 「칸트철학의 유학적 해석—牟宗三의 '道德形而上學'」 등이 있고, 『몽구』와 『안씨가훈』, 『손자』 등의 번역서가 있다.